KB237606

심판에서 영광으로

From JUDGMENT To GLORY

요한계시록 장절강해
심판에서 영광으로

지은이 박남수

초판 인쇄 ｜ 2008년 10월 15일
초판 발행 ｜ 2008년 10월 20일

발행처 ｜ 도서출판 계시록아카데미(등록번호 338-2008-00023)
발행인 ｜ 박남수
경기도 부천시 소사구 송내동 397-3 ☎ 070-7012-9103

저자 E-mail : pnspaul@naver.com

총판｜ 선교횃불(T. 02-2203-2739 F. 02-2203-27380

정가 15,000 원
ISBN 978-89-961754-1-4 03230

심판에서 영광으로
From JUDGMENT To GLORY

요한계시록 장절 강해

박 남 수 목사

도서출판 계시록아카데미

들어가는 말

성경의 마지막 책인 '요한계시록'은 참으로 어려운 책이다. 많은 이단들이 이 책으로 말미암아 생겨났음은 부인할 수 없는 사실이다. 그래서 '요한계시록'하면 금방 생각나는 것이 '무서운 책', '가까이 하면 안 되는 책', '이단의 책' 등으로 생각하기 쉬운 책임에 틀림없다.

장로교의 창시자인 요한 칼빈도 붓을 접으면서 '하나님께서 가시는 데까지 가고 서시는데 머물러야 한다'고 하면서 그 해석을 미루었다. 그렇다면 이 요한계시록이 영원히 인봉된 채로 주님께서 오실 것인가? 그렇지 않다. 주님께서는 속히 오실 것이라고 말씀하시면서(계22:7) 이 책의 예언의 말씀을 지키는 자가 복이 있고 또 이 책을 인봉하지 말라고 하셨다.(계22:10)

교회사를 돌아보면 삼위일체의 교리가 정립될 때가 있었고 구원론이 정립될 때가 있었다. 이제 성령론이 거의 정립이 되어 가고 있는 시대를 살아가고 있다. 이제 주님의 재림이 가까운 이때에 마지막 종말론이 정립이 될 때가 온 것이다. 교회 역사의 현장에서, 인류의 역사의 현장에서 이미 요한계시록의 거의 대부분의 계시가 이루어진 것을 볼 수가 있다. 위대한 많은 신학자들의 시대에 이루어지지 않았던 일들이 우리의 시대에 이루어지고 있다.

어거스틴과 칼빈 때에 정립이 되지 않았던 종말론이 이제 마지막 때에는 정립이 되어 질 것이다. 지금은 계시록의 해석이 정말 혼란을 거듭하고 있지만 이 종말론 혹은 내세론도 공감대를 형성하면서 어느 한 쪽으로 해석이 모아질 것이다. 그리고 주님의 재림 직전에는 모두가 명확한 그림을 가지고 주님의 오심을 바라보며 준비하게 될 것이다.

지금은 교회시대이다. 이 교회시대가 끝나면 환난시대가 오고 죄에 대한 하나님의 엄한 심판이 있을 것이다. 죄악이 관영했던 노아의 시대와 같이 그리고 소돔, 고모라의 때와 같이 하나님은 반드시 죄에 대해서 심판을 하시고 이 세상을 정결케 하시고 다시금 새 하늘과 새 땅을 여실 것이다. 이러한 모든 과정을 하나님께서는 신,구약 성경에 기록케 하시고 선지자들로 하여금 선포케 하셨다. 그러나 하나님께서는 마지막 성경인 요한계시록에 이 모든 과정을 상세히 기록하게 하시고 이 모든 일들을 진행하시는 것이다. 하나님께서는 결코 모든 일들을 은밀히 행하시지 않으신다. 모든 것을 다 밝히신 후에 하나님의 계획을 진행하신다.

(암 3:7) 주 여호와께서는 자기의 비밀을 그 종 선지자들에게 보이지 아니하시고는 결코 행하심이 없으시리라

이제 교회시대가 끝나가고 있다. 앞으로 환난의 시대가 오면 그 때에는 모든 것이 백일 하에 드러나게 될 것이다. 구원받을 자와 심판 받을 자, 하늘에 있을 자와 땅에 있을 자, 첫째 부활에 참예할 자와 둘째 사망에 참예할 자, 찬양드리는 자와 슬퍼하는 자, 이 모든 것이 마치 양과 염소가 구별되어지는 것처럼 되어 질 것이다. 우리는 과연 어느 편에 서는 자가 될까?

요한계시록에는 1장 서론으로부터 2장, 3장 교회시대를 거쳐서 4장, 5장의 천상광경이 나오고 6장부터는 환난시대가 펼쳐진다. 환난시대에 성도들에게 일어날 일들과 세상에 있을 심판과 불신자들이 겪어야 할 모든 어려운 일들이 적나라하게 펼쳐진다. 하나님께서는 밧모섬에서 유배생활을 하던 사도 요한에게 이 모든 비밀을 보여 주시고 이것을 아시아에 있는 일곱 교회에 전하도록 하셨다.

그러나 이 비밀의 말씀은 지금 만국에 전파되어왔고 지금도 전파되고 있다. 환난시대가 끝나고 심판이 완성이 되면 드디어 그리스도께서 흰말을 타시고

성도들과 함께 지상에 내려와서 사단과 그의 무리들을 멸하시고 그의 보좌에 앉으실 것이다. 그리고 성도들과 함께 다스리게 될 것이며 이후에 새 하늘과 새 땅의 영광이 펼쳐질 것이다. 이 모든 영광에 우리가 다 참예하게 될 것이다. 요한계시록은 이제 인봉된 책이 아니다.(22:10) 이제는 이 책을 마음껏 펼쳐서 이 시대를 바라보고 장차 우리에게 나타날 영광을 보아야 할 것이다.

   아무쪼록 이 작은 책을 통하여 성도님들과 목회자 여러분들에게 도전을 주고 다시 한 번 우리의 삶과 목회 현장에 새로운 영적인 바람이 불었으면 하는 바람을 가져본다.

2008년 9월 20일

박 남 수 목사

차 례

요한계시록의 역사적 배경

초대교회와 관련이 있는 10황제들

로마 제국과 교회가 관련된 때는 초대 아우구스투스(Augustus, BC 3~ AD 14)황제에서 트라얀(Trajan, AD 97~117)황제에 이르는 10대 간이다. 로마 초기의 종교 정책은 아주 관대했으나 네로(Nero)의 실정 이후 국가가 어지러워지자 "황제예배"라는 형태로서 종교 탄압을 시작, 초대 교회는 AD 313에 콘스탄틴 대왕의 밀라노 칙령이 내리기까지 수난의 여정이었다.

1. Augustus Caesar,BC 3~ 14AD
2. Tiberius　　　　　　AD 14~ 37
3. Caligula　　　　　　　　37~41
4. Claudius　　　　　　　　41~54
5. Nero　　　　　　　　　　54~68
　(Galba, Otho, Vitellius) 68~69
6. Vespasian　　　　　　　69~79
7. Titus　　　　　　　　　79~81
8. Domitian　　　　　　　81~96
9. Nerva　　　　　　　　　96~97
10. Trajan　　　　　　　　7~117

기독교와 황제예배

　황제예배의 기원은 카리굴라(Caligua, AD37~41)황제에게서 찾을 수 있다. 반 광인이었던 그는 자신을 신격화하여 예루살렘 성전에 자신의 상을 세우도록 계획하고 준비했으나 암살당했다. 소아시아 지방의 원시적인 종교는 그리이스의 영향을 받은 다신교였다.

　그러므로 다른 종교는 다신교적 입장에서 황제예배와 충돌할 이유가 없었으나, 일신교인 유대교와 기독교는 달랐다. 그들의 유일신관은 황제예배를 받아들일 수 없었다. 그러나 유대교는 황제를 위한 기도를 함으로 충돌을 회피하였으나, 기독교는 정면으로 충돌하게 되었다. 황제숭배를 반대했던 초대교회의 사도들과 교부들은 이때에 순교의 제물이 되었고 로마의 카타콤, 갑바도기아의 동굴과 지하 도시등 은밀히 숨는 장소에서 핍박을 피해 피신하게 되었다.

　이것은 마지막 때에도 적그리스도에 의해서 자행될 일이다. 적그리스도도 우상을 만들어 놓고 그에게 경배하도록 강요하여 많은 순교자와 피난자가 나타나게 될 것이다.(계13:15~16) 그러나 하나님께서는 그들을 보호하시고 끝까지 승리하게 하신다.(계12:14) 초대교회 시대에 황제숭배와 맞서 싸웠듯이 마지막 때에도 적그리스도 숭배와 맞서서 싸우게 된다. 이때에 목 베임을 받는 자들이 나오고(20:6), 짐승에게 경배하지 않고 그 수를 이기고 벗어난 자들(15:2,20:4)이 생겨나게 되는 것이다.

기독교를 가장 많이 박해한 황제

　※ 네로(Nero, 54~68) ; 로마의 제5대 황제인 네로는 16세 때 제위에 오른 자로서 법적으로는 클라우디우스(Claudius) 황제의 첫 아들로 입양되었고 그

의 딸과 결혼하였다. 네로(Nero)의 어머니 아그립바(Agrippina II)는 클라우디우스(Claudius) 황제의 질녀였는데 그와 결혼하고 네로(Nero)를 후계자로 만들기 위해 54년에 클라우디우스(Claudius) 황제를 독살하는데 성공하였고, 원 후계자도 다음해 55년에 네로에 의해 살해당했다. 네로는 어머니의 영향을 많이 받게 되었고, 철학자 세네카(Seneca)를 통해 교육받았다. 그러나 59년에 어머니를 살해하고 그의 정부 포페아 사비나(Poppaea Sabina)가 집안을 다스렸다.

64년 7월18일 대화재로 로마가 삼분의 일이 불타버렸을 때 네로는 이것을 기독교인들에게 떠넘김으로서 박해시대의 문을 열었다. 이때부터 많은 기독교인들이 순교의 제물이 되었으며 이때에 베드로와 사도 바울 등 많은 순교자가 발생하였다. 나중에 로마에서 도망하여 자살했다. 성경에는 가이사로 나온다.(행25:11; 빌4:22~23)

※ 도미티아누스 황제(Buetonius Domitian)(AD 81~96) ; 베스파시안(Vespasin) 황제의 아들이며, 디도(Titus)의 동생으로, 아버지의 용감무쌍함도 형의 현명함도 갖지 못한 위인이었다. 그러나 그는 치밀한 조직성과 교활성과 더불어 종교적 영향이 사회에 미치는 효능을 알고 있었으므로 자신을 신격화한 황제예배를 통해 제국 내에 정신계를 통솔하려고 하였다. 기독교의 신앙은 법령으로 금지되고 '황제예배'를 강요하였다. 이때에 사도 요한이 밧모섬으로 유배를 가게 된다. 거기에서 약 18개월 간 지내면서 계시록을 받고 네르바(Nerva, AD96) 황제 때 에베소로 다시 돌아왔다. 도미티아누스 황제는 그의 아내 도미틸라의 집사장 스테파누스에 의해 암살당했다.(AD96. 9. 18) 마르코스 보케이우스 네르바 황제는 로마 원로원 중에서 가장 나이가 많고 존경받는 인물로서 자유화 정책을 추진했다. 그래서 밧모섬의 죄수들은 다 소환되어 자유를 얻게 되었고 사도 요한도 18개월의 유배생활을 마치고 계시록을 대필해 주던 브로고로 집사와 함께 AD 97년 2월에 에베소로 놀아왔다.

역사의 교훈

이 네로 황제나 도미티안 황제는 앞으로 나타날 적그리스도의 모형이며 이들에 의해서 많은 순교자들이 피를 흘린 것처럼 마지막 때에 이보다 더 극심한 핍박이 다시 한번 역사의 현장에서 일어나게 될 것이다. 마지막 때에 적그리스도가 666으로 세상을 통치하는데 네로의 이름을 풀이하면 666이 된다.

과거 역사상 있었던 일들은 앞으로 일어날 일들에 대한 그림자이며 거울이다. 그러므로 과거의 역사를 면밀히 살펴보면서 앞으로 계시록과 성경에 기록된 일들이 어떻게 이루어질 것인가를 살펴보아야 한다.

역사와 성경은 함께 연구되어야 한다. 장차 마지막 때가 되면 땅으로 내어쫓긴 사단이 극심한 환난을 일으키며 적그리스도를 앞세워 온 세상에 무시무시한 환난을 일으킬 것이다. 예수님께서도 이러한 말씀을 여러 차례 하셨다.

(마24:21) 이는 그 때에 큰 환난이 있겠음이라 창세로부터 지금까지 이런 환난이 없었고 후에도 없으리라

그러므로 이러한 환난이 일어나기 전에 이 요한계시록을 통하여 앞으로 전개될 모든 환난과 앞으로 우리에게 나타날 영광을 기대하며 준비해야 한다.

요한계시록 해석의 실마리

요한계시록을 어떻게 해석해야 할 것인가? 정말 어려운 문제이다. 모든 신학자들, 성경해석가들 목회자 할 것 없이 난공불락의 책이요 혼미의 책임에 틀림없다. 그러나 때가 되면 하나님께서는 어린아이와 같은 자들에게도 이 말씀을 열어 주실 것이다. 단12:10절 말씀이 곧 성취될 날이 올 것이다. "많은 사람이 연단을 받아 스스로 정결케 하며 희게 할 것이나 악한 사람은 악을 행하리니 악한 자는 아무도 깨닫지 못하되 오직 지혜 있는 자는 깨달으리라" 모든 것은 때가 있다. 때가 되면 하나님께서는 모든 비밀의 말씀을 그 종들에게 다 알게 하시고 그 비밀의 말씀대로 이루어 가신다. 왜냐하면 하나님께서는 모든 것을 선지자들에게 알리시고 행하시기 때문이다.(암3:8)

지금까지 역사상에 많은 해석방법들이 나왔다. 무 천년, 후 천년, 전 천년적인 해석방법들이 나왔지만 아직도 많은 신학자들과 성경학자들이 공감대를 가질 만한 만족한 해석이 나오지 못한 것이 사실이다. 왜 그럴까? 그것은 아직도 때가 되지 않아서 일 것이다. 때가 되면 모두가 만족할 만한 해석이 나와서 우리 모두가 기뻐하게 될 것이다. 그 때가 곧 올 것으로 기대하면서 또 기도하면서 기다리면 그 때가 곧 오게 될 것이다.

그러면 요한계시록을 해석할 때에 우리가 반드시 짚고 넘어가야 할 몇 가지 해석의 실마리를 살펴보기로 하자.

1. 계시록은 '반드시 속히 될 일'을 기록한 책이다.
(계 1:1, 22:6)

계시록은 반드시 속히 될 일을 기록했다. 그러므로 사도 요한이 이 계시를 받은 시점부터 모두가 미래의 일이다. 그러므로 초림이나 교회의 탄생이나 사단의 기원 등에 대해서 과거로 해석하면 이 계시록은 풀리지 않는다. 왜냐하면 반드시 속히 될 일이기 때문이다. 무천년주의자들은 이 계시록을 초림과 재림이 일곱 번 되풀이 된다고 하면서 초림과 재림을 되풀이 한다.

즉 1~4, 5~7, 8~11, 12~14, 15~16, 17~19, 20~22 그러므로 초림과 재림이 7번 반복되면서 요한계시록이 계시가 점진적으로 진행되어 나간다고 하면서 점진적 진행의 평행법(progressive parallelism)을 고안해 내었다. 정말 창의적인 생각이 가득찬 해석이며 많은 신학자들과 목회자들이 이 이론을 따라 가고 있지만 그러나 이 해석 중에서 초림이 과연 반드시 속히 될 일인가를 생각해 보면 해석상의 어려움이 따르게 된다. 그래서 박형룡박사는 그의 저서 내 세론에서 이러한 해석을 '견강부회적인 해석' 이라고 표현했다.

그러므로 사도 요한이 볼 때에 초림은 반드시 속히 될 일이 아니라 과거에 일어난 일이다. 왜 사도 요한이 다 아는 일이 계시가 될 수가 있을까? 사도 요한이 이미 아는 일은 계시가 될 수 없다. 아직도 미래에 나타날 일들만 계시가 될 수가 있다. 즉 1장 이후의 모든 일들은 반드시 속히 될 일에 대한 말씀이다. 일곱 교회의 말씀도 반드시 속히 될 일로 보아야 하며 사도 요한이 보지 못한 교회 역사상에 일어날 일들로 보아야 된다. 그리고 그 이후에 이어질 모든 환난들과 심판들도 과거의 사건들이 아니고 미래에 일어날 일들로 보아야 한다.

2. 각 장마다 '중복' 되거나 '되풀이' 되는 일들이 없다.

어느 한 장과 절도 되풀이되거나 중첩되는 일이 없이 각 장마다 다른 일들이 기록되어 있다. 그러므로 각 장마다 다른 새로운 일들이 일어나는 것이다. 똑같은 일이 일어나지 않는다. 매 장마다 새로운 사건들이 진행되어 나가면서 완성되는 것이지 똑같은 일들이 되풀이되어지지 않는다는 것이다.

예를 들면 2~3장의 교회시대가 나온다. 교회가 역사적으로 진행되면서 구원의 수가 차게 되면 교회시대가 끝나고 6장부터는 교회가 환난기에 접어든다. 그러다가 7장에 가서 휴거에 참예하게 되고(7:14) 그들이 하나님의 보좌에 앉게 되고 이들이 20장에 보좌에 앉은 자들이다.(계20:4) 왜냐하면 이기는 자들에게 보좌에 함께 앉게 해 주시겠다고 약속하셨기 때문이다.(계3:21) 그리고 이들이 21~22장에 가서 새 하늘과 새 땅의 기초석에 그 이름들이 기록되는 자들이다.(계21:14)

이와 같이 모든 일들은 진행하면서 완성이 되어지는 것이지 똑같은 일들이 되풀이 되지 않는다. 되풀이 되면 곧 미궁에 빠지게 된다. 같은 일을 되풀이하면 새 예루살렘의 영광이 보이지 않는다. 각 장의 모든 일들은 모두 세밀하게 엮여져 있어서 연관을 지으면서도 되풀이됨이 없이 진행해 나아가다가 마침내 새 예루살렘에서 완성된다.

3. 각 장마다 '입체적' 으로 해석되어져야 한다.

요한계시록은 어떤 사건도 단편적인 것이 없다. 모든 것은 입체적이며 복합적이다. 즉 첫째 부활에 참예할 자들이 누구인가를 말할 때에(계20:4) 이것을 20장에 일어나는 단편적인 일로 해석하면 모든 해석이 뒤틀리고 해석의 생명력을 잃어버리게 된다. 이 천년왕국의 영광 즉 첫째 부활에 참예할 자들은 7장에서 휴거된 자들(보좌에 앉은 자들), 14장에서 새 노래를 부르는 14만4천 명 (목베임을 받은 자들), 14장에서 추수되어 15장2절에서 모세의 노래 어린 양 의 노래를 부르는 자들인데 이들은 짐승의 수를 이기고 벗어난 자들 (15:2,20:4)이다.

이와 같이 첫째 부활에 참예하는 자들은 2~3장 교회시대를 거쳐 휴거와 부 활에 참예한 자들과 7장에서 인치심을 받고(7:1~8) 복음을 전하다가 순교한 후 14장1절 시온산에서 부활한 모습으로 나타나서 새 노래를 부르는 자들과 그리고 14장14절 마지막 추수 때에 휴거에 참예한 자들인데 이들은 15장2절 에서 불이 섞인 유리 바닷가에 서서 모세의 노래 어린 양의 노래를 부르는 자 들이다. 이와 같이 20장4~6절에 나오는 자들이 단편적으로 예수님의 지상 재 림 이후에 순간적으로 되어진다고 해석해 버리면 많은 부분들이 뒤틀리고 중 첩이 되고 충돌이 생겨 해석의 생명력을 잃게 된다.

4. 성경의 역사는 '일곱 시대'로 구분된다.

일곱 시대란 다니엘서 2장에 나오는 여섯 시대와 계시록에 나오는 새예루살 렘 시대를 합한 것을 말한다. 느부갓네살이 보고 다니엘이 해석한 우상의 계 시는 여섯 시대였다. 즉 금머리는 바벨론, 은 팔과 가슴은 메데,바사, 동 배는 헬라, 넓적다리와 종아리는 철인데 이것은 로마, 그리고 발과 발가락은 철과 흙인데 이것은 로마 시대의 마지막에 일어나는 현대이다.

그리고 공중에서 뜨인 돌이 나타나는데 이것은 그리스도이며 이 돌이 발과 발가락을 치자 우상이 무너진 것은 그리스도가 우상나라 즉 세상 나라를 멸하 고 그리스도의 나라를 세울 것을 말하는데 이것이 돌 나라 즉 천년왕국이다. 금 - 은 - 동 - 철 - 흙 - 돌 이렇게 다니엘서에는 여섯 시대를 말하고 있다. 이 다 음에 어떤 시대가 올 것인가? 그것이 요한계시록에 나오는 새 하늘과 새 땅 즉 새 예루살렘이다.

이 새 예루살렘은 바로 열 두 가지 보석으로 이루어진 나라인데 이 나라가 완성된 나라이다. 그러므로 인류의 모든 역사는 일곱 시대로서 완성이 된다. 그러므로 천년왕국과 새 예루살렘이 같은 나라인가 다른 나라인가를 돌 나라와 보석 나라로 구분지어 볼 수가 있다. 즉 돌 나라에서 보석 나라로 완성되어 가는 모습이다. 천년왕국은 노아 홍수 이전의 시대로 볼 수가 있다. 그들이 900년 이상을 산 것처럼 천년왕국에서는 사람들이 나무의 수명과 같이 될 것이다.(사65:22) 즉 천 년을 살게 될 것이다. 그리고 새 하늘과 새 땅은 아담이 에덴 동산에 있을 때의 모습으로 볼 수가 있다. 하나님과 같이 거닐며 대화가 가능했던 것처럼 새 예루살렘에서도 그와 같이 될 것이다.(계21:3)

5. 요한계시록의 해석은 '자체의 내증'과 '신구약 66권'의 뒷받침이 없이는 해석될 수 없다.

계시록 22장 404절 중에 모든 말씀은 구약의 뒷받침과 신약의 뒷받침 없이는 해석할 수 없다. 요한도 요한계시록을 이렇게 증거하고 있다.

(계1:2) 요한은 하나님의 말씀과 예수 그리스도의 증거 곧 자기의 본 것을 다 증거하였느니라

사도 요한은 계시록의 내용을 하나님의 말씀 즉 구약과 예수 그리스도의 증거 즉 신약의 말씀을 보고 그 내용을 적은 글이라고 한 것이다. 그러므로 요한계시록은 신구약 66권의 말씀을 결론적으로 또는 종합해서 말씀하신 것이기 때문에 결코 계시록 자체로서 해석하면 그것은 주관적이고 단편적인 해석으로서 그 해석은 곧 생명력을 잃게 된다.

요한계시록에 기록된 모든 일들은 이미 신구약 성경에 기록된 일들에 대해서 해답을 주는 말씀들이다. 창세기부터 말라기 마태복음부터 유다서까지의 내용들이 요약되고 통합되어서 그림으로 보여 진 것이다. 그러므로 계시록 자체로 해석이 되었다면 그것은 정확한 해석이라고 볼 수 없다.

요한계시록은 마치 건축물의 설계도면과 같다. 그러므로 이 설계도면을 보고 성삼위 하나님께서 역사를 진행해 나아가신다. 그러므로 이 설계도면을 해석함에 있어서 신구약66권의 뒷받침이 없이 자체적으로 해석을 잘못하게 되면 정확한 그림을 보지 못하고 엉뚱한 그림을 보게 되어 당황하게 된다. 요한계시록에는 구체적으로 이루어 가실 일들이 기록되어져 있다. 그러므로 신구약 66권을 통하여 구체적인 그림이 그려지지 않는 해석은 위험하다.

6. 교회와 이스라엘은 반드시 구분되어져야 한다.

요한계시록은 두 권의 책으로 구성되어져 있다. 그 한 권은 일곱 인봉한 책이며 다른 한 권은 작은 책이다. 일곱 인봉한 책은 이방인 교회의 구원에 대한 말씀이며 작은 책은 이스라엘에 대한 말씀이다. 7장에도 이스라엘 중 14만4천 명이 나오고 7장 9절 이하는 이방인 교회 중 셀 수 없이 많은 사람들이 나온다.

이스라엘과 교회는 처음부터 끝까지 다른 구원의 시점을 갖고 있기 때문에 반드시 구분지어 해석해야 한다. 그렇지 않으면 중첩(redundancy)과 뒤틀림(distortion)이 일어난다. 특히 14만4천에 대해서 여러 가지 해석들이 나오지만 14만4천 명들은 이스라엘 지파 중에서 일만 이천 명씩 14만4천 명이지 12(12사도) × 12(12지파) × 1000 = 14만4000이라는 공식은 해석상 여러 가지 어려움을 초래한다.

이 14만4천 명을 구원 받은 자의 총 수라고 한다면 왜 하나님께서 12지파의 이름을 열거했을까? 그리고 9절 이하에 나오는 각 나라와 족속과 백성과 방언에서 나오는 셀 수 없이 많은 자들은 누구인가? 14만4천 명과 셀 수 없이 많은 자들은 어떻게 해석해야 할 것인가? 이스라엘과 이방인 교회가 구원 받는 과정을 설명한 것으로 이스라엘과 이방인 교회를 분명히 구분하지 않으면 계속해서 중첩(redundancy)과 반복(going back and forth)이 계속된다.

계21:12과 14절 말씀에는 이스라엘 12지파와 교회의 12사도의 이름들이 나오는데 이것이 신구약66권의 구원의 완성이다. 구약성경의 요지는 무엇인가? 그것은 이스라엘의 궁극적인 구원이다.(말3:6) 신약의 요지는 무엇인가? 그것은 교회의 구원의 완성이다.(마13:30) 그러나 교회의 구원은 구약성경에 감추어져 있고 이스라엘의 구원은 신약에 감추어져 있다.(롬11:25~26)

로마서의 주제도 전체적으로는 교회의 구원에 대해서 말씀하시지만 로마서 9장에서 11장 사이에 바울은 이스라엘의 구원의 과정을 자세하게 그려놓았다. 요한계시록도 전체적으로는 교회의 구원에 대해서 말씀하시지만 작은 책 속에서는 이스라엘의 구원에 대해서 말씀하시고 있다. 일곱 인 봉한 책과 작은 책이 절묘하게 연결되면서 이러한 과정을 그려놓은 것이 요한계시록이라고 볼 수가 있다.

7. 요한계시록에 나오는 모든 숫자는 실제적인 수와 상징의 수와 역사상 이루어질 수로 해석해야 한다.

요한계시록에는 크게 세 가지 종류의 수가 나타나고 있다.

첫째, 실제적인 수로 보는 경우 : 7장과 14장에 나오는 14만4천은 가장 논란이 많은 수이다. 그러나 이스라엘 12지파 중에서 일만 이천 명씩 인침을 받은 자들로서 복음을 전할 사명자들의 실제 수로 보아도 아무런 어려움이 없다. 억지로 이 수를 풀이할 때에 문제가 생긴다. 한 때 두 때 반 때(12:14) 즉

1260일(11:3,12:6), 42달(11:2,13:5), 삼년 반(약5:17) 이 모두는 환난의 기간을 말하는 것으로 이 수도 다니엘서 9장, 70이레를 근거로 하여 실제적인 수로 보면 된다. 각 나라와 족속과 백성과 방언에서 아무라도 능히 셀 수 없는 많은 무리(7:9)는 그대로 셀 수 없이 많은 수로 보면 되고 이만 만(9:16)이나 만만이요 천천(5:11)도 그대로 보면 된다. 그리고 새 예루살렘의 크기를 나타내는 일만 이천 스다디온(스다디온은 약 185m)이나 성곽의 크기인 144규빗(1규빗은 약 45cm)등도 실제적인 수로 보아도 무방하다.

둘째, 속성을 나타내는 경우 : 성 삼위 하나님을 나타내는 수 즉 일곱 무지개 (4:3)나 일곱 눈, 일곱 뿔(5:6), 일곱 등불(4:5) 등은 하나님의 속성을 나타내는 상징으로 보아야 한다. 어린 양 예수 그리스도가 일곱 눈을 가졌다는 것은 완전한 지혜를 나타내고 일곱 뿔을 가졌다는 것은 전능하신 능력을 나타낸다. 정말 예수 그리스도의 머리에 일곱 뿔이 있다면 그것은 이상한 모습이 아닐 수 없다. 그리고 이것이 1장에 나오는 그리스도의 모습과는 서로 상이한 것이기 때문에 이러한 경우에만 상징으로 보아야 한다. 성령 하나님도 일곱 등불로 묘사하고 있는데 이것은 온 세상의 교회에 보내심을 받은 성령의 충만하신 역사와 속성을 나타내는 표현으로 보아야 한다. 그리고 가장 논란이 많은 666도 적그리스도의 속성을 나타내는 수로서 하나님은 성부 7(4:3), 성자 7(5:6), 성령 7(4:5) 공히 만수인 777이고 사단의 삼위는 거기에서 모자라는 수인 666으로 보면 된다.

셋째, 역사상 이루어지는 수의 경우 : 일곱 교회는 그 당시에 존재했던 실제적인 일곱 교회임과 동시에 또한 교회사에 나타나는 일곱 교회시대로 보아도 무방하다. 왜냐하면 2장부터는 반드시 속히 될 일을 기록한 것이기 때문이다.(1;1) 사단이 일곱 머리와 열 뿔이 있다는 것은 이 사단의 활동 하는 모습이 역사상에 나타나서 역사적으로 이루어 나아가는 수이다.

이것은 다니엘서에 나오는 일곱 머리(바벨론 머리 하나, 메데, 바사 머리 하나, 헬라 머리 넷, 로마 머리 하나)와 열 뿔(마지막으로 적그리스도를 도와 세상을 통치할 일곱 왕) 짐승의 모습과 동일한 모습인데 이들은 역사상에서 이러한 모습으로 이루어가는 상징의 수로서 역사적인 흐름과 동일한 내용이므로 역사적인 사실을 모르면 해석이 불가능하다.

문제는 이 숫자를 주먹구구식으로 해석함으로 어려움이 있다. 상징적인 것은 상징적으로 해석해야 한다. 그러나 그 외에는 억지로 상징으로 해석하게 되면 해석상의 어려움을 초래하게 된다. 그리고 정확한 해석을 통하여 구체적인 그림을 보아야 하는데 너무 상징으로 흘러 가 버리면 구체적인 그림을 볼 수가 없다. 상징으로 해석할 부분은 상징으로 해석해야 하지만(영적인 표현들 즉 하나님, 어린 양, 성령, 사단, 교회 등).

그러나 가급적이면 모든 수를 구체적인 수로 해석할 때 아무런 해석상의 어려움이 없고 도리어 역사적으로 교회사 안에서 일어날 사건들에 대해서 정확하고 구체적인 그림을 볼 수가 있다.

요한계시록의 각 장별 개관

장	내 용	시대 구분
1	총론, 예수그리스도의 현현	요한의 시대
2	일곱 교회 칭찬, 책망, 축복	요한이 본 것 일곱 교회시대 (7년 풍년)
3		
4	하나님의 보좌와 천상 광경, 찬양	이제 있는 일
5		
6	7년 환난, 1-6인을 떼심, 보좌 재림	
7	이스라엘 14만4천 명 인침과 교회의 휴거	장차될 일 (전 3년 반) (7년 흉년)
8	일곱째 인을 떼심과 1-6째 나팔 심판(부분 심판)	
9		
10	작은 책의 계시	
11	전 3년 반과 두 증인의 사역	
12	마귀의 지상 추방당함과 후 3년 반, 이스라엘의 보호	장차될 일(전 3년 반) (7년 흉년)
13	적그리스도와 거짓 선지자의 통치	
14	14만4천 명의 부활과 흰 구름 재림	마지막 구원과 찬양
15	마지막 추수된 자의 찬양	
16	일곱 대접 심판(1대접 - 7대접), (전면적 심판)	마지막 심판
17	큰 바벨론 음녀의 정체와 심판	음녀의 정체와 심판 그리스도의 지상 재림
18		
19	예수그리스도의 흰 말 재림과 사단의 삼위의 최후	
20	첫째 부활, 천년왕국, 곡과마곡의 전쟁, 둘째 사망, 흰 보좌심판	천년왕국과 흰보좌심판
21	새 하늘과 새 땅(새 예루살렘성)	새 하늘과 새 땅 (새 예루살렘)
22	생명수강과 생명나무, 세세토록 왕노릇	

제 1 장

서론 및 해석의 지침

발신자(1, 4~6, 8)
수신자(1, 9)
대상(4, 11)
목적(3)
경로(1)
내용(1, 2, 7)
장소(9)

1장의 개요

1장은 서론 부분과(1~9)과 본론 부분(10~20)으로 나뉠 수 있다.

서론 부분(1:1~9) : 서론 부분은 요한계시록의 전체적인 총론 성격의 말씀들이 기록되어 있다. 즉 이 계시의 주체이자 발신자에 대해서(1:1, 4~6, 8) 그리고 수신자인 요한(1:1, 9)에 대해서 이 글의 대상자가 누구인지를 밝힌다.(1:4) 그들은 아시아에 있는 일곱 교회로서 그 당시에 존재했던 일곱 교회이다. 그러나 이 글들이 그들만을 대상으로 한 것이라기 보다는 세계 만국교회와 모든 시대의 교회를 포함한다고 볼 수가 있다. 그러나 이 편지를 쓴 목적이 무엇인지를 밝히고 있다. 그리고 이 글의 내용은 하나님의 말씀 즉 구약과 예수 그리스도의 증거 즉 신약의 말씀을 형상 언어로 보여준 것임을 말씀하시고 있다.(1:2) 그리고 반드시 속히 될 일을 기록한 것이라고 말씀하셨다.(1:1) 그리고 그가 속히 올 것에 대한 말씀인 것임을 분명히 밝히고 있다. (1:7) 그리고 이 편지를 받은 장소는 밧모섬이라고 밝히고 있다. (1:9)

이것을 요약하면 다음과 같다.

- 발신자 : 성삼위 하나님(1, 4~6, 8)
- 수신자 : 사도 요한(1, 9)
- 대상 : 아시아에 있는 일곱 교회(4, 11)
- 목적 : 그 종들에게 보이시려고(1), 복 주시려고(3)
- 경로 : 성부 - 성자 - 천사 - 요한 - 종들 - 교회 - 세상
- 내용 : 반드시 속히 될 일(1), 신 · 구약의 증거(2), 재림(7)
- 장소 : 밧모섬(9)

본론 부분(10~20) : 본론 부분은 나팔 소리와 같은 소리가 나며 요한계시록

의 본론 부분이 시작된다. 여기서부터 마지막 22:5절까지 계시가 진행된다. 10절부터 20절까지는 아시아 일곱 교회에 대한 예고 부분이다. 즉 20절의 말씀과 같이 네 본 것에 대한 계시의 예고 부분이다.

요한계시록은 사도 요한이 AD95~96년경 로마의 도미티안 황제때에 밧모섬에 유배되어 가서 약 1년 6개월간 있으며 받은 계시이다. 계시록은 총 22장 404절로 되어 있으며 신 · 구약 66권의 요약이며 결론이다. 특히 1장은 계시록 22장까지의 개요이며 첫 단추이다. 첫 단추를 잘 끼워야 의복을 바로 입을 수 있는 것처럼 요한계시록 1장의 해석을 어떻게 하느냐에 따라 전체의 해석이 달라질 수 있다. 그러므로 1장의 해석은 매우 중요하며 1장의 해석은 계시록 전체 해석의 가이드 라인을 제시하는 장이라고 볼 수가 있다.

예수 그리스도의 계시(1)

(계 1:1) 예수 그리스도의 계시라 이는 하나님이 그에게 주사 반드시 속히 될 일을 그 종들에게 보이시려고 그 천사를 그 종 요한에게 보내어 지시하신 것이라

요한계시록은 예수 그리스도의 계시이다. 다만 사도 요한은 그분의 계시를 받아서 전한 것뿐이다. 전승에 의하면 초대교회 일곱 집사중의 하나인 브로고로가 계시록을 대필한 것으로 전해지고 있다. 계시란 감추인 것을 드러내는 것이며 베일을 벗겨서 지금까지 모르던 일을 보여주는 것이다.

사전적 의미는 다음과 같다.

Apocalupsis: 드러냄, 벗김, 나타냄
1. 일반적인 진리의 계시(눅2:32, 롬16:25)

2. 꿈이나 환상등을 통하여 주는 특별계시(갈1:12, 고후12:1, 엡3:3, 갈2:2)

3. 종말적 계시(롬2:5, 8:19, 살후1:7, 벧전4:13)

이와 같이 감추인 것을 하나님께서 때가 되매 드러내어 알려주시는 것을 계시라고 한다. 잘 알고 있는 것은 계시가 될 수 없다. 그러므로 밧모섬에서 계시를 받기 이전의 모든 역사적인 사건들은 계시로 볼 수가 없다. 예를 들면 예수 그리스도의 초림, 교회의 시작, 사단의 근원 등은 이미 요한이 잘 알고 있는 역사적인 사건들이므로 계시가 될 수 없다. 요한계시록은 정확히 말하면 예수 그리스도의 계시이다. 다만 그것을 받아서 기록한 자의 이름이 요한일 따름이다. 그렇다면 요한계시록은 무엇을 계시하고 있는가?

1. 성삼위 하나님에 대한 계시이다.

  1) 성부 하나님에 대한 계시(계1:4,6,8,3:21,4:2~3,5:1,7:10,14:3,20:11,22:1,3)

  2) 성자 하나님에 대한 계시(계1:5~7,13~18,2:1,8,12,18,3:1,7,14,계 5:6~13,6:1,7:10,8:1,10:1~3,14:1,14~15,19:11~16,20:4~6,21:2,22:1,16)

  3) 성령에 대한 계시 (1:4, 2:7, 11, 17, 29, 3:6, 13, 22, 4:2, 5, 5:6, 7:2~8, 17:3, 21:6, 22:1~2, 22:17)

2. 하나님의 보좌(36번)와 천국(계20:4~6,21:1~22:5)에 대한 계시이다.

3. 악의 삼위(12:~13:)와 음녀(17:~18:), 열 뿔(13:1,17:12~13)에 대한 계시이다.

4. 대환난(6:1~13:18)과 심판(8:1~9:21,16:1~21)에 대한 계시이다.

5. 교회와 이스라엘의 구원에 대한 계시이다.(계7:9~17,11:~15:4,20:4~6,21:~22:)

6. 예수 그리스도의 재림과 휴거 그리고 부활에 대한 계시이다.(6:1~20:15)

7. 성도들의 승리와 상급에 대한 계시이다.(2:~3:, 22:12)

반드시 속히 될 일(1)

(계 1:1) 예수 그리스도의 계시(啓示)라 이는 하나님이 그에게 주사 반드시 속

히 될 일을 그 종들에게 보이시려고 그 천사를 그 종 요한에게 보내어 지시
하신 것이라

　　요한계시록은 '반드시 속히 될 일' 이다. 이 말씀은 요한계시록 해석의 기본
원리이다. 즉 요한계시록은 사도 요한이 살았던 시대 이후의 역사적 미래를
예언하는 책임을 말씀하고 있다. 초림이나 교회의 기원, 사단의 기원 등은 이
미 요한이 잘 아는 내용이므로 요한계시록의 계시에 포함시킬 수가 없다. 요
한이 잘 알고 있는 역사적인 과거 사실들은 요한계시록의 계시의 내용이 아님
을 알 수가 있다.
　　즉 2장 이후의 모든 사건들은 다 요한 이후의 사건들을 예언하고 있다고 보
아야 한다. 그리고 반드시 '속히' 될 일이다. 이 '속히' 란 말은 인간적인 측면
에서라기보다는 예수 그리스도의 측면에서 보아야 한다. 하루가 천 년 같고
천 년이 하루 같은 하나님의 측면에서 보아야 한다.
　　예수님께서 하늘로 올라가실 때 제자들이 하늘을 쳐다볼 때 천사들이 말하
기를 "갈릴리 사람들아 어찌하여 서서 하늘을 쳐다보느냐? 너희 가운데서 하
늘로 올리우신 예수는 하늘로 가심을 본 그대로 다시 오시리라." 고 했는데 그
후로 벌써 2000여 년이 지나갔다.
　　사도 바울은 자기의 생전에 어쩌면 예수님이 재림하실지 모른다는 위기의
식으로 부지런히 복음을 전했고, 당시의 땅 끝이라고 했던 저 서바나까지 가
서 복음을 전하려고 했다. 그러나 아직도 예수님은 오시지 않았다. 교회사에
는 예수님의 재림에 대해 두 가지 극단적 이단들이 있어 왔다.
　　첫째, 예수님이 오래도록 오시지 않으시니, 예수님은 오시지 않으신다는 재
림 부정론자들이 일어났다. 그들은 신앙생활을 적당히 하면서 이 땅에서의 즐
거움과 쾌락, 기득권을 얻는 데만 바빴다. 둘째, 나름대로 재림 일자를 계산해
서 그 날을 예언하여 많은 성도들을 미혹하고 실망케 한 자들이 있었다.
　　안식교의 원조라고 할 수 있는 윌리엄 뮐러는 1843년 8월 21일에 재림일을

예언해서 수많은 사람들이 그를 추종했고 메사추세츠주의 한 빌딩에 수 백 명이 모여 철야를 하며 초조하게 기다리는데 한 밤중 밖에서 나팔소리가 들렸다. 밖을 보니 앞집에 사는 술주정뱅이가 서서 트럼펫을 들고 웃고 있었다. 수많은 사람들은 실망하고 크게 낙심해서 실신하는 사람들까지 발생했다고 한다. 예수님이 오시지 않자 밀러는 사과했으나 그 제자였던 화이트 여사는 예수님이 재림하시어 하늘에서 조사심판을 하기 시작했다고 주장하여 이단 교파를 만들었다. 여호와의 증인의 교주 럿셀은 1852년에 재림일을 예언, 실패하자 1914년으로 수정했으나 또 실패하자 예수가 공중 재림했다고 거짓말을 했다. 우리나라 이장림 목사는 1992년 10월에 재림한다고 큰소리 치더니 결국 무기한 연기됐다는 발표를 하고 많은 사람들이 실망하여 흩어졌다.

우리는 주님의 재림을 논할 때 항상 성경대로 믿고 성경대로 말해야 한다. 어떤 분은 '내 생각에는 앞으로 100년 안에는 결코 안 오실 것' 이라고 큰 소리 친다. 그것도 비성경적이다. 곧 다시 오실 것이다. 그러나 그 날과 그 시는 아무도 모른다. 하나님만 아신다. 그러므로 날마다 준비해야 한다. 하나님의 약속은 어떤 더디다고 생각하는 자와 같지 않다고 말씀하시고 있다.

(벧후3:8~10) 사랑하는 자들아 주께는 하루가 천 년 같고 천 년이 하루 같은 이 한가지를 잊지 말라 ⁽⁹⁾ 주의 약속은 어떤 이의 더디다고 생각하는 것같이 더딘 것이 아니라 오직 너희를 대하여 오래 참으사 아무도 멸망치 않고 다 회개하기에 이르기를 원하시느니라 ⁽¹⁰⁾ 그러나 주의 날이 도적같이 오리니 그 날에는 하늘이 큰 소리로 떠나가고 체질이 뜨거운 불에 풀어지고 땅과 그 중에 있는 모든 일이 드러나리로다

우리가 더디다고 생각하는 것은 인간적인 계산법으로 그렇지 하나님께서는 천 년이 하루 같다고 말씀하시고 있다. 문제는 모든 사람들이 다 구원을 얻기를 기다리고 계신다는 사실이다. 반드시 속히 될 일이란 앞으로 전개될 교회

시대와 심판과 재림이다. 그러므로 이 일은 반드시 속히 될 것이다.

인류의 역사 가운데 일점일획이라도 이루어지지 않고 지나가는 일이 결코 없을 것이다.

요한계시록은 하나님의 말씀과 예수 그리스도의 증거이다.(2)

(계 1:2) 요한은 하나님의 말씀과 예수 그리스도의 증거 곧 자기의 본 것을 다 증거하였느니라

요한계시록은 하나님의 말씀 즉 구약성경과 예수 그리스도의 증거 곧 신약성경을 근거로 하나님께서 그에게 그림으로 보여주신 책이다. 그러므로 어떠한 해석을 하더라도 신구약을 근거로 해석해야 한다. '계시록 노트'를 쓴 이광복목사의 말을 인용하면

"요한계시록의 해석은 본서 자체에만 국한될 것이 아니라 전 성경을 배경으로 해석되어야 한다. 왜냐하면, 계시록이 구약 39권의 말씀 중 26권을 인용, 총 404절 가운데 278절이 구약을 직접 인용하고 있기 때문이다. 또 구약의 유사 표현 약 348회 중 약 95회는 반복적으로 사용되었고 약 250회는 정확한 유사 표현을 사용하고 있다. 더구나 1장에서 5장까지 85회나 구약을 인용하고 있을만큼 성경의 마지막 요약임을 입증하고 있다. 그러므로 요한계시록의 해석은 전 성경을 배경으로 성경으로 성경을 해석해야 한다."

요한계시록은 신구약 66권의 요약임과 동시에 해답의 성격을 지닌 책이다. 그러므로 요한계시록을 독립해서 해석한다면 미혹에 빠진다. 신구약 66권 전체의 흐름과 맥을 같이해야 바르게 해석할 수 있다.

즉 성경 66권이 문제라면 요한계시록은 그 모범답안이라고 볼 수가 있다. 그러므로 요한계시록을 해석할 때에는 신구약 66권을 활짝 열어놓고 그 말씀에 따라 해석해 나아갈 때에 요한계시록의 인봉이 풀려진다.(계22:10)

읽는 자와 듣는 자들과
그 가운데 기록한 것을 지키는 자들이 복이 있다.(3)

(계 1:3) 이 예언의 말씀을 읽는 자와 듣는 자들과 그 가운데 기록한 것을 지키는 자들이 복이 있나니 때가 가까움이라

오늘날 성경책 중에서 계시록만큼 읽히지 않는 책은 드물 것이다. 예수님께서는 이 예언의 말씀을 읽는 자와 듣는 자들과 그 가운데 기록한 것을 지키는 자들이 복이 있다고 분명히 말씀하시고 있지만 그 반대의 현상이 일어나고 있는 것은 바로 사단의 방해 때문이다. 요한계시록이 사단의 최후에 대해서 너무나 분명하게 기록하고 있기 때문이다. 사단은 자기의 정체가 폭로가 된 이 책을 성도들이 읽지 못하도록 온갖 수단과 방법을 동원하여 방해한다.

그러나 예수님께서 하신 말씀대로 읽는 자와 듣는 자들과 지키는 자들은 오늘날도 복이 있다. 예수님께서는 이 계시의 말씀을 지키는 자들이 복이 있다고 여러 차례 말씀하시고 계신다. 요한계시록에는 일곱 차례의 복을 말씀하시고 계신다.(계1:3, 계14:13, 계16:15, 계19:9, 계20:6, 계22:7, 계22:14)

요한계시록에는 많은 축복이 약속되어 있다. 계시록 2장, 3장에 이기는 자들에게 12가지의 축복을 약속하셨다.

1) 생명나무의 과실(계2:7) : "귀 있는 자는 성령이 교회들에게 하시는 말씀을 들을지어다 이기는 그에게는 내가 하나님의 낙원(樂園)에 있는 생명나

무의 과실을 주어 먹게 하리라"

2) 생명의 면류관(계2:10) : "네가 장차 받을 고난을 두려워 말라 볼지어다 마귀가 장차 너희 가운데서 몇 사람을 옥에 던져 시험을 받게 하리니 너희가 십일 동안 환난을 받으리라 네가 죽도록 충성하라 그리하면 내가 생명의 면류관을 네게 주리라"

3) 둘째 사망의 해를 면함(계2:11) : "귀 있는 자는 성령이 교회들에게 하시는 말씀을 들을지어다 이기는 자는 둘째 사망의 해를 받지 아니하리라"

4) 만나(계2:17) : "귀 있는 자는 성령이 교회들에게 하시는 말씀을 들을지어다 이기는 그에게는 내가 감추었던 만나를 주고"

5) 흰돌(계2:17) : "귀 있는 자는 성령이 교회들에게 하시는 말씀을 들을지어다 이기는 그에게는 내가 감추었던 만나를 주고 또 흰 돌을 줄 터인데 그 돌 위에 새 이름을 기록한 것이 있나니 받는 자 밖에는 그 이름을 알 사람이 없느니라"

6) 새 이름(계2:17) : "귀 있는 자는 성령이 교회들에게 하시는 말씀을 들을지어다 이기는 그에게는 내가 감추었던 만나를 주고 또 흰 돌을 줄 터인데 그돌 위에 새 이름을 기록한 것이 있나니 받는 자 밖에는 그 이름을 알 사람이 없느니라"

7) 만국의 통치 권세를 줌(계2:26) : "이기는 자와 끝까지 내 일을 지키는 그에게 만국을 다스리는 권세를 주리니"

8) 새벽별을 줌(계2:28) : "내가 또 그에게 새벽 별을 주리라"

9) 흰옷(계3:5) : "이기는 자는 이와 같이 흰 옷을 입을 것이요 내가 그 이름을 생명책에서 반드시 흐리지 아니하고 그 이름을 내 아버지 앞과 그 천사들 앞에서 시인하리라"

10) 생명책에 이름을 기록함(계3:5) : "이기는 자는 이와 같이 흰 옷을 입을 것이요 내가 그 이름을 생명책에서 반드시 흐리지 아니하고 그 이름을 내 아버지 앞과 그 천사들 앞에서 시인하리라"

11) 성전의 기둥이 되게 하심(계3:12) : "이기는 자는 내 하나님 성전에 기둥이 되게 하리니 그가 결코 다시 나가지 아니하리라 내가 하나님의 이름과 하나님의 성 곧 하늘에서 내 하나님께로부터 내려오는 새 예루살렘의 이름과 나의 새 이름을 그의 위에 기록하리라"

12) 보좌에 함께 앉게 하심(계3:21) : "이기는 그에게는 내가 내 보좌에 함께 앉게 하여 주기를 내가 이기고 아버지 보좌에 함께 앉은 것과 같이 하리라"

그러므로 요한계시록은 축복의 책이다. 우리가 요한계시록을 공부하는 이유는 하나님께서 우리를 위해서 예비해 놓으신 엄청난 축복을 확신하고 어떠한 어려움도 이겨 나아가기 위한 것이다. 우리 앞에 펼쳐질 미래가 있다.

그 미래는 밝고 희망찬 미래이며 성도들을 위해 아름답게 예비해 놓으신 미래이다. 이 미래는 반드시 속히 될 일이다. 요한계시록을 공부하는 동안에 이러한 소망이 넘쳐서 어떠한 어려움 속에서도 능히 인내하며 승리하시기를 바라 마지 않는다.

아시아에 있는 일곱 교회(계1:4)

(계 1:4) 요한은 아시아에 있는 일곱 교회에 편지하노니 이제도 계시고 전에도
　　계시고 장차 오실 이와 그 보좌 앞에 일곱 영과

　아시아에 있는 일곱 교회를 어떻게 해석해야 할까? 이것은 매우 중요한 물음이다. 왜냐하면 이 일곱 교회를 그 당시에 있었던 교회만으로 국한 시킬 때에 해석상의 뒤틀림이 있기 때문이다.
　왜냐하면 20절 말씀에 이 요한이 본 것이 일곱 교회인데 그가 본 것이 반드시 속히 될 일이라고 했기 때문이다.(1:1,2) 그러므로 이 일곱 교회는 다음과 같이 여러 가지로 볼 수가 있다.

　1) 그 당시 존재했던 일곱 교회
　2) 지금 세상에 존재하고 있는 만국 교회
　3) 예수 그리스도의 초림과 재림에 걸쳐서 이루어진 모든 교회
　4) 한 개인의 일곱 가지 모습의 신앙생활
　5) 교회사의 일곱 시대

여러 신학자들의 견해

저자명	저자의 견해	저자명	저자의 견해
김재준	전세계 교회 시대	데 이 크	전체 모든 교회
김응조	각 시대의 교회를 예표	존 슨	모든 시대의 교회
조용기	교회사의 일곱 시대	헨드릭슨	전세계 모는 교회

이상근	전세계 교회를 표현	비더울프	교회사의 시대를 구분
석원태	전 세기 전 교회	렌스키	여러 교회의 상징적 형태
박수암	전 세계 교회	왈부르드	교회 역사의 연대기
박윤선	신약시대의 모든 교회	래 드	전체 교회를 대표함

이 모든 견해들을 종합해 보면 교회사가 일곱 시대로 구분된다. 즉 에베소 교회 - 초대 교회 시대, 서머나 교회 - 핍박 시대, 버가모 교회 - 국교 시대, 두아디라 교회 - 중세 시대, 사데 교회 - 종교개혁 시대, 빌라델비아 교회 - 선교 시대, 라오디게아 교회 - 현대

계시의 주인이시자 원 저자가 되시는 성삼위 하나님(4~8)

성부 하나님(4)

(계 1:4) 요한은 아시아에 있는 일곱 교회에 편지하노니 이제도 계시고 전에도 계시고 장차 오실 이와 그 보좌 앞에 일곱 영과

'이제도 계시고 전에도 계시고 장차 오실 이' 는 성부 하나님을 지칭하는 말이다. 성부 하나님은 시간과 공간을 초월하여 계시고 그러면서도 장차 우리의 삶 속에 오셔서 영원토록 우리와 함께 하실 분이시다.(21:3)

성령 하나님(4)

(계 1:4) 요한은 아시아에 있는 일곱 교회에 편지하노니 이제도 계시고 전에도 계시고 장차 오실 이와 그 보좌 앞에 일곱 영과

그 보좌 앞에 일곱 영으로 나타나신 분은 성령 하나님이시다. 성령 하나님은 일곱 영 즉 완전하신 영으로서 땅에 있는 일곱 촛대 즉 교회를 탄생시키시고 교회에 생명을 주시고 교회를 완성해 가시는 분이시다. 4:5절에는 일곱 등불로 나오시고 5:6절에는 어린 양의 일곱 눈으로 나오시는 제 삼위의 하나님이시다.

성자 하나님(5-8)

(계 1:5~8) 또 충성된 증인으로 죽은 자들 가운데서 먼저 나시고 땅의 임금들의 머리가 되신 예수 그리스도로 말미암아 은혜와 평강이 너희에게 있기를 원하노라 우리를 사랑하사 그의 피로 우리 죄에서 우리를 해방하시고 (6) 그 아버지 하나님을 위하여 우리를 나라와 제사장으로 삼으신 그에게 영광과 능력이 세세토록 있기를 원하노라 아멘 (7) 볼지어다 구름을 타고 오시리라 각인의 눈이 그를 보겠고 그를 찌른 자들도 볼 터이요 땅에 있는 모든 족속이 그를 인하여 애곡하리니 그러하리라 아멘 (8) 주 하나님이 가라사대 나는 알파와 오메가라 이제도 있고 전에도 있었고 장차 올 자요 전능한 자라 하시더라

충성된 증인(5) : 그리스도는 충성된 증인이시다. 그분은 구약의 모든 성경을 그대로 십자가 상에서 이루시고 '다 이루었다'고 말씀하심으로 증인의 삶을 완성하셨다. 그러므로 그리스도 예수는 충성된 증인으로 이 땅에서 그의 삶을 다 바치셨다.(3:14)

죽은 자들 가운데서 먼저 나시고(5) : 그리스도의 부활을 말씀하신다. 그 분은 죽은 지 사흘 만에 죽은 자 가운데서 먼저 일어나심으로 잠자는 자들의 첫 열매가 되셨다.(고전15:20,22)

땅의 임금들의 머리가 되신(5) : 하늘과 땅의 모든 권세를 가지신 그 분(마 28:18) 이 세상의 모든 권세와 능력과 주관하는 모든 자들이 그 분 앞에 무릎을 꿇게 될 것이다.(빌2:9~11, 엡 1:21~22)

그의 피로 우리 죄에서 우리를 해방하시고(5) : 우리가 죄에서 해방된 것은 오직 그의 피로 말미암는다. 그의 피는 우리를 죄에서 해방하시고(롬8:1) 마귀의 권세에서 해방하시고(골1:13) 모든 율법의 저주에서 해방하신다.(갈 3:13~14)

우리를 나라와 제사장으로 삼으신(6) : 우리를 피로 사셨을 뿐 아니라 우리를 아버지 하나님을 위한 나라와 제사장으로 삼으셨다. 그래서 우리가 왕같은 제사장이 되었다.(벧전2:9)

영광과 능력이 그에게 세세토록 있을지어다 아멘(6) : 그리스도는 이 땅에 오셔서 갖은 모욕과 고통을 당하심으로 우리의 모든 저주를 대신 짊어지신 분으로서 영광과 능력을 받으시기에 합당하신 분이시다.(사53:1~5)

구름을 타고 오시리라(7) : 그 분은 구름을 타고 오실 것이라고 말씀하셨다. 이제는 수치와 고난의 메시야로 오시는 것이 아니라 영광을 받으시러 오시며 심판하러 오신다. 그러므로 이미 이 땅에 와서 고난을 받고 있다는 말은 어불성설이 된다. 오직 구름을 타고 오시는 분만이 장차 우리에게 오실 메시야이다. 각 사람들이 그를 볼 것이요 그를 찌른 자들도 볼 것이라고 한 것은 이 세상의 모든 사람들이 다 그의 재림을 본다는 말씀이다. (6:15~17, 14:14, 행1:11, 마 24:30)

알파와 오메가라(8) : 하나님은 자신을 알파와 오메가로 계시하신다. 왜냐하면 모든 것의 시작과 끝이시기 때문이다. 처음과 나중이요 전능자라 하신 것은 이제 모든 일을 시작하신 이가 끝을 맺어 새로운 세상을 여시는 하나님이심을 나타낸다. 전능하신 하나님은 처음 창조를 시작하셨듯 이제 두 번째 창조를 시작하신다.

수신자 사도 요한(1:9)

(계 1:9) 나 요한은 너희 형제요 예수의 환난과 나라와 참음에 동참하는 자라 하나님의 말씀과 예수의 증거를 인하여 밧모라 하는 섬에 있었더니

사도 요한은 밧모라고 하는 유배지에서 외롭게 죽을 날을 기다리고 있었다. 밧모라 하는 섬은 소아시아 연안 그리스의 다도해 즉 에게해(Aegean Aea)에 있는 길이 16km, 넓이 10km 둘레 약 50km 정도의 작은 섬으로 소수의 어부와 광부가 있었다. 현재는 약 3,000명 정도의 어부와 광부가 살고 있다고 한다.

요한계시록은 천지의 주인이 되시는 예수님의 계시이며 그의 사랑하는 사도 요한이 증거한 것이다. 밧모섬은 지금도 존재하는 섬이다. 그러므로 지어낸 이야기가 아니다. 사도 요한은 역사적인 인물이요 예수님께서 선택하여 세우신 사도 중의 한사람이었다. 그는 예수님께서 그에게 주신 그대로를 다 증거했다고 말씀하고 있다.

(계1:2) "요한은 하나님의 말씀과 예수 그리스도의 증거 곧 자기의 본 것을 다 증거하였느니라"

사도 요한은 그리스도의 12사도중의 한 사람으로서 마지막 십자가까지 따라간 유일한 세사였다. 그는 도미티안 황제의 핍박을 받아 밧모섬으로 유배되

어가게 되었는데 그가 밧모섬으로 유배되어 갈 때에 이미 나이가 100세 가량 되었고 다른 사도들은 거의 순교의 제물이 된 이후였다. 도미티안황제가 죽자 그는 풀려나서 다시 에베소로 복귀하여 소아시아 일곱 교회에 다니며 이 말씀을 증거했다고 한다. 지금도 일곱 교회의 유적지에 가 보면 사도 요한 기념교회가 있는데 그가 이 계시록의 말씀을 가지고 그리스도의 지시대로 일곱 교회에 전한 것을 알 수가 있다. 그가 계시를 받은 계시동굴은 지금도 잘 보존이 되어있고 지금은 그리스 정교회의 교회가 그 동굴 위에 세워져 있다.

나팔 소리 같은 큰 음성(10~11) :

(계 1:10~11) 주의 날에 내가 성령에 감동하여 내 뒤에서 나는 나팔 소리 같은 큰 음성을 들으니 [11] 가로되 너 보는 것을 책에 써서 에베소, 서머나, 버가모, 두아디라, 사데, 빌라델비아, 라오디게아 일곱 교회에 보내라 하시기로

주의 날에(10) : 안식일 지난 후 첫날을 주의 날이라고 하는데 이 날은 주님께서 사망의 권세를 깨뜨리고 부활하신 날이다. 이 날에 초대교회 성도들은 모여서 예배하고 떡을 뗀 사실을 서신에서 찾아 볼 수 있다.(행20:7)

성령에 감동하여(10) : 주의 날에 기도하여 하나님을 예배할 때에 성령에 감동하여 큰 음성을 들었다.

너 보는 것을 책에 써서 일곱 교회에 보내라(11) : 성령의 감동을 받고 그가 본 모든 것들을 책에 써서 아시아에 있는 일곱 교회에 보내라고 명령하셨다.

요한이 본 것(12~18)

일곱 금 촛대를 보았는데(12)

(계 1:12) 몸을 돌이켜 나더러 말한 음성을 알아보려고 하여 돌이킬 때에 일 곱 금 촛대를 보았는데

이 일곱 금 촛대는 아시아에 있는 일곱 교회라고 설명이 나와 있다.(20)

그리스도의 모습(계1:13~16)

(계 1:13~16) 촛대 사이에 인자 같은 이가 발에 끌리는 옷을 입고 가슴에 금 띠를 띠고 [14] 그 머리와 털의 희기가 흰 양털 같고 눈 같으며 그의 눈은 불 꽃 같고 [15] 그의 발은 풀무에 단련한 빛난 주석 같고 그의 음성은 많은 물 소리와 같으며 [16] 그 오른손에 일곱 별이 있고 그 입에서 좌우에 날선 검 이 나오고 그 얼굴은 해가 힘있게 비취는 것 같더라

사도 요한이 본 그리스도의 모습은 그가 3년 동안 따라다니며 본 그 분의 모습 과는 완전히 다른 모습이었다. 부활의 영광을 입은 그리스도의 모습이다.

발에 끌리는 옷을 입고: 대제사장의 옷을 입고 나타난 모습(1:5, 5:9~10, 13)
가슴에 금 띠를 띠고: 왕의 모습(1:5, 17:14, 19:16, 20:4,6)
그 머리와 털의 희기가 흰 양털 같고 눈 같으며: 영화와 아름다움(잠16:31, 20:29)
그 눈은 불꽃 같고: 감찰하시는 눈(2:18, 23, 19:12)
그 발은 풀무에 단련한 빛난 주석같고: 심판하시는 발(2:22~23)

그의 음성은 많은 물소리와 같으며: 생명의 말씀(2:11, 17, 29, 3:6, 13, 22)

그 오른손에 일곱 별이 있고: 일곱 교회의 사자(1:20)

그 입에서 좌우에 날선 검이 나오고: 좌우에 날선 검(2:12, 16, 19:15, 21)

그 얼굴은 해가 힘있게 비취는 것 같더라:영광과 존귀와 능력(10:1, 고후3:18, 4:6)

수신자 사도 요한과 계시자 예수 그리스도(17~18)

(계 1:17~18) 내가 볼 때에 그 발 앞에 엎드러져 죽은 자 같이 되매 그가 오른손을 내게 얹고 가라사대 두려워 말라 나는 처음이요 나중이니 [18] 곧 산 자라 내가 전에 죽었었노라 볼지어다 이제 세세토록 살아 있어 사망과 음부의 열쇠를 가졌노니

그 발 앞에 엎드러져 죽은 자 같이 되매(17) : 그는 계시를 받을 때에 너무 놀라 그만 땅에 엎드러져 죽은 자같이 되었다. 이것은 계시의 경이성을 나타내고 있으며 너무나 놀라운 계시를 받을 때에 종종 일어나는 일이다. 다니엘도 계시를 받을 때에 졸도를 한 사실이 있다. (단8:18, 27, 10:8)

그가 오른 손을 내게 얹고(17) : 죽은 자 같이 된 사도 요한을 그분의 오른손으로 어루만져 주시며 일으키시는 모습을 볼 수가 있는데 이것은 로뎀나무 아래에서 죽기를 바랐던 선지자 엘리야에게 나타나신 천사의 모습과 비슷하다. 천사가 엘리야를 두 번씩이나 어루만지며 위로하였다.(왕상19:5~8)

그리스도의 위로(17~18) : 오른 손을 그에게 얹고 위로하신다. 이 오른 손은 천지를 창조하신 손이요 못 박히신 손이다. 그 손으로 어루만지신 것이다. 두려워 말라고 말씀하시며 위로 하신다. 손으로 어루만지시고 말로서 위로하신

다. 전에 죽었었지만 이제 세세토록 살아서 사망과 음부의 열쇠를 가졌기 때문에 두려워 말라는 것이다.

네 본 것과 이제 있는 일과 장차 될 일(19~20)

(계 1:19~20) 그러므로 네 본 것과 이제 있는 일과 장차 될 일을 기록하라 [20] 네 본 것은 내 오른손에 일곱 별의 비밀과 일곱 금 촛대라 일곱별은 일곱 교회의 사자요 일곱 촛대는 일곱 교회니라

요한계시록의 내용이 신구약 66권의 요약이며 해답이라고 한다면 그 구조는 삼중으로 이루어져 있다. 즉 네 본 것, 이제 있는 일, 장차 될 일이다. 우리가 혼동하지 않도록 주께서 그 해석의 실마리를 주셨다.

네 본 것(20) : 네 본 것은 20절 말씀에 일곱 교회 사자의 비밀과 일곱 교회의 비밀이라고 했으니 2장, 3장의 교회에 대한 말씀이다. 요한은 계시록 1장 1절 말씀에 반드시 속히 될 일을 보았고 그 본 것을 증거했다고 2절 말씀에 기록한 것을 보면 일곱 교회는 반드시 속히 되어질 역사의 진행과정으로 보아야 한다. 즉 에베소 교회 다음에 서머나 교회, 버가모 교회, 두아디라 교회, 사데 교회, 빌라델비아 교회, 라오디게아 교회로 보아야 한다. 그래야 반드시 속히 될 일이 된다. 사도 요한이 일곱 교회에 편지를 보낸 것을 보면 알 수가 있다.

이제 있는 일(20) : 그러면 이제 있는 일은 무엇인가? 그것은 영원히 변치 않는 현재의 일들을 말하는데 이것은 4장, 5장의 천상광경이라고 보아야 한다. 왜냐하면 하나님의 보좌와 그 영계는 영원히 이제 있는 일이기 때문이다.

장차 될 일(20) : 그러면 장차 될 일은 무엇인가? 이것은 6장 이후의 인을 떼

시는 사건부터이다. 왜냐하면 천사가 사도 요한에게 장차 될 일을 보여주기 위해서 그를 천상으로 불러 올렸기 때문이다.

(계 4:1~2) 이 일 후에 내가 보니 하늘에 열린 문이 있는데 내가 들은 바 처음에 내게 말하던 나팔소리 같은 그 음성이 가로되 이리로 올라오라 이 후에 마땅히 될 일을 내가 네게 보이리라 하시더라 [2] 내가 곧 성령에 감동하였더니 보라 하늘에 보좌를 베풀었고 그 보좌 위에 앉으신 이가 있는데

이 후에 마땅히 될 일이란 교회시대가 끝난 후에 있을 환난시대를 말한다. 이것은 창세기41장의 내용과 너무나 흡사하다. 요셉이 바로의 꿈을 해석하고 총리가 된 이후에 7년 풍년이 있었고 그 다음 7년 흉년이 이어진 것처럼 예수 그리스도께서 이방의 빛이 되신 이후에 복음이 이방으로 넘겨졌고 그 때부터 교회시대 즉 7년 풍년의 시대가 전개된다. 로마서11:25~26절 말씀에 보면 충만한 이방인의 수가 교회를 통하여 구원을 받게 되면 마지막으로 이스라엘이 구원을 받을 것을 말씀하시고 있다.

(롬11:25~26) 형제들아 너희가 스스로 지혜 있다 함을 면키 위하여 이 비밀을 너희가 모르기를 내가 원치 아니하노니 이 비밀은 이방인의 충만한 수가 들어오기까지 이스라엘의 더러는 완악하게 된 것이라 [26] 그리하여 온 이스라엘이 구원을 얻으리라 기록된 바 구원자가 시온에서 오사 야곱에게서 경건치 않은 것을 돌이키시겠고

이제 이방인의 충만한 수가 그리스도에게로 돌아오면 이스라엘이 구원을 얻는 환난시대가 온다. 이것은 7년 흉년 시대로 보아야 하고 요셉의 형들이 요셉을 만난 것처럼 이스라엘이 그리스도를 만나는 극적인 상황이 환난을 통하여 이루어진다. 이것이 하나님의 세계 경륜의 모습이라고 보아야 한다. 그

래서 바울은 이러한 하나님의 경륜을 알고 하나님을 찬양하게 된 것이다.

(롬11:33~36) 깊도다 하나님의 지혜와 지식의 부요함이여 그의 판단은 측량치 못할 것이며 그의 길은 찾지 못할 것이로다 [34] 누가 주의 마음을 알았느뇨 누가 그의 모사가 되었느뇨 [35] 누가 주께 먼저 드려서 갚으심을 받겠느뇨 [36] 이는 만물이 주에게서 나오고 주로 말미암고 주에게로 돌아감이라 영광이 그에게 세세에 있으리로다 아멘

제 2 장

일곱 교회 1
에베소교회, 서머나교회, 버가모교회, 두아디라교회

에베소교회(1~7) : 초대교회시대 예표
서머나교회(8~11) : 핍박시대 예표
버가모교회(12~17) : 국교시대 예표
두아디라교회(18~29) : 중세시대 예표

2장의 개요

2장에는 아시아에 있는 일곱 교회 중 네 교회 즉 에베소, 서머나, 버가모, 두아디라 교회의 사자들과 그 교회의 비밀을 말씀하시는 내용이다. 아시아에 있는 일곱 교회는 1장에서 보았듯이 그 당시의 일곱 교회임과 동시에 역사상 일어나는 모든 교회시대를 말씀하고 있다고 보아야 할 것이다.

왜냐하면 이 일곱 교회도 '반드시 속히 될 일'에 속하기 때문이다. 이광복목사는 그의 저서 '요한계시록 노트'에서 다음과 같이 인용하고 있다. "Faith 신학교의 밀하임(John Edward Millhaim) 교수는 그의 저서 「교회사」에서 "교회사를 일곱 시대로 나누는데 계시록 2~3장이 가장 중요한 원리로 사용된다. 그리고 영국 선교사 죠지 브레스 웨드 목사는 화폐 수집의 취미를 가지고 세계의 화폐를 모으고 있던 중 소아시아 각 도시의 화폐가 수집되어 그로 인하여 놀라게 되었다. 그것은 계시록에 기록되어 있는 주님의 편지와 그 도시의 화폐가 모두 관련이 지어져 있었다고 하는 사실이다."

교회명	에베소	서머나	버가모	두아디라	사데	빌라델비아	라오디게아
화폐의 디자인	나무 열매	면류관	사단의 위	주문 (呪文)	두루 마리	열린 문	닫혀진 문짝
예언적 의미	사도 시대	순교 시대	국교 시대	암흑 시대	종교 개혁	선교 시대	종말 시대

그리고 사단은 머리가 일곱이요 뿔이 열인데 자신의 모습으로 역사상 사단의 문화와 역사를 이루어 갔다. 즉 다니엘 7장에 사자 머리 하나 - 곰 머리 하나, 표범 머리 넷, 열뿔 짐승 머리 하나 그래서 머리가 일곱이다. 그리고 마지막 때에 적그리스도를 도와 나타날 열뿔시대가 사단의 역사를 마지막으로 이

룰 체제이다. 이와 같이 성령님도 일곱 등불로 자신을 계시하셨는데(계4:5) 이 성령님께서는 이 세상에 일곱 촛대의 교회(계 1:20)를 이루어 가신다.

즉 에베소(초대교회시대) - 서머나(핍박시대) - 버가모(국교시대) - 두아디라(중세시대) - 사데(종교개혁시대) - 빌라델비아(선교시대) - 라오디게아(현대)를 이루어 가셨다고 보면 사단의 일곱 머리 열뿔의 해석과 성령님의 일곱 등불의 해석이 서로 평행을 이루어 적절한 해석으로 생각된다.

아시아에 있는 교회에 편지를 보내시면서 다음과 같은 형식으로 편지를 보내셨다.

~ 교회의 사자에게 편지하기를	그리스도의 모습	칭찬	책망	권면	경고	귀있는 자들은 들으라	이기는 자의 상급

에베소교회의 사자에게 주신 편지(1-7)

성경: 계2:1-7

(계 2:1~7) "에베소 교회의 사자에게 편지하기를 오른손에 일곱 별을 붙잡고 일곱 금 촛대 사이에 다니시는 이가 가라사대 [2] 내가 네 행위와 수고와 네 인내를 알고 또 악한 자들을 용납지 아니한 것과 자칭 사도라 하되 아닌 자들을 시험하여 그 거짓된 것을 네가 드러낸 것과 [3] 또 네가 참고 내 이름을 위하여 견디고 게으르지 아니한 것을 아노라 [4] 그러나 너를 책망할 것이 있나니 너의 처음 사랑을 버렸느니라 [5] 그러므로 어디서 떨어진 것을 생각하고 회개하여 처음 행위를 가지라 만일 그리하지 아니하고 회개치 아니하면 내가 네게 임하여 네 촛대를 그 자리에서 옮기리라 [6] 오직 네게 이것이 있으니 네가 니골라 당의 행위를 미워하는도다 나도 이것을 미워하노라 [7] 귀 있는 자는 성령이 교회들에게 하시는 말씀을 늘을시어나 이기는

그에게는 내가 하나님의 낙원(樂園)에 있는 생명나무의 과실을 주어 먹게
하리라”

에베소는 ‘인내’라는 뜻이며, 소아시아의 수도였고 현재 지명은 셀주크이
다. 로마제국의 행정상, 교통상의 중심지였으며, 사도 요한이 설립하고, 양육
했던 소아시아 7대 교회중의 하나가 있는 곳이었다. 그리고 바울이 3차 전도
여행시에 3년 동안이나 복음을 전했던 곳이다. 지금도 에베소에는 요한 기념
교회가 있고 요한사도께서 예수님의 어머니 마리아를 모시고 살았던 흔적이
있으며 마리아 기념교회가 있고 세계의 수많은 천주교 신자들의 참배지이기
도 하다. 뿐만 아니라 에베소에는 세계에서 가장 큰 아데미 여신전이 있었다.
그리고 구 에베소 지역에는 로마시대의 유적이 잘 보존되어 있고. 거기에 대
연극장이 있으며 사도바울이 3년 동안 강론한 곳으로 추정되어지는 켈수스도
서관이 있는데 이곳이 두란노서원이라고 하는 이들도 있다. 바울이 복음을 전
할 때에 큰 소동이 일어나서 핍박을 당한 내용이 사도행전에 기록되어 있다.

(행19:23~29) “그 때쯤 되어 이 도로 인하여 적지 않은 소동이 있었으니 [24]
즉 데메드리오라 하는 어떤 은장색(銀匠色)이 아데미의 은감실을 만들어 직공
(職工)들로 적지 않은 벌이를 하게 하더니 [25] 그가 그 직공들과 이러한 영업하
는 자들을 모아 이르되 여러분도 알거니와 우리의 유족(裕足)한 생활이 이 업
에 있는데 [26] 이 바울이 에베소 뿐아니라 거의 아시아 전부를 통하여 허다한
사람을 권유(勸誘)하여 말하되 사람의 손으로 만든 것들은 신이 아니라 하니
이는 그대들도 보고 들은 것이라 [27] 우리의 이 영업만 천하여질 위험이 있을
뿐아니라 큰 여신 아데미의 전각(殿閣)도 경홀히 여김이 되고 온 아시아와 천
하가 위하는 그의 위엄(威嚴)도 떨어질까 하노라 하더라 [28] 저희가 이 말을 듣
고 분이 가득하여 외쳐 가로되 크다 에베소 사람의 아데미여 하니 [29] 온 성이
요란하여 바울과 같이 다니는 마게도냐 사람 가이오와 아리스다고를 잡아 가

지고 일제히 연극장으로 달려들어 가는지라”

또한 사도 바울이 2차 선교 여행시에 이 성에서 전도하였으며(행18:16) 3차 여행 시 이 곳에서 세례를 주고 안수를 할 때 성령이 그들(12사람쯤)에게 강림하여 방언과 예언을 하는 놀라운 역사가 일어났던 곳이다.(행19:5~7) 바울이 마게도냐 선교에서 예루살렘으로 귀환 시에 밀레도에서 에베소 장로들을 청하여 ‘내가 3년이나 밤낮 쉬지 않고 눈물로 각 사람을 훈계하던 것을 기억하라’ 고 권면하기도 하였다(행20:31) 사도 요한이 설립하고 2년 이상 목회를 한 곳으로 디모데, 아굴라, 브리스길라, 아볼로, 두기고 등이 이 곳 교회의 교역자였다.(딤전1:3, 딤후4:12,, 행18:18~24, 20:4, 21:29)

에베소는 아시아의 최고의 도시로서 종교, 정치, 상업, 문화의 중심지였고 또한 그만큼 이교도가 성행하여 이기적 정욕이 팽배했고 당시의 외적 상황 속에서 내적인 주님의 참사랑을 견지하기가 매우 힘든 곳이었다. 나쁜 이교도들의 음란한 종교행위와 그리고 집창촌 등이 넘치는 곳이었다. 또한 세상적인 지식욕이 넘치는 곳이다. 에베소의 켈수스도서관은 4000개의 두루마리 서적이 쌓여있고 2층과 3층 화랑의 벽을 둘러친 선반 위에는 5500개의 두루마리 서적이 쌓여 있어서 총 9500개의 두루마리가 비치되어 있었고, 최대 수용량은 아마 12000여 개 정도가 될 것으로 추정하고 있다. 그리고 24000명을 수용할 수 있는 대극장이 있었다. 이와 같이 에베소교회는 처음 사랑을 잃어버리고 주님께 책망 받는 교회가 될 만한 요소들을 많이 내포하고 있는 곳이었다. 초대 기독교 역사에 의하면 에베소는 복음의 씨앗이 어렵게 심겨져서 강하게 성장하여 마침내 복음의 전진기지가 된 곳이다. 그러나 반면 당시 정치, 경제, 상업, 무역과 문화의 중심지로 고대의 허영의 시장이라고까지 불렸던 곳이다.

에베소교회에는 칭찬할 점이 많이 있었다. 그러나 에베소 지역에 있는 교회들은 날이 갈수록 예수님을 사랑하던 뜨거운 열심이 식어지고 있었다. 그러므로 예수님께서는 사도 요한을 통하여 이러한 사실을 일깨워주므로 다시 초대

교회의 그 뜨거운 열심과 사랑으로 예수님을 섬기도록 촉구하고 있다.

에베소교회에 나타나신 그리스도의 모습(1)

(계 2:1) 에베소 교회의 사자에게 편지하기를 오른손에 일곱 별을 붙잡고 일곱 금 촛대 사이에 다니시는 이가 가라사대

오른손에 일곱 별을 붙잡고(1) : 오른손에 일곱 별을 붙잡고 나타나셨는데 이는 아시아에 있는 일곱 교회의 사자들이다.(1:20) 오른손에 붙들고 계심으로 어떠한 악한 자라도 이기지 못할 것이다. 그리고 오른손으로 붙들고 계신다는 것은 언제나 바른 길로 인도하신다는 뜻이다. 모든 일들은 주님의 주권에 달려있다는 뜻이다. 주님께서 그 붙드시는 손을 놓으면 모든 것이 끝이 나는 것이다. 오병이어가 비록 적어도 그분의 오른손에 올려지니 오천 명을 먹이는 놀라운 일이 일어났다. 모든 주의 성도들과 종들이 주님의 오른손에 붙들려 있다는 사실을 늘 기억해야할 것이다. 모든 시대의 모든 교회의 종들이 주의 오른손에 붙들려 있다는 사실은 얼마나 위로가 되는지 모르겠다.

일곱 금 촛대 사이를 다니시는 이(1) : 일곱 금 촛대는 일곱 교회를 말한다.(1:20) 모든 해석은 자체의 내증과 신구약66권의 뒷받침이 있어야 가능하다. 이 일곱 금 촛대는 그 당시의 일곱 교회를 말함과 동시에 만국교회를 말한다고 볼 수 있다. 그리고 반드시 속히 될 일에 속한 일곱 교회이므로 역사에 나타날 교회로 보는 것이 타당하다. 이 교회를 주님은 늘 다니시면서 돌보시고 감찰하시고 칭찬하시고 축복하시고 도와주시며 보혜사로 함께 하신다.(요 14:18)

에베소교회를 칭찬하심(2~3)

(계 2:2~3) 내가 네 행위와 수고와 네 인내를 알고 또 악한 자들을 용납지 아니한 것과 자칭 사도라 하되 아닌 자들을 시험하여 그 거짓된 것을 네가 드러낸 것과 ⑶ 또 네가 참고 내 이름을 위하여 견디고 게으르지 아니한 것을 아노라

1. 그들의 행위와 수고와 인내(계2:2)
2. 악한 자들을 용납지 아니하였다는 것.(계2:2)
3. 자칭 사도라 하되 아닌 자들을 시험하여 그 거짓된 것을 드러내었다는 것.(계2:2)
4. 주님의 이름을 위하여 참고 견디고 게으르지 아니했다는 것.(계2:3)
5. 니골라당을 미워했다는 것. (계2:6)

니골라당은 무율법주의자들이었는데 구원받은 이후에는 우리가 육신의 어떠한 죄를 지어도 상관이 없다는 것을 가르치는 그 당시의 이단이었다. 에베소교회 성도들은 이러한 이단 사상에 물들지 않고 그들을 미워했다. 그들은 진리를 고수하기 위해서 모든 노력을 기울였다.

에베소교회를 책망하심(4)

(계 2:4) 그러나 너를 책망할 것이 있나니 너의 처음 사랑을 버렸느니라

그러나 그들은 책망을 받았디. 왜 그럴까? 그것은 그늘이 처음 사랑을 버렸

기 때문이었다. 고린도전서에는 우리가 모든 것을 가지고 있다 할지라도 사랑이 없으면 아무것도 아니라는 명쾌한 말씀이 있다.

(고전13:1~3) 내가 사람의 방언과 천사의 말을 할지라도 사랑이 없으면 소리나는 구리와 울리는 꽹과리가 되고 [2] 내가 예언하는 능이 있어 모든 비밀과 모든 지식을 알고 또 산을 옮길 만한 모든 믿음이 있을지라도 사랑이 없으면 내가 아무것도 아니요 [3] 내가 내게 있는 모든 것으로 구제하고 또 내 몸을 불사르게 내어 줄지라도 사랑이 없으면 내게 아무 유익이 없느니라

에베소교회를 향하신 권면(5)

그렇다면 처음 사랑을 회복하기 위해서 주님께서는 어떠한 방법을 제시하는가?

1. 어디서 떨어졌는지를 생각하라고 권면하시고 있다.

(계 2:5) 그러므로 어디서 떨어진 것을 생각하고

우리에게 주님에 대한 처음 사랑을 잃어버리게 하는 것이 무엇인지를 생활 속에서 찾아보라고 권면하신다. 어떤 사람은 취미생활을 하다가 어떤 사람은 이성문제로 인해서 어떤 사람은 돈 문제로 어떤 사람은 명예 때문에 처음 사랑을 잃어버리게 된다. 그러므로 내가 처음 사랑을 어디에서 잃어버렸는지를 생각하는 것이 중요하다. 케더린 쿨만이라는 미국의 유명한 여부흥사는 가정을 가진 어떤 목사와 결혼을 하게 되고 이에 따라 그는 그만 권능을 잃고 고민하게 되었다. 그러나 그녀는 나중에 그와 깨끗하게 결별하게 되었고 그녀는

다시 권능을 회복하고 주님을 위해 나머지 생을 충성스럽게 헌신하게 되었다고 한다. 바울은 빌립보서에서 이러한 말씀을 하고 있다.

(빌4:8) 종말로 형제들아 무엇에든지 참되며 무엇에든지 경건하며 무엇에든지 옳으며 무엇에든지 정결하며 무엇에든지 사랑할 만하며 무엇에든지 칭찬할 만하며 무슨 덕이 있든지 무슨 기림이 있든지 이것들을 생각하라

우리의 생각은 우리의 삶을 지배한다. 생각은 습관을 낳고 습관은 행동을 낳고 행동은 삶을 바꾼다.

(잠23:7) 대저 그 마음의 생각이 어떠하면 그 위인도 그러한즉 그가 너더러 먹고 마시라 할찌라도 그 마음은 너와 함께 하지 아니함이라

2. 회개하라고 권면하시고 있다.

(계 2:5) 그러므로 어디서 떨어진 것을 생각하고 회개하여

회개란 헬라말로 '메타노이아' 라고 한다. '메타' 는 '변하다' 라는 뜻이고 '노이아' 는 '생각' 이다. 다시 말하면 회개란 '생각을 변화시키는 것' 을 말한다. 우리가 무엇을 생각하고 있느냐가 중요하다. 우리가 가장 중요하게 생각하는 것이 무엇이냐에 따라서 우리의 삶이 변화된다. 돈과 명예만을 생각하며 살아가는 사람은 돈의 지배를 받게 되고 주님만을 생각하는 사람은 주님의 사랑과 지배를 받게 된다. 누가복음 15장에는 탕자의 비유가 나온다. 둘째 아들은 언제나 그의 분깃을 생각했다. 그래서 그는 아버지께 이 분깃을 달라고 했고 그는 이 분깃을 가지고 허랑방탕하게 다 허비하여 버렸다. 그러나 그는 나중에 아버지만을 생각하게 되었다.

(눅15:17) 이에 스스로 돌이켜 가로되 내 아버지에게는 양식(糧食)이 풍족(豊足)한 품군이 얼마나 많은고 나는 여기서 주려 죽는구나

그의 생각은 변화되었다. 그는 생각을 돌이켰다. 그리고 아버지에게로 돌아갔다. 이것이 바로 회개이다. 우리의 생각을 예수님의 생각으로 바꾸는 것이 회개이다. 예수님의 말씀을 늘 생각하며 살아가는 삶이 바로 처음 사랑을 회복하며 살아가는 삶이다. 지금까지는 내 생각과 내 뜻대로 살았다면 이제부터는 예수님의 생각과 뜻대로 살아가는 삶이 되어야 한다.

(롬12:2) 너희는 이 세대를 본받지 말고 오직 마음을 새롭게 함으로 변화를 받아 하나님의 선하시고 기뻐하시고 온전하신 뜻이 무엇인지 분별하도록 하라

그렇다. 마음을 새롭게 함으로 변화를 받아야 한다. 그리고 하나님의 뜻을 분별하는 삶을 살아야 한다. 이스라엘 백성들은 생수의 근원이 되시는 하나님을 배반하고 물을 저축하지 못하는 웅덩이를 파서 화를 자초했다. 그러나 하나님께서는 이스라엘 백성들이 생수의 근원이 되시는 하나님께 돌아오라고 말씀하시고 계신다. 이것이 회개이다.

(렘2:13) 내 백성이 두 가지 악을 행하였나니 곧 생수(生水)의 근원되는 나를 버린 것과 스스로 웅덩이를 판 것인데 그것은 물을 저축(貯蓄)지 못할 터진 웅덩이니라

(렘2:19) 네 악이 너를 징계하겠고 네 패역이 너를 책(責)할 것이라 그런즉 네 하나님 여호와를 버림과 네 속에 나를 경외함이 없는 것이 악이요 고통인 줄 알라 주 만군의 여호와의 말이니라

　그러므로 생수의 근원이 되시는 하나님을 버리고 고통당하는 이스라엘 백성들에게 하나님께서는 돌아오라고 말씀하시고 계신다.

　(렘3:12) 너는 가서 북을 향하여 이 말을 선포하여 이르라 여호와께서 가라사대 배역한 이스라엘아 돌아오라 나의 노한 얼굴을 너희에게로 향하지 아니하리라 나는 긍휼이 있는 자라 노를 한 없이 품지 아니하느니라 여호와의 말이니라

3. 처음 행위를 가지라고 권면하시고 있다(5)

(계 2:5) 그러므로 어디서 떨어진 것을 생각하고 회개하여 처음 행위를 가지라

　우리가 누군가를 처음 사랑할 때에 오직 그만을 사랑하며 헌신하게 된다. 그만을 생각하며 그를 위해서는 무엇이든지 아까와하지 않고 희생한다. 우리가 주님을 처음 믿을 때에도 이와 같다. 그러므로 우리가 처음 믿을 때의 사랑과 열심과 뜨거움을 다시 갖기를 주님께서는 축구하고 계신다. 에베소 교회는 처음 그들이 복음을 받을 때에 뜨거운 열심과 믿음으로 주님을 섬겼다.

　(엡1:13~14) 그 안에서 너희도 진리의 말씀 곧 너희의 구원의 복음을 듣고 그 안에서 또한 믿어 약속의 성령으로 인치심을 받았으니[14] 이는 우리의 기업에 보증이 되사 그 얻으신 것을 구속하시고 그의 영광을 찬미하게 하려 하심이라

　그들은 성령의 인치심을 받고 하나님을 뜨겁게 찬양했다.

(엡1:15~16) 이를 인하여 주 예수 안에서 너희 믿음과 모든 성도를 향한 사랑을 나도 듣고 (16) 너희를 인하여 감사하기를 마지아니하고 내가 기도할 때에 너희를 말하노라

그리고 그들은 믿음과 성도를 향한 사랑이 넘쳐났다. 그러나 그들은 이러한 처음 행위를 버리고 믿음이 냉냉한 가운데 주님께 책망을 받기에 이르렀다. 예수님께서 요한복음 21장에 부활하신 후에 베드로를 찾아 오셔서 네가 나를 사랑하느냐고 물었다. 왜 그렇게 했을까? 예수님은 베드로를 누구보다 잘 알고 계셨다. 그러나 베드로는 이미 실패한 자였고 예수님을 모른다고 세 번씩이나 부인한 자였기 때문에 처음 사랑을 잃어버렸다. 그러나 주님께서는 베드로의 처음 사랑을 회복해 주시기 위해서 그를 찾아오셨다. 그는 예수님을 사랑한다고 세 번씩이나 고백하게 되었다.

(요21:15~17) "저희가 조반 먹은 후에 예수님께서 시몬 베드로에게 이르시되 요한의 아들 시몬아 네가 이 사람들보다 나를 더 사랑하느냐 하시니 가로되 주여 그러하외다 내가 주를 사랑하는 줄 주께서 아시나이다 가라사대 내 어린 양을 먹이라 하시고 (16) 또 두번째 가라사대 요한의 아들 시몬아 네가 나를 사랑하느냐 하시니 가로되 주여 그러하외다 내가 주를 사랑하는 줄 주께서 아시나이다 가라사대 내 양을 치라 하시고 (17) 세 번 째 가라사대 요한의 아들 시몬아 네가 나를 사랑하느냐 하시니 주께서 세 번째 네가 나를 사랑하느냐 하시므로 베드로가 근심하여 가로되 주여 모든 것을 아시오매 내가 주를 사랑하는 줄을 주께서 아시나이다 예수님께서 가라사대 내 양을 먹이라"

베드로는 처음에는 예수님을 따라 불에도 들어가고 물에도 들어가며 주님과 생명을 함께 하고자 하는 열심과 뜨거움과 사랑을 가졌었다. 하지만 그는 예수님을 세 번씩이나 부인했다. 그러나 예수님께서 찾아오셔서 세 번씩이나

사랑을 고백하게 하심으로 그의 처음 사랑을 회복해 주셨다. 이것이 예수님의 회복케 하시는 사랑이다. 이 사랑이 없이는 우리는 결코 처음 사랑을 회복할 수 없다. 우리가 처음 사랑을 회복하고 주님을 겸손한 마음으로 사랑하며 주님의 뒤를 따를 때 우리는 온전해진다. 우리에게 주님을 사랑하는 마음이 없이는 결코 주님의 뒤를 따라갈 수 없다. 그러므로 우리가 주님을 사랑하는 처음 그 마음을 가지고 주님의 뒤를 따라갈 때에 주님의 큰 역사를 이룰 수 있다.

4. 귀 있는 자는 성령이 교회들에게 하시는 말씀을 들으라고 권면하신다(7)

(계 2:7) 귀 있는 자는 성령이 교회들에게 하시는 말씀을 들을지어다 이기는 그에게는 내가 하나님의 낙원에 있는 생명나무의 과실을 주어 먹게 하리라

귀 있는 자들이란 영의 귀를 말한다. 그리스도의 말씀을 듣는 영의 귀를 가진 자를 찾으신다. 언제나 하나님의 음성을 듣는 귀가 열려야 하늘문이 열린다. 어린 사무엘은 영의 귀가 열려 있었다. 그러나 엘리 제사장은 귀가 어두워 하나님의 말씀을 분별하지 못했다. 하지만 영의 귀가 밝은 사무엘은 일평생 하나님의 뜻을 분별하여 이스라엘 백성들에게 예언한 선지자였다.

에베소교회를 향한 주님의 경고(5):

(계 2:5) 그러므로 어디서 떨어진 것을 생각하고 회개하여 처음 행위를 가지라 만일 그리하지 아니하고 회개치 아니하면 내가 네게 임하여 네 촛대를 그 자리에서 옮기리라

주님께서는 처음 사랑을 회복하시 않으면 촛대를 옮기시겠다고 말씀하셨다.

촛대를 옮기시면 교회의 모양은 있으나 교회의 역할을 할 수 없다. 지금 에베소의 자리는 이교도들이 차지하고 있으며 촛대가 옮겨지고 말았다. 기념교회가 있지만 교회의 구실을 할 수 없는 교회로 남아있다. 그러나 우리가 처음 사랑을 회복하여 우리의 모습이 새로워질 때 주님께서는 우리에게 생명나무의 과실을 주어 먹게 하시겠다는 축복을 내리셨다.

이기는 자에게 주시는 축복(7)

(계 2:7) 귀 있는 자는 성령이 교회들에게 하시는 말씀을 들을지어다 이기는 그에게는 내가 하나님의 낙원에 있는 생명나무의 과실을 주어 먹게 하리라

이긴다는 말씀은 우리가 회개하고 처음 사랑을 회복하여 처음 행위를 가지게 되는 것을 의미한다. 처음 사랑을 버린 자 중에서 우리는 솔로몬 왕을 예로 들지 않을 수 없다. 그는 처음에는 하나님께 1천 번제를 드리는 열성과 뜨거움을 갖고 있었다. 그는 잠언을 3000편이나 짓고, 아가서 전도서 등 많은 교훈을 남긴 지혜의 왕이었고, 믿음의 왕이었다. 영광의 왕이었다.

그러나 그의 나중은 너무나도 대조적이며 비참한 모습을 보여주고 있다. 이것은 나약한 인간성의 한 모습임과 동시에 우리에게 큰 교훈을 주고 있다. 인간의 본성은 언제나 용두사미로 끝날 수밖에 없음을 보여주고 있다. 솔로몬이 하나님을 전심전력으로 섬기며 부왕 다윗을 따랐을 때는 주위의 모든 나라들이 그에게 조공을 바치고 신하들이 그에게 복종하고 온 나라가 평안했고 부귀와 영화가 그를 따랐다.(왕상 3:4), (왕상 4:20~21)

그러나 그가 하나님을 떠나서 각종 잡신을 섬기며 타락했을 때에는 그의 신하들이 그를 대적했으며 결국 나라가 분열되어지는 국운을 초래하는 장본인이 되었다. 여로보암이 열 지파를 나누어 가 버렸다. 그리고 나라의 국운이 그

때부터 기울어지기 시작했다.(왕상11:9~13)

솔로몬도 처음 사랑을 버리고 하나님을 멀리 떠난 최후를 맞이했는데 평범한 사람인 우리들은 더더욱 그러한 가능성을 지니고 있다. 그러므로 우리는 늘 겸손한 마음을 가져야 한다. 누가 솔로몬에게 돌을 던지겠는가? 주님께서는 우리가 주님을 처음 사랑할 때의 그 믿음으로 다시 회복하기를 원하신다. 우리가 아무리 열심히 교회를 위해 봉사한다 할지라도 주님께 책망을 받을 수 있음을 기억하여야 한다. 우리가 아무리 진리를 수호한다고 하더라도 사랑이 없으면 아무것도 아니라는 사실을 기억해야한다. 우리가 천사의 방언을 하고 산을 옮기는 역사를 일으켜도 책망을 받을 수 있다.

왜냐하면 처음 사랑을 버렸기 때문이다. 그러므로 날마다 주님과의 처음 사랑을 회복하여서 주님께서 주시는 생명나무의 과실을 날마다 먹으며 칭찬과 축복을 받는 삶을 살아야 한다. 이 생명나무는 아담이 범죄하여 먹지 못하게 된 나무인데 그리스도의 구속으로 말미암아 성도들에게 허락하여 먹도록 하신 것이다.(창3:24,계22:2) 할렐루야!

에베소는 초대교회를 예표하는 교회로서 처음에는 열심이 대단했으나 그 이후에 점차 그 열심이 식어졌고 처음 사랑을 잃어버리게 되었다. 그리하여 주님으로부터 책망을 받기에 이르렀는데 이것은 오늘날 우리들에게 많은 교훈을 주고 있다. 그러므로 우리는 날마다 처음 사랑을 회복하는 운동을 벌여야 한다. 이것은 육과의 싸움이요 영적전쟁이다. 이 전쟁에서 승리해야 할 줄 믿는다.

서머나교회의 사자에게 주신 편지(8~11)

성경: 계2:8~11

(계 2:8~11) "서머나 교회의 사자에게 편지하기를 처음이요 나중이요 죽었다가 살아나신 이가 가라사대 ⁽⁹⁾ 내가 네 환난과 궁핍을 아노니 실상은 네가 부요한자니라 자칭 유대인이라 하는 자들의 훼방도 아노니 실상은 유대인이 아니요 사단의 회라 ⁽¹⁰⁾ 네가 장차 받을 고난을 두려워 말라 볼지어다 마귀가 장차 너희 가운데서 몇 사람을 옥에 던져 시험을 받게 하리니 너희가 십일 동안 환난을 받으리라 네가 죽도록 충성하라 그리하면 내가 생명의 면류관을 네게 주리라 ⁽¹¹⁾ 귀 있는 자는 성령이 교회들에게 하시는 말씀을 들을지어다 이기는 자는 둘째 사망의 해를 받지 아니하리라"

서머나는 '몰약' 이란 뜻으로 에베소에서 북서쪽으로 약 80km 지점의 움푹 들어간 만에 위치하고 있는 인구 약 10만 명을 넘는 도시였다. 지금 이름은 이즈밀이며 인구 약 450만 명이 살고 있는 터키의 세번째 큰 도시이다. 그리스 최대 서사 시인인 호머의 고향이기도 하다. 주전 20년대, 이 도시의 주인이 로마로 바뀌면서 서머나는 더욱 발전하였다. 그래서 당시 로마 제국 내의 어느 도시와 견주어도 손색이 없었다.

또한 이 도시는 주전 4세기경에 세워진 이래 로마의 믿을 만한 자유시였으며, 순회재판 도시였다. 주후 170년대의 지진 이후 여러 번의 지진이 일어나 서머나의 영광은 대부분 파괴되거나 땅 속에 묻히고 말았다. 초대교회 당시에 이곳에는 이교도의 장엄한 신전들이 항구에서 가장 잘 보이는 곳에 있고 가장 높은 곳에는 제우스 신전이 세워져 있었다. 호화찬란한 신전과 보잘 것 없는 집회 장소, 서머나인들은 이런 기독교인들을 경멸했으며 무시했다. 부활하신 주님은 이들에게 말씀하셨다. " 내가 네 환난과 궁핍을 아노니 실상은 네가 부

요한 자라(계2:9)"고

이 도시는 황제 숭배의 열정도 대단하였다. BC195년에 서머나는 로마 황제의 숭배를 위해 신전을 세운 소아시아에 있는 최초의 도시가 되었다. 서머나의 동전에는 로마 신전과 티베리우스 신전, 하드리안 신전, 또한 티케 신전과 네메시스 신전을 묘사해 놓고 있었고 도미티안 황제 때의 동전에는 9주식 신전이 그려져 있었다. 황제들에게 서머나의 충성을 묘사하고 있는 다른 것들로는, 네로 황제의 모습이 담긴 동전을 포함해서 티투스와 도미티안 황제에게 헌납된 것들이 있었다. 도미티안 황제와 트라얀 황제, 그리고 하드리안 황제의 동상들이 또한 발견되었다. 로마 황제 숭배는 1세기 말부터 합법적이고 의무적으로 시행되었다. 1년에 1번씩 황제의 제단 앞에서 분향을 하고 "가이사는 주님이시다"를 고백하고 증서를 받아야 했다.

만일 이를 거부하면 로마에 불충성한 자로 생각하기 때문에 그리스도인들은 언제 죽을지 아무도 몰랐다. 초대교회 당시에 기독교인들이 핍박을 받은 가장 큰 이유는 바로 황제 숭배를 거부했기 때문이었다. 원래는 세상을 떠난 전임 황제를 숭배하던 것이 디베료 황제 때부터 살아있는 황제에게도 제사를 드려야 하는 명령으로 바뀌었다. 로마 제국의 수호신이라고 믿고 있던 황제에 대한 숭배를 거부하는 것은 곧 로마 제국의 안녕을 위협하는 반국가적인 행위로 간주되었다. 마치 일본이 신사참배를 강요하던 때와 마찬가지였다. 그 때에 주기철 목사님을 위시한 많은 주의 종들이 이를 거부하다가 순교의 제물이 된 것과 똑같은 상황이었다. 주후 64년 네로 황제 때부터 시작된 기독교에 대한 박해는 313년 콘스탄티누스 황제에 의하여 기독교가 공인되기까지 계속되었다.

그럼에도 불구하고 AD 2세기 초에 서머나는 원기 왕성한 크리스천 공동체였다. 서머나교회는 언제, 누구에 의해 세워졌는지 정확히 알 수 없으나 사도 바울 선교사역의 한 열매라고 추측할 수 있다.(행19:10) 일곱 교회 가운데 빌라델비아 교회와 함께 칭찬받은 서머나 교회는 유대인들의 핍박과 극악한 로마황제의 숭배 강요에도 굴복하지 않고 끝까지 신앙의 절개를 지킨 교회였다.

서머나교회에 나타나신 그리스도의 모습(8)

(계 2:8) 서머나 교회의 사자에게 편지하기를 처음이요 나중이요 죽었다가 살아나신 이가 가라사대

처음이요 나중이요(8) : 어떤 환경 속에서도 그 환경을 초월하시는 하나님을 보여주시고 계신다. 모든 것을 창조하시고 처음을 시작하신 이가 곧 마지막을 이끌어 가시는 분이시다. 누구에게도 영향을 받지 않으시고 오직 자신의 계획을 실행하시는 분이심으로 어떠한 환경 속에서도 두려워할 필요가 없다는 것을 말씀하신다.

죽었다가 살아나신 이(8) : 죽음에서 부활하신 분이심으로 서머나 교회가 당한 모든 환난과 고통 속에서도 부활하신 주님께서 그들과 함께 하실 것을 말씀하신다. 이것은 서머나 교회가 당한 환난이 얼마나 큰 것인가를 보여주는 모습이라고 볼 수가 있다.

서머나교회를 칭찬하심(9)

(계 2:9) 내가 네 환난과 궁핍을 아노니 실상은 네가 부요한 자니라 자칭 유대인이라 하는 자들의 훼방도 아노니 실상은 유대인이 아니요 사단의 회라

주께서는 서머나 교회를 칭찬하셨다. 그 이유는

첫째, 환난과 궁핍 속에서도 믿음을 잃지 않았다.

(계 2:9) 내가 네 환난과 궁핍을 아노니 실상은 네가 부요한 자니라

"네 환난과 궁핍을 아노니"라고 했는데 이 말씀은 그들이 환난과 궁핍 속에서도 불구하고 믿음을 지킨 부요한 믿음의 소유자라는 것을 주님께서 아시고 그들을 격려하셨다. 즉, 그들이 어떤 사회적, 경제적인 여건 때문에 부요한 믿음을 가졌다는 것이 아니라 핍박자에 의하여 강탈, 압수, 고통을 당하며, 또 적대적 환경 속에서도 믿음으로 잘 견디며 사명을 감당했다는 뜻이다. 하나님께서는 성도들이 어떠한 어려움 속에서도 지키시며 그 환난 가운데서 보호하심을 알 수 있다.

(사43:1~2) 야곱아 너를 창조하신 여호와께서 이제 말씀하시느니라 이스라엘아 너를 조성하신 자가 이제 말씀하시느니라 너는 두려워 말라 내가 너를 구속하였고 내가 너를 지명하여 불렀나니 너는 내 것이라 [2] 네가 물 가운데로 지날 때에 내가 함께 할 것이라 강을 건널 때에 물이 너를 침몰치 못할 것이며 네가 불 가운데로 행할 때에 타지도 아니할 것이요 불꽃이 너를 사르지도 못하리니

(시121:5~8) 여호와는 너를 지키시는 자라 여호와께서 네 우편에서 네 그늘이 되시나니 [6] 낮의 해가 너를 상치 아니하며 밤의 달도 너를 해치 아니하리로다 [7] 여호와께서 너를 지켜 모든 환난(患難)을 면케 하시며 또 네 영혼(靈魂)을 지키시리로다 [8] 여호와께서 너의 출입을 지금부터 영원까지 지키시리로다"

하나님께서는 우리의 환난과 고통을 아시고 보시고 또한 도우시려 내려오시는 분이시다.

(출3:7~8) 여호와께서 가라사대 내가 애굽에 있는 내 백성의 고통을 정녕히 보고 그들이 그 간역자(看役者)로 인하여 부르짖음을 듣고 그 우고(憂苦)를 알고 [8] 내가 내려와서 그들을 애굽인의 손에서 건져내고 그들을 그 땅에서 인도하여 아름답고 광대한 땅, 젖과 꿀이 흐르는 땅 곧 가나안 족속, 헷 족속, 아모리 족속, 브리스 족속, 히위 족속, 여부스 족속의 지방에 이르려 하노라

둘째, '참 부요'가 무엇인지를 깨달은 교회였다.

(계 2:9) 내가 네 환난과 궁핍을 아노니 실상은 네가 부요한 자니라

서머나교회 성도들은 물질적으로 매우 가난한 상황 속에서 신앙생활을 했다. 왜냐하면 황제숭배를 거부했기 때문이었다. 그러나 그들은 참 부자였다. 물질적으로는 가난했지만 영적으로는 큰 부요함을 누린 자들이었다. 왜냐하면 부의 근원이 되시는 하나님이 저들과 함께 하셨기 때문이었다. 하나님은 그를 가까이 하는 자들에게 하늘의 풍요함으로 채워주신다.

(사55:1~2) 너희 목마른 자들아 물로 나아오라 돈 없는 자도 오라 너희는 와서 사 먹되 돈 없이, 값없이 와서 포도주와 젖을 사라 [2] 너희가 어찌하여 양식 아닌 것을 위하여 은을 달아 주며 배부르게 못할 것을 위하여 수고하느냐 나를 청종하라 그리하면 너희가 좋은 것을 먹을 것이며 너희 마음이 기름진 것으로 즐거움을 얻으리라

(빌4:11~13) 내가 궁핍하므로 말하는 것이 아니라 어떠한 형편에든지 내가 자족하기를 배웠노니 [12] 내가 비천에 처할 줄도 알고 풍부에 처할 줄도 알아 모든 일에 배부르며 배고픔과 풍부와 궁핍에도 일체의 비결을 배웠노라 [13] 내게 능력 주시는 자 안에서 내가 모든 것을 할 수 있느니라

그러나 예수님께서는 물질적으로는 풍요를 누리고 있으나 영적으로 가난한 라오디게아교회에게 말씀하시기를

(계 3:17) 네가 말하기를 나는 부자라 부요하여 부족한 것이 없다 하나 네 곤고한 것과 가련한 것과 가난한 것과 눈먼 것과 벌거벗은 것을 알지 못하도다

물질적인 부가 참 부가 아님을 예수님께서 말씀하시고 있다. 서머나 교회는 물질적으로는 궁핍했으나 하나님 안에서 참 부요함을 누리는 자들이었다.

셋째, 그들을 핍박하는 유대인들의 훼방을 잘 견뎌낸 교회였다.

(계 2:9) 내가 네 환난과 궁핍을 아노니 실상은 네가 부요한 자니라 자칭 유대인이라 하는 자들의 훼방도 아노니 실상은 유대인이 아니요 사단의 회라

당시 유대인들은 "자칭 유대인"이라 하지만 진정한 유대인이 아닌 자들로서(롬2:28) 하나님을 섬긴다는 미명 아래 교회를 핍박하고 하나님을 모독하였다. 유대인들은 황제숭배를 거부하는 기독교인들을 밀고하는데 앞장 선 인물들이었다. 예수님께서는 이들의 핍박을 아시고 계셨으며 그들이 "사단의 회"라고 말씀하셨다. 그러므로 그들이 누구와 싸워야 함을 미리 말씀해주셨다. 마지막 때에 진정으로 우리를 핍박하고 우리가 싸워야할 대상이 무엇인지를 분명히 알아야 한다. 왜냐하면 마지막 때에 성도들의 피에 취하는 세력이 있음을 요한계시록에 말씀하시고 있기 때문이다.(계17:1~6)

그 당시 서머나 교회를 핍박한 유대인들이 로마황제의 앞잡이가 되어서 성도들을 핍박하는 데 앞장선 종교집단인 것처럼 마지막 때에 이와 같은 종교집단이 등장하게 될 것이다. 이들을 성경말씀에는 음녀라고 말씀하셨다. 이 음

녀는 적그리스도를 업고 앞으로 성도들의 피에 취할 종교집단이 될 것이다.
(계17:3, 17:9, 17:18)

그리스도의 권면(10)

(계 2:10) 네가 장차 받을 고난을 두려워 말라 볼지어다 마귀가 장차 너희 가운
데서 몇 사람을 옥에 던져 시험을 받게 하리니 너희가 십일 동안 환난을 받
으리라 네가 죽도록 충성하라 그리하면 내가 생명의 면류관을 네게 주리라

그러면 주님께서 이 교회에 주시는 권면의 말씀은 무엇인가?

첫째, 그들이 환난을 당할 것을 미리 말씀하시고 두려워 말라고 하셨다.

(계 2:10) 네가 장차 받을 고난을 두려워 말라 볼지어다 마귀가 장차 너희 가
운데서 몇 사람을 옥에 던져 시험을 받게 하리니 너희가 10일 동안 환난을
받으리라

예수님께서는 그들이 시험 환난을 당할 것을 미리 예고해 주심으로 그들이
준비하도록 하셨고 그들은 미리 준비를 할 수 있었다 .당시 이교 세계는 그리
스도인들을 핍박할 때에는 첫째로, "이것은 나의 몸이요, 이것은 나의 피라"
는 성만찬의 말에 근거하여 그리스도인들은 식인종이라는 소문을 널리 퍼뜨
렸으며, 둘째로, 공동체의 사랑의 잔치를 가리켜 그들은 부도덕하고 정욕적이
며 방탕한 모임이라 정죄했으며, 셋째로 가족 중 누가 신자가 되면 나머지 안
믿는 가족과 분리되는 일에 대해 그리스도인들은 가정 파괴를 하고 가족 관계
를 악화시킨다고 했으며, 넷째로 이방인들은 성도들을 신상도 없이 예배한다

하여 무신론자로 몰아붙였으며, 다섯째로 성도들은 "가이사는 주"라고 말하기를 거부하였기에 불충성한 시민이요 잠재적 혁명가라고 비난했으며, 여섯째로 그리스도인들이 불과 멸망으로 끝나는 종말의 세계를 예언했다 하여 방화자라고 낙인찍어 핍박하고 박해하였다. 이와 같이 예수님께서 이 땅에 다시 오시기 전에 이 세상에는 전무후무한 환난이 있을 것이라고 말씀하시고 있다. 이 환난에 대비해야 한다.

(마24:9~12) 그 때에 사람들이 너희를 환난에 넘겨주겠으며 너희를 죽이리니 너희가 내 이름을 위하여 모든 민족에게 미움을 받으리라 [10] 그 때에 많은 사람이 시험에 빠져 서로 잡아주고 서로 미워하겠으며 [11] 거짓 선지자가 많이 일어나 많은 사람을 미혹하겠으며 [12] 불법이 성하므로 많은 사람의 사랑이 식어지리라

(눅21:23~26) 그 날에는 아이 밴 자들과 젖먹이는 자들에게 화가 있으리니 이는 땅에 큰 환난(患難)과 이 백성에게 진노(震怒)가 있겠음이로다 [24] 저희가 칼날에 죽임을 당하며 모든 이방에 사로잡혀 가겠고 예루살렘은 이방인의 때가 차기까지 이방인들에게 밟히리라 [25] 일월(日月) 성신(星辰)에는 징조(徵兆)가 있겠고 땅에서는 민족들이 바다와 파도의 우는 소리를 인하여 혼란한 중에 곤고(困苦)하리라 [26] 사람들이 세상에 임할 일을 생각하고 무서워하므로 기절(氣絶)하리니 이는 하늘의 권능(權能)들이 흔들리겠음이라

(눅21:35) 이 날은 온 지구상에 거하는 모든 사람에게 임하리라

둘째, 그들에게 죽도록 충성하라고 말씀하셨다.

(계 2:10) 네가 장차 받을 고난을 두려워 말라 볼지어다 마귀가 장차 너희 가운

데서 몇 사람을 옥에 던져 시험을 받게 하리니 너희가 10일 동안 환난을 받으리라 네가 죽도록 충성하라 그리하면 내가 생명의 면류관을 네게 주리라

충성(忠誠)이라는 말은 "마음 가운데 말씀을 이루는 것"을 의미한다. 말씀대로 살고 말씀대로 죽는 것을 충성이라고 말한다. 하나님께서 우리에게 주신 말씀을 마음 한가운데 깊이 간직하면서 그 말씀을 내 생활 속에 이루어 나아가는 삶이 충성하는 삶이다. 하나님의 말씀을 이루어 나아가는 삶을 내 육신의 생명보다 더 귀하게 여기는 삶을 주님께서는 원하신다.

본문 말씀에는 어떠한 시험과 핍박 속에서도 죽음을 두려워하지 말고 충성하라고 말씀하심으로 그들을 격려하셨다. 서머나교회는 특별히 로마 황제 숭배를 거부했다는 이유로 수많은 교인들이 처형당했으며 그 가운데에는 우리가 잘 알고 있는 서머나의 초대 감독 폴리갑이 포함되어 있다.

그는 서머나의 12번째 순교자로 86세에 화형 당했는데 "가이사는 주"라고 한 번만 고백하면 살려주겠노라는 지방총독 과드라투스(Quadratus)의 권유에 폴리갑은, "내가 그를 86년 동안 섬겨왔지만 그는 나를 한번도 부인하신 적이 없다. 그런데 어떻게 나를 구원해 주신 나의 왕을 부인할 수 있단 말인가?"라고 담대히 화형장으로 나섰다. 그리고 빌라델비아에서 온 몇몇 성도들을 포함하여 10명의 그리스도인들이 , 그 도시의 광장에서 폴리갑을 좇아 순교를 당했다. 이 폴리갑 순교에서 가장 주목할 만한 것은 유대인들의 활발한 활동이었다. 그들은 안식일임에도 불구하고 장작을 모아 화영장의 불을 지피는 일을 도왔다.

이처럼 동족의 핍박과 로마제국의 박해가 제 아무리 극심하다 해도 예수 그리스도에 대한 신실한 사랑을 저버리지 않고 죽음의 골짜기로 걸어갔던 서머나교회의 순교자들이야말로 주님 앞에 칭찬받을 자요 큰 상급을 받을 자인 줄 확실히 믿는다. 이 곳 옛 서머나교회 현장에는 폴리갑 기념교회가 세워졌다. 이 서머나교회는 사도 요한의 수제자 폴리갑 감독이 시무하여 목회한 곳으로

이곳에서 말씀을 증거하며 믿음을 지키다가 AD155~156년에 순교하였다. 이 폴리갑기념교회는 1517년에 세운 교회로서 현재 매 주일 가톨릭 신자들 10여 명이 모여서 예배를 드리고 있다. 이 교회 앞 삼거리 주위에는 종려나무와 야 자수들이 많고 교회 옆에는 20층짜리 고급 힐튼호텔이 우뚝 서 있다. 기념교 회에는 폴리갑 감독의 기도문이 있다.

"나는 당신이 오늘날 이 시간에 성령의 불멸성 안에서 영과 육이 다함께 영 원한 생명으로 부활하기 위하여 순교자의 반열과 당신의 그리스도의 잔에 참 여할 수 있게 허락하여 주신 것을 감사하나이다. 나를 당신 앞에 서 있는 자들 의 자리에 값지고 흠향하실 수 있는 제물로 받아주시기 바랍니다. 그것은 거 짓 없이 진실하신 하나님이 이미 길을 예비하시고 우리에게 모범을 보이시고 이루어 주신 것이옵니다. 이를 인하여 나는 모든 것을 찬양하나이다. 나는 하 늘의 대제사장 예수 그리스도 당신의 독생자를 통하여 당신께 감사와 영광을 돌리나이다. 오늘날과 앞으로 다가올 세세토록, 독생자와 성령으로 더불어 영 광을 받으시기를 기원하나이다. 아멘."

셋째, 죽도록 충성하는 자들에게 생명의 면류관을 주시겠다고 약속하셨다.

(계 2:10) 네가 장차 받을 고난을 두려워 말라 볼지어다 마귀가 장차 너희 가운 데서 몇 사람을 옥에 던져 시험을 받게 하리니 너희가 십일 동안 환난을 받 으리라 네가 죽도록 충성하라 그리하면 내가 생명의 면류관을 네게 주리라

우리는 이 땅에 살아가면서 헛된 영광을 위하여 피와 땀을 흘린다. 그러나 주님을 위하여 죽도록 충성하는 자들에게는 생명의 면류관을 주시겠다고 약 속하셨다. 이것은 썩을 것이 아니라 영원한 것이다. 성경말씀에는 많은 면류 관이 있다. 성도들이 받아 쓸 면류관이 있다.

금 면류관 (시21:3, 계4:4, 계14:14),

영화(영광)의 면류관(잠4:9, 사28:5, 잠16:31, 렘13:18, 벧전5:4)

아름다운 면류관(사62:3, 겔23:42)

화려한 면류관(겔16:12)

기쁨의 면류관(빌4:1)

자랑의 면류관(살전2:19)

의의 면류관(딤후4:8)

생명의 면류관(계2:10, 약1:12)

열두 별의 면류관(계12:1)

멸망 받을 자들이 쓸 면류관이 있다.

교만한 면류관(사28:1)

썩을 면류관(고전 9:25)

바울은 우리에게 말한다.

(롬8:35) 누가 우리를 그리스도의 사랑에서 끊으리요 환난이나 곤고나 핍박이나 기근이나 적신이나 위험이나 칼이랴

(롬8:38~39) 내가 확신하노니 사망이나 생명이나 천사들이나 권세자들이나 현재 일이나 장래 일이나 능력이나 [39] 높음이나 깊음이나 다른 아무 피조물이라도 우리를 우리 주 그리스도 예수 안에 있는 하나님의 사랑에서 끊을 수 없으리라

넷째, 귀 있는 자들은 성령이 교회들에게 하시는 말씀을 들으라고 말씀하신다.

(계 2:11) 귀 있는 자는 성령이 교회들에게 하시는 말씀을 들을지어다 이기는 자는 둘째 사망의 해를 받지 아니하리라

우리가 받는 모든 축복들은 다 빛들의 하나님께로부터 말씀을 들을 때에 온다.(사55:2)

이기는 자에게 주시는 축복(11)

(계 2:11) 귀 있는 자는 성령이 교회들에게 하시는 말씀을 들을지어다 이기는 자는 둘째 사망의 해를 받지 아니하리라

둘째 사망의 해를 받지 아니함(11) : 서머나교회의 이기는 자들에게 주시는 축복은 둘째 사망의 해를 받지 아니한다. 육신의 사망은 첫째 사망이요 영혼의 사망은 둘째 사망이다. 이것은 불신자들이 죽어서 음부에 있다가 흰 보좌 심판 때에 자기의 행위대로 심판을 받고 불못에 들어가는 사망이다.(계 20:13~14) 둘째 사망의 해를 받지 않는 자들은 모두 첫째 부활에 참예하여 그리스도와 더불어 왕노릇하게 된다.(계20:4)

　이 세상은 환난과 고통과 핍박이 끊임없는 곳이다. 그러나 우리 주님께서는 이 모든 것을 아신다. 그리고 환난 가운데서 끝가지 충성하라고 권면하신다. 서머나교회와 같이 궁핍과 환난 속에서도 믿음을 지키며 끝까지 죽도록 충성하는 자에게 생명의 면류관을 주시겠다고 약속하셨다. 환난과 궁핍과 핍박 속에서도 죽도록 충성하여 생명의 면류관을 받아쓰는 종들이 되어야 하겠다. 서머나교회는 핍박받는 초대교회를 예표한다. 로마의 많은 황제들로부터 핍박을 받아서 카타콤으로 여러 피신처로 도피하면서 신앙의 절개를 지켰는데 끝까지 싸워서 결국 로마가 그들에게 무릎을 꿇게 되었다. 서머나교회에 주신 말씀을 다시 한 번 되새기면서 승리해야 할 줄 믿는다.

버가모교회의 사자에게 주신 편지(12~17)

성경: 계2:12~17

(계 2:12~17) 버가모교회의 사자에게 편지하기를 좌우에 날선 검을 가진 이가 가라사대 [13] 네가 어디 사는 것을 내가 아노니 거기는 사단의 위가 있는 데라 네가 내 이름을 굳게 잡아서 내 충성된 증인 안디바가 너희 가운데 곧 사단의 거하는 곳에서 죽임을 당할 때에도 나를 믿는 믿음을 저버리지 아니하였도다 [14] 그러나 네게 두어 가지 책망할 것이 있나니 거기 네게 발람의 교훈을 지키는 자들이 있도다 발람이 발락을 가르쳐 이스라엘 앞에 올무를 놓아 우상의 제물을 먹게 하였고 또 행음하게 하였느니라 [15] 이와 같이 네게도 니골라당의 교훈을 지키는 자들이 있도다 [16] 그러므로 회개하라 그리하지 아니하면 내가 네게 속히 임하여 내 입의 검으로 그들과 싸우리라 [17] 귀 있는 자는 성령이 교회들에게 하시는 말씀을 들을지어다 이기는 그에게는 내가 감추었던 만나를 주고 또 흰 돌을 줄 터인데 그 돌 위에 새 이름을 기록한 것이 있나니 받는 자 밖에는 그 이름을 알 사람이 없느니라

버가모란 '이중 결혼' 이라는 의미가 있다. 서머나(현재 이즈밀)에서 북동쪽으로 100여km를 가면 베르가마(Bergama)라는 소도시가 나온다. 이곳이 계시록에 나오는 버가모(Pergamum)라는 소도시이다. 로마시대의 버가모는 비록 상업의 중심지는 아니었으나 과거의 영광스럽게 번영하였던 성읍의 모습으로 어느 도시 못지않게 자부심을 가지고 있었다. 로마는 이 도시를 아시아 지역의 수도로 정했으며, 이 도시의 영광은 주후 130년까지 계속되었다. 그리고 버가모에는 황제숭배의 본부가 있었다. 여기에서 황제 숭배에 대한 모든 것을 결정하였다. 이곳에는 특별히 아우구스투스, 트라야누스, 카라칼라등 황제 숭배를 위한 세 개의 신전이 있었고 아시아 주에서의 공식적인 제례의 중

심지가 되었다. 또한 버가모는 치료의 신인 아스클레피오스 숭배의 본고장이
기도 하여서 병으로 신음하는 자들이 모여들었다. 이들은 뱀을 섬겼는데 오늘
날 군대의 군의관 마크에 뱀이 있는 것도 여기서 유래했다. 또한 창작력이 풍
부한 도시계획 때문에 수월하게 소아시아에서 가장 훌륭한 헬레니즘 시대의
성읍이 되었다. 그래서 자연스럽게 헬라신들을 숭배하는 중심지가 되었다. 그
래서 버가모교회에 보내는 편지에서 그곳의 그리스도인들이 "사단의 위가 있
는 곳"에 산다고 말씀하셨다.

약하디 약한 버가모의 기독교는 널리 만연된 학구적인 자부심과 위압적인
이교사상의 오만, 황제 숭배의 무력에 대항하여 믿음을 저버리지 않았다. 그
러나 거기에는 현실과 적당하게 타협하며 편하게 신앙생활을 하려는 사람들
이 있었다. 그러므로 주님께서는 회개하라고 명령하셨다.(계2:14~16) 기독교
는 잘못된 현실과 타협하는 것이 아니라 변화시키는 종교이다. 그러면 버가
모교회를 향하신 주님의 말씀을 통해서 오늘날 우리의 삶을 조명해 보고자
한다.

버가모교회에 나타나신 그리스도의 모습(12)

(계 2:12) 버가모교회의 사자에게 편지하기를 좌우에 날선 검을 가진 이가 가
　　라사대

좌우에 날선 검을 가지신 분(12): '좌우에 날선 검을 가지신 분'으로 나타나
셨다. 이것은 비(非)진리와 사교 그리고 이단과 적당히 타협하며 안일무사주
의로 살아가려고 하는 일부 신자들에 대한 경고의 말씀이라고 생각된다. 좌
우에 날선 검인 하나님의 말씀을 가질 때에 이 모든 환경 속에서도 능히 승리
할 줄 믿는다.

(히4:12~13) 하나님의 말씀은 살았고 운동력이 있어 좌우에 날선 어떤 검보다도 예리하여 혼과 영과 및 관절과 골수를 찔러 쪼개기까지 하며 또 마음의 생각과 뜻을 감찰하나니 [13] 지으신 것이 하나라도 그 앞에 나타나지 않음이 없고 오직 만물이 우리를 상관하시는 자의 눈앞에 벌거벗은 것같이 드러나느니라

(엡6:17) 구원의 투구와 성령의 검 곧 하나님의 말씀을 가지라

우리가 이 세상을 살아가면서 세상을 무시하고 살아갈 수가 없다. 우리는 세상을 떠나서 살 수도 없다. 우리 기독교는 사람들의 삶 한가운데서 삶을 변화시키며 살아가는 종교이다. 그러므로 아무리 부패한 세상이라도 우리는 하나님의 말씀으로 변화시키는 자들이 되어야한다. 우리가 이 세상을 살아 나아갈 때에 필요한 것이 많다. 그러나 무엇보다 우리는 좌우에 날선 검인 하나님의 말씀을 가져야 한다. 예수님께서는 이와 같은 모습으로 우리가 살아야 함을 말씀하시고 있는 것이다.

버가모교회를 칭찬하심(13):

1. 사단의 위가 있는 곳에 살면서도 믿음을 잃지 않았음

(계2:13) 네가 어디 사는 것을 내가 아노니 거기는 사단의 위가 있는 데라

버가모 도시를 뒤에 두고 솟아 있는 산에는 신전들과 이교의 사당들이 밀집해 있었다. 여기에 세계에서 가장 유명한 제우스 제단이 위치해 있었다. 온 종일 이 제단에서는 신에게 바쳐지는 제물의 연기가 피어 올랐다고 한다. 바로

"사단의 위"의 위압적인 모습이었다. 버가모 도시의 분위기는 현대를 살아가는 우리의 모습과 비교해 볼 때에 너무나 비슷한 점이 많이 있다.

그러나 신앙은 이러한 환경을 이기고 변화시키는 능력이 된다. 우리는 우리가 사는 주위 환경을 잘 살펴보아야 한다. 우리가 사는 곳이 어떠한 곳이냐를 분별하지 못하면 신앙생활의 탄력을 잃어버릴 수가 있다. 우리가 진리 안에 있으면 이러한 모든 것을 능히 이기고 자유를 얻을 수 있다.

(요8:32) 진리를 알찌니 진리가 너희를 자유케 하리라

(고후3:17) 주는 영이시니 주의 영이 계신 곳에는 자유함이 있느니라

2. 안디바의 순교를 통한 시험을 통해서 믿음을 저버리지 않음

(계 2:13) 네가 어디 사는 것을 내가 아노니 거기는 사단의 위가 있는 데라 네가 내 이름을 굳게 잡아서 내 충성된 증인 안디바가 너희 가운데 곧 사단의 거하는 곳에서 죽임을 당할 때에도 나를 믿는 믿음을 저버리지 아니하였도다

말씀에는 안디바라는 한 명의 순교자 이름이 밝혀져 있다. 안디바에 관하여는 역사적으로 아무것도 알려져 있지 않으나 전설에 의하면 놋으로 만든 황소 속에 굽혀 죽임을 당했다고 한다. 예수님께서는 안디바에게 자신이 가지고 계시던 칭호(계1:5)를 주셨다. 믿음으로 모든 핍박과 어려움을 이겨내었기 때문이다.

(요16:33) 이것을 너희에게 이름은 너희로 내 안에서 평안을 누리게 하려 함이라 세상에 서는 너희가 환난을 당하나 담대하라 내가 세상을 이기었노라 하시니라

(요일5:4~5) 대저 하나님께로서 난 자마다 세상을 이기느니라 세상을 이긴 이김은 이것이니 우리의 믿음이니라 [5] 예수님께서 하나님의 아들이심을 믿는 자가 아니면 세상을 이기는 자가 누구뇨

세상에 어떤 것보다도 믿음이 귀하다는 사실을 우리는 기억해야 한다. 세상 물질은 잠시 우리에게 즐거움과 만족을 준다. 그러나 그것은 영원하지 못한다. 우리는 그러한 보이고 만지는 것으로만 만족할 수가 없다. 왜냐하면 우리의 돌아보는 것은 보이지 않는 영원한 것이기 때문이다.

(고후4:18) 우리의 돌아보는 것은 보이는 것이 아니요 보이지 않는 것이니 보이는 것은 잠깐이요 보이지 않는 것은 영원함이니라

그러나 성도들은 이러한 믿음의 시련 속에서도 능히 이기며 기뻐할 수 있어야 한다. 왜냐하면 이러한 믿음의 시련을 통하여 우리는 온전한 모습으로 나아가기 때문이다.

(롬5:3~4) 다만 이뿐 아니라 우리가 환난 중에도 즐거워하나니 이는 환난은 인내를,[4] 인내는 연단을, 연단은 소망을 이루는 줄 앎이로다

(벧전1:7) 너희 믿음의 시련이 불로 연단하여도 없어질 금보다 더 귀하여 예수 그리스도의 나타나실 때에 칭찬과 영광과 존귀를 얻게 하려 함이라

버가모교회를 책망하심(14~15):

(계 2:14~15) 그러나 네게 두어 가지 책망할 것이 있나니 거기 네게 발람의

교훈을 지키는 자들이 있도다 발람이 발락을 가르쳐 이스라엘 앞에 올무를 놓아 우상의 제물을 먹게 하였고 또 행음하게 하였느니라 (15) 이와 같이 네게도 니골라당의 교훈을 지키는 자들이 있도다

발람의 교훈을 지키는 자들이 있음(14) : 예수님께서는 발람의 교훈 즉 니골라당의 교훈을 따르는 무리들을 책망하셨다. 발람의 교훈이란 구약성경 민수기 22장~25장, 31:8, 16절에 나오는 물질에 눈이 어두운 이방선지자의 교훈을 말한다. 그는 모압왕 발락으로부터 이스라엘을 저주하라는 부탁을 받고 이스라엘을 직접적으로는 저주를 하지 않았지만 이스라엘 백성들로 하여금 모압 여인을 통하여 우상의 제물을 먹게 하고 행음하게 함으로 이스라엘을 무너뜨린 거짓 선지자였다. 이와 같이 초대교회에는 니골라당이 있었다. 이들은 육체는 언제나 악해서 우리가 육체로 짓는 죄는 우리와 하등 상관이 없으므로 어떠한 죄를 지어도 상관이 없다고 말한 이단이었다. 그들은 쾌락주의자 였으며 무율법주의자들이었다. 그러나 성경말씀의 핵심은 우리의 육신의 삶이 거룩해야 한다는 것이다. 성경말씀은 육체를 따라 사는 자들이 하나님의 나라를 유업으로 받지 못할 것이라고 말씀하시고 있다.

(갈5:19~21) 육체의 일은 현저(顯著)하니 곧 음행과 더러운 것과 호색과 (20) 우상 숭배와 술수(術數)와 원수를 맺는 것과 분쟁과 시기와 분냄과 당 짓는 것과 분리함과 이단(異端)과 (21) 투기와 술 취함과 방탕함과 또 그와 같은 것들이라 전에 너희에게 경계(警戒)한 것같이 경계하노니 이런 일을 하는 자들은 하나님의 나라를 유업으로 받지 못할 것이요

하나님께서는 우리의 거룩함을 원하신다. 왜냐하면 하나님은 거룩하신 분이시기 때문이다. 거룩함이란 세상과 구별되는 삶을 말한다.

(롬12:2) 너희는 이 세대를 본받지 말고 오직 마음을 새롭게 함으로 변화를 받아 하나님의 선하시고 기뻐하시고 온전하신 뜻이 무엇인지 분별하도록 하라

이 말씀은 거룩함에 대한 우리의 표준이 되는 말씀이다. 버가모교회 성도들 중에는 안디바와 같이 순교로서 신앙의 순결을 지킨 자들이 있었는가 하면 그 도시 분위기에 의해서 영적 분별력을 잃어버리고 방황하는 자들이 있었다. 그러나 우리는 하나님의 말씀을 따라 삼가는 삶을 살아야 한다. 거룩함에 이르는 열매가 없는 자는 성도가 아니다. 우리의 열매를 보아서 거룩함에 이르는 열매를 확인해보아야 한다. 거짓교사들은 이 거룩함에 이르는 열매가 없다. 조심해야한다.

(벧후2:1~2) 그러나 민간에 또한 거짓 선지자들이 일어났었나니 이와 같이 너희 중에도 거짓 선생들이 있으리라 저희는 멸망케 할 이단을 가만히 끌어들여 자기들을 사신 주를 부인하고 임박한 멸망을 스스로 취하는 자들이라 [2] 여럿이 저희 호색하는 것을 좇으리니 이로 인하여 진리의 도가 훼방을 받을 것이요

탐심과 호색 이것은 거짓된 성도와 교사들의 두 가지 특징이다. 이 세상에 거의 모든 이단들은 이와 같은 두 가지 잘못된 특징을 가지고 있다고 해도 과언이 아니다. 성령을 좇아 행하는 성도들은 이와 같은 육체의 정욕과 싸우는 자들이다.

(갈5:16~17) "내가 이르노니 너희는 성령을 좇아 행하라 그리하면 육체의 욕심을 이루지 아니 하리라 [17] 육체의 소욕은 성령을 거스리고 성령의 소욕은 육체를 거스리나니 이 둘이 서로 대적함으로 너희의 원하는 것을 하지 못하게 하려 함이니라"

그리스도의 권면과 경고(16):

1. 회개를 촉구하셨다.

(계 2:16) 그러므로 회개하라 그리하지 아니하면 내가 네게 속히 임하여 내
　　입의 검으로 그들과 싸우리라

우리가 어떠한 잘못된 상황에 처해 있다 할지라도 예수님께서는 우리에게 회개할 기회를 주신다. 왜냐하면 우리 모두 구원을 받기를 원하시기 때문이다.

(벧후3:9) 주의 약속은 어떤 이의 더디다고 생각하는 것같이 더딘 것이 아니라 오직 너희를 대하여 오래 참으사 아무도 멸망치 않고 다 회개하기에 이르기를 원하시느니라

회개하는 다윗, 회개하는 요나, 회개하는 베드로를 하나님께서는 더욱 크게 들어 쓰신 것을 성경말씀을 통해서 잘 알 수 있다. 회개는 한번만 하는 것이 아니다. 우리는 날마다 말씀을 통해서 회개하는 삶을 살아야 한다. 왜냐하면 우리의 몸은 질그릇으로 빚어졌기 때문에 병들고 오염되고 깨어지기 쉽기 때문이다. 그리고 우리 속에는 언제나 죄를 지을 수 있는 속성이 있기 때문이다.

(롬7:18~24) 내 속 곧 내 육신에 선한 것이 거하지 아니하는 줄을 아노니 원함은 내게 있으나 선을 행하는 것은 없노라 [19] 내가 원하는 바 선은 하지 아니하고 도리어 원치 아니하는바 악은 행하는도다 [20] 만일 내가 원치 아니하는 그 것을 하면 이를 행하는 자가 내가 아니요 내 속에 거하는 죄니라 [21] 그러므로 내가 한 법을 깨달았노니 곧 선을 행하기 원하는 나에게 악이 함께 있는 것이로다 [22] 내 속 사람으로는 하나님의 법을 즐거워하되 [23] 내 지체 속에서 한 다

른 법이 내 마음의 법과 싸워 내 지체 속에 있는 죄의 법 아래 로 나를 사로잡아 오는 것을 보는도다 (24) 오호라! 나는 곤고한 사람이로다 이 사망의 몸에서 누가 나를 건져내랴"

우리가 하나님의 능력으로 날마다 무장하지 않으면 언제나 죄를 지을 수가 있다. 그러므로 우리는 겸손하게 늘 회개하는 마음으로 살아가야 한다.

2. 회개하지 않으면 속히 임하시겠다고 하셨다(16):

주님께서는 만일 회개하지 않으면 좌우에 날선 검으로 싸울 것이라고 말씀하셨는데 이것은 회개하지 않는 자들이 받을 징계를 나타낸다고 볼 수가 있겠다. 하나님께서 회개를 촉구하실 때에 우리는 속히 회개하여 죄사함을 받고 하나님의 은혜 가운데 살아야 할 것이다.

3. 성령이 교회들에게 하시는 말씀에 귀를 기울이라고 말씀하셨다.

(계 2:17) 귀 있는 자는 성령이 교회들에게 하시는 말씀을 들을지어다

귀 있는 자들이란 영적인 귀가 있는 자들을 말한다. 이때의 귀는 육적인 귀를 말하는 것이 아니고 하나님의 말씀을 들을 수 있는 영적인 귀를 말한다. 이 말씀은 복음서에도 많이 나타나는 말씀이다.(마11:15, 13:9, 43, 막4:9, 23, 7:16, 눅8a;8, 14:35) 본서에서도 일곱 교회에 거듭되는 말씀이다.(계2:7, 11, 17, 29, 계3:6, 13, 22)

버가모 사람들은 지식욕이 대단했다. 버가모에는 에베소 도서관의 5만권의 책보다도 그리고 알렉산드리아의 도서관의 15만권의 책보다도 많은 20만권 이상의 장서를 보관한 세계에서 가장 유명한 도서관이 있었다. 그리하여 성령

께서 교회들에게 하시는 말씀을 듣지 않았다. 이것은 현대에도 마찬가지다. 현대는 하나님의 말씀에 무관심한 시대이다. 그리고 지식의 홍수의 시대가 되었다. 그래서 어제나 오늘이나 영원토록 변함없는 하나님의 말씀을 잃어버린 현대는 방황할 수 밖에 없다.

(벧전1:24~25) 그러므로 모든 육체는 풀과 같고 그 모든 영광이 풀의 꽃과 같으니 풀은 마르고 꽃은 떨어지되 ⁽²⁵⁾ 오직 주의 말씀은 세세토록 있도다 하였으니 너희에게 전한 복음이 곧 이 말씀이니라

자신의 생각과 지식에 충실하지만 하나님의 말씀에 대해서는 너무나 무관심한 시대가 되었다. 그리하여 말씀의 기근의 시대를 만났다.

(암8:11~13) 주 여호와께서 가라사대 보라 날이 이를찌라 내가 기근을 땅에 보내리니 양식이 없어 주림이 아니며 물이 없어 갈함이 아니요 여호와의 말씀을 듣지 못한 기갈이라 ⁽¹²⁾ 사람이 이 바다에서 저 바다까지, 북에서 동까지 비틀거리며 여호와의 말씀을 구하려고 달려 왕래하되 얻지 못하리니 ⁽¹³⁾ 그 날에 아름다운 처녀와 젊은 남자가 다 갈하여 피곤하리라

오직 우리가 말씀으로 무장할 때에만 시와 찬미와 신령한 노래들로 서로 화답하며 기쁨과 감사함으로 살아갈 수가 있다.

(골3:16~17) 그리스도의 말씀이 너희 속에 풍성히 거하여 모든 지혜로 피차 가르치며 권면하고 시와 찬미와 신령한 노래를 부르며 마음에 감사함으로 하나님을 찬양하고 ⁽¹⁷⁾ 또 무엇을 하든지 말에나 일에나 다 주 예수의 이름으로 하고 그를 힘입어 하나님 아버지께 감사하라

이 모든 것은 그리스도의 말씀이 우리 마음속에 풍성히 거할 때에 우리 삶 속에 일어나는 변화이다. 우리 삶의 모든 잘못된 부분의 원인은 우리가 하나님의 말씀을 등한시 할 때 일어나게 된다. 이스라엘 백성들은 예레미야를 통하여 말씀하시는 하나님의 음성에 귀를 기울이지 아니하고 우상을 숭배하며 거짓 선지자의 말을 듣다가 낭패를 당하고 마침내 바벨론으로 포로되어 갔을 때에야 비로소 예레미야의 말을 듣게 되었다.

(렘42:6) 우리가 당신을 우리 하나님 여호와께 보냄은 그의 목소리가 우리에게 좋고 좋지 아니함을 물론하고 청종하려 함이라 우리가 우리 하나님 여호와의 목소리를 청종하면 우리에게 복이 있으리이다

이기는 자에게 주시는 축복(17)

(계 2:17) 귀 있는 자는 성령이 교회들에게 하시는 말씀을 들을지어다 이기는 그에게는 내가 감추었던 만나를 주고 또 흰 돌을 줄 터인데 그 돌 위에 새 이름을 기록한 것이 있나니 받는 자 밖에는 그 이름을 알 사람이 없느니라

1. 감추었던 만나를 주고(17) : 감추었던 만나가 무엇인지는 우리가 확실히 알지 못한다. 이스라엘 백성들이 애굽에서 나와서 광야생활을 할 때에 하나님께서는 그들에게 만나를 40년 동안 내려주셨다. 그러나 그들이 가나안에 발을 들여놓자 만나가 그쳤고 그들은 가나안의 식물을 먹게 되었다. 하지만 하나님께서는 영적인 만나는 끊임없이 이스라엘 백성에게 공급하셨다. 이러한 의미에서 감추었던 만나라고 말씀하신 것 같다. 그러나 궁극적인 의미는 예수 그리스도를 말한다. 왜냐하면 예수님께서는 요한복음에서 이 사실을 분명하게 말씀하시고 있기 때문이다.

(요6:30~35) 저희가 묻되 그러면 우리로 보고 당신을 믿게 행하시는 표적이 무엇이니이까 하시는 일이 무엇이니이까 ⁽³¹⁾ 기록된바 하늘에서 저희에게 떡을 주어 먹게 하였다 함과 같이 우리 조상들은 광야에서 만나를 먹었나이다⁽³²⁾ 예수님께서 이르시되 내가 진실로진실로 너희에게 이르노니 하늘에서 내린 떡은 모세가 준 것이 아니라 오직 내 아버지가 하늘에서 내린 참 떡을 너희에게 주시나니 ⁽³³⁾ 하나님의 떡은 하늘에서 내려 세상에게 생명을 주는 것이니라 ⁽³⁴⁾ 저희가 가로되 주여 이 떡을 항상 우리에게 주소서 ⁽³⁵⁾ 예수님께서 가라사대 내가 곧 생명의 떡이니 내게 오는 자는 결코 주리지 아니할 터이요 나를 믿는 자는 영원히 목마르지 아니하리라

우리가 신앙으로 세상을 살아가면 예수님께서는 반드시 축복해 주신다. 그 것은 받는 자 밖에 알지 못한다. 버가모교회 성도들에게는 감추었던 만나를 주시겠다고 약속하셨다.

2. 흰 돌을 주며(17) : 흰 돌을 주시겠다고 약속하셨다. 구약시대 때의 제사장들이 흉패에 우림과 둠밈을 넣어서 판결했는데 이때에 무죄한 자에게는 흰 돌을 주었다. 흰돌은 믿는 자의 의를 말한다.

3. 새 이름을 줌(17) : 새 이름을 주시겠다고 했으니 우리는 하늘나라에서 감추었던 만나를 먹고 또한 흰 돌과 그 위에 기록한 새 이름을 받고 영원히 주님과 함께 영광을 누리게 된다. 그 새 이름은 우리가 가질 영원한 이름인데 받는 자 밖에는 아무도 모르는 이름이다.

우리는 영적인 공황시대를 지나고 있다. 버가모교회는 국교 시대를 예표하는 교회이다. 비록 로마가 기독교를 공인하고 국교로 삼았지만 그러나 그렇다고 하늘나라가 이 땅에 이루어진 것이 아니다. 주님께서 오실 때까지 마귀는

맹렬하게 우는 사자와 같이 삼킬 자를 두루 찾아다닐 것이다.(벧5:8)

우리 주위에는 우리의 믿음을 무너뜨리려고 하는 무수히 많은 환경적인, 관계적인 요인들이 있다. 우리는 이러한 요인들과 함께 살아가고 있다. 우리는 이 모든 것 가운데서 능히 이기고 믿음으로 승리하는 삶을 살아야 한다. 거룩한 삶이란 거저 얻어지는 것이 아니다. 영적인 싸움에 의해서 쟁취하는 것이다. 이러한 싸움을 싸우고 있는가? 이러한 싸움이 없다면 무엇인가 문제가 발생했다는 증거이다.

성령을 좇아가는 삶이란 반드시 이와 같은 싸움을 싸우는 삶이다. 이러한 싸움을 싸워 이기는 자들에게 주님께서는 만나를 주시고 흰돌을 주시고 새 이름을 주시겠다고 약속하셨다. 이러한 것들은 이 약속을 붙잡고 믿음의 선한 싸움을 싸울 때에 우리에게 주어지는 하나님의 은혜이다.

두아디라교회의 사자에게 주신 편지(18~29)

성경: 계2:18~29

(계 2:18~29) 두아디라교회의 사자에게 편지하기를 그 눈이 불꽃같고 그 발이 빛난 주석과 같은 하나님의 아들이 가라사대 [19] 내가 네 사업과 사랑과 믿음과 섬김과 인내를 아노니 네 나중 행위가 처음 것보다 많도다 [20] 그러나 네게 책망할 일이 있노라 자칭 선지자라 하는 여자 이세벨을 네가 용납함이니 그가 내 종들을 가르쳐 꾀어 행음하게 하고 우상의 제물을 먹게 하는도다 [21] 또 내가 그에게 회개할 기회를 주었으되 그 음행을 회개하고자 아니 하는도다 [22] 볼지어다 내가 그를 침상에 던질 터이요 또 그로 더불어 간음하는 자들도 만일 그의 행위를 회개치 아니하면 큰 환난 가운데 던지고 [23] 또 내가 사망으로 그의 자녀를 죽이리니 모든 교회가 나는 사람의 뜻과 마음을 살피는 자 인줄 알지라 내가 너희 각 사람의 행위대로 갚아주

리라 ⁽²⁴⁾ 두아디라에 남아 있어 이 교훈을 받지 아니하고 소위 사단의 깊은 것을 알지 못하는 너희에게 말하노니 다른 짐으로 너희에게 지울 것이 없노라 ⁽²⁵⁾ 다만 너희에게 있는 것을 내가 올 때까지 굳게 잡으라 ⁽²⁶⁾ 이기는 자와 끝까지 내 일을 지키는 그에게 만국을 다스리는 권세를 주리니 ⁽²⁷⁾ 그가 철장을 가지고 저희를 다스려 질그릇 깨뜨리는 것과 같이 하리라 나도 내 아버지께 받은 것이 그러하니라 ⁽²⁸⁾ 내가 또 그에게 새벽 별을 주리라 ⁽²⁹⁾ 귀 있는 자는 성령이 교회들에게 하시는 말씀을 들을찌어다

버가모에서 남동쪽으로 60km가게 되면 아키사르라는 현대 도시가 있다. 이곳이 본문말씀에 나오는 일곱 교회 중 그 규모나 중요도에 있어서 가장 보잘 것 없는 도시인 두아디라(Tyateira)이다.   이곳의 옛 이름은 펠로피아(Pelopia) 또는 유합피아(Euhippia)였다. 이 도시는 주전 290년에 셀류코스 니카토르가 그 도시를 재건립하고 실제로 그곳에 일단의 마케도니아 군대를 주둔 시켰을 때부터 중요성을 띠고 등장하게 되었다.

두아디라는 결코 큰 도시는 아니었지만 리쿠스 계곡의 주요 도시였다. 아시아의 수도 버가모를 가기 위해서는 두아디라를 거쳐야 했는데, 두아디라 도시 자체보다는 오히려 더 큰 도시인 버가모를 지키기 위한 초병의 임무를 가진 전략적인 요충지가 바로 이 두아디라 지방이다. 그래서 이곳의 역사적인 기능은 버가모가 저항하기 위해 준비를 갖출 수 있도록 침략 행위를 지연시키는 것이었다. 거기에는 아데미와 아폴로 신전이 있었지만 특별히 유명한 것이 아니었다. 또한 황제 숭배의 중심지도 아니었다. 그러나 다른 여느 도시들과 구별되는 뚜렷한 특징이 그 근처에서 발견되었던 비문에서 나타났다. 두아디라는 양모 산업의 중심지였으며 염색 산업으로도 유명했다. 자줏빛 염색은 엄청나게 비싼 품목이었다. 그래서 두아디라에는 아시아의 여느 도시들보다도 무역 조합들이 많았다. 어떠한 장사나 업자도 상업 조합의 일원이 되지 않고서는 번창하거나 돈을 벌 꿈도 꾸지 못했다.

그런데 상업 조합을 하는 사회적인 활동들은 이교의 신 숭배와 밀접한 관계가 있었다. 이들 무역 조합원들은 함께 식사를 나누었고 이 식사는 신들에게 바쳐지고 남은 술잔과 함께 식사하고 끝을 맺었다. 더구나 이 상업 조합 축제는 먹고 떠드는 모임이었으며 술 취함과 부도덕한 행위가 그 날 중에 벌어졌다.

두아디라교회의 기원은 분명치 않으나 서머나나 버가모의 경우처럼 바울이 에베소 체재 중 이루어진 것으로 추측된다. 혹은 루디아의 전도로 세워졌을 가능성도 있다. 어쨌든 바울의 영향을 받았을 것으로 생각된다. 이 교회는 예수님께 칭찬을 받을 만한 점이 많이 있었다. 이 교회에는 주님을 위한 사업이 왕성했으며 에베소교회와는 달리 사랑도 풍성했으며 믿음과 섬김과 인내가 많았다. 그리고 처음 행위보다 나중 행위가 더 아름답고 좋았다. 에베소교회와는 정반대의 교회였다. 칭찬 받을 점은 마치 에베소교회와 서머나교회를 합친 것과 같은 교회였다.

두아디라교회에 나타나신 그리스도의 모습(18)

(계 2:18) 두아디라교회의 사자에게 편지하기를 그 눈이 불꽃 같고 그 발이 빛난 주석과 같은 하나님의 아들이 가라사대

그 눈이 불꽃 같고(18) : 그 눈이 불꽃같다는 것은 모든 것을 통달하시는 눈을 말한다.(고전2:10) 그리고 모든 불의와 죄를 감찰하시는 눈이다.(히4:13)

그 발이 빛난 주석같은 이(18) : 그 발이 빛난 주석과 같다는 것은 심판하시는 발을 말한다. 그 발 아래에 모든 정사와 권세와 권력이 무릎을 꿇게 될 것이다. 주님께서 불꽃 같은 눈을 가지시고 빛난 주석과 같은 발을 가지시고 나타나신 것은 그만큼 두아디라교회에 많은 문제점이 있다는 것을 나타내고 있다.

불꽃 같은 눈이란 하나님의 깊은 것과 사단의 깊은 것을 아시고 살피시며 통찰하시는 눈을 말하고 빛난 주석과 같은 발은 심판하시는 발을 말한다. 다시 말하면 모든 것을 아시고 심판하시는 주님의 모습이다.

왜 이러한 모습으로 나타나셨는가? 그것은 자칭 선지자라고 하는 거짓 선지자 이세벨 때문이었다. 사단은 거짓 선지자 이세벨을 통하여 두아디라교회를 파괴하려고 하였다. 그런데 두아디라교회에는 이 이세벨의 교훈을 용납한 자들이 있었다. 마귀는 오늘날 거짓 선지자들을 통하여 역사하고 있다. 그들은 3가지 점에서 교회를 타락하게 만든다.

첫째로 예수 그리스도를 부인하게 한다.

둘째로 호색을 좇아간다.

셋째로 탐심을 좇아간다.

(벧후2:1~3) 그러나 민간에 또한 거짓 선지자들이 일어났었나니 이와 같이 너희 중에도 거짓 선생들이 있으리라 저희는 멸망케 할 이단을 가만히 끌어들여 자기들을 사신 주를 부인하고 임박한 멸망을 스스로 취하는 자들이라 [2] 여럿이 저희 호색하는 것을 좇으리니 이로 인하여 진리의 도가 훼방을 받을 것이요 [3] 저희가 탐심을 인하여 지은 말을 가지고 너희로 이를 삼으니 저희 심판은 옛적부터 지체하지 아니하며 저희 멸망은 자지 아니하느니라

예수님께서는 거짓 선지자들을 삼가라고 말씀하시고 계신다.

(마7:15) 거짓 선지자들을 삼가라 양의 옷을 입고 너희에게 나아오나 속에는 노략질하는 이리라

그러므로 우리는 언제나 주님께서 우리에게 말씀을 통하여 주시는 분별력을 가지고 사단의 음흉한 계계를 물리쳐아 할 것이다. 그리스도를 부인하고 음행

과 탐심을 좇도록 하는 사단의 궤계를 분별하는 교회가 되어야 할 줄 안다.

두아디라교회를 칭찬하심(19)

(계 2:19) 내가 네 사업과 사랑과 믿음과 섬김과 인내를 아노니 네 나중 행위
가 처음 것보다 많도다

사업과 사랑과 믿음과 섬김과 인내를 아심(19): 에베소교회는 사업과 믿음과 섬김과 인내를 칭찬하셨지만 사랑을 버렸음으로 책망을 받았는데 두아디라교회는 사랑도 있음을 칭찬하셨다.

나중 행위가 처음 것 보다 많음(19): 두아디라교회의 모든 성도들의 신앙이 점점 성장하여 처음 그들이 믿을 때보다 더 나은 모습으로 발전해 나감으로 칭찬을 받았다.

두아디라교회를 책망하심(20)

(계 2:20) 그러나 네게 책망할 일이 있노라 자칭 선지자라 하는 여자 이세벨
을 네가 용납함이니 그가 내 종들을 가르쳐 꾀어 행음하게 하고 우상의 제
물을 먹게 하는도다

자칭 선지자라 하는 여자 이세벨을 용납함(20): 그러나 이 교회는 치명적인 잘못을 범하고 있었다. 그것은 이세벨을 용납한 점이다. 사단이 이세벨을 통하여 이 두아디라교회를 파괴하려고 했다. 성적으로 타락하게 하고 종교적으로 이방 제사를 하게 함으로써 신앙의 순수성을 파괴하려고 하였다. 이세벨이 누구인가? 그녀는 이스라엘의 7대왕 아합의 왕후로서 시돈왕 엣바알의 딸

이었다. 그리고 그녀는 바알과 아스다롯 사당을 건축하고 숭배하게 한 역대의 최고로 사악한 여인이었다. 그녀는 아합 왕을 부추겨서 결국 하나님을 떠나게 했으며 많은 하나님의 선지자들을 멸절시켰으며 마지막 엘리야 선지자를 죽이려고 한 악한 여자였다.

(왕상16:31~33) 느밧의 아들 여로보암의 죄를 따라 행하는 것을 오히려 가볍게 여기며 시돈 사람의 왕 엣바알의 딸 이세벨로 아내를 삼고 가서 바알을 섬겨 숭배하고 [32] 사마리아에 건축한 바알의 사당 속에 바알을 위하여 단을 쌓으며 [33] 또 아세라 목상을 만들었으니 저는 그 전의 모든 이스라엘 왕보다 심히 이스라엘 하나님 여호와의 노를 격발하였더라

구약 당시의 이세벨과 같은 여자가 두아디라교회에 있었는데 그녀를 이 교회가 용납했다. 그녀가 주의 종들을 꾀어 행음하게 하고 우상의 제물을 먹게 함으로 교회를 무너뜨리고 있었다. 그런데 이와 같은 사실을 용납하고 방치한 것이 오늘 주님으로부터 책망을 받은 이유였다. 그 당시 두아디라의 이세벨이 누구였느냐에 대해서 학자들 간에 많은 설들이 있다.

1. 바벨론신 시빌레(Sibylle)(Shurer)
2. 두아디라교회 감독의 아내(Zahn, Alford)
3. 자주 장사 루디아와 동일 인물이란 설: 이 설은 순전한 추측으로 문제가 되지 않는다.
4. 상징적 이름으로 이세벨과 같은 성격의 어떤 여인 또는 모임 (Alford, Charles, Vincent, Barclay, Walvoord) 등 마지막 설이 단연코 지배적이다. 그녀는 선지자로 자칭하며 유력한 사도의 지위에 있었을 것이다. 그는 우상이 세상에 아무 것도 아닌 점(고전8:4)을 악용하여 우상의 제물을 먹기를 권하고 또 성적 부도덕 상태로 유인했다. 이런 경향을 당시 두아니라에 성행된 소합과 결부시키는 것은 유력한 견해이다. 즉 상업을 위한

조합의 모임에서는 우상에게 바친 제물을 먹는 것이 관례였고, 그렇지 않으면 조합원의 권리와 이익을 잃어버리게 되었다. 또 이런 모임은 결국 성적 부정행위를 동반하게 되었다. 두아디라교회의 잘못은 이런 여인을 용납하고 징계하지 않은 점이다. 우상의 제물을 먹고 행음하게 됨으로 신앙의 순수성을 잃어버리고 결국 영적인 간음으로 이어지게 된다. 아합의 아내 이세벨은 결국 이스라엘로 하여금 하나님을 떠나고 신앙의 순수성을 잃어버리게 했다. 이때에 갈멜산에 엘리야가 나타나서 그들에게 참 하나님께 돌아오도록 다시 말하며 신앙의 순수성을 찾도록 촉구한 사건은 유명한 사건이다. 이것은 오늘날 현대 교회에도 심각한 문제가 아닐 수 없다. 오늘날 두아디라교회에 경고하신 주님의 이 경고는 바로 현대 교회에 대한 하나님의 경고로 보아야 한다.

그리스도의 경고(21~23)

(계 2:21~23) 또 내가 그에게 회개할 기회를 주었으되 그 음행을 회개하고자 아니하는도다 [22] 볼지어다 내가 그를 침상에 던질 터이요 또 그로 더불어 간음하는 자들도 만일 그의 행위를 회개치 아니하면 큰 환난 가운데 던지고 [23] 또 내가 사망으로 그의 자녀를 죽이리니 모든 교회가 나는 사람의 뜻과 마음을 살피는 자인 줄 알지라 내가 너희 각 사람의 행위 대로 갚아주리라

회개할 기회를 주었으되 그 음행을 회개하고자 아니함(21) : 주님께서는 그들에게 회개할 기회를 주셨다고 했다. 그러나 그들이 회개하지 아니하고 있다. 우리가 주님 앞에 잘못할 때에도 주님은 회개할 기회를 주신다. 그러나 이 경고를 무시하게 될 때에 엄청난 징계가 임한다.

침상에 던지고 간음하는 자들도 큰 환난 가운데 던짐(22) : 회개하지 아니
하면 큰 질병과 큰 환난 가운데 던지겠다고 경고하신다. 회개하면 용서하시지
만 회개하지 않으면 이와같이 징계하신다. 그러므로 회개가 축복의 문을 여는
것이다. 예수님께서는 육적인, 종교적인 간음을 심판하실 것이라고 말씀하시
고 있다.

예수님께서는 현재 우리가 사는 세상을 "악하고 음란한 세대"라고 말씀하
셨다. 너무나 적절한 표현이라고 생각된다. 지금 세상이 온통 폭력과 성적 타
락으로 뒤덮여 있다고 해도 과언이 아니다. 폭력과 음행은 결국 한 개인을 파
괴시킬 뿐만 아니라 가정과 사회를 파괴시킨다. 인류 역사를 더듬어 보아도
이 폭력과 음란이 범람하는 시대를 심판하신 것을 알 수 있다. 소돔과 고모라
가 그랬고 폼페이우스 도시가 그랬다. 지금은 소돔과 고모라 보다 더 악하고
음란한 세대가 되었다. 바울사도는 이 음행에 대해서 다음과 같이 말씀하시고
있다.

(고전6:15~18) 너희 몸이 그리스도의 지체인줄을 알지 못하느냐 내가 그리
스도의 지체를 가지고 창기의 지체를 만들겠느냐 결코 그럴 수 없느니라 [16] 창
기와 합하는 자는 저와 한몸인줄을 알지 못하느냐 일렀으되 둘이 한 육체가
된다 하셨나니 [17] 주와 합하는 자는 한 영이니라 [18] 음행을 피하라 사람이 범
하는 죄마다 몸 밖에 있거니와 음행하는 자는 자기 몸에게 죄를 범하느니라

사망으로 그의 자녀를 죽이심(23) : 육적으로 영적으로 간음하는 자들의 자
녀를 데려가심으로 하나님께서 그들을 징계하실 것을 말씀하신다. 때로는 부
모가 잘못하고 자녀들이 어려움을 당할 때도 있다.

사람의 생각과 뜻을 살피는 자인 줄 알리라(23) : 하나님은 간음하는 자들
을 벌하심으로 사람의 생각과 뜻을 감찰하시는 분이심을 온 교회가 알도록 하

실 것이라고 말씀하셨다. 두아디라교회는 중세시대를 예표하는 교회이다. 그러므로 두아디라교회에 대해서 말씀하시는 간음은 육적인 간음과 영적인 간음을 포함한다. 중세시대에 온갖 비진리와 더러운 교리들이 쏟아져 나와서 영계를 혼란하게 만들 것을 경고하시는데 계17~18장에 나오는 음녀의 기원을 여기에서 찾아 볼 수가 있다. 이미 음녀는 중세시대부터 활동하여 적그리스도에게 그 바톤을 넘겨줄 때까지 그 역할을 담당할 것이다.

예수님께서는 육적인, 종교적인 간음행위를 회개하도록 기회를 주시고 그렇지 않을 때에는 침상에 던지고 다음에는 큰 환난 가운데 던지고 마지막에는 자녀들까지 사망을 당할 것이라고 경고하시고 있다. 얼마나 무서운 경고인가? 구약성경 호세아서는 이러한 영적인 간음을 묘사하고 있다. 선지자 호세아의 처는 간음하는 음녀였다. 그러나 하나님께서는 호세아에게 그녀를 데리고 오라고 말씀하신다. 호세아는 그녀를 데리고 와서 함께 아들, 딸 낳고 산다.

그런데 그녀는 또 외간 남자와 눈이 맞아서 도망을 간다. 하나님께서는 호세아에게 또 다시 데리고 오라고 명령하신다. 호세아는 또 데리고 온다. 이러한 일이 반복되어진다. 그러나 호세아는 그녀를 용서하고 데리고 온다. 이것이 호세아서이다. 왜 이러한 말씀을 하셨을까? 그렇다. 이스라엘이 남편되시는 하나님을 버리고 다른 신을 섬기는 이중적인 종교생활을 했기 때문이었다.

(호6:10) 내가 이스라엘 집에서 가증한 일을 보았나니 거기서 에브라임은 행음하였고 이스라엘은 더럽혔느니라

이것은 종교적인 간음을 책망하시는 하나님의 말씀이다. 그러므로 우리가 종교적인 간음에 대해서 말씀 앞에 깊이 생각해야 한다.

그리스도의 권면(24~25)

(계 2:24~25) 두아디라에 남아 있어 이 교훈을 받지 아니하고 소위 사단의 깊은 것을 알지 못하는 너희에게 말하노니 다른 짐으로 너희에게 지울 것이 없노라 ⁽²⁵⁾ 다만 너희에게 있는 것을 내가 올 때까지 굳게 잡으라

그러면 예수님께서 두아디라교회에 대해서 권면하신 말씀이 무엇이었는가?

1. '사단의 깊은 것'을 분별하며 따르지 말라고 권면하셨다.

(계 2:24) 두아디라에 남아 있어 이 교훈을 받지 아니하고 소위 사단의 깊은 것을 알지 못하는 너희에게 말하노니 다른 짐으로 너희에게 지울 것이 없노라

'사단의 깊은 것'이란 사단의 궤계와 궤휼이다. 이것은 인간이 구별하기가 힘든 부분에 속하기 때문에 이와 같이 말씀하신 것 같다. 그러나 두아디라교회에는 이 사단의 깊은 것을 분별하며 그 교훈에 가담하지 않은 성도들이 있었으므로 그들을 칭찬하셨다.

베드로는 신앙고백을 잘해서 주님으로부터 칭찬을 받았다. 그러나 바로 그다음 순간 그는 하나님의 뜻을 분별하지 못하고 주님으로부터 책망을 받았다. 바로 사단의 깊은 것을 분별하지 못했기 때문이었다. 베드로는 예수님께서 십자가를 지시는 것이 너무나 안타까워서 십자가를 지지 마시라고 했다. 이것은 사단의 궤계에 의한 것이었다. 그래서 주님으로부터 책망을 받았다.

(마16:22~23) 베드로가 예수를 붙들고 간하여 가로되 주여 그리 마옵소서

이 일이 결코 주에게 미치지 아니하리이다 [23] 예수님께서 돌이키시며 베드로에게 이르시되 사단아 내 뒤로 물러가라 너는 나를 넘어지게 하는 자로다 네가 하나님의 일을 생각지 아니하고 도리어 사람의 일을 생각하는도다 하시고

우리가 하나님의 일보다 사람의 일을 더 생각할 때에 사단의 깊은 궤계에 빠지게 된다.

2. 칭찬 받은 것은 굳게 잡으라고 말씀하신다.

(계 2:25) 다만 너희에게 있는 것을 내가 올 때까지 굳게 잡으라

예수님께서는 지금 두아디라교회가 가진 것을 굳게 잡으라고 말씀하신다. 그들이 가진 것은 무엇이었을까? 그들의 사업과 사랑과 믿음과 섬김과 인내를 말씀하시고 있다.

(계 2:19) 내가 네 사업과 사랑과 믿음과 섬김과 인내를 아노니 네 나중 행위가 처음 것보다 많도다

우리가 칭찬 받을 만한 점은 계속 해서 신장해 나아가야 한다.

3. 귀 있는 자는 성령이 교회들에게 하시는 말씀을 들으라고 말씀하신다(29)

(계 2:29) 귀 있는 자는 성령이 교회들에게 하시는 말씀을 들을지어다

우리가 어떠한 문제를 만날 때에도 성령이 교회들에게 말씀하시는 것을 들으면 해결이 된다. 불꽃 같은 눈으로 또한 빛난 주석과 같은 발로서 모든 문제

를 해결해 주신다.

이기는 자에게 주시는 축복(26~28)

1. 만국을 다스리는 권세를 주시겠다고 말씀하셨다.(2:26~27)

(계 2:26~28) 이기는 자와 끝까지 내 일을 지키는 그에게 만국을 다스리는 권세를 주리니 (27) 그가 철장을 가지고 저희를 다스려 질그릇 깨뜨리는 것과 같이 하리라 나도 내 아버지께 받은 것이 그러하니라

만국을 다스리는 권세는 성도들이 천년왕국에서(20:4~6) 또한 새 예루살렘에서(22:5) 누릴 영광이다. 철장권세를 가지고 사단과 그의 무리들을 깨뜨리게 된다.

2. 새벽별을 주리라(28)

(계 2:28) 내가 또 그에게 새벽 별을 주리라

새벽 별을 주리라고 하셨는데 그것은 바로 예수 그리스도를 지칭하는 말이다.(계22:16) 우리에게 주시는 상급 가운데 그리스도 자신 보다 더 큰 보상이 어디 있을까? 자신을 우리에게 주어 보상하겠다는 것이다. 또한 새벽 별이란 시대를 내다보는 영적 안목으로 볼 수가 있겠다.

(벧후1:19) 또 우리에게 더 확실한 예언이 있어 어두운데 비취는 등불과 같으니 날이 새어 샛별이 너희 마음에 떠오르기까지 너희가 이것을 주의하는 것이 가히니라

두아디라교회는 중세 교회를 예표하는 교회이다. 그러므로 중세 교회는 이러한 이세벨을 용납함으로 책망을 받은 두아디라교회와 같은 교회이다. 이세벨이 이스라엘의 순수한 신앙을 빼앗아 간 것처럼 중세 교회는 이러한 순수성을 잃고 이세벨의 교회를 신봉했던 것이다.

계시록17~18장은 이러한 음녀의 정체와 심판에 대해서 상세하게 설명을 하고 있는데 두아디라교회를 필두로 해서 이 음녀의 종교는 점차 그 세력을 넓혀 나아가다가 나중에는 그의 입이 성도의 피에 취하는 일을 하게 될 것이라고 말씀하고 있다.(계17:6)

그러므로 우리는 가능한 한 예수 그리스도의 피로 거듭난 성도들과 연합하여 하나가 되어야 한다. 그러나 이세벨 즉 종교혼합주의와는 결코 연합해서는 안 된다. 우리의 연합은 생명적인 연합이다. 불꽃 같은 눈으로 빛난 주석과 같은 발로 교회를 방문하시는 주님 앞에 우리의 모습을 비춰보아야 한다. 그리고 회개해야 한다. 그리고 신앙의 정절을 지켜 만국을 다스리는 권세와 새벽별을 얻어 누리는 자들이 되어야 할 줄 믿는다.

제 3 장

일곱 교회 2
사데교회, 빌라델비아교회, 라오디게아교회

사데교회(1~6) : 종교개혁시대 예표
빌라델비아교회(7~13) : 선교시대 예표
라오디게아교회(14~22) : 현대 예표

3장의 개요

3장에는 아시아 일곱 교회 중에서 사데, 빌라델비아, 라오디게아교회의 사자들과 그 교회의 비밀을 말씀하시는 내용으로 되어있다.

사데교회는 살았다 하는 이름은 가졌으나 실상은 죽은 교회였고, 빌라델비아교회는 적은 능력을 가졌으면서 인내의 말씀을 지키어 칭찬을 들은 교회였다. 라오디게아교회는 차지도 덥지도 않은 미지근한 상태에서 자신을 부요한 자라고 착각한 교회였기 때문에 책망을 들은 교회였다. 그러나 이들에게 회개할 기회를 주시면서 마지막 그들을 보좌에 함께 앉게 해주실 것을 약속하셨다.

사데교회의 사자에게 주신 편지(1~6)

성경: 계3:1~6

(계 3:1~6) 사데교회의 사자에게 편지하기를 하나님의 일곱 영과 일곱 별을 가진 이가 가라사대 내가 네 행위를 아노니 네가 살았다 하는 이름은 가졌으나 죽은 자로다 [2] 너는 일깨워 그 남은 바 죽게 된 것을 굳게하라 내 하나님 앞에 네 행위의 온전한 것을 찾지 못하였노니 [3] 그러므로 네가 어떻게 받았으며 어떻게 들었는지 생각하고 지키어 회개하라 만일 일깨지 아니하면 내가 도적같이 이르리니 어느 시에 네게 임할는지 네가 알지 못하리라 [4] 그러나 사데에 그 옷을 더럽히지 아니한 자 몇 명이 네게 있어 흰 옷을 입고 나와 함께 다니리니 그들은 합당한 자인 연고라[5] 이기는 자는 이와 같이 흰 옷을 입을 것이요 내가 그 이름을 생명책에서 반드시 흐리지 아니하고 그 이름을 내 아버지 앞과 그 천사들 앞에서 시인하리라 [6] 귀 있는 자는 성령이 교회들에게 하시는 말씀을 들을지어다

두아디라에서 남동쪽으로 70여km 내려가다 보면 살릴리(Salili)라는 조그만 마을이 나온다. 이곳이 과거에 소아시아 지방에서 가장 오래되고 화려했던 전적을 가진 리디아(Lydia)왕국의 수도 사데(Sardis)이다. 사데는 '남은 자' 혹은 '남은 물건' 이라는 뜻이다. 한 때 사데는 역사상에서 잠시 사라졌었으나, 로마가 집권할 시대에 다시 번창하는 도시로 나타났다. 로마는 그 도시를 순회재판 도시로 만들어 정의가 시행되게 했다. 주후 17년 지진으로 파괴된 후 티베리우스 황제가 조세 감면과 5,000파운드의 돈을 아낌없이 헌사하여 도시를 재건하였다.

1세기 이래 계속 기독교가 사데에서 성행하였다. 그러나 주후 716년에는 아랍인들에게 정복당했다. 사데는 다섯 개의 상이한 도로들이 중심지였다. 서북쪽으로는 버가모, 서쪽으로는 서머나로 가는 길이 나오고 동쪽으로 브루기아, 동남쪽으로 빌라델비아, 그리고 서남쪽으로 65km가면 에베소가 나온다. 이 다섯 개의 도로는 교역과 상업적인 번창을 도왔으며 그래서 부유한 생활을 할 수 있었다. 공동묘지에서 발견된 금제 현판, 목걸이, 늘어뜨리는 장신구들, 팔찌 그리고 옥쇄들은 페르시아 시대에 이 도시가 얼마나 부유했던가를 짐작할 수 있게 해준다. 그러나 주님께서는 사데교회를 향하여 "살았으나 실상은 죽은 자(계3:1)라고 책망하셨다. 왜 그랬을까? 그 이유는 사데 사람들의 생활이 너무 안일했다는 점이다.

소아시아 일곱 교회에 보낸 편지가 쓰인 당시에 사데교회에는 다른 여러 교회를 위협하던 요소가 없었다. 거기에는 황제 숭배의 위협도 없었고 박해의 위협도 없었다. 유대인의 간악한 비방들도 없었고 교회 자체 안에 있는 어떠한 이단의 출현에 대한 우려도 없었다. 그리고 사데는 그 위치로 보아 거의 난공불락의 도시였다. 그들은 어느 누가 침략해 와도 함락시킬 수 없다고 생각했었다.

그래서 주전 549년 바사왕 고레스가 쳐들어 왔을 때도, 그 후로부터 200년 후 시리아의 안티오쿠스와 전쟁할 당시에도 무방비 상태에서 무력하게 함락 당했다. 이 역사적인 사실을 알고 있는 사데교회에 주께서는 경고하셨다. "깨어라(계3:2,3) 깨어 있어야만 한다. 깨어 있지 않으면 주님이 도적 같이 임할 것이요, 이기는 자는 흰옷을 입을 것이다.(계3:3,5)"

태평양의 영웅인 맥아더 장군은 이렇게 말했다."전쟁에서 패배할 수도 있지만 경계에서는 결코 패배해서는 안 된다" 이 말은 경계를 소홀히 하면 반드시 전쟁에서 패배할 수밖에 없다는 뜻이다. 영적인 문제에서도 마찬가지이다. 마 25장에 보면 10명의 처녀의 비유가 나온다. 10명의 처녀들은 신랑을 맞이하러 나온 자들이었다. 처음에는 대단한 열심을 가지고 아름답게 꾸미고 기다렸지만 신랑이 늦게옴으로 말미암아 모두 지쳐서 잠을 자게 되었다. 어리석은 자들은 기름을 준비하지 않고 등만을 가지고 갔다. 그러나 지혜로운 자들은 기름을 여분으로 가지고 갔다. 밤중 즈음에 "신랑이로다 맞이하러 나오라!"라고 외치는 소리가 들렸다. 지혜로운 다섯 처녀는 신랑을 맞아 혼인잔치에 들어갔다.

그러나 어리석은 다섯 처녀는 혼인잔치에 들어가지 못하고 문을 두드리며 슬피 우는 모습이 나온다. 그들은 결국 혼인잔치에 들어가지 못했다. 왜 예수님께서는 이러한 비유를 말씀하셨을까? 그것은 오늘날 깨어서 준비하는 다섯 처녀와 같은 교회가 있고 준비 없이 잠자는 교회가 있다는 것이다.

오늘 사데교회는 한마디로 잠자는 교회의 표본이었다. 이름은 살았다는 의미를 가졌고, 외형적으로는 그럴 듯하며 아무런 문제가 없는 것 같은데 실제로는 죽어 있는 모습인 교회가 사데교회였다. 이 교회는 책망을 먼저 받은 교회였는데 주님께서 나타나신 모습을 보면

사데교회에 나타나신 그리스도의 모습(1):

(계 3:1) 사데교회의 사자에게 편지하기를 하나님의 일곱 영과 일곱 별을 가진

이가 가라사대 내가 네 행위를 아노니 네가 살았다 하는 이름은 가졌으나 죽은 자로다

하나님의 일곱 영과 일곱 별을 가지신 모습으로 나타났다. 이것은 성령을 교회에 보내시며 성령의 충만함을 주시는 그리스도의 모습이다. 세례요한도 자신은 물로 세례를 베풀지만 자신의 뒤에 오시는 이인 예수 그리스도는 불과 성령으로 세례를 주시는 분이심을 증거했다.(마3:11) 그 분은 또 자기가 보혜사 성령을 아버지께 받아 보내주시겠다고 말씀하셨다.(요14:16) 살았다 하는 이름은 가졌으나 죽어 있는 사데교회를 향해 주님은 일곱 영을 가지신 분으로 나타나셨다. 이는 힘으로 되지 아니하고 능으로 되지 아니하고 오직 하나님의 신으로만 된다는 것을 보여주신다.

(슥4:6) 그가 내게 일러 가로되 여호와께서 스룹바벨에게 하신 말씀이 이러하니라 만군의 여호와께서 말씀하시되 이는 힘으로 되지 아니하며 능으로 되지 아니하고 오직 나의 신으로 되느니라

또 주님께서는 일곱 별을 붙들고 계시는 모습으로 나타나셨다. 이는 주의 종들을 오른 손에 붙드시고 보호하시고 인도하시는 모습이다. 그러므로 주님께 붙들리면 모든 것을 할 수가 있다는 것을 보여주고 계신다. 그러면 사데교회가 책망을 들었는데 그 내용을 살펴보면

사데교회를 책망하심(1)

1. 살았다 하는 이름은 가졌으나 죽은 자와 같은 교회

(계 3:1) 사데교회의 사자에게 편지하기를 하나님의 일곱 영과 일곱 별을 가진
　　　이가 가라사대 내가 네 행위를 아노니 네가 살았다 하는 이름은 가졌으나
　　　죽은 자로다

　행함이 없는 믿음은 그 자체가 죽은 믿음이라고 말씀하시고 있는데 바로 잠
자는 성도의 특징이 그러하다. 교회에는 열심히 출석해서 지식적으로 많이 알
지만 행함 속에서는 전혀 신앙인임을 분별할 수 없는 상태이다. 명목상의 이
름만 가지고 있다. 명목상의 장로요, 명목상의 권사요, 명목상의 집사일 따름
이다. 이름만이 요란하다. 교회에서는 제법 그럴듯한 직책을 맡고 있으며 성
도인 것 같지만 가정에서나 직장에서 생활하는 모습은 전혀 다른 이중적인 모
습이 나온다. 이것이 살았다 하는 이름은 가졌으나 죽은 자와 같은 모습이다.

　(약2:26) 영혼 없는 몸이 죽은 것같이 행함이 없는 믿음은 죽은 것이니라

　성도들은 모두 예수 그리스도로 말미암아 새로운 생명을 얻었다.

　(엡2:1) 너희의 허물과 죄로 죽었던 너희를 살리셨도다

　(골3:1~3) 그러므로 너희가 그리스도와 함께 다시 살리심을 받았으면 위엣
것을 찾으라 거기는 그리스도께서 하나님 우편에 앉아 계시느니라 [2] 위엣 것
을 생각하고 땅엣 것을 생각지 말라 [3] 이는 너희가 죽었고 너희 생명이 그리스
도와 함께 하나님 안에 감추었음이니라

　이미 우리들은 예수 안에서 영원한 생명을 얻었고 살았지만 그러나 생활 속
에서 이 생명력이 나타나지 않는 것은 살았다 하는 이름은 가졌으나 죽은 자
와 같다는 뜻이다. 골로새서에 나오는 말씀을 보면 살아서 영원한 예수 그리

스도의 생명을 가졌지만 위엣 것을 찾는 삶이 없다는 것이다. 위에 있는 것은 찾지 아니하고 땅에 있는 것만을 위해서 살아간다는 뜻이다.

2. 행위 가운데 온전한 것을 찾을 수 없는 교회

(계 3:2) 너는 일깨워 그 남은 바 죽게 된 것을 굳게 하라. 내 하나님 앞에 네 행위의 온전한 것을 찾지 못하였노니

하나님의 온전하심 같이 우리 성도들에게는 온전함에 대한 몸부림이 있어야 한다. 거룩함에 대한 투쟁이 있어야 한다. 그러나 이러한 투쟁심이 결여되어 있다.

(마5:48) 그러므로 하늘에 계신 너희 아버지의 온전하심과 같이 너희도 온전하라

잠자는 자의 특징은 세상 물결이 치는대로 파도가 치는대로 살아가는 모습이다. 마치 비늘이 없는 물고기와 같다. 분별이 없는 삶을 말한다. '믿음', '소망', '사랑' 이 세 가지가 늘 조화를 이루며 살아가는 삶이 성도들의 삶인데 이 여러 가지 부분에 있어서 온전하지 못하다는 말이다.

3. 더러운 옷을 입고 다니는 교회

(계 3:4) 그러나 사데에 그 옷을 더럽히지 아니한 자 몇 명이 네게 있어 흰 옷을 입고 나와 함께 다니리니 그들은 합당한 자인 연고라

사데교회에는 흰 옷을 입고 주님과 동행하는 자가 있었지만 대부분 더러운

옷을 입고 다닌다고 예수님께서 책망하셨다. 더러운 옷이란 세상과 짝하는 생활을 말한다. 하나님은 우리의 삶이 거룩하기를 원하신다. 왜냐하면 하나님께서 거룩하시기 때문이다. 성도들이 이러한 거룩에 대한 감각이 무디어지면 이것은 그 영이 잠자고 있다는 증거이다.

(레19:2) 너는 이스라엘 자손의 온 회중에게 고하여 이르라 너희는 거룩하라 나 여호와 너희 하나님이 거룩함이니라

그리스도의 권면(2~4)

그렇다면 주님께서는 잠자는 성도가 어떻게 하기를 권면하고 계시는가?

1. 일깨우라고 권면하신다.

(계 3:2) 너는 일깨워 그 남은 바 죽게 된 것을 굳게하라

이것은 "잠자는 상태에서 깨어 일어나라"라는 말씀이다. 성경말씀에 "깨어라"라는 말씀이 많이 나온다.

(벧전5:8) 근신하라 깨어라 너희 대적 마귀가 우는 사자같이 두루 다니며 삼킬 자를 찾나니

(마24:42) "그러므로 깨어있으라 어느 날에 너희 주가 임할는지"

그러면 깨어있다는 것은 무엇을 의미하는가?

1) 기도에 깨어 있다는 말씀이다

2) 말씀 안에서 깨어 있다는 말씀이다.

3) 찬양에 깨어 있다는 말씀이다.

4) 봉사에 깨어 있다는 말씀이다.

5) 자기의 사명에 충실하다는 말씀이다.

하나님과의 교제가 살아있고 성도와의 교제가 살아있다는 말씀이다. 기쁨과 감사와 감격이 넘치고 있다는 말씀이다. 나는 기도에 깨어 있는가? 나는 말씀에 깨어 있는가? 나는 찬양에 깨어 있는가? 나는 봉사에 깨어 있는가? 나는 사명에 깨어 있는가? 우리는 늘 점검해 보아야 한다.

2. 죽게 된 것을 굳게 하라고 말씀하신다(2)

(계 3:2) 너는 일깨워 그 남은 바 죽게 된 것을 굳게하라 내 하나님 앞에 네 행위의 온전한 것을 찾지 못하였노니

죽게 된 것이 무엇인가?
우리의 믿음과 봉사와 사랑과 인내와 감사와 같은 것을 말한다.

(고전16:13) 깨어 믿음에 굳게 서서 남자답게 강건하여라

(벧전5:9) 너희는 믿음을 굳게 하여 저를 대적하라 이는 세상에 있는 너희 형제들도 동일한 고난을 당하는 줄을 앎이니라

우리의 믿음이 흔들려서는 안된다. 믿음 위에 굳게 서야한다. 말씀 위에 굳게 서야 한다.

3. 말씀을 어떻게 받았으며 어떻게 들었는지 생각하고 지키어 회개하라고 말씀하신다.

(계 3:3) 그러므로 네가 어떻게 받았으며 어떻게 들었는지 생각하고 지키어 회개하라 만일 일깨지 아니하면 내가 도적같이 이르리니 어느 시에 네게 임할는지 네가 알지 못하리라

말씀에 깨어 있어야 한다. 사도들이 우리에게 생명 바쳐 전한 복음, 우리가 들은 복음 즉 신구약 66권 말씀을 깊이 생각하고 그 말씀대로 살아가도록 권면하신다. 말씀에 대한 뜨거운 열심을 회복할 것을 말씀하신다. 이 말씀에 따라 회개하고 우리의 삶을 고치도록 말씀하신다. 예수님께서는 말씀을 읽는 자와 듣는 자들과 그 가운데 기록한 것을 지키는 자들이 복이 있다고 말씀하셨다.

(계 1:3) 이 예언의 말씀을 읽는 자와 듣는 자들과 그 가운데 기록한 것을 지키는 자들이 복이 있나니 때가 가까움이라

4. 흰옷을 입으라고 말씀하신다(4).

(계 3:4) 그러나 사데에 그 옷을 더럽히지 아니한 자 몇 명이 네게 있어 흰옷을 입고 나와 함께 다니리니 그들은 합당한 자인 연고라

흰옷을 입지 않고는 성도들의 삶이 이루어지지 않으며 주님과 동행할 수 없다. 주님의 축복이 함께 하시지 않는다. 거룩함은 모든 축복과 은혜의 통로이다. 그러므로 언제나 우리의 삶이 거룩한 삶인지를 분별해야한다. 하늘나라에서도 우리는 흰옷을 입고 다닐 것이다. 이 흰옷은 예수 그리스도의 보배로운

피로 깨끗하게 씻음을 받은 의의 옷이다. 거룩한 옷이다. 이 흰옷은 성도들이 천국에서 입을 영원한 옷이다. 사데는 양모 산업이 발달했으므로 흰 양털 옷을 입고 다니는 자들이 많이 있었다.

그러나 그러한 옷보다 더 희고 깨끗한 성결의 옷을 입어야 한다. 믿음의 정절을 지키는 모습이 있어야 한다. 잠자는 자들이 입지 못하는 이 흰옷을 우리는 입어야 한다. 이 옷을 입고 주님과 함께 동행하는 축복을 받아야 하겠다. 거대한 양모와 염료시장인 사데, 겉으로는 부와 번영을 누렸지만 오히려 안일했던 사데교회처럼, 되지 않으려면 오늘날의 교회는 물질적 풍요로움과 편안함 속에서 그 옷을 더럽히지 않도록 힘쓰고 애써야 한다.

(롬13:14) 오직 주 예수 그리스도로 옷 입고 정욕을 위하여 육신의 일을 도모하지 말라

그리스도의 경고(3)

깨어 있지 않는 자에게 도적같이 임하시겠다고 말씀하신다(3)

(계 3:3) 그러므로 네가 어떻게 받았으며 어떻게 들었는지 생각하고 지키어 회개하라 만일 일깨지 아니하면 내가 도적같이 이르리니 어느 시에 네게 임할는지 네가 알지 못하리라

빛 가운데 다니는 성도들에게 결코 주님은 도적같이 임하시지 않는다. 그러나 잠자는 성도들에게는 주님께서 도적같이 임하심으로 큰 환난을 당하게 될 것이다.

(살전5:2~8) 주의 날이 밤에 도적(盜賊) 같이 이를 줄을 너희 자신이 자세히 앎이라 ⑶ 저희가 평안하다, 안전하다 할 그 때에 잉태(孕胎)된 여자에게 해산(解産) 고통(苦痛)이 이름과 같이 멸망(滅亡)이 홀연(忽然)히 저희에게 이르리니 결단코 피하지 못하리라 ⑷ 형제들아 너희는 어두움에 있지 아니하매 그 날이 도적 같이 너희에게 임하지 못하리니 ⑸ 너희는 다 빛의 아들이요 낮의 아들이라 우리가 밤이나 어두움에 속하지 아니하나니 ⑹ 그러므로 우리는 다른 이들과 같이 자지 말고 오직 깨어 근신할찌라 ⑺ 자는 자들은 밤에 자고 취하는 자들은 밤에 취하되 ⑻ 우리는 낮에 속하였으니 근신하여 믿음과 사랑의 흉배(胸背)를 붙이고 구원의 소망의 투구를 쓰자.

이기는 자에게 주시는 축복(5)

주님께서 이기는 자에게 주시는 축복은 무엇인가?

1. 흰옷을 입을 것이라고 말씀하시고 있다.

(계 3:5) 이기는 자는 이와 같이 흰 옷을 입을 것이요 내가 그 이름을 생명책에서 반드시 흐리지 아니하고 그 이름을 내 아버지 앞과 그 천사들 앞에서 시인하리라

(계 19:7~8) 우리가 즐거워하고 크게 기뻐하여 그에게 영광을 돌리세 어린 양의 혼인 기약이 이르렀고 그 아내가 예비하였으니 ⑻ 그에게 허락하사 빛나고 깨끗한 세마포를 입게 하셨은즉 이 세마포는 성도들의 옳은 행실이로다 하더라

만약 이 흰 예복을 준비하지 않으면 천국에서 쫓겨나게 된다.

(마22:11~13) 임금이 손을 보러 들어올새 거기서 예복을 입지 않은 한 사람을 보고 [12] 가로되 친구여 어찌하여 예복을 입지 않고 여기 들어왔느냐 하니 저가 유구무언(有口無言)이어늘 [13] 임금이 사환들에게 말하되 그 수족을 결박하여 바깥 어두움에 내어 던지라 거기서 슬피 울며 이를 갊이 있으리라 하니라

2. 생명책에 이름을 흐리지 않고 기록하겠다고 말씀하신다.

(계 3:5) 이기는 자는 이와 같이 흰 옷을 입을 것이요 내가 그 이름을 생명책에서 반드시 흐리지 아니하고

우리의 이름이 하늘나라의 생명책에 기록되어 있다는 사실보다 더 흥분되고 기쁜 일이 없다. 세상 사람들은 자기의 이름을 내기 위해서 온갖 곳에 기록한다. 그러나 우리의 이름은 영원한 생명책에 기록되어 있다는 사실을 기억해야 한다. 이름이 생명책에 기록되지 못한 자들은 마지막 환난 때에도 짐승에게 경배하며 영원한 멸망으로 들어갈 것이다.

(계 13:8) 죽임을 당한 어린 양의 생명책에 창세 이후로 녹명되지 못하고 이 땅에 사는 자들은 다 짐승에게 경배하리라

3. 이름을 하나님 아버지 앞과 천사들 앞에서 시인하겠다고 말씀하신다.

(계 3:5) 이기는 자는 이와 같이 흰 옷을 입을 것이요 내가 그 이름을 생명책에서 반드시 흐리지 아니하고 그 이름을 내 아버지 앞과 그 천사들 앞에서 시인하리라

예수님께서는 그 이름을 생명책에 흐리지 않고 기록하실 뿐만 아니라 아버지 앞과 천사들 앞에서 시인하시겠다고 말씀하신다.

사데교회는 종교개혁시대를 예표하는 교회이다. 종교개혁시대를 향하여 '살았다 하는 이름은 가졌으나 실상은 죽은 자' 라고 말씀하셨다. 종교개혁시대에도 명목상의 그리스도인이 많을 것을 말씀하시고 있다.

예수님께서 곧 이 땅에 다시 오실 날이 매우 가까이 다가오고 있다. 우리는 깨어 있는 믿음으로 그 날을 준비하는 성도인지 날마다 점검해 보아야 한다. 깨어 있는 자만이 이 땅에서 주님과 동행하며 주님께서 이 땅에서 베푸시는 은혜를 누리며 살아갈 수 있다. 잠자는 자들은 이러한 주님의 신령한 은혜를 누리지 못한다. 감격과 감사가 없다. 평안함이 없다. 그러므로 우리는 깨어서 기름준비하며 지혜로운 다섯 처녀와 같은 모습으로 주님을 영화롭게 하는 성도들이 되어야 할 줄 안다.

빌라델비아교회의 사자에게 주신 편지(7~13)

성경: 계3:7~13

(계 3:7~13) 빌라델비아교회의 사자에게 편지하기를 거룩하고 진실하사 다윗의 열쇠를 가지신 이 곧 열면 닫을 사람이 없고 닫으면 열 사람이 없는 그이가 가라사대 [8] 볼찌어다 내가 네 앞에 열린 문을 두었으되 능히 닫을 사람이 없으리라 내가 네 행위를 아노니 네가 적은 능력을 가지고도 내 말을 지키며 내 이름을 배반치 아니하였도다 [9] 보라 사단의 회 곧 자칭 유대인이라 하나 그렇지 않고 거짓말하는 자들 중에서 몇을 네게 주어 저희로 와서 네 발 앞에 절하게 하고 내가 너를 사랑하는 줄을 알게 하리라 [10] 네가

나의 인내의 말씀을 지켰은즉 내가 또한 너를 지키어 시험의 때를 면하게 하리니 이는 장차 온 세상에 임하여 땅에 거하는 자들을 시험할 때라[11] 내가 속히 임하리니 네가 가진 것을 굳게 잡아 아무나 네 면류관을 빼앗지 못하게 하라[12] 이기는 자는 내 하나님 성전에 기둥이 되게 하리니 그가 결코 다시 나가지 아니하리라 내가 하나님의 이름과 하나님의 성 곧 하늘에서 내 하나님께로부터 내려오는 새 예루살렘의 이름과 나의 새 이름을 그의 위에 기록하리라[13] 귀 있는 자는 성령이 교회들에게 하시는 말씀을 들을지어다

사데로부터 남동쪽 4km를 가면 알라쉘(Alasehir)이라는 소읍이 나온다. 이곳이 부활하신 주님께 칭찬만을 들은 빌라델비아(Philadelphus)이다. 빌라델비아는 '형제 사랑' 이라는 뜻이다. 이 도시는 주전 2세기에 버가모의 빌라델푸스(Philadelphus)가 세웠으므로 그를 기념하여 빌라델비아로 부르게 되었다. 이곳 평원은 비옥하기로 유명했으며 도시는 번창하였다. 주후 17년과 23년 로마 티베리우스황제 통치시대에 있었던 지진으로 말미암아 도시가 크게 피해를 입었다. 그러나 티베리우스 황제가 소아시아의 많은 도시에서 한 것처럼 이 도시의 재건을 도왔다. 이에 대한 고마움의 답례로 시민들은 여러 로마 황제들의 신전을 세웠는데, 이런 신전들을 방문한 순례자들은 도시를 위해 많은 돈을 제공하였다. 이 도시는 다른 도시보다도 기독교가 굳게 뿌리를 내린 곳이기도 하였다. 그리고 실로 많은 초기 기독교인들이 순교를 했다.

이로 인해 기독교는 오히려 깊이 뿌리를 내렸고 빌라델비아는 기독교 역사상 비잔틴 시대의 중요한 도시가 되었다. 후일에 이슬람이 전 지역을 휩쓸었을 때, 빌라델비아는 주님의 칭찬에 걸맞게 여러 해 동안 기독교국의 최후의 보루로 남아 있었다. 그 도시가 함락된 것은 그들의 영광을 심히 질투하였던 비잔틴의 동료 그리스도인들의 배반 때문이있다. 그 때에도 그들은 용기를 버

리지 아니했다.

빌라델비아교회에 나타나신 그리스도의 모습(7)

(계 3:7) 빌라델비아교회의 사자에게 편지하기를 거룩하고 진실하사 다윗의
열쇠를 가지신 이 곧 열면 닫을 사람이 없고 닫으면 열 사람이 없는 그이가
가라사대

다윗의 열쇠를 가지신 이(7) : 이 교회에 나타나신 주님의 모습은 "거룩하고
진실하사 다윗의 열쇠를 가지신 이 곧 열면 닫을 이가 없고 닫으면 열 자가 없
는 이"로 나타나고 있다. 즉 세상의 모든 문제의 열쇠를 가지고 계신 분으로
나온다. 이 우주를 주관하시고 다스리시는 모습이다. 우리 예수님께서는 창조
주 하나님으로서 만물을 만드신 분이시다. 그러므로 예수님께서는 세상의 모
든 일들을 총괄하시는 분이시므로 우리의 어떠한 문제이든지 그 분은 다 아시
며 우리의 이생과 내생의 문제의 열쇠를 가지고 계신 분이시다.

열린 문을 네 앞에 두었다(8) : 빌라델비아교회 사자에게 말씀하시기를 "내
가 열린 문을 네 앞에 두었다"라고 말씀하셨다. 이것은 무엇을 말씀하시는 것
일까? 이것은 주님의 보좌로 나아가는 문을 뜻한다. 하나님께서 계시는 보좌
는 모든 축복과 우주의 근원이다. 그곳은 우리가 영원히 가서 살 곳이기도 하
다. 바로 그 천국으로 들어가는 문이 빌라델비아교회 성도들에게 활짝 열려있
다는 말씀이다. 이 도시는 전략상 변방지역이었다. 유럽에서 동방세계로 가는
큰 도로가 있는 관문이기 때문이었다. 그리고 이 도시는 그 인근 지역에 헬레
니즘을 전파하는 역할을 감당하기 위하여 세워졌다고 한다. 빌라델비아는 헬
라 문명을 전해 받을 수 있는 기회의 문이었다. 그런데 이제 이곳은 헬라 문명

이 아닌 그리스도의 복음을 전하는 열린 문이 되었다. 이것은 비단 빌라델비아교회만을 위한 열린 문일까? 아니다. 왜냐하면 예수님께서 십자가 지실 때부터 이 문을 활짝 열어 놓으셨기 때문이다. 할렐루야!

(요10:7~9) 그러므로 예수님께서 다시 이르시되 내가 진실로 진실로 너희에게 말하노니 나는 양의 문이라 (8) 나보다 먼저 온 자는 다 절도요 강도니 양들이 듣지 아니하였느니라 (9) 내가 문이니 누구든지 나로 말미암아 들어가면 구원을 얻고 또는 들어가며 나오며 꼴을 얻으리라

빌라델비아교회를 칭찬하심(8)

(계 3:8) 볼지어다 내가 네 앞에 열린 문을 두었으되 능히 닫을 사람이 없으리라 내가 네 행위를 아노니 네가 적은 능력을 가지고도 내 말을 지키며 내 이름을 배반치 아니하였도다

우리가 이 세상을 살아가면서 누구에게 칭찬을 받는다는 것은 대단히 기쁜 일이다. 어릴 때부터 칭찬을 받으면서 자라난 자는 언제나 밝고 긍정적이며 창조적인 삶을 살아가지만 꾸중을 들으며 자라난 자는 부정적이며 파괴적인 사람이 된다. 성경말씀에 칭찬을 받은 사람들이 많이 나온다.

자기 하인의 병을 위해 예수님께 기도한 백부장, 예수님의 발에 향유를 부은 마리아, 귀신 들린 딸을 위해 기도한 수로보니게 족속의 여인, 사도바울의 선교를 헌신적으로 도운 선교가족 브리스길라와 아굴라 등등 헤아릴 수 없이 많은 사람들이 칭찬을 받았다. 계시록에 나오는 소아시아 일곱 교회 가운데서도 서머나교회와 오늘 본문말씀에 나오는 빌라델비아교회는 칭찬을 받은 교회였다. 주님께서는 그 교회에 찾아오셔서 칭찬을 아끼지 않으셨다.

그러면 빌라델비아교회는 어떻게 주님으로부터 칭찬만 받은 교회가 되었는가?

1. 적은 능력을 가진 교회였다.

(계 3:8) 볼찌어다 내가 네 앞에 열린 문을 두었으되 능히 닫을 사람이 없으리라 내가 네 행위를 아노니 네가 적은 능력을 가지고도 내 말을 지키며 내 이름을 배반치 아니 하였도다

'적은 능력'을 가진 이 교회 성도들이 환난 때에 주님의 말씀을 지키고 그 이름을 배반하지 않았다는 것이 칭찬의 주된 요인이었다. 그렇다. 기독교는 말에 있지 않고 능력에 있다고 바울은 말씀하셨다.

(고전4:20) 하나님의 나라는 말에 있지 아니하고 오직 능력에 있음이라

우리가 가진 능력이 참으로 하나님으로부터 나온 능력이라면 그것이 비록 작더라도 하나님의 큰 일을 할 수 있다는 것을 우리는 잘 알 수 있다. 바울은 복음을 전할 때에 이 능력이 나타나기를 기도하며 복음을 전했다고 말씀하셨다.

(고전2:4~5) 내 말과 내 전도함이 지혜의 권하는 말로 하지 아니하고 다만 성령의 나타남과 능력으로 하여 [5] 너희 믿음이 사람의 지혜에 있지 아니하고 다만 하나님의 능력에 있게 하려 하였노라…

이 능력이란 무엇일까? 이것은 하나님께서 성도들에게 주시는 초자연적인 힘이다. 위로부터 내리시는 힘이다. 성령을 통하여 우리에게 주시는 힘이다. 이것은 세상 사람들이 알지 못하는 영적인 힘이다. 성도들은 성령을 통하여 이 힘을 충만히 받아야 한다. 왜냐하면 이 능력은 예수님께서 천지를 창조하

신 힘일 뿐만 아니라 예수님을 죽음에서 부활하게 하신 능력이었기 때문이다.

(엡1:19~20) 그의 힘의 강력으로 역사하심을 따라 믿는 우리에게 베푸신 능력의 지극히 크심이 어떠한 것을 너희로 알게 하시기를 구하노라 [20] 그 능력이 그리스도 안에서 역사하사 죽은 자들 가운데서 다시 살리시고 하늘에서 자기의 오른편에 앉히사

뿐만 아니라 이 힘은 치료하는 능력이 있다.

(눅5:17) 하루는 가르치실 때에 갈릴리 각 촌과 유대와 예루살렘에서 나온 바리새인과 교법사들이 앉았는데 병을 고치는 주의 능력이 예수와 함께 하더라

마귀의 진을 파하는 강력한 능력이다.

(고후10:4~5) 우리의 싸우는 병기는 육체에 속한 것이 아니요 오직 하나님 앞에서 견고한 진을 파하는 강력이라 [5] 모든 이론을 파하며 하나님 아는 것을 대적하여 높아진 것을 다 파하고 모든 생각을 사로잡아 그리스도에게 복종케 하니

이 능력은 인간의 능력이 아니며 우리는 인간의 능력으로는 결코 주님을 섬길 수 없다는 사실을 명심해야 한다. 오늘날 인간 자신의 강력한 힘과 재력으로 권력으로 주님을 섬기려고 하는 자들이 많이 있다. 교회에서 돈을 자랑하며 교회에 물의를 일으킨다. 그러나 그것은 진정한 섬김이 아니다. 주님을 섬기는 자들은 하늘로부터 내려오는 신령한 능력을 힘입어야 한다. 언제나 우리는 기본적인 자세가 올곧아야 한다. 기본적인 자세는 바로 다음의 말씀이다.

(행1:8) 오직 성령이 너희에게 임하시면 너희가 권능(權能)을 받고 예루살렘

과 온 유대와 사마리아와 땅 끝까지 이르러 내 증인(證人)이 되리라 하시니라

오직 성령이 임해야 권능을 받고 증인이 될 수 있다. 다른 어떠한 방법으로도 이 증인이 되는 사명을 감당할 길이 없음을 명심해야 한다. 우리가 비록 능력을 받은 경험이 적고 미미하다 할지라도 우리는 이 능력을 힘입어야 한다. 하나님의 능력을 말이다.

2. 주님의 인내의 말씀을 지키며 주님의 이름을 배반하지 않았다.

(계 3:8) 볼찌어다 내가 네 앞에 열린 문을 두었으되 능히 닫을 사람이 없으리라 내가 네 행위를 아노니 네가 적은 능력을 가지고도 내 말을 지키며 내 이름을 배반치 아니 하였도다

우리가 적은 능력이라도 하나님의 능력을 받아서 무엇을 해야 할까? 그렇다. 하나님의 말씀을 생명 다해 지키는 것이다. 이것이 능력을 받는 이유이다. 우리가 능력을 받아서 슈퍼맨이 되라는 말씀이 아니다. 하나님께서 우리에게 능력을 주시는 것은 바로 말씀대로 살고 말씀대로 전하고 말씀대로 지키도록 하시기 위해서라는 사실을 명심해야 한다.

(롬8:4) 육신을 좇지 않고 그 영을 좇아 행하는 우리에게 율법의 요구를 이루어지게 하려 하심이니라

영을 좇아 행하는 우리에게 하나님께서는 능력을 주셔서 율법의 요구를 이루며 살아가도록 하신다. 말씀대로 살아가도록 하신다. 거룩한 삶을 살도록 하시는 것이 하나님께서 우리에게 능력을 주시는 이유이다. 마지막 때에 예수님께서는 하나님의 능력을 받아서 시행은 했지만 말씀대로 살지 못한 자들에

게 책망을 하신다.

(마7:22~23) 그 날에 많은 사람이 나더러 이르되 주여 주여 우리가 주의 이름으로 선지자 노릇하며 주의 이름으로 귀신을 쫓아내며 주의 이름으로 많은 권능을 행치 아니하였나이까 하리니 (23) 그 때에 내가 저희에게 밝히 말하되 내가 너희를 도무지 알지 못하니 불법을 행하는 자들아 내게서 떠나가라 하리라

빌라델비아교회에는 서머나교회의 주교인 폴리갑이 순교할 때에 함께 순교의 제물이 된 전승이 남아있다. 그들은 생명을 걸고 말씀을 지켰으며 순교로써 믿음의 정절을 지켰다.

하나님의 말씀을 인내의 말씀이라고 했다. 인내의 말씀이 무슨 뜻일까? 그것은 하나님의 말씀 속에는 우리가 인내해야 할 부분들이 많이 있다는 뜻이다. 하나님의 말씀대로 살아도 금방 축복이 하늘에서 떨어지는 것이 아니라 도리어 말씀으로 인하여 환난이 일어나고 가정에 풍파가 닥치는 경우가 얼마나 많은가! 그러므로 우리 하나님의 말씀을 생활 속에 옮겨 살아 가려면 많은 인내가 필요함을 말씀하시고 있다. 우리는 이 하나님의 말씀을 통하여 살아 가면서 많은 인내의 훈련을 쌓아야 한다. 왜냐하면 환난은 인내를 인내는 연단을 연단은 소망을 이루기 때문이다.(롬 5:3~4)

(약1:2~4) 내 형제들아 너희가 여러 가지 시험을 만나거든 온전히 기쁘게 여기라 (3) 이는 너희 믿음의 시련이 인내를 만들어 내는 줄 너희가 앎이라 (4) 인내를 온전히 이루라 이는 너희로 온전하고 구비하여 조금도 부족함이 없게 하려 함이라

그리스도의 권면(11)

빌라델비아교회에 주신 주님의 권면은 무엇인가?

1. 속히 임하시겠다고 말씀하셨다.

(계 3:11) 내가 속히 임하리니

예수님께서는 속히 임하시겠다고 말씀하셨다. 그렇다. 인간으로 볼 때에는 예수님께서는 더디 오시는 것 같지만 하나님으로 볼 때에는 천 년이 하루 같다고 말씀하셨다. 그리하여 모든 사람들이 구원을 얻도록 기다리시며 속히 오신다.

(벧후3:8~9) 사랑하는 자들아 주께는 하루가 천 년 같고 천 년이 하루 같은 이 한 가지를 잊지 말라 (9) 주의 약속은 어떤 이의 더디다고 생각하는 것같이 더딘 것이 아니라 오직 너희를 대하여 오래 참으사 아무도 멸망치 않고 다 회개하기에 이르기를 원하시느니라

2. 가진 것을 굳게 잡으라고 말씀하셨다.

(계 3:11) 내가 속히 임하리니 네가 가진 것을 굳게 잡아

성도들이야말로 이 세상에서 가진 것이 너무 많은 자들이다. 세상 사람들은 많이 가졌더라도 이 세상에 두고 가기 때문에 실지로 가진 것이 없이 공수래 공수거이다. 그러나 성도들은 가진 것이 무진장하게 많은 자들이다. 이 세상

에서 누릴 것도 있고, 천국에 가서 누릴 것도 있다. 그러므로 우리가 이 세상에서 누릴 것은 이 세상에서 받아 누리고 저 세상에서 누릴 것은 저 세상에서 누리면 되니 우리가 가진 것을 굳게 잡아야 한다.

(엡1:3) 찬송하리로다 하나님 곧 우리 주 예수 그리스도의 아버지께서 그리스도 안에서 하늘에 속한 모든 신령한 복(福)으로 우리에게 복 주시되

(고전2:9) 기록된바 하나님이 자기를 사랑하는 자들을 위하여 예비하신 모든 것은 눈으로 보지 못하고 귀로도 듣지 못하고 사람의 마음으로도 생각지 못하였다 함과 같으니라

위의 두 말씀에서 보면 우리는 하나님으로부터 하늘에 속한 모든 신령한 복을 받았다. 그리고 하나님께는 자기를 사랑하는 자들을 위하여 예비하신 모든 것이 있다. 이것은 눈으로 보지 못하고 귀로도 듣지 못하고 사람의 마음으로도 생각지 못하였지만 그러나 예비되어 있다. 우리는 이것을 굳게 잡아야 한다. 그리고 받아 누려야 한다. 잃지 말아야 한다. 세상을 사랑하면 이것을 놓치게 된다.

3. 면류관을 빼앗기지 않도록 하라고 권면하셨다.

(계 3:11) 내가 속히 임하리니 네가 가진 것을 굳게 잡아 아무나 네 면류관을 빼앗지 못하게 하라

성경에는 면류관에 관한 말씀이 여러 곳에 있다. 이 면류관은 이 세상의 믿음의 싸움에서 승리한 자에게 씌워 주신다. 우리는 하나님께서 우리에게 주신 것을 굳게 잡아 면류관을 빼앗기지 밀아야 한다.

4. 말씀을 대적하는 자들을 발 앞에 절하게 하시겠다고 말씀하셨다.

(계 3:9) 보라 사단의 회 곧 자칭 유대인이라 하나 그렇지 않고 거짓말하는 자들 중에서 몇을 네게 주어 저희로 와서 네 발 앞에 절하게 하고 내가 너를 사랑하는 줄을 알게 하리라

말씀을 순종하는 자는 결국에는 승리하게 된다. 그러나 말씀을 배반하는 자는 결국 멸망하게 된다. 우리의 삶은 하나님의 말씀에 순종하느냐 대적하느냐에 달려있다.

5. 시험의 때를 면하게 하시겠다고 말씀하셨다.

(계 3:10) 네가 나의 인내의 말씀을 지켰은즉 내가 또한 너를 지키어 시험의 때를 면하게 하리니 이는 장차 온 세상에 임하여 땅에 거하는 자들을 시험할 때라

우리가 하나님의 인내의 말씀을 지키면 하나님께서는 우리의 모든 시험, 환난 가운데서도 지켜 주실 것이라고 말씀하셨다. 구약성경에 스바냐서가 있다. 스바냐란 뜻은 환난 가운데서 숨겨주신다는 말씀이다.

(습2:3) 여호와의 규례를 지키는 세상의 모든 겸손한 자들아 너희는 여호와를 찾으며 공의와 겸손을 구하라 너희가 혹시 여호와의 분노의 날에 숨김을 얻으리라

이기는 자에게 주시는 축복(12)

(계 3:12) 이기는 자는 내 하나님 성전에 기둥이 되게 하리니

하나님의 성전에 기둥이 되게 하심(12) : 빌라델비아의 거대하고 비옥한 토지는 세계에서 가장 유명한 포도 산지였다. 그래서 포도주의 신인 디오니수스 신을 섬겼다. 이외에도 이 도시에는 신들과 신전들이 너무나 많아서 가끔 사람들은 그것들을 '작은 아덴' 이라고 불렀다. 그런데 이 신전들을 건립할 때는 훌륭한 일을 한 사람들의 이름을 새긴 기둥을 사용하고 그들을 높이 받들었다고 한다. 이들의 이교 신앙은 자신들의 생활과 밀접한 연관을 맺고 있는 관습적인 것이었다. 그러나 이기는 자는 이교 신전의 기둥이 아닌 하나님 성전의 기둥이 되게 하신다. 그런데 빌라델비아의 비잔틴 교회 유적지에 가면 아주 굵은 기둥으로 지어진 교회의 모습을 볼 수 있는데 이와 같이 우리를 하늘에서 기둥과 같이 높여주시겠다고 말씀하셨다.

새 예루살렘의 이름과 새 이름을 그 위에 기록하리라고 말씀하셨다(12).

(계 3:12) 이기는 자는 내 하나님 성전에 기둥이 되게 하리니 그가 결코 다시 나가지 아니하리라 내가 하나님의 이름과 하나님의 성 곧 하늘에서 내 하나님께로부터 내려오는 새 예루살렘의 이름과 나의 새 이름을 그이 위에 기록하리라

이것은 그 당시의 이방신전에서 높임을 받는 자들의 이름이 기둥에 기록된 것과 같이 그리스도인들의 이름이 거룩한 새 예루살렘성의 기둥에 기록될 것이라고 말씀하심으로 이교의 신전과 새 예루살렘성의 영광을 비교하심으로 그들의 신앙을 북돋우시기 위한 말씀이다.

(계 21:2~3) 또 내가 보매 거룩한 성 새 예루살렘이 하나님께로부터 하늘에서 내려오니 그 예비한 것이 신부가 남편을 위하여 단장한 것 같더라 [3] 내가 들으니 보좌에서 큰 음성이 나서 가로되 보라 하나님의 장막이 사람들과 함께 있으매 하나님이 저희와 함께 거하시리니 저희는 하나님의 백성이 되고 하나님은 친히 저희와 함께 계셔서

빌라델비아교회는 인내의 말씀을 지키며 생명을 바쳐 주님의 이름을 지켰다. 그 결과 그들은 주님으로부터 칭찬을 받았고 하늘 문을 여시고 그들에게 복을 베풀어 주셨다. 우리도 이와 같은 모습을 본받아야 할 줄 믿는다. 빌라델비아교회는 선교시대를 예표하는 교회이다. 적은 능력을 가지고도 인내의 말씀을 지킬뿐 아니라 온세계에 이 복음을 전하는 교회들이 되어야 한다.

라오디게아교회의 사자에게 주신 편지(14~22)

성경: 계3:14~22

(계 3:14~22) 라오디게아교회의 사자에게 편지하기를 아멘이시요 충성되고 참된 증인이시요 하나님의 창조의 근본이신 이가 가라사대 [15] 내가 네 행위를 아노니 네가 차지도 아니하고 더웁지도 아니하도다 네가 차든지 더웁든지 하기를 원하노라 [16] 네가 이같이 미지근하여 더웁지도 아니하고 차지도 아니하니 내 입에서 너를 토하여 내치리라 [17] 네가 말하기를 나는 부자라 부요하여 부족한 것이 없다 하나 네 곤고한 것과 가련한 것과 가난한 것과 눈먼 것과 벌거벗은 것을 알지 못하도다 [18] 내가 너를 권하노니 내게서 불로 연단한 금을 사서 부요하게 하고 흰옷을 사서 입어 벌거벗은 수치를 보이지 않게 하고 안약을 사서 눈에 발라 보게 하라 [19] 무릇 내가 사랑하

는 자를 책망하여 징계하노니 그러므로 네가 열심을 내라 회개하라 [20] 볼 찌어다 내가 문밖에 서서 두드리노니 누구든지 내 음성을 듣고 문을 열면 내가 그에게로 들어가 그로 더불어 먹고 그는 나로 더불어 먹으리라 [21] 이 기는 그에게는 내가 내 보좌에 함께 앉게 하여 주기를 내가 이기고 아버지 보좌에 함께 앉은 것과 같이 하리라 [22] 귀 있는 자는 성령이 교회들에게 하시는 말씀을 들을지어다

라오디게아의 지리적, 역사적인 배경을 잠시 살펴보면 빌라델비아에서 남동쪽으로 130여km 떨어진 곳에 데니즐리(Denizli)라는 소읍이 나온다. 여기에서 외곽을 빠져 나가는 길목에 라오디게아(Laodicea)의 폐허된 옛 도시를 만나게 된다. 주전 133년에 라오디게아는 로마제국의 일부가 되었다. 그때부터 라오디게아는 가장 풍부한 시대로 접어든다. 로마는 이 도시를 순회재판도시로 만들었다. 그러나 라오디게아교회에 보내는 편지는 "네가 차지도 더웁지도 아니하다"(계3:15)는 책망으로 시작하고 있다. 히에라볼리에서 나오는 섭시 35도의 온천수가 이 지역까지 오게 되면 미지근하고 고약한 물맛으로 인해 토할 것만 같았다고 한다. 주님은 이 사실을 알고 있는 교인들에게 말씀하신다.

(계 3:16) 네가 이같이 미지근하여 더웁지도 아니하고 차지도 아니하니 내 입
　　　　에서 너를 토하여 내치리라

이 도시는 유난히도 부유한 도시였다. 그래서 소아시아 지역의 은행 업무를 맡고 있었다. 이 지역이 지진으로 황폐화 되었을 때도 자력으로 복구할 정도였다. 이 부의 상당부분은 옷감과 피류 산업으로부터 나왔다. 이 인근 지역들은 검은 양모 산업으로 세계에서 가장 유명한 곳이었다. 이들은 병 고치는 신인 멘신을 섬겼으며, 특히 종기 난 귀에 바르는 약과 안약으로 유명했다. 그들은 "나는 부자라 부요하여 부족한 것이 없다"(계3:17)고 했으나 주님은 말씀

하신다. 너는 가난하고, 눈멀고, 벌거벗었다. 그러므로 금을 사서 부요하게 하고 흰옷을 사서 입어 벌거벗은 수치를 면하고 안약을 사서 눈에 발라 보게 하라(계3:17~18)

이들은 외부적으로 호화찬란하게 장식했으나 육체적인 건강에만 치우쳐 있었고 물질적인 번영에만 지극한 관심을 가지고 있었다. 그러나 라오디게아를 바라보는 우리는 두 번 실수하지 말아야 한다. 지금 옛 도시의 황량하게 널려 있는 유물들의 파편은 사람들의 삶에 있어서 물질만이 전부가 아니라는 것을 잘 보여주고 있다. 영적인 분별력을 상실한 채 스스로 교만에 빠진 라오디게아교회는 주님으로부터 심한 책망을 받았다.

라오디게아에 나타나신 그리스도의 모습(14)

(계 3:14) 라오디게아교회의 사자에게 편지하기를 아멘이시요 충성되고 참된 증인이시요 하나님의 창조의 근본이신 이가 가라사대

아멘이시요 충성되고 참된 증인이시요 창조의 근본이신 이(14): 주님은 라오디게아교회에 아멘이시요 충성되고 참된 증인이시요 하나님의 창조의 근원으로 나타나셨다. 주님의 이 모습은 바로 라오디게아교회 성도들의 모습과는 정 반대의 모습이라는 사실을 잘 알 수 있다. 예수님 안에서는 언제나 아멘 밖에 없다. 예수님께서는 언제나 하나님의 말씀과 명령에 아멘만 하셨다.

(고후1:19~20) 우리 곧 나와 실루아노와 디모데로 말미암아 너희 가운데 전파된 하나님의 아들 예수 그리스도는 예 하고 아니라 함이 되지 아니하였으니 저에게는 예만 되었느니라[20] 하나님의 약속은 얼마든지 그리스도 안에서 예가 되니 그런즉 그로 말미암아 우리가 아멘 하여 하나님께 영광을 돌리게 되

느니라

　예수님께서는 언제나 하나님 아버지의 모습을 이 세상에 나타내시며 그 분을 증거하는 데 충성을 다하셨다. 우리는 주님을 믿되 열심을 다해야 한다. 적당히 세상과 짝하며 미지근한 상태에 있는 것은 결코 영적으로도 육적으로도 유익이 되지 못한다. 그러므로 모든 일에 열심을 다해서 주님을 섬기고 또 나의 육신의 삶을 살아야 할 줄 안다.

　주님의 말씀대로 열심을 내어 주님을 섬기며 교회를 섬겨서 말씀대로 주님의 보좌에 함께 앉는 복을 얻어야 할 줄 믿는다. 그리고 하나님은 창조의 근본이신 모습으로 나타나신 것은 세상의 모든 물질도 하나님께서 창조하신 것을 말씀하시기 위한 것이고 하나님께서는 누구든지 그의 나라와 그의 의를 구하는 자들에게 이 모든 물질도 주실 분이시라는 것을 말씀하시고 있다.

라오디게아교회를 책망하심(15~17)

1. 차지도 덥지도 않은 신앙을 가졌기 때문이었다(15~16).

(계 3:15~16) 내가 네 행위를 아노니 네가 차지도 아니하고 더웁지도 아니하도다 네가 차든지 더웁든지 하기를 원하노라 [16] 네가 이같이 미지근하여 더웁지도 아니하고 차지도 아니하니 내 입에서 너를 토하여 내치리라

　라오디게아는 지형적으로 남쪽 호나즈 산에서 찬물을 끌어들이고 북쪽 히에라볼리에서 뜨거운 온천수를 끌어들여 물을 이용했는데 긴 수로를 따라 오는 도중에 라오디게아에 와서는 미지근한 물이 되어버리고 말았다. 그래서 주님께서는 이렇게 식어버린 온천수와 호나즈산의 찬물과 그들의 신앙을 비교

한 것이다. 주님께서는 항상 자연환경을 통하여 교훈하셨는데 여기에서도 그들의 신앙을 그들의 환경과 비교하여 교훈하셨다. 세상을 사랑하며 세상과 짝하며 살아가는 자들은 항상 이러한 미지근한 신앙의 모습을 보여주고 있다. 그러므로 하나님과 세상을 겸하여 섬길 수가 없는 것이다.

(마6:24) 한 사람이 두 주인을 섬기지 못할 것이니 혹 이를 미워하며 저를 사랑하거나 혹 이를 중히 여기며 저를 경히 여김이라 너희가 하나님과 재물을 겸하여 섬기지 못하느니라

2. 자신의 영적인 상태를 바로 알지 못했다(17)

(계 3:17) 네가 말하기를 나는 부자라 부요하여 부족한 것이 없다 하나 네 곤고한 것과 가련한 것과 가난한 것과 눈먼 것과 벌거벗은 것을 알지 못하도다

이들의 스스로에 대한 생각과 영적인 상태는 너무나도 거리가 멀었다. 스스로는 부자라고 생각했지만 사실은 곤고하고 가련하고 가난하고 눈이 먼 상태에 있었고 벌거벗고 수치를 드러낸 상태에 있었다. 그러므로 자신의 영적인 상태를 정확하게 분변하도록 지적해 주셨다. 우리는 세상에서는 부하고 영적으로는 가난하고 비참하게 살아가는 현대인들의 모습 가운데서 자신의 모습을 발견할 수 있어야 한다. 세상의 모든 것은 영원한 것이 없다. 세상의 것을 아무리 가져도 만족이 없다. 그러나 우리가 목표로 삼아야 할 것은 '영원한 것'이다.

(벧전1:24) 그러므로 모든 육체는 풀과 같고 그 모든 영광이 풀의 꽃과 같으니 풀은 마르고 꽃은 떨어지되

라오디게아에 주신 주님의 권면(15~20)

1. 차든지 더웁든지 하라고 말씀하셨다(15)

(계 3:15) 내가 네 행위를 아노니 네가 차지도 아니하고 더웁지도 아니하도다 네가 차든지 더웁든지 하기를 원하노라

히에라볼리에서 흘러 내려오는 뜨거운 온천수와 같이 우리의 신앙이 하나님의 보좌에서 흘러 넘치는 성령의 뜨거움으로 변화되어야 한다. 봉사도 뜨겁게, 찬양도 뜨겁게, 전도도 뜨겁게, 기도도 뜨겁게, 사랑도 뜨겁게 하는 신앙생활로 회복되어야 한다. 그리고 호나즈 산에서 흘러내리는 시원한 찬물처럼 우리의 신앙도 성령의 생수로 시원함을 얻는 신앙으로 회복되어야 한다. 우리는 모두 돈에 목말라 있다. 세상에 목말라 있다. 그러나 우리가 진정으로 이 목마름을 해갈할 수 있는 길을 예수님께서 말씀하셨다. 예수님께서는 믿는 자들에게는 그 배에서 시원한 생수가 흘러 넘치겠다고 말씀하셨다.

(요7:37~39) 명절 끝날 곧 큰 날에 예수님께서 서서 외쳐 가라사대 누구든지 목마르거든 내게로 와서 마시라 [38] 나를 믿는 자는 성경에 이름과 같이 그 배에서 생수의 강이 흘러나리라 하시니 [39] 이는 그를 믿는 자의 받을 성령을 가리켜 말씀하신 것이라 (예수님께서 아직 영광을 받지 못하신고로 성령이 아직 저희에게 계시지 아니하시더라)

2. 불로 연단한 금을 사라고 말씀하셨다(18)

(계 3:18) 내가 너를 권하노니 내게서 불로 연단한 금을 사서 부요하게 하고

'불로 연단한 금' 이란 '시험환난을 통하여 얻는 믿음' 을 가리킨다고 성경에 말씀하셨다.

(벧전1:7) 너희 믿음의 시련이 불로 연단하여도 없어질 금보다 더 귀하여 예수 그리스도의 나타나실 때에 칭찬과 영광과 존귀를 얻게 하려 함이라

이 세상의 시험과 환난을 이길 수 있는 힘은 오직 믿음의 힘 밖에 없다. 이 믿음을 잃어버리면 다 잃게 된다.

(요일5:4~5) 대저 하나님께로서 난 자마다 세상을 이기느니라 세상을 이긴 이김은 이것이니 우리의 믿음이니라 [5] 예수님께서 하나님의 아들이심을 믿는 자가 아니면 세상을 이기는 자가 누구뇨

세상의 금은 있다가도 없어지지만 믿음은 우리에게 금보다 더 귀한 것이다.

3. 흰옷을 사서 입으라고 말씀하셨다(18)

(계 3:18) 내가 너를 권하노니 내게서 불로 연단한 금을 사서 부요하게 하고 흰옷을 사서 입어 벌거벗은 수치를 보이지 않게 하고

'흰옷 '이란 무엇일까? 이것은 성도들의 거룩한 삶이다. 성도들의 구별된 삶을 흰옷으로 표현하고 있다. 세상과 짝하며 더럽혀진 옷이 아니라 말씀과 성령과 조화를 이루는 삶을 가리켜 흰옷을 입었다고 표현하고 있다. 이 흰옷은 예수그리스도께서 우리에게 입혀주신 의의 옷이요 거룩의 옷이다. 이 흰옷을 입은 자만이 주님의 보좌 앞에 설 수 있다.

(계 19:7~8) 우리가 즐거워하고 크게 기뻐하여 그에게 영광을 돌리세 어린 양의 혼인 기약이 이르렀고 그 아내가 예비하였으니 ^⑧ 그에게 허락하사 빛나고 깨끗한 세마포를 입게 하셨은즉 이 세마포는 성도들의 옳은 행실이로다 하더라

4. 안약을 사서 발라 보게 하라고 말씀하셨다(18)

(계 3:18) 내가 너를 권하노니 내게서 불로 연단한 금을 사서 부요하게 하고 흰옷을 사서 입어 벌거벗은 수치를 보이지 않게 하고 안약을 사서 눈에 발라 보게 하라

라오디게아는 히에라볼리에서 수로를 통해서 흘러 오는 온천수를 사용했는데 그 물은 석회수였다. 그래서 눈병이 많았고 그에 따라 좋은 안약이 많이 제조되었다. 주님께서는 육신의 안약을 발라 육신의 눈을 고치는 것처럼 영의 눈도 영의 안약을 발라 바로 보게 하라고 말씀하시고 있다. 영의 눈을 치료하는 안약이 무엇일까? 그것은 신약, 구약 성경말씀이다. 우리는 이 성경말씀을 통하여 육신의 눈으로 보지 못하는 것을 보게 된다. 하나님께서 우리를 위해서 예비해 놓으신 영원한 복을 보는 눈을 가지게 된다.

(고전2:9) 기록된바 하나님이 자기를 사랑하는 자들을 위하여 예비하신 모든 것은 눈으로 보지 못하고 귀로도 듣지 못하고 사람의 마음으로도 생각지 못하였다 함과 같으니라

그리고 하나님의 말씀은 등불과 같다. 그리하여 우리의 삶을 비춰주신다. 그리하여 밝히 보고 걸어갈 수가 있다.

(시119:105) 주의 말씀은 내 발에 등이요 내 길에 빛이니이다

5. 열심을 내라 회개하라고 말씀하셨다(19)

(계 3:19) 무릇 내가 사랑하는 자를 책망하여 징계하노니 그러므로 네가 열심
을 내라 회개하라

주님께서는 우리에게 '열심을 내라 회개하라' 라고 말씀하시고 계신다. 우
리가 무엇에 열심을 내어야 할까? 육신의 일에 열심을 내라고 말씀하시는 것
인가? 아니다. 우리의 신앙생활 모든 면에서 나태해진 부분에 열심을 내라고
말씀하신다. 무엇보다 열심히 서로 사랑하라고 말씀하셨다.(벧전4:8) 그리고
열심을 다해 충성 ,봉사하라고 말씀하셨다.(계2:10) 열심을 다해 읽는 것과 가
르치는 것과 전도하는 일에 힘쓰라고 말씀하셨다.(딤전4:13) 열심히 기도하라
고 말씀하셨다.(엡6:18)

6. 문 밖에서 두드릴 때 문을 열 것을 권면하시고 있다(20)

(계 3:20) 볼찌어다 내가 문밖에 서서 두드리노니 누구든지 내 음성을 듣고 문
을 열면 내가 그에게로 들어가 그로 더불어 먹고 그는 나로 더불어 먹으리라

이 문은 우리의 마음의 문이라고 말씀하시고 있다. 우리가 아무리 교회에
다녀도 마음을 닫아 놓은 채로 다니면 주님과는 아무런 상관이 없다. 마음을
활짝 열어놓고 주님을 마음속에 영접하여 주님과 더불어 살아야 한다. 그러면
우리는 주님으로부터 날마다 신령한 은혜를 힘입고 기쁨과 감사함으로 살아
갈 수 있다. 우리의 마음 문을 열면 나와 영원히 동거, 동행하시겠다는 말씀이

요 한 가족으로 사시겠다는 말씀이다. 영원한 한 가족으로 함께 사는 축복을 주시겠다는 것이다. 사도바울이 말씀을 증거 할 때에 많은 여인들이 강가에서 이야기 하고 있었지만 루디아의 마음을 열어주셨다고 말씀하신다.

(행16:14) 두아디라 성의 자주(紫紬) 장사로서 하나님을 공경하는 루디아라 하는 한 여자가 들었는데 주께서 그 마음을 열어 바울의 말을 청종(聽從)하게 하신지라

7. 귀 있는 자가 되라(22) : "귀 있는 자는 성령이 교회들에게 하시는 말씀을 들을지어다"로 교회에 주시는 말씀을 마감하시고 있다. 그러므로 교회의 모든 문제들은 성령이 교회들에게 하시는 말씀을 경청하는 귀가 열릴 때에 해결된다. 육신의 문제이든 영적인 문제이든 모든 문제가 귀가 열릴 때 해결된다.

라오디게아에 주시는 경고의 말씀(16,19,)

1. 입에서 토해내시겠다고 말씀하셨다(16)

(계 3:16) 네가 이같이 미지근하여 덥웁지도 아니하고 차지도 아니하니 내 입에서 너를 토하여 내치리라

예수님께서 입에서 토해 내시겠다고 말씀하신 것은 버림을 당한다는 말씀이다. 환난에 던지겠다는 말씀은 무서운 말씀이 아닐 수 없다. 미지근한 신앙은 결코 주님을 기쁘시게 하지 못하며 결국 주님으로부터 버림을 당하게 된다. 이왕 믿을 바엔 주님으로부터 칭찬과 상급을 받노록 믿어야 한다.

2. 회개하지 않으면 징계하시겠다고 말씀하셨다(19)

(계 3:19) 무릇 내가 사랑하는 자를 책망하여 징계하노니 그러므로 네가 열심
을 내라 회개하라

주님께서는 사랑하는 자를 징계하시겠다고 말씀하신다. 우리가 잘못을 해도 징계를 받지 않는다면 그것은 사생자요 참 아들이 아니기 때문이다.

(히12:5~8) 또 아들들에게 권하는 것같이 너희에게 권면하신 말씀을 잊었도다 일렀으되 내 아들아 주의 징계하심을 경히 여기지 말며 그에게 꾸지람을 받을 때에 낙심하지 말라 [6] 주께서 그 사랑하시는 자를 징계 하시고 그의 받으시는 이들마다 채찍질 하심이니라 하였으니 [7] 너희가 참음은 징계를 받기 위함이라 하나님이 아들과 같이 너희를 대우하시나니 어찌 아비가 징계하지 않는 아들이 있으리요 [8] 징계는 다 받는 것이거늘 너희에게 없으면 사생자요 참 아들이 아니니라

이기는 자에게 주시는 축복(21)

(계 3:21) 이기는 그에게는 내가 내 보좌에 함께 앉게 하여 주기를 내가 이기고 아버지 보좌에 함께 앉은 것과 같이 하리라

그리스도의 보좌에 함께 앉게 해 주시겠다(21): 우리들은 이미 예수님의 보좌에 영적으로는 앉아 있다.(엡2:6) 그러나 천년왕국에서 1000년 동안 새 예루살렘성에서 영원히 주님의 보좌에 앉아 세세토록 왕노릇할 것이다.

오늘날 황금만능주의 사고가 사회에 팽배해서 젊은이들 사이에 번지고 있다. 노력하지 않고 한꺼번에 돈을 벌어보자는 사고가 그들을 병들게 하고 있다. 그러나 더욱 심각한 것은 이러한 일들이 오늘날 교회 내부에도 깊이 침투해서 돈이 지배하는 교회가 되어가고 있다는 사실이다. 하나님의 말씀이 지배하고 성령께서 말씀하시는 교회가 아닌 물질이 지배하고 경제논리가 지배하는 교회, 이것이 오늘날 교회의 현주소라고 생각할 때에 우리는 안타까움을 금할 수 없다. 이것은 이미 성경에 예언되어 있는 마지막 때의 모습이라고 할 수 있다.

(딤후3:1~5) 네가 이것을 알라 말세에 고통하는 때가 이르리니 [2] 사람들은 자기를 사랑하며 돈을 사랑하며 자긍하며 교만하며 훼방하며 부모를 거역하며 감사치 아니하며 거룩하지 아니하며 [3] 무정하며 원통함을 풀지 아니하며 참소하며 절제하지 못하며 사나우며 선한 것을 좋아 아니하며 [4] 배반하여 팔며 조급하며 자고하며 쾌락을 사랑하기를 하나님 사랑하는 것보다 더하며 [5] 경건의 모양은 있으나 경건의 능력은 부인하는 자니 이같은 자들에게서 네가 돌아서라"

주님께서는 오늘 라오디게아교회를 찾아오셔서 책망하시는 모습을 볼 수가 있다. 이 라오디게아교회는 소아시아 일곱 교회 가운데서 유일하게 책망만 받은 교회로서 현대 교회를 비춰주는 교회라고 할 수 있다. 경제논리가 지배하는 교회로서 현대 교회를 잘 비춰주고 있는 교회이다. 스스로 부자라 부요하여 부족한 것이 없다고 자부하고 있는 라오디게아교회를 향하신 주님의 음성을 들어야 할 줄 안다.

제 4 장

천상광경 1

4장의 개요

4장, 5장은 천상광경인데 4장은 특히 하나님의 보좌가 열려지며 계시의 주체와 그 모든 섬기는 자들을 보여주고 있다. 하나님의 보좌와 그 앞에 일곱 등불로 보여 지시는 성령 하나님과 네 생물들과 이십사장로들이 등장한다. 네 생물과 이십사장로들은 언제나 하나님을 찬양하고 경배하기를 쉬지 않는 모습으로 보여진다. 여기에서 가장 주목해야 할 것은 바로 하나님의 보좌이다. 이 하나님의 보좌에 하나님 아버지께서 좌정해 계시면서 만유를 창조하시며 통치하시며 명령하시며 붙드시는 모습을 볼 수가 있다.

요한계시록에는 보좌가 36번 나오면서 보좌가 완전히 열린 책이다. 요한계시록은 하나님의 보좌 주위에 일곱 찬양대가 형성되는 과정을 보여주고 있다. 즉 네 생물과 이십사장로와 천사찬양대, 만물들의 찬양대인 상존찬양대와 환난 중에 구원 받은 성도들의 세 찬양대로 구성되어진다. 환난 가운데 구원 받은 성도들의 찬양대는 7:9절 이하의 교회중 휴거된 자들의 찬양대, 14:1절의 14만 4천 찬양대, 15:2절의 마지막 추수된 자들의 찬양대 이렇게 세 찬양대가 형성되면서 환난이 진행되다가 음녀의 심판이 이루어지고 심판이 완성이 되면 이 일곱 찬양대들의 연합 찬양이 이루어지는데 그것이 바로 19:1~5절에 나오는 할렐루야 찬양이다. 이렇게 천상에는 찬양으로 가득 차 있다.

1. 하나님의 보좌(1~3)

(계 4:1~3) 이 일 후에 내가 보니 하늘에 열린 문이 있는데 내가 들은바 처음에 내게 말하던 나팔소리 같은 그 음성이 가로되 이리로 올라 오라 이 후에 마땅히 될 일을 내가 네게 보이리라 하시더라 [2] 내가 곧 성령에 감동하였

더니 보라 하늘에 보좌를 베풀었고 그 보좌 위에 앉으신 이가 있는데 [3] 앉으신 이의 모양이 벽옥과 홍보석 같고 또 무지개가 있어 보좌에 둘렸는데 그 모양이 녹보석 같더라

이 일 후에(1) : 이 일 후란 바로 2장, 3장의 교회시대를 말한다. 교회시대가 끝나고 환난시대가 시작될 무렵에 사도 요한을 불러 올려 환난의 극심한 고통의 모습을 보여주시려는 것이다. 하나님께서 교회시대가 끝나갈 무렵에 사도 요한을 밧모섬에서 불러 올려 천상의 광경을 보여주시고 또한 장차 될 일에 대해서 말씀하셨다.

열린 문(1) : 하나님의 문은 예수그리스도께서 십자가를 지실 때에 활짝 열리게 되었다. 성소의 휘장이 찢어지면서 하나님과 우리 사이에 가로놓인 모든 장벽이 무너지며 하늘 문이 열리게 되었다. 예수님께서 물로 세례를 받으실 때에 하늘 문이 열리며 성령이 비둘기 같이 그의 머리 위에 내려오신 것은 예수 그리스도의 십자가를 통하여 하늘 문이 열리게 된 것을 예표하는 사건이라고 보아야 할 것이다.

이 후에 마땅히 될 일(1) : '이 후에' 라고 하는 것은 교회시대가 끝나고 그 이후의 일들을 보여 주시고자 사도 요한을 불러 올리신 것을 말씀한다.

하늘에 베푼 보좌(2) : 하나님의 보좌가 하늘에 베푼 것을 사도 요한이 바라보았다. 밧모섬에서 쓸쓸히 지내는 사도 요한에게 하늘에 베푼 보좌의 모습은 너무나 감격스러운 일이 아닐 수 없었을 것이다. 하나님의 보좌는

첫째, 우주의 중심이다.(cosmic center)

(사66:01) 여호와께서 이같이 말씀하시되 하늘은 나의 보좌요 땅은 나의 발

등상이니 너희가 나를 위하여 무슨 집을 지을꼬 나의 안식할 처소가 어디랴

두 번째, 성도들의 본향이다.(home land)

(히11:14~16) 이같이 말하는 자들은 본향 찾는 것을 나타냄이라 [15] 저희가 나온바 본향을 생각하였더면 돌아갈 기회가 있었으려니와 [16] 저희가 이제는 더 나은 본향을 사모하니 곧 하늘에 있는 것이라 그러므로 하나님이 저희 하나님이라 일컬음 받으심을 부끄러워 아니하시고 저희를 위하여 한 성을 예비하셨느니라

성도들이 돌아갈 본향이 어디인가? 그 곳은 바로 하나님의 보좌이다. 이 보좌 앞에서 찬양드리며 보좌에 앉아서 영원히 다스리는 신분을 얻을 것이다.(계3:21, 20:4~6, 22:5)

세 번째, 우주 만물을 다스리시는 본부이다.(head quarter)

하나님의 보좌로부터 모든 만물들이 창조되었고 그 명령대로 움직이며 통일되며 다스려진다.

(롬11:36) 이는 만물이 주에게서 나오고 주로 말미암고 주에게로 돌아감이라 영광이 그에게 세세에 있으리로다 아멘

2. 하나님의 모습(3)

벽옥과 같고(3) : 벽옥이란 푸르스름한 보석으로서 하나님의 거룩성을 나타

낸다. 하나님은 거룩하시다. 하나님의 속성 가운데 성경에서 가장 잘 계시된 속성이 바로 거룩하시다는 것이다. 거룩이란 단어는 구약에 334회 신약에 113회 도합 447회 나온다. 그 만큼 하나님의 속성을 대변하는 용어인 것이다. 하나님께서는 거룩하심으로 우리들도 거룩하기를 원하신다.

(레19:2) 너는 이스라엘 자손의 온 회중에게 고하여 이르라 너희는 거룩하라 나 여호와 너희 하나님이 거룩함이니라

홍보석 같고(3) : 홍보석은 불그스름한 보석으로 루비이다. 이 보석은 왕들의 왕관에 장식되는 보석으로서 왕권을 나타낸다. 동시에 하나님의 사랑과 자비하심을 나타낸다. 하나님은 거룩하시지만 또한 용서하시고 긍휼히 여기시는 사랑의 하나님이시다. 붉은 색은 이따금 심판을 나타내기도 하지만 대체로 하나님의 불타는 사랑을 나타낸다.

(욜2:18) 그 때에 여호와께서 자기 땅을 위하여 중심이 뜨거우시며 그 백성을 긍휼히 여기실 것이라

하나님의 두 가지 속성 즉 거룩하심과 긍휼히 여기심을 가장 잘 나타내신 것이 바로 십자가이다. 십자가는 죄인을 벌하시는 하나님의 거룩성을 나타내심과 동시에 죄인을 그리스도 안에서 용서하시는 하나님의 사랑을 나타내신다. 이것이 기독교의 요체이다.

(롬3:26) 곧 이때에 자기의 의로우심을 나타내사 자기도 의로우시며 또한 예수 믿는 자를 의롭다 하려 하심이니라

하나님은 십자가상에서 자기의 의로우심을 나타내시고(거룩하심) 또한 예

수 믿는 자를 의롭다 하심으로 자신의 사랑을 나타내신다.

녹보석 같은 무지개가 둘림(3) : 하나님의 보좌에 무지개가 둘려 있는 모습은 하나님이 계시는 천상에는 하나님께서 노아에게 언약하신 대로 심판이 없고(무지개) 영원한 생명만(녹보석)이 있음을 계시하시고 있다. 녹보석은 에머럴드로서 영원한 생명을 나타낸다. 이로서 하나님은 거룩하시고 자비하시고 영원한 생명의 하나님이시며 예수님 안에서 영원한 심판이 끝나고 하나님의 언약이 살아있는 모습을 볼 수가 있다.

(창9:11~17) 내가 너희와 언약을 세우리니 다시는 모든 생물을 홍수로 멸하지 아니할 것이라 땅을 침몰할 홍수가 다시 있지 아니하리라 [12] 하나님이 가라사대 내가 나와 너희와 및 너희와 함께 하는 모든 생물 사이에 영세까지 세우는 언약의 증거는 이것이라 [13] 내가 내 무지개를 구름 속에 두었나니 이것이 나의 세상과의 언약의 증거니라 [14] 내가 구름으로 땅을 덮을 때에 무지개가 구름 속에 나타나면 [15] 내가 나와 너희와 및 혈기 있는 모든 생물 사이의 내 언약을 기억하리니 다시는 물이 모든 혈기 있는 자를 멸하는 홍수가 되지 아니할지라 [16] 무지개가 구름 사이에 있으리니 내가 보고 나 하나님과 땅의 무릇 혈기 있는 모든 생물 사이에 된 영원한 언약을 기억하리라 [17] 하나님이 노아에게 또 이르시되 내가 나와 땅에 있는 모든 생물 사이에 세운 언약의 증거가 이것이라 하셨더라

사도 요한의 서신인 요한일서에도 하나님의 속성을 세 가지로 표현하고 있는데 첫째는 빛(요일1:5)으로 증거하고 이것은 하나님의 거룩성을 말씀하는 것이고 둘째는 하나님은 사랑이시라고 증거하고 있다.(요일4:8) 또한 세째는 하나님은 생명이라고 증거하고 있다.(요일5:11~13) 즉 요한계시록에는 하나님의 속성을 벽옥, 홍보석, 무지개빛 녹보석 이 세 가지 보석으로 표현하고 있

고 요한일서에는 3L 즉 빛(Light), 사랑(Love), 생명(Life)으로 표현하고 있는데 이것은 서로 상통하는 표현이다.

3. 이십사 장로(4)

(계 4:4) 또 보좌에 둘려 이십사 보좌들이 있고 그 보좌들 위에 이십사 장로들이 흰 옷을 입고 머리에 금 면류관을 쓰고 앉았더라

이 이십사 장로들이 누구인가에 대해서도 많은 학설들이 있지만 그 대표적인 것이 바로 구약의 12지파를 대표하는 자들과 신약의 12사도를 대표하는 자들을 합쳐서 24장로들로 보는 것이 가장 타당한 해석이 될 것이다. 이들은 장차 환난을 통하여 하나님의 보좌에 올라오는 성도들을 도우며 그들을 섬기는 자들인데 이들이 계속해서 요한을 도우며 요한에게 하늘의 정보를 제공하고 있다.(계7:13)

이십사 장로 찬양대(10~11):

(계 4:10~11) 이십사 장로들이 보좌에 앉으신 이 앞에 엎드려 세세토록 사시는 이에게 경배하고 자기의 면류관을 보좌 앞에 던지며 가로되 [11] 우리 주 하나님이여 영광과 존귀와 능력을 받으시는 것이 합당하오니 주께서 만물을 지으신지라 만물이 주의 뜻대로 있었고 또 지으심을 받았나이다 하더라

이십사 장로들은 금면류관을 하나님께 벗어던지며 경배하며 찬양을 드리는데 이들은 하나님 앞에서 찬양드리는 본 찬양대이다. 하나님 앞에서 면류관을 벗어 던지는 것은 그들이 경거망동한 행동을 한 것이 아니라 그들이 하나님

보시기에 너무나 부끄러운 자신들의 모습을 신속히 표현한 것으로 보아진다. 어린 양이 가시 면류관 쓰심으로 자신들이 면류관을 쓰게 된 것을 깨닫고 너무나 송구스러워서 취한 행동으로 보아야 한다.

하나님의 보좌 앞에서 찬양드리는 그룹들은 4장과 5장에서 네 그룹인데 그 첫째는 네 생물 찬양대, 둘째는 이십사 장로 찬양대 세째는 천사 찬양대 넷째는 만물 찬양대이다. 이들은 상존 찬양대로서 영원부터 영원까지 하나님을 찬양하는 찬양대이다. 때로는 그들 무리들만 때로는 서로 연합하여 찬양을 드리는데 이러한 찬양 소리가 온 우주 만물 가운데 울려 퍼지고 있다.

4. 보좌 앞에 있는 일곱 등불(5)

(계 4:5) 보좌로부터 번개와 음성과 뇌성이 나고 보좌 앞에 일곱 등불 켠 것이 있으니 이는 하나님의 일곱 영이라

보좌 앞에 일곱 등불 켠 것이 있는데 이것은 성령 하나님을 상징하는 등불이다. 이 일곱 등불되시는 성령 하나님께서는 일곱 교회에 두루 보내심을 받고 교회시대를 이끌어 가시는 하나님이시다. 예수님께서는 이 세상에 계실 때에 이 성령님을 세상에 보내시겠다고 말씀하셨다.

(요14:16, 15:26, 16:13)

(계 5:6) 내가 또 보니 보좌와 네 생물과 장로들 사이에 어린 양이 섰는데 일찍 죽임을 당한 것 같더라 일곱 뿔과 일곱 눈이 있으니 이 눈은 온 땅에 보내심을 입은 하나님의 일곱 영이더라

5. 보좌 앞에 수정과 같은 유리 바다(6)

(계 4:6) 보좌 앞에 수정과 같은 유리 바다가 있고 보좌 가운데와 보좌 주위에
네 생물이 있는데 앞뒤에 눈이 가득하더라

하나님의 보좌 앞에는 수정과 같이 맑은 유리 바다가 있는데 이것은 하나님
의 보좌로부터 흐르는 영생수 즉 생명의 강이다. 이것이 너무나 넓고 크기 때
문에 바다로 표현한 것 같다.(겔47:1-12)

(계 22:1~2) 또 저가 수정 같이 맑은 생명수의 강을 내게 보이니 하나님과
및 어린 양의 보좌로부터 나서 (2) 길 가운데로 흐르더라 강 좌우에 생명나
무가 있어 열 두가지 실과를 맺히되 달마다 그 실과를 맺히고 그 나무 잎사
귀들은 만국을 소성하기 위하여 있더라

6. 보좌 주위의 네 생물(7~9)

(계 4:7~9) 그 첫째 생물은 사자 같고 그 둘째 생물은 송아지 같고 그 세째
생물은 얼굴이 사람 같고 그 넷째 생물은 날아가는 독수리 같은데 (8) 네 생
물이 각각 여섯 날개가 있고 그 안과 주위에 눈이 가득하더라 그들이 밤낮
쉬지 않고 이르기를 거룩하다 거룩하다 거룩하다 주 하나님 곧 전능하신
이여 전에도 계셨고 이제도 계시고 장차 오실 자라 하고 (9) 그 생물들이 영
광과 존귀와 감사를 보좌에 앉으사 세세토록 사시는 이에게 돌릴 때에

네 생물들은 에스겔서에도 나오고(겔1:5-14) 이사야서에도 등장하는(사

6:2~3) 영물들로서 하나님을 찬양하는 것이 주요 사명인 것 같다. 이들의 모양을 보면 첫째 생물은 사자같고 둘째 생물은 송아지 같고 셋째 생물은 사람 같고 넷째 생물은 독수리 같다고 했는데 이들은 각각 예수 그리스도의 네 가지 신분과 속성을 말하고 있다.

첫째 생물	둘째 생물	셋째 생물	넷째 생물
사자	송아지	사람	독수리
마태복음	마가복음	누가복음	요한복음
자색	홍색	흰색	청색
유대인의 왕	희생제물(종)	인성	신성

이들은 하나님의 보좌 앞에서 두 날개로 자신들의 얼굴을 가리고 두 날개로는 자신들의 발을 가리고 두 날개로 날면서 서로 찬양하는 모습을 볼 수가 있다. 얼마나 하나님의 영광의 빛이 강렬했으면 그들이 얼굴을 가리고 발을 가리웠겠는가? 우리가 하나님을 찬양할 때에도 이와 같은 겸손한 모습으로 찬양 드려야 한다. 이 네 생물들에 대해서 많은 학설들이 있지만 이들은 하나님께서 만드신 만물들을 대표하는 그룹 천사장들로 보는 것이 가장 타당하다. 장로들의 화답송에서 그 힌트를 얻을 수가 있다.

(계 4:11) 우리 주 하나님이여 영광과 존귀와 능력을 받으시는 것이 합당하오니 주께서 만물을 지으신지라 만물이 주의 뜻대로 있었고 또 지으심을 받았나이다 하더라

제 5 장

천상광경 2

5장의 개요

5장은 4장에 이어 계속해서 천상광경이 펼쳐진다. 보좌에 앉으신 이가 일곱 인 봉한 책을 가지고 계시는데 이 책은 일곱 인으로 봉한 책이다. 그런데 하늘 위에나 땅 위에나 땅 아래에 능히 책을 펴거나 인을 뗄 자가 없었다. 그래서 요한이 크게 울고 있을 때에 장로 중에 하나가 위로하면서 유대 지파의 사자 다윗의 뿌리가 이기었으니 이 책과 그 인을 떼실 것이라고 했다. 그 때에 네 생물과 장로들 사이에 어린양이 서 계시는 모습을 보았다. 그는 바로 예수 그리스도이셨다. 어린양께서 보좌에 앉으신 이에게 나아가 일곱 인 봉한 책을 받으실 때에 네 생물과 이십사 장로들이 어린양 앞에 엎드려 새 노래를 노래한다. 그 다음은 천천이요 만만인 천사들의 찬양이 이어진다. 그 다음은 만물들의 찬양이 이어진다. 이 천상광경을 통하여 교회시대가 지나고 그 이후에 일어날 일들에 대한 계시에의 주체가 누구인지를 일깨워 준다.

일곱 인 봉한 책(1~4)

(계 5:1~4) 내가 보매 보좌에 앉으신 이의 오른손에 책이 있으니 안팎으로 썼고 일곱 인으로 봉하였더라 ⁽²⁾ 또 보매 힘 있는 천사가 큰 음성으로 외치기를 누가 책을 펴며 그 인을 떼기에 합당하냐 하니 ⁽³⁾ 하늘 위에나 땅 위에나 땅 아래에 능히 책을 펴거나 보거나 할 이가 없더라 ⁽⁴⁾ 이 책을 펴거나 보거나 하기에 합당한 자가 보이지 않기로 내가 크게 울었더니

일곱 인 봉한 책이란 앞으로 되어질 일들이 기록된 계시의 책이며 이 인이 떼어질 때마다 새로운 계시가 펼쳐지게 되는데 이 일곱 인이 떼어질 때마다 6

장 이하 마지막 장까지의 계시가 펼쳐진다.

일곱 인 봉한 책의 내용을 다음과 같이 일곱 가지로 요약할 수 있다.

1. 일곱 인(6:1~8:1), 일곱 나팔(8:6~11:15), 일곱 대접(16:1~18:24)

2. 7년 환난(6:1~ 13:18)

3. 그리스도의 재림(6:1~20:3)

4. 4대 전쟁 : 러 - 이 전쟁(6:3~4, 겔 38~39), 유브라데강 전쟁(9:13~21), 아마겟돈 전쟁(19:11~20:3), 곡과 마곡의 전쟁(20:7~10)

5. 악의 5역(12:3~20:10)

6. 천년왕국(20:4~6)

7. 새 예루살렘(21:1~22:5)

그런데 이 일곱 인을 떼기에 합당한 자가 천상 천하에 없어서 사도 요한이 크게 울었다고 한 것은 너무나 궁금한 일들이 인을 떼면 일어날 텐데 그것을 볼 수가 없었으므로 크게 울었다고 했다. 요한계시록에는 두 종류의 책이 등장하는데 5장의 일곱 인봉한 책과 10장의 작은 책이다. 일곱 인 봉한 책은 우주 전체, 인류 전체를 대상으로 한 내용이라고 한다면 작은 책은 작은 정보 즉 부분적인 정보를 담은 책으로 보아야 하는데 이 작은 책은 10장에서 자세히 해석하겠지만 이스라엘에 대한 정보를 담은 책이다.

일곱 인을 떼실 어린 양의 등장(5~7)

(계 5:5~7) 장로 중에 하나가 내게 말하되 울지 말라 유대 지파의 사자 다윗의 뿌리가 이기었으니 이 책과 그 일곱 인을 떼시리라 하더라 [6] 내가 또 보니 보좌와 네 생물과 장로들 사이에 어린 양이 섰는데 일찍 죽임을 당한 것 같더라 일곱 뿔과 일곱 눈이 있으니 이 눈은 온 땅에 보내심을 입은 하나님의 일곱 영이더라 [7] 어린 양이 나아와서 보좌에 앉으신 이의 오른손에

서 책을 취하시니라

유대 지파의 사자 다윗의 뿌리 : 그리스도를 유대 지파의 사자로 표현한 것은 유대 지파가 사자에 해당함으로 그리스도를 사자로 표현한 것이고 다윗의 뿌리로 표현한 것은 예수 그리스도는 다윗의 혈통에서 나셨지만 다윗의 주로서 이미 창세 전에 계신 선재성을 말씀한 것이다.(시110:1,마22:41~45)

이기었으니 : 예수 그리스도께서 이 인봉한 책을 펴실 수 있는 권세를 얻게 된 것은 십자가 상에서 마귀를 물리치셨기 때문이다. 그가 마귀에게 잠시 넘겨 준 이 땅의 권세를 십자가상에서 멸하시고 그를 이기셨기 때문에 이 인봉한 책을 떼실 권세를 갖게 된 것을 말씀하고 있다.(마28:18,골2:14~15,요12:31)

보좌와 네 생물과 장로들 사이에 : 어린 양은 보좌와 네 생물과 장로들 사이 즉 우주 만물의 중심임을 말씀하시고 있다.(엡1:10,21~22)

어린 양이 섰는데 : 유월절 어린 양, 세상의 모든 죄를 지고 가시는 어린 양이 하늘 보좌에 계시니 우리가 천국에 능히 들어갈 수가 있다. 만일 그리스도께서 재판장의 모습으로 계시면 누가 그 앞에 설 수가 있겠는가? 세례요한이 말한대로 그는 세상 죄를 지고 가는 하나님의 어린 양의 모습으로 하늘에 계신다.

일찍 죽임을 당한 것 같더라 : 어린 양이 십자가에서 죽임을 당함으로 하늘과 땅의 모든 권세를 가지신 것을 강조한 말로써 십자가의 공로로 이와 같은 특별한 권세를 가지게 됨을 말씀하시고 있다.

일곱 뿔과 일곱 눈 : 뿔은 권세와 능력을 말하고 눈은 지혜를 말하는데 전능과 전지의 주님이심을 말씀하고 있다. 일곱 눈이 온 세상에 보내심을 받은 하나님의 일곱 영이라고 한 것은 성령님은 예수 그리스도의 눈의 역할을 감당하심으로 온 세상을 감찰하시는 분으로 표현한 것이다. 성령님은 하나님의 깊은 것이라도 통달하시는 분이시다.(고전2:10, 히4:11)

보좌에 앉으신 이에게서 책을 취하심 : 어린 양 예수님께서 보좌에 앉으신 성부로부터 책을 취하심으로 모든 하늘과 땅의 계시가 그에게로 넘어간 것을 말씀하시는 것인데 이 권세를 또 다시 흰 보좌 심판 후에 그에게로 돌리게 된다.(고전15:24)

네 생물과 이십사 장로들의 연합 찬양(8~10)

(계 5:8~10) 책을 취하시매 네 생물과 이십사 장로들이 어린 양 앞에 엎드려 각각 거문고와 향이 가득한 금 대접을 가졌으니 이 향은 성도의 기도들이라 (9) 새 노래를 노래하여 가로되 책을 가지시고 그 인봉을 떼기에 합당하시도다 일찍 죽임을 당하사 각 족속과 방언과 백성과 나라 가운데서 사람들을 피로 사서 하나님께 드리시고 (10) 저희로 우리 하나님 앞에서 나라와 제사장을 삼으셨으니 저희가 땅에서 왕 노릇하리로다 하더라

네 생물과 이십사 장로들이 성도들의 기도를 담은 금 대접을 가지고 어린 양에게 찬양을 드리는데 이들의 찬양은 연합 찬양이다. 하늘에서는 이렇게 연합으로 찬양을 드리는 경우가 많다.(계12:10, 19:6)

찬양의 내용:
첫째, 새 노래로 찬양을 드리고

둘째, 인봉을 떼기에 합당하신 자를 찬양드리고

셋째, 죽임을 당하신 것을 찬양드리고

넷째, 각 족속과 백성과 나라를 피로 사서 하나님께 드리신 것과

다섯째, 하나님 앞에서 나라와 제사장을 삼으신 것을 찬양 드리고

여섯째, 저희가 땅에서 왕 노릇 하게 된 것을 찬양드리고 있다.

천사들의 찬양(11~12)

(계 5:11~12) 내가 또 보고 들으매 보좌와 생물들과 장로들을 둘러 선 많은 천사의 음성이 있으니 그 수가 만만이요 천천이라 [12] 큰 음성으로 가로되 죽임을 당하신 어린 양이 능력과 부와 지혜와 힘과 존귀와 영광과 찬송을 받으시기에 합당하도다 하더라

네 생물과 장로들과 보좌를 둘러선 많은 천사들: 천사들은 모든 영물들을 섬기기 위해서 하나님께서 지으신 피조물이다.(히1:7,1:14) 이들의 수가 천천이요 만만이라고 한 것은 그들의 수가 수억이나 되는 어마어마한 무리임을 나타낸다. 예수님께서 이 세상에 계실 때에도 이 천사들에 대해서 말씀하시며 열 두 영 더 되는 천사들이라고 표현하셨다.(마26:53)

이들이 찬양하는 소리는 너무나 웅장하고 화려한 찬양일 것이다. 천사들이 어린 양에게 일곱 가지를 찬양드린다. 즉 능력, 부, 지혜, 힘, 존귀, 영광, 찬송을 받으시기에 합당하신 분으로 찬양드린다. 계7:12에는 찬송과 영광과 지혜와 감사와 존귀와 능력과 힘을 찬양드린다.

만물들의 찬양(13)

(계 5:13) 내가 또 들으니 하늘 위에와 땅 위에와 땅 아래와 바다 위에와 또 그 가운데 모든 만물이 가로되 보좌에 앉으신 이와 어린 양에게 찬송과 존귀와 영광과 능력을 세세토록 돌릴지어다 하니

하늘 위에와 땅 위에와 땅 아래와 바다 위에와 또 그 가운데 모든 만물들이 찬양하는 모습은 너무나 감격스러운 모습이다. 이들이 어린 양에게 찬송과 존귀와 영광과 능력을 세세토록 돌리며 찬양을 드리는 모습은 하나님께서 만물을 창조하신 목적이 아니겠는가?

(시19:1~6) 하늘이 하나님의 영광을 선포하고 궁창이 그 손으로 하신 일을 나타내는도다 ⑵ 날은 날에게 말하고 밤은 밤에게 지식을 전하니 ⑶ 언어가 없고 들리는 소리도 없으나 ⑷ 그 소리가 온 땅에 통하고 그 말씀이 세계 끝까지 이르도다 하나님이 해를 위하여 하늘에 장막을 베푸셨도다 ⑸ 해는 그 방에서 나오는 신랑과 같고 그 길을 달리기 기뻐하는 장사 같아서 ⑹ 하늘 이 끝에서 나와서 하늘 저 끝까지 운행함이여 그 온기에서 피하여 숨은 자 없도다

다윗은 해와 달과 별들이 하나님을 찬양하는 소리를 영의 귀로서 듣고 아름다운 시편을 쓸 수가 있었다.

이제 2장, 3장 교회시대가 끝나고 6장부터 환난시대에 접어들게 되었는데 7년 환난에 대해서 살펴보도록 하자.

7년 환난의 성경적 근거

7년 환난이란 과연 존재하는가? 성경에 7년 환난이라는 용어가 나오지 않기 때문에 우리는 이 환난의 때에 대해서 그다지 관심을 갖지 않고 있는 것이 분명하다. 그러나 7년 환난은 성경적인 뚜렷한 근거를 가지고 있으며 마지막 때에 이루어지는 환난이다. 중요한 것은 이 7년 환난을 통하여 인류의 구원이 완성되고 이후에 그리스도의 심판과 재림으로 이어지기 때문에 중요하ㄴ과정으로 보아야 할 것이다. 그러면 다니엘서 70이레를 통하여 살펴보도록 하자.

다니엘의 증거:마지막 한 이레

7년 환난은 다니엘의 마지막 한 이레의 성취이다. 마지막 한 이레의 예언이 무엇인가 라는 예언은 다니엘서 9장 전체를 통하여 볼 때 다니엘이 받은 70이레에 대한 전반적인 고찰이 필요하다. 70이레를 받은 시대적인 배경은 9:1~2절에 나온다.

(단 9:1~2) 메대 족속 아하수에로의 아들 다리오가 갈대아 나라 왕으로 세움을 입던 원년 (2) 곧 그 통치 원년에 나 다니엘이 서책으로 말미암아 여호와의 말씀이 선지자 예레미야에게 임하여 고하신 그 연수를 깨달았나니 곧 예루살렘의 황무함이 칠십 년 만에 마치리라 하신 것이니라

다니엘이 말씀을 묵상하며 기도하다가 깨달은 사실은 예루살렘이 70년 만에 회복될 것이라는 에레미아의 예언에 대해서 깨달았다. 그래서 그는 하나님 앞에 이 말씀을 근거로 하여 기도하기 시작했다. 이때에 하나님께서 또 다른 예언을 주셨는데 이것이 바로 70이레에 대한 예언이다.

그가 금식하며 베옷을 입고 재를 무릅쓰고 주 하나님께 기도하며 간구하기 시작했다. 그대에 하나님께서 가브리엘 천사를 통해서 그에게 말씀하신 것이 바로 70이레에 대한 예언이다.

(단 9:24~27) 네 백성과 네 거룩한 성을 위하여 칠십 이레로 기한을 정하였나니 허물이 마치며 죄가 끝나며 죄악이 영속되며 영원한 의가 드러나며 이상과 예언이 응하며 또 지극히 거룩한 자가 기름 부음을 받으리라 (25) 그러므로 너는 깨달아 알지니라 예루살렘을 중건하라는 영이 날 때부터 기름 부음을 받은 자 곧 왕이 일어나기까지 일곱 이레와 육십이 이레가 지날 것이요 그 때 곤란한 동안에 성이 중건되어 거리와 해자가 이룰 것이며 (26) 육십이 이레 후에 기름 부음을 받은 자가 끊어져 없어질 것이며 장차 한 왕의 백성이 와서 그 성읍과 성소를 훼파하려니와 그의 종말은 홍수에 엄몰됨 같을 것이며 또 끝까지 전쟁이 있으리니 황폐할 것이 작정되었느니라 (27) 그가 장차 많은 사람으로 더불어 한 이레 동안의 언약을 굳게 정하겠고 그가 그 이레의 절반에 제사와 예물을 금지할 것이며 또 잔포하여 미운 물건이 날개를 의지하여 설 것이며 또 이미 정한 종말까지 진노가 황폐케 하는 자에게 쏟아지리라 하였느니라

여기 말씀에서 보면 네 백성과 네 거룩한 성을 위하여 칠십 이레로 기한을 정하였다고 말씀하신 것을 알 수가 있는데 이때에 허물이 마치며 죄가 끝나며 죄악이 영속되며 영원한 의가 드러나게 된다는 예언이다. 70이레가 지나면 이 예언이 응하게 된다는 것인데 이미 69이레의 예언이 성취가 된 현재에 와서도 이 예언이 성취되지 못한 것을 볼 때에 아직도 이 마지막 한 이레의 예언은 미래에 성취될 일이라는 것을 잘 알 수가 있다. 여기에서 보면 25절 말씀에 예루살렘을 중건하라는 영이 날 때부터 기름부음을 받은 자 곧 왕이 일어나기 전까지 일곱 이레와 육십이 이레가 지나고 육십이 이레 후에 기름부음을 받은 사가 끊어져 없어질 것이라고 예언이 되어 있는데 이것은 느헤미아 2장에 보

면 아닥사스다왕 20년에 이 예언이 이루어지기 시작한 것을 볼 수가 있다.

(느 2:1, 8)

(1) 아닥사스다 왕 이십년 니산월에 왕의 앞에 술이 있기로 내가 들어 왕에게 드렸는데 이 전에는 내가 왕의 앞에서 수색이 없었더니

(8) 또 왕의 삼림 감독 아삽에게 조서를 내리사 저로 전에 속한 영문의 문과 성곽과 나의 거할 집을 위하여 들보 재목을 주게 하옵소서 하매 내 하나님의 선한 손이 나를 도우심으로 왕이 허락하고

그러면 아닥사스다왕 20년부터 그리스도께서 기름부음을 받고 끊어져 없어질 예언까지 69이레가 성취된 사실이고 또 한 왕의 백성이 성읍과 성소를 훼파할 것이라는 예언도 기원 후 70년에 로마의 디도장군에 의해서 성취된 사실을 알 수 있다. 그러나 마지막 한 이레에 대한 예언이 성취된 것이라고 보기에는 여러 가지 정황으로 미루어 볼 때 성취될 예언으로 보는 것이 타당하다.

(단 9:26~27) 육십이 이레 후에 기름 부음을 받은 자가 끊어져 없어질 것이며 장차 한 왕의 백성이 와서 그 성읍과 성소를 훼파하려니와 그의 종말은 홍수에 엄몰됨 같을 것이며 또 끝까지 전쟁이 있으리니 황폐할 것이 작정되었느니라 (27) 그가 장차 많은 사람으로 더불어 한 이레 동안의 언약을 굳게 정하겠고 그가 그 이레의 절반에 제사와 예물을 금지할 것이며 또 잔포하여 미운 물건이 날개를 의지하여 설 것이며 또 이미 정한 종말까지 진노가 황폐케 하는 자에게 쏟아지리라 하였느니라

여기에서 단9:27절의 말씀이 이루어지는 시기를 바로 마지막 때 7년 환난이라고 보는 것이 타당한 예언이다. 그리고 69이레가 이루어가는 역사적인 사건들도 모두 하루를 1년으로 계산한 것과 같이 하루를 일년으로 계산하여 7년동

안 환난이 계속된다고 보는 것이 타당한 해석이며 이 때에 이스라엘 민족이 민족적으로 죄를 속하며 구원 받는 역사적인 사건이 일어날 것이라고 해석하는 것이 다니엘서와 요한계시록 간의 조화를 이루는 해석이라고 생각된다. 그러므로 마지막 한 이레는 7년 환난을 통하여 성취되는 미래적인 사건으로 해석함으로 요한계시록과의 조화를 이루는 것으로 보아야 마땅하다고 생각되어진다. 마지막 한 이레는 아직도 이루어지지 않은 미래의 일임이 틀림없다. 왜냐하면 예수님께서도 이 사건을 마지막 때에 이루어질 것이라고 해석하셨기 때문이다.

(마 24:15) 그러므로 너희가 선지자 다니엘의 말한 바 멸망의 가증한 것이 거룩한 곳에 선 것을 보거든 (읽는 자는 깨달을진저)

멸망의 가증한 것이 거룩한 곳에 설 때가 언제인가? 그것은 후 3년 반 동안이다. 이것은 다니엘서 뿐만 아니라 계시록에도 이 사실을 증거하고 있다.

(계 13:4~5) 용이 짐승에게 권세를 주므로 용에게 경배하며 짐승에게 경배하여 가로되 누가 이 짐승과 같으뇨 누가 능히 이로 더불어 싸우리요 하더라 (5) 또 짐승이 큰 말과 참람된 말 하는 입을 받고 또 마흔두 달 일할 권세를 받으니라

(계 13:14~15) 짐승 앞에서 받은 바 이적을 행함으로 땅에 거하는 자들을 미혹하며 땅에 거하는 자들에게 이르기를 칼에 상하였다가 살아난 짐승을 위하여 우상을 만들라 하더라 (15) 저가 권세를 받아 그 짐승의 우상에게 생기를 주어 그 짐승의 우상으로 말하게 하고 또 짐승의 우상에게 경배하지 아니하는 자는 몇이든지 다 죽이게 하더라

이와 같이 마지막 한 이레의 7년은 아직도 미래의 사건으로 성취되지 않은

사건으로 남아 있다. 이것은 이스라엘 뿐만 아니라 온 인류의 구원을 완성하시는 기간으로 이때에 이방인의 충만한 수와 이스라엘이 구원을 받음으로 70이레의 예언이 완성되는 기간이다.

특히 놀라운 것은 다니엘서 10~ 12장까지는 요한계시록의 내용과 그 진행과정이 너무나 흡사하여 다니엘서 10장부터 일어나는 모든 일들이 요한계시록과 평행을 이루며 요한계시록 해석의 결정적인 근거를 제공해 주고 있다는 사실이다.

다니엘 9장	10장 ~ 12장	요한계시록
69이레	인자가 나타남 (단 10:16)	인자가 나타남 (계 1:13)
전쟁	전쟁 (단 11:1~20)	교회 (2~3)
마지막 한 이레	전쟁 (단 11:21~27)	6~11
	1260 (단 11:28~12:7)	12~13
이스라엘의 70이레 성취	1290 (단 12:11)	14:1~19:5
	1335 (단 12:12)	19:6~20:3
	복 (단 12:12)	20:4~22:5

그리고 마지막 한 이레 즉 7년 환난은 성경적인 근거를 갖고 있으며 이 7년 환난이 끝나면 예수 그리스도의 흰구름 재림과 아마겟돈전쟁에 이어 천년왕국과 새예루살렘이 이어진다.

7년 환난과 13 주역들의 활동도표

종 류	7년 환난		마지막 추수와 심판
	전 3 년 반(6-11)	후 3 년 반(12-13)	(14-18)
일곱 인	1 - 7		
일곱 나팔	1- 여섯째 나팔	일곱째 나팔 이후 후 3년 반	
일곱 대접			1-7 대접 심판
교 회	여섯째 인 떼신 후 휴거	하나님의 보좌 앞	하나님의 보좌에 앉음
두 증인	1260일 활동	순교 후 부활승천	
14만4천	여섯째 인후 인치심 받음	복음 활동 후 순교	부활하여 시온산에 섬
이스 라엘	두 증인 , 14만 4천을 통해 복음 들음	일곱 째 나팔 이후 회개함	마지막 추수되어 모세의 노래 어린양의 노래 부름
사단	공중의 권세 잡음	땅으로 내어쫓김	아마겟돈 전쟁후 무저갱에 갇힘
적 그리스도	음녀를 앞세워 핍박함	거짓 선지자들 앞세워 666	아마겟돈 전쟁후 불못에 들어감
거짓 선지자		적그리스도를 우상화 함	아마겟돈 전쟁후 불못에 들어감
열 뿔		적그리스도를 선출함	아마겟돈 전쟁후 불못에 들어감
음녀	그리스도인의 피에 취함	계속 활동	일곱째 대접 때 멸망
불신자	4째인-1/4죽음 5째나팔-5개월 황충 고통 6째나팔-1/3죽음	짐승 경배 우상의 표 받음	일곱 대접심판 받음

제 6 장

재림의 징조와 보좌 재림: 1인 – 6인

6장의 개요

교회시대가 지나고 천상 광경이 보여지고 이제 드디어 환난의 시대로 접어 드는 6장에 이르렀다. 교회시대 다음에 환난시대가 올 것은 복음서에서도 구약성경에서도 미리 말씀되어온 것이다. 제자들이 감람산에 앉았을 때에 예수께 여짜와 가로되 "주님의 오실 때에 즉 세상 끝 때에 어떤 일이 일어나겠습니까?" 라고 물었을 때에 예수님께서 그들에게 대답하신 말씀과 계시록 6장 이하에 나오는 말씀이 너무나도 부합된 말씀임을 알 수가 있다. 창세기 41장에 바로의 꿈을 해몽하는 장면에서 하나님께서는 바로에게 장차 될 일을 보여주시고 요셉으로 하여금 해석하게 한 것은 장차 예수님께서 이방의 왕이 되시고 마지막 때에 환난의 때가 올 것을 미리 말씀하신 것이라고 볼 수가 있다.

즉, 요셉이 총리가 되고 7년 풍년이 왔고 이때에 창고를 짓고 많은 곡식을 거두었고 7년 흉년의 때에 요셉이 그를 애굽 상인에게 팔아버린 요셉의 형들을 만나서 형들과 해후하게 되는 것처럼 예수님께서 은혜의 풍년의 때 즉 교회시대(고후6:2)에 이방의 왕이 되셨다가 7년 흉년의 때 즉 7년 환난 때(마24:21)에 이스라엘이 회개하고 주께 돌아온다.

그래서 예수 그리스도의 부활 승천 후에 있을 역사의 단면을 창세기에서 바로의 꿈을 통해서 보여주셨다. 교회시대가 끝나면 환난 시대가 오고 환난 시대가 끝나면 주님께서 재림하시는 순서로 세상의 역사가 진행된다. 그러므로 2장, 3장을 교회시대로 해석하고 이후에 6장부터 환난시대로 해석함이 타당하다.

요셉	7년 풍년	7년 흉년 (형들 만남)
예수	교회시대 (2장~3장)	7년환난(이스라엘의 회개) (6장 ~13장)

교회시대가 끝나고 환난시대에 접어 들면 어린양께서 첫째 인부터 여섯째 인을 떼시는 데 이것은 마태복음 24장을 비추어 볼 때 재림의 징조임을 알 수 있다.(마 24:3)

첫째 인을 떼실 때에 : 흰말을 탄 자가 나온다. 이것은 적그리스도를 나타낸다.

둘째 인을 떼실 때에 : 붉은 색 말이 나오는 데 이것은 전쟁을 나타낸다.

셋째 인을 떼실 때에 : 검은 색 말이 나오는 데 이것은 기근을 나타낸다.

넷째 인을 떼실 때에 : 청황 색 말이 나오는 데 이것은 사망이라는 말인데 세계 인구의 사분의 일이 죽게 된다.

다섯째 인을 떼실 때에: 순교자들이 제단 아래에서 자신들의 피를 신원하여 달라고 호소하는 장면이 나온다.

여섯째 인을 떼실 때에: 천재지변이 일어나고 하늘의 보좌가 보이며 어린양의 진노가 임박했음을 알린다.

첫째 인(1~2)

(계 6:1~2) 내가 보매 어린 양이 일곱 인 중에 하나를 떼시는 그 때에 내가 들으니 네 생물 중에 하나가 우뢰소리같이 말하되 오라 하기로 [2] 내가 이에 보니 흰 말이 있는데 그 탄 자가 활을 가졌고 면류관을 받고 나가서 이기고 또 이기려고 하더라

첫째 인을 떼실 때에 흰 말이 나타나는데 이 흰 말을 탄 자가 누구인가에 대해서 많은 해석들을 하지만 복음서에서 예수님께서 마지막 때에 일어날 일에 대해서 말씀하신 내용을 면밀히 검토해보면 이 인에 대한 바른 해석이 나온다.

표에서 보면 흰 말은 적그리스도로 해석하는 것이 복음서와 일치한다. 7년 환난의 초두에 적그리스도가 나타나서 단9:27절의 말씀을 이루면서 환난이 시작된다.

(단9:27) 그가 장차 많은 사람으로 더불어 한 이레 동안의 언약을 굳게 정하겠고 그가 그 이레의 절반에 제사와 예물을 금지할 것이며 또 잔포하여 미운 물건이 날개를 의지하여 설 것이며 또 이미 정한 종말까지 진노가 황폐케 하는 자에게 쏟아지리라 하였느니라

복음서와 계시록의 비교

마태복음(마24:)	마가복음(막13:)	누가복음(눅21:)	계시록
사람의 미혹 (마24:4-5)	사람의 미혹 (막13:5-6)	거짓그리스도의 미혹(눅21:8)	첫째인(흰말) (6:2)
난리와 난리소문 민족, 나라 전쟁 (마24:6-7)	전쟁(막13:7-9)	전쟁(눅21:9-10)	둘째인(붉은말) (6:3-4)
처처에 기근과 지진(마24:7)		지진, 기근 (눅21:11)	셋째인(검은말) (6:5-6)
		온역(눅21:11)	넷째인(청황색말) (6:7-8)
서로 잡아주고 서로 미워함(마24:9-12)	복음전파와 순교 (막13:9-12)	핍박과 순교 (눅21:12-16)	다섯째인(순교자) (6:9-11)
천재지변 (마24:29-31)	천재지변 (막13:24-25)	일월성신의 징조 (눅21:25,26)	여섯째인 (천재지변) (6:12-17)

여기에서 한 이레는 7년을 말하며 이 7년의 초두에 적그리스도가 많은 사람들과 7년 동안의 언약을 굳게 정할 것을 말하고 있다. 그 이레의 절반 즉 전 3년 반이 지나면 이 적그리스도가 본색을 들어내며 유대인들의 제사와 예물을 금지하며 잔포하여 미운 물건이 날개를 의지하여 서는 일이 일어나게 된다.

둘째 인(3~4)

(계 6:3~4) 둘째 인을 떼실 때에 내가 들으니 둘째 생물이 말하되 오라 하더니 ⑷ 이에 붉은 다른 말이 나오더라 그 탄 자가 허락을 받아 땅에서 화평을 제하여 버리며 서로 죽이게 하고 또 큰 칼을 받았더라

둘째 인을 떼실 때에 붉은 말이 나오는데 이 붉은 말은 전쟁을 가리킨다고 해석하는 데는 모두가 이의가 없는 것 같다. 둘째 인을 떼시면 큰 전쟁이 일어나 세상에 화평이 사라지는 모습을 볼 수가 있다. 이것을 러시아의 이스라엘 침공으로 보는 자들이 많다.

(겔38:1~6) 여호와의 말씀이 내게 임하여 가라사대 ⑵ 인자야 너는 마곡 땅에 있는 곡 곧 로스와 메섹과 두발 왕에게로 얼굴을 향하고 그를 쳐서 예언하여 ⑶ 이르기를 주 여호와의 말씀에 로스와 메섹과 두발 왕 곡아 내가 너를 대적하여 ⑷ 너를 돌이켜 갈고리로 네 아가리를 꿰고 너와 말과 기병 곧 네 온 군대를 끌어내되 완전한 갑옷을 입고 큰 방패와 작은 방패를 가지며 칼을 잡은 큰 무리와 ⑸ 그들과 함께 한 바 방패와 투구를 갖춘 바사와 구스와 붓과 ⑹ 고멜과 그 모든 떼와 극한 북방의 도갈마 족속과 그 모든 떼 곧 많은 백성의 무리를 너와 함께 끌어 내리라

위의 말씀을 보면 마곡 땅에 있는 로스 즉 러시아, 메섹 즉 모스크바, 두발 즉 드보르스크의 왕 곡이 하나님의 명령을 받고 바사 즉 이란, 구스 즉 에디오피아 , 붓 즉 리비아, 고멜 즉 독일, 도갈마 즉 터어키 연합국과 함께 이끌려 이스라엘을 공격해 올 것을 말씀하시고 있는데 이것이 언제쯤인가를 또한 말씀하시고 있다.

(겔38:8) 여러 날 후 곧 말년에 네가 명령을 받고 그 땅 곧 오래 황무하였던 이스라엘 산에 이르리니 그 땅 백성은 칼을 벗어나서 열국에서부터 모여 들어오며 이방에서부터 나와서 다 평안히 거하는 중이라

'이스라엘 백성들은 칼에서 벗어나 열국에서부터 모여 들어오며 이방에서부터 나와서 다 평안히 거하는 중' 에 쳐들어 올 것을 예언하고 있다. 그러나 그들이 쳐들어올지라도 하나님께서 그들을 멸하실 것도 말씀하시고 있다.

(겔38:18~23) 나 주 여호와가 말하노라 그 날에 곡이 이스라엘 땅을 치러 오면 내 노가 내 얼굴에 나타나리라 [19] 내가 투기와 맹렬한 노로 말하였거니와 그 날에 큰 지진이 이스라엘 땅에 일어나서 [20] 바다의 고기들과 공중의 새들과 들의 짐승들과 땅에 기는 모든 벌레와 지면에 있는 모든 사람이 내 앞에서 떨 것이며 모든 산이 무너지며 절벽이 떨어지며 모든 성벽이 땅에 무너지리라 [21] 나 주 여호와가 말하노라 내가 내 모든 산 중에서 그를 칠 칼을 부르리니 각 사람의 칼이 그 형제를 칠 것이며 [22] 내가 또 온역과 피로 그를 국문하며 쏟아지는 폭우와 큰 우박덩이와 불과 유황으로 그와 그 모든 떼와 그 함께 한 많은 백성에게 비를 내리듯하리라 [23] 이와 같이 내가 여러 나라의 눈에 내 존대함과 내 거룩함을 나타내어 나를 알게 하리니 그들이 나를 여호와인 줄 알리라

이들은 천재지변과 하나님이 부르시는 칼에 의해서 멸망하게 될 것을 말씀

하시고 있다.

이 전쟁 기간이 얼마가 될 것인가를 또한 말씀하시고 있다.

(겔39:9) 이스라엘 성읍들에 거한 자가 나가서 그 병기를 불 피워 사르되 큰 방패와 작은 방패와 활과 살과 몽둥이와 창을 취하여 칠년 동안 불피우리라

이 전쟁을 마무리하는데 7년이 걸린다고 했는데 이는 7년 환난을 말하고 있다고 보아야 할 것이다. 이러한 큰 전쟁이 일어나면서 7년 환난이 시작이 되고 그 시작을 보면 환난에 접어든 것을 알 수가 있다. 러시아가 명분을 쌓아서 연합국과 함께 이스라엘에 공격해 와서 멸망하면 그 때가 바로 환난의 시작이다.

셋째 인(5~6)

(계 6:5~6) 셋째 인을 떼실 때에 내가 들으니 셋째 생물이 말하되 오라 하기로 내가 보니 검은 말이 나오는데 그 탄 자가 손에 저울을 가졌더라 (6) 내가 네 생물 사이로서 나는 듯 하는 음성을 들으니 가로되 한 데나리온에 밀 한되요 한 데나리온에 보리 석되로다 또 감람유와 포도주는 해치 말라 하더라

셋째 인을 떼실 때에 검은 말이 나오는데 그 검은 말은 세계적인 대기근을 말하는 것으로 하루의 품삯이 밀 한되나 보리 석되가 될 만큼 경제 대공황이 이를 것을 말씀하고 있다. 그러나 감람유와 포도주는 해치 말라고 하시며 성도들은 보호될 것을 말씀하시고 있다. 지금도 세계적인 기근이 닥쳐와서 아프리카, 북

한 등 여러 지역에서 굶어 죽어가는 자들이 많이 있지만 그 때가 되면 그러한 상황이 극에 달하게 될 것이다.

넷째 인(7~8)

(계 6:7~8) 넷째 인을 떼실 때에 내가 넷째 생물의 음성을 들으니 가로되 오라 하기로 (8) 내가 보매 청황색 말이 나오는데 그 탄 자의 이름은 사망이니 음부가 그 뒤를 따르더라 저희가 땅 사분 일의 권세를 얻어 검과 흉년과 사망과 땅의 짐승으로써 죽이더라

넷째 인을 떼실 때에 청황색 말이 나오는데 이 말을 탄 자의 이름은 사망이라고 했으니 이 말이 등장하면 지구상 인구의 사분의 일이 죽게 되는 대참사가 일어나게 될 것이다. 그 당시의 인구가 60억이라면 15억 정도가 죽게 될 것이다. 검(둘째 인) 과 흉년(셋째 인)과 사망(넷째 인) 과 땅의 짐승(첫째 인)으로 사람을 죽이게 될 것이다. 이것은 첫째 인부터 셋째 인의 모든 재앙을 합친 재앙이므로 가장 무서운 재앙이 임하게 될 것이다.

다섯째 인(9~11)

(계 6:9~11) 다섯째 인을 떼실 때에 내가 보니 하나님의 말씀과 저희의 가진 증거를 인하여 죽임을 당한 영혼들이 제단 아래 있어 (10) 큰 소리로 불러 가로되 거룩하고 참되신 대주재여 땅에 거하는 자들을 심판하여 우리 피를 신원하여 주지 아니하시기를 어느 때까지 하시려나이까 하니 (11) 각각 저희에게 흰 두루마기를 주시며 가라사대 아직 잠시 동안 쉬되 저희

동무 종들과 형제들도 자기처럼 죽임을 받아 그 수가 차기까지 하라 하시더라

다섯째 인을 떼시면 순교자들의 영혼들이 제단 아래에서 자신들의 피를 신원해 주시도록 호소하는 장면이 나오는데 환난이 얼마나 극심했는지를 말해 주고 있다. 하나님께서 그들을 위로하시며 흰 두루마기를 입혀 주시고 순교자들의 수가 차기까지 기다리라고 말씀하신다. 순교자들이 아직도 부활에 참예하지 못하고 영혼의 상태에 있다는 것은 주목해야 한다. 왜냐하면 세대주의 전천년주의자들이 환난 전 휴거를 주장하고 있기 때문이다. 이들이 순교자들이며 아직도 영혼의 상태에 있음은 지금까지 휴거나 부활이 일어나지 않았음을 증명하는 것이다. 그리고 많은 환난 가운데서 핍박을 받아서 순교한 것을 알 수가 있다. 복음서에서도 환난 가운데서 많은 자들이 순교할 것을 말씀하시고 있다.

(마24:9~10) 그 때에 사람들이 너희를 환난에 넘겨주겠으며 너희를 죽이리니 너희가 내 이름을 위하여 모든 민족에게 미움을 받으리라 [10] 그 때에 많은 사람이 시험에 빠져 서로 잡아 주고 서로 미워하겠으며

이것은 환난 중에 많은 순교자들이 생겨날 것을 예언하시는 말씀으로써 환난 전 휴거와 조화가 되지 않는 말씀 중의 하나이다.

여섯째 인(12~17)

(계 6:12~17) 내가 보니 여섯째 인을 떼실 때에 큰 지진이 나며 해가 총담 같이 검어지고 온 달이 피 같이 되며 [13] 하늘의 별들이 무화과나무가 대풍

에 흔들려 선 과실이 떨어지는 것같이 땅에 떨어지며 (14) 하늘은 종이 축이 말리는 것같이 떠나가고 각 산과 섬이 제 자리에서 옮기우매 (15) 땅의 임금들과 왕족들과 장군들과 부자들과 강한 자들과 각 종과 자주자가 굴과 산 바위틈에 숨어 (16) 산과 바위에게 이르되 우리 위에 떨어져 보좌에 앉으신 이의 낯에서와 어린 양의 진노에서 우리를 가리우라 (17) 그들의 진노의 큰 날이 이르렀으니 누가 능히 서리요 하더라

큰 환난이 있고 많은 순교자가 나타나고 그 이후에 천재지변이 일어난다. 여섯째 인을 떼시면 큰 지진이 일어나고 해가 총담 같이 검어지고 달이 피같이 되고 하늘의 일월성신이 땅에 떨어지는 대 천재지변이 일어난다. 하늘이 종이 축이 말리는 것 같이 떠나가고 각 산과 섬이 제 자리에서 옮기우는 일들이 일어나게 되는데 이것도 복음서에 예언한 대로이다.

(마24:29) 그 날 환난 후에 즉시 해가 어두워지며 달이 빛을 내지 아니하며 별들이 하늘에서 떨어지며 하늘의 권능들이 흔들리리라

이러한 천재지변이 일어나서 세상이 온통 아수라장이 될 것을 말씀하시고 있다. 이 대 천재지변이 일어나면 인자의 징조가 보일 것이라고 말씀하셨다.

(마 24:30) 그 때에 인자의 징조가 하늘에서 보이겠고 그 때에 땅의 모든 족속들이 통곡하며 그들이 인자가 구름을 타고 능력과 큰 영광으로 오는 것을 보리라

여기에서 그리스도의 재림에 대하여 살펴보기로 하자. 예수께서는 가야바 법정에서 자신의 재림에 대하서 두 가지의 모습을 말씀하셨다.(마 26:64) 즉 권능의 우편에 앉은 것과 하늘 구름을 타고 오는 모습이다.

(마 26:64) 예수께서 가라사대 네가 말하였느니라 그러나 내가 너희에게 이르노니 이 후에 인자가 권능의 우편에 앉은 것과 하늘 구름을 타고 오는 것을 너희가 보리라 하시니

이것은 그리스도의 재림이 단회적이지만 하나의 행동으로 끝나는 것이 아님을 말씀하시고 있다. 즉 그리스도의 재림이 하나의 과정(process)을 통하여 이루어짐을 말씀하신다. 그리스도의 재림이 하나의 순간적인 행동으로 생각하면 성경적으로 많은 부분들이 서로 충돌되고 혼란을 일으킨다. 왜냐하면 그리스도의 재림에 대한 말씀들을 종합해 보면 여러 가지 측면에서 접근해야 하고 또한 이들은 모두 하나의 진행 과정을 통하여 이루어짐을 알 수가 있다. 즉 그리스도의 재림은 일정한 과정을 통하여 점진적으로 진행되며 완성된다. 예를 들면 열차가 서울에서 부산까지 논스톱으로 달리는 경우가 있고 대전, 대구를 거쳐서 부산에 도착하는 경우가 있다. 모두다 부산에는 일회 도착했다. 여러 번이 아니다. 그리스도의 재림도 이 땅에 도착하실 때까지 여러 과정을 거쳐서 재림이 완성된다. 요한계시록은 그리스도의 재림을 중심으로 기록된 책이다. 즉 재림의 책이라고 볼 수가 있다. 엄밀히 따지면 그리스도의 재림은 6:1절부터 20:3절까지 열 다섯장에 걸쳐서 묘사하고 있다. 즉 요한계시록의 삼분의 이가 재림에 관한 기록이라고 볼 수 있다. 요한계시록에 기록된 예수 그리스도의 재림의 세 가지 모습중 보좌 재림에 대해서 살펴보기로 하자. 흰 구름 재림(14:14~16)과 흰 말 재림(19:11~20:3)에 대해서는 14장과 19장에서 언급할 것이다.

보좌에 앉은 모습의 재림(보좌 재림)과 부분 휴거, 부분 심판

예수께서 가야바 법정에서 자신이 재림의 모습을 말씀하셨다.

(마 26:64) 예수께서 가라사대 네가 말하였느니라 그러나 내가 너희에게 이르노니 이 후에 인자가 권능의 우편에 앉은 것과 하늘 구름을 타고 오는 것을 너희가 보리라 하시니

그리스도 자신이 권능의 우편에 앉은 것과 하늘 구름을 타고 오는 모습을 모든 사람들이 볼 것이라고 하셨다. 이것은 모든 인류에게 말씀하신 말씀이다. 이 두 가지 모습은 반드시 하나의 과정을 통해서 이루어지며 이것이 요한계시록에 자세히 기록되었다. 권능의 우편에 앉은 모습으로 재림할 때에 어떤 일들이 일어날까? 계시록 6장부터 환난이 시작되고 여섯째 인을 떼시면서 천재지변이 일어나고 그리스도께서 보좌에 앉은 모습이 보이기 시작하는데 이 때에 땅의 임금들과 왕족들과 장군들과 부자들과 강한 자들과 각 종과 자주자들이 이 모습을 바라보고 통곡하며 숨기 시작한다. 이 후에 7장 9절부터 휴거 사건이 일어나는데 이는 부분 휴거로서 각 나라와 족속과 방언과 백성에서 아무라도 능히 셀 수 없는 자들이 휴거되어 하나님의 보좌 앞에 까지 올라와서 구원의 노래를 부른다.

(계 7:9~11) 이 일 후에 내가 보니 각 나라와 족속과 백성과 방언에서 아무라도 능히 셀 수 없는 큰 무리가 흰 옷을 입고 손에 종려가지를 들고 보좌 앞과 어린양 앞에 서서 [10] 큰 소리로 외쳐 가로되 구원하심이 보좌에 앉으신 우리 하나님과 어린 양에게 있도다 하니 [11] 모든 천사가 보좌와 장로들과 네 생물의 주위에 섰다가 보좌 앞에 엎드려 얼굴을 대고 하나님께 경배하여

이들은 환난에서 순간적으로 집단적으로 보좌 앞에 올라 온 휴거된 자들로서 전세계 성도들이 아니라 부분적으로 휴거된 자들로서 부분 휴거에 동참한

자들이다. 왜냐하면 이 그 이후에 부분 심판이 시작되는데 삼분의 일 심판이다. 이 심판이 13장까지 계속되면서 부분 심판이 계속된다. 즉 보좌에 앉은 모습의 재림 - 부분 휴거 - 부분 심판 이러한 순서로 그리스도의 재림과 휴거 그리고 심판이 진행된다.

이 부분 휴거에 대해서는 성경적인 뒷받침이 있다.

1. 그 날들을 감해 주실 것이다.

(마24:22) 그 날들을 감하지 아니할 것이면 모든 육체가 구원을 얻지 못할 것이나 그러나 택하신 자들을 위하여 그 날들을 감하시리라

2. 시험의 때를 면케 해주실 것이다.

(계3:10) 네가 나의 인내의 말씀을 지켰은즉 내가 또한 너를 지키어 시험의 때를 면하게 하리니 이는 장차 온 세상에 임하여 땅에 거하는 자들을 시험할 때라

3. 화액의 때 전에 취하여 감을 입을 것이다.

(사57:1) 의인이 죽을지라도 마음에 두는 자가 없고 자비한 자들이 취하여 감을 입을지라도 그 의인은 화액 전에 취하여 감을 입은 것인 줄로 깨닫는 자가 없도다

4. 막는 자 성령께서 불법의 아들이 나타나기 전에 옮겨 가실 것이다.

(살후2:7~8) 불법의 비밀이 이미 활동하였으나 지금 막는 자가 있어 그 중에

서 옮길 때까지 하리라 [8] 그 때에 불법한 자가 나타나리니 주 예수께서 그 입의 기운으로 저를 죽이시고 강림하여 나타나심으로 폐하시리라

5. 레위기의 7대 절기(레 23:4~44)

유월절(1월 14일) - 무교절(1월 15일) - 초실절(가나안에 들어 가서 처음 익은 곡식을 드리는 절기, 안식일 후 첫날) - 오순절(초실절 후 50일째) - 나팔절(7월 1일) - 속죄일(7월 10일) - 장막절(7월 15일)

이 7대 절기는 그리스도께서 이 세상에 오셔서 십자가 지심으로 유월절 절기를 이루셨고 무덤에 내려가심으로 무교절 절기를 이루셨다. 그리고 부활하심으로 부활의 첫 열매가 되심으로 초실절을 이루셨고 부활하신 후 40일 동안 저희들에게 보이시고 승천하셔서 10일 후에 성령님을 보내주심으로 오순절을 이루시고 이제 교회시대가 열렸다. 이제 교회는 나팔절 즉 예수 그리스도의 재림을 기다리고 있다. 이 재림이 있으면 휴거가 있고 이후 이스라엘 백성들이 회개하고 예수 그리스도를 영접하는 속죄일이 이루어지는 데 이것이 후 3년반이 시작될 때에 이루어진다. 그 이전에 이미 나팔 소리와 함께 휴거가 일어나는데 이것이 바로 계시록 7:9절 이하에 일어나는 부분 휴거인 것이다.

이 부분 휴거가 완성되면 8:1절부터 시작하여 13장 끝까지 부분 심판이 진행되는데 삼분의 일 심판이다.

제 7 장

14만4천 인치심과 부분 휴거

이스라엘 12지파중 일만 이천명씩
14만 4천명이 인치심 받음(1~8)
이방인 교회의 부분 휴거
(선별적 휴거) (9~17)

7장의 개요

7장에는 두 가지 사건이 나온다. 이스라엘 족속 중에서 14만 4천 명이 인치심을 받는 장면(1~8)과 이방인 교회의 휴거 사건이다.(9~17) 7장은 신학적으로 성경 해석학적으로 가장 논란이 많은 장이다. 왜냐하면 14만 4천 명에 대한 해석에서 너무나도 많은 이단들이 나왔기 때문이다. 그리고 9절 이하의 휴거에 대해서도 많은 다양한 해석들이 쏟아져 나왔다. 그러나 요한계시록 내에서 이스라엘과 이방인들은 엄연히 구별되어야 하는 두 부류의 사람들이다. 로마서에서도 9~11장이 이스라엘의 구원에 대해서 따로 언급하고 있는 것처럼 계시록에도 이방인과 이스라엘이 구별되어 언급되고 있는 것은 당연하다.

각 지파 중에서 뽑힌 14만 4천 명이 인치심을 받는 이유는 이들이 후 3년 반에 투입되어 이스라엘 백성들에게 복음을 전하게 하기 위한 것이다. 두 증인의 복음증거가 있고 이들에 의해서 말씀운동이 일어나면 이어서 성령운동이 일어나는데 이 때에 인치심을 받는 무리들이 이스라엘에 14만 4천 명인 것이다. 즉 전 3년 반에 이스라엘 땅에는 전무후무한 부흥운동이 일어날 것을 말씀하신다.

영국 웨일즈 지방에서 1904년 한국 평양 장대현교회에서 1907년에 일어난 부흥운동이 이스라엘 땅에도 일어나게 되는데 바로 7장의 사건이 그 때에 일어날 것이다. 이들은 모두 남성들이며(14:4) 모두 말씀을 전하다가 순교하는 순교자들이다. 특히 후 3년 반에는 칼로 목베임을 당하게 되는데(13:10) 이들이 부활하여 시온산에 서서 찬양하는 것이 바로 14장 1절 이하이다. 이들은 후 3년 반 이스라엘의 회심에 적극적으로 가담하여 이스라엘이 민족적으로 구원을 받도록 하는 전도자들이며 순교자들이다.

그리고 9절 이하의 흰옷 입은 무리들은 환난 중에 들려 올라가서 보좌 앞에서 찬양하는 휴거된 자들의 무리이다. 후 3년 반의 극심한 환난 이전에 휴거가 일어날 것을 많은 성경이 뒷받침하고 있다. 그날들을 감해줄 것이다.(마24:22 화액의 때 전에 취하여 감을 당할 것이다.(사57:1) 시험의 때를 면하게 해주겠다(계3:10) 불법의 아들이 나타나기 전에 옮기울 것이다.(살후2:7), 후 3년 반 전에 하늘에 있는 자와 땅에 있는 자가 나누일 것이다(계12:12)등등

14만 4천 명의 인치심(7:1~8)

(계 7:1~8) 이 일 후에 내가 네 천사가 땅 네 모퉁이에 선 것을 보니 땅의 사방의 바람을 붙잡아 바람으로 하여금 땅에나 바다에나 각종 나무에 불지 못하게 하더라 [2] 또 보매 다른 천사가 살아 계신 하나님의 인을 가지고 해 돋는 데로부터 올라와서 땅과 바다를 해롭게 할 권세를 얻은 네 천사를 향하여 큰 소리로 외쳐 [3] 가로되 우리가 우리 하나님의 종들의 이마에 인치기까지 땅이나 바다나 나무나 해하지 말라 하더라 [4] 내가 인 맞은 자의 수를 들으니 이스라엘 자손의 각 지파 중에서 인 맞은 자들이 14만 4천이니 [5] 유다 지파 중에 인 맞은 자가 일만 이천이요 르우벤 지파 중에 일만 이천이요 갓 지파 중에 일만 이천이요 [6] 아셀 지파 중에 일만 이천이요 납달리 지파 중에 일만 이천이요 므낫세 지파 중에 일만 이천이요 [7] 시므온 지파 중에 일만 이천이요 레위 지파 중에 일만 이천이요 잇사갈 지파 중에 일만 이천이요 [8] 스불론 지파 중에 일만 이천이요 요셉 지파 중에 일만 이천이요 베냐민 지파 중에 인 맞은 자가 일만 이천이라

땅 네 모퉁이에 선 네 천사 : 땅 네 모퉁이에서 땅과 바다를 심판할 네 천사 인데 이들이 하나님께서 허락하시면 땅을 해롭게 할 천사들이다. 이들은 하나님의 종들의 이마에 인칠 때까지는 해롭게 할 권세를 갖지 못하게 된다.

인을 가지고 해 돋는데서 부터 올라오는 천사 : 하나님의 종들의 이마에 인 치는 이 천사가 누구인가에 대해서 많은 해석들이 나온다. 해돋는 편이니까 한국일 것이다 라고 하는 자들이 있지만 그것은 별로 중요하지 않다. 하나님의 인을 가지고 올라왔으니 대대적인 성령의 인치시는 사역이 일어날 것을 말씀하신다. 즉 성령운동이 일어날 것을 말하고 있다. 한국에 1907년 장대현교회에 일어났던 부흥운동이 마지막 때에 이스라엘 백성들에게 일어나게 될 것이며 이스라엘 대부흥운동이 온 이스라엘을 뒤흔들 것이다.

인맞은 자의 수 14만 4천 : 이스라엘 12 지파 중에서 인맞은 자가 각각 12000명씩 14만 4천 명이다. 이것은 9절 말씀 즉 '각 나라와 족속과 백성과 방언' 이라는 말과 대조를 이루는 말이다. 이스라엘과 이방인이라는 말로 압축할 수가 있다. 성경은 언제나 이 둘을 구별해서 사용한다. 이스라엘은 이스라엘이고 이방인은 이방인인 것이다. 여기에 열 두 지파의 이름까지 열거한 것은 다른 해석이 불가능함을 말하고 있다. 여섯째 인을 떼시고 천재지변이 일어남과 동시에 곧 이스라엘에는 인치시는 역사가 일어나고 이방인 교회에는 휴거의 대 사건이 일어나게 됨을 말씀한다고 보아야 한다. 이들은 14장에 나오는 14만 4천 명과 동일한 사람들인데 육적인 이스라엘이냐 영적인 이스라엘이냐 신학자들 사이에는 여러 가지 이론이 있다. 그렇다면 여기에서 14만 4천 명에 대한 여러 가지 학설들을 알아보고 또한 계시록 자체의 내증을 통하여 이들이 과연 누구인가를 알아보기로 하자.

1. 여러 가지의 학설들 :

   1) 세계의 모든 구원 받은 신자(Wellhausen, De Wetter, Ruess, Moffatt, Charles, Gummer, Vincent, Kiddle, Rist, Barclay 등)

   2) 육적인 이스라엘(Grotius, Lampe, Bengel, Busterdick, Ebravd, Weizsacker, Clarke, Sabatier, Holtzmann, Bousset, Walvoord 등) 전

자의 근거는 1. 이스라엘, 유대인, 예수살렘 등은 본서에서 늘 상징적 또
는 신령한 의미에서 사용된 것 2. 12지파 중에서 단 지파가 생략된 것 3.
신자들이 참 이스라엘인인 것 4. 14:1~5의 광경에도 14만 4천의 숫자가
나타나고 거기에는 이스라엘이라는 제한이 없는 것 등이다. 그러면서도
여기 14만 4천은 그리스도인 중에 특수한 계급, 즉 순교자(Rist), 선지자
(Kiddle)로 지목된다. 후자의 근거는 9절에 나타나는 다른 무리와 비교하
여 그 차이점에 둔다. 즉 장소가 전자는 지상이나, 후자는 천상이고, 시간
으로는 전자는 환난 이전이나 후자는 이후이고 내용으로 전자는 구원에
의 예정이나(인맞음) 후자는 이미 실현된 구원 상태에 있고 전자의 수는
14만 4천이나 후자는 무수하다. 그리고 본문이 밝힌 바가 전자는 이스라
엘의 무리이나 후자는 세계의 모든 족속에서 온 자들이다.

이와 같이 이들이 육적인 이스라엘이냐 아니면 영적인 이스라엘이냐를 두
고 많은 신학적인 논쟁이 있는 것도 사실이다.

2. 계시록 자체의 내증

1) 그들은 유대인들이며 또한 남성들이다. 이들은 14장1절 이하에 나오
   는 자들과 동일한 자들인데 이들이 14:4절 말씀에 여자로 더불어 더럽히
   지 않았다는 것으로 그들이 남성들임을 알 수가 있다.
2) 그들은 이스라엘 민족 중에 인맞은 자들이다. 왜냐하면 7:18절 말
   씀은 이스라엘 민족 중에 인맞은 자들이고 9절 이하에는 각 나라와 족속
   과 백성과 방언 즉 이방인들 중에 휴거된 자들임을 분명히 하고 있다. 이
   스라엘 자손의 각 지파 중이라는 것은 어느 민족에도 해당되지 않는다는
   뜻이다. 왜냐하면 9절 이후에는 각 나라와 족속과 방언과 백성이라는 말
   이 다시 나오기 때문에 이것은 이방인들과 구별되어지는 이스라엘의 지

파 중에서 선택되어 인을 맞은 자들이지 구원받은 총수라는 해석을 낳게
할 아무런 근거도 없다. 만약 14만 4천 명이 구원받은 자의 총수라면 왜
그들의 이름으로 12지파의 이름을 언급했을까? 그렇다면 우리는 어느
지파에 속하는가? 라는 의문이 제기되며 이는 여러 가지 억측과 뒤틀린
해석을 낳게 되며 적절치 못하다. 구원받은 자들을 이스라엘의 어느 지
파에 속하도록 하신다는 해석은 적절치 못하다. 윌리암 케리(William
Kelly)는 다음과 같이 말하고 있다. "부족의 명을 낱낱이 드는 일은 문자
적으로 취하는 이외에는 어떤 의미에서도 모순이 있다. 더욱더 이스라엘
의 백성 중에 인 맞은 자의 수와 모든 국민, 부족, 언어 중에서 무수한 군
중과의 사이에 말할 것도 없이 명확하게 적극적인 모순이 있다. 따라서
상징적으로 취하는 설은 상세하게 검토할 때 불합리하다는 비난을 면할
수가 없다. 왜냐하면 그것은 이 장에 있어 명확하게 대조적인 것으로 되
어 있음에도 불구하고 인맞은 이스라엘과 종려가지를 든 이방인과를 동
일시하고 있기 때문이다."

3) 복음전도자들이다. 즉 그들은 환난 때에 인치심을 받고 유대인들과 환
난을 통과하는 자들에게 복음을 전하는 복음전도자들이다. 이들은 14장
에 나오는 자들과 동일한 자들이며 14만 4천 명은 전 3년 반의 후반부에
두 증인의 복음증거를 통하여 성령의 인치심을 받고 후 3년 반에 유대인
들과 환난을 통과하는 성도들에게 복음을 전하는 전도자들이다. 이는 마
치 초대교회 오순절날 120명의 성도들이 성령의 인치심을 받고 유대인
들과 온 세계에 복음을 전한 것과 같다.

4) 어린 양이 어디로 인도하든지 따라 가는 자들이다(4) 즉 그들은 어
린 양이 어디로 인도하시든지 따라가며 생명 바쳐 충성한 순교자들이다.
순교자로 해석해야 할 여러 가지 성경적인 근거들은

가. 순교자의 수를 채우는 자들이다.

(계 6:9~11) 다섯째 인을 떼실 때에 내가 보니 하나님의 말씀과 저희의 가진 증거를 인하여 죽임을 당한 영혼들이 제단 아래 있어 (10) 큰 소리로 불러 가로되 거룩하고 참되신 대주재여 땅에 거하는 자들을 심판하여 우리 피를 신원하여 주지 아니하시기를 어느 때까지 하시려나이까 하니 (11) 각각 저희에게 흰 두루마기를 주시며 가라사대 아직 잠시 동안 쉬되 저희 동무 종들과 형제들도 자기처럼 죽임을 받아 그 수가 차기까지 하라 하시더라

여기에서 6: 11절 말씀에 보면 "저희 동무 종들과 형제들도 자기처럼 죽임을 받아 그 수가 차기까지 하라"라는 말씀이 있는데 그 후에 천재지변이 있고 그 후에 7장으로 넘어가서 14만 4천 명이 나온다는 것을 보면 후 3년 반 동안 복음을 전하다가 많은 형제들과 주의 종들이 순교하여 그 수를 채우는 일들이 일어날 것을 암시하고 있다고 보아야 할 것이다.

나. 죽기까지 자기 생명을 아끼지 않고 복음을 전한 자들이다

12:11절 말씀에 보면 "여러 형제가 어린 양의 피와 자기의 증거하는 말을 인하여 저를 이기었으니 그들은 죽기까지 자기 생명을 아끼지 아니하였도다"라는 말씀이 나오는데 이 말씀은 후 3년 반에 투입되어 복음을 전하는 그들의 활약상을 나타내는 말로서 결국 그들이 자기 생명을 아끼지 아니하고 주의 복음을 전하다가 순교할 것을 말씀하시고 있다. 여기에서도 '여러 형제' 가 나오는데 이들은 유대인 남성들로서 14만 4천 명의 복음전도자들이다. 이들이 복음을 전하다가 순교할 수밖에 없는 것은 후 3년 반 동안에는 복음 전도자들과 성도들이 적그리스도를 이기지 못하도록 하셨기 때문이다.(13:7~8)

(계 13:7~8) 또 권세를 받아 성도들과 싸워 이기게 되고 각 족속과 백성과

방언과 나라를 다스리는 권세를 받으니 (8) 죽임을 당한 어린 양의 생명책에 창세 이후로 녹명되지 못하고 이 땅에 사는 자들은 다 짐승에게 경배하리라

여기에서 7절 말씀에 적그리스도가 성도들과 싸워 이기게 된다는 말씀은 복음을 공개적으로 전하는 자는 누구든지 순교할 수밖에 없는 때라는 것을 의미한다.

다. 이들은 부활하여 시온산에서 어린 양과 함께 서있는 자들이다.

(계 14:1~2) 또 내가 보니 보라 어린 양이 시온산에 섰고 그와 함께 십 사만 사천이 섰는데 그 이마에 어린 양의 이름과 그 아버지의 이름을 쓴 것이 있도다

이제 이들이 순교자의 반열에서 부활하여 시온산 즉 하나님의 보좌 앞에서 새 노래로 어린 양과 성부 하나님께 찬양을 드리는 것이다.

라. 이들은 20:4절에서 목베임을 받은 자들로 나온다.

(계 20:4) 또 내가 보좌들을 보니 거기 앉은 자들이 있어 심판하는 권세를 받았더라. 또 내가 보니 예수의 증거와 하나님의 말씀을 인하여 목 베임을 받은 자의 영혼들과 또 짐승과 그의 우상에게 경배 하지도 아니하고 이마와 손에 그의 표를 받지도 아니한 자들이 살아서 그리스도로 더불어 천 년 동안 왕노릇하니

6장 이후 환난 중에 구원받은 자들이 하나님의 보좌 앞에서 찬양하는 장면

이 세 번 나온다. 첫째는 7:9절에 나오는 자들인데 이들은 각 나라와 족속과 백성과 방언에서 아무라도 능히 셀 수 없는 자들로서 큰 환난에서 나온 무리들이다. 이들은 먼저 보좌를 받아서 20장에는 보좌에 앉아있는 자들로 나온다.(20:4) 둘째는 7장1절 이하에서 인치심을 받고 복음을 전하다가 순교하여 14장 1절 이하에서 부활하여 시온산 즉 하나님의 보좌 앞에서 새 노래를 부르는 자들인데 이들은 20:4절에 목베임을 받은 자들로 나온다.

세째는 14:16절에서 마지막 추수되어 15:2절에서 불이 섞인 유리 바다 가에 서서 모세의 노래 어린 양의 노래를 부르는 자들인데 이들은 짐승과 그의 우상에게 경배하지도 아니하고 이마와 손에 그의 표를 받지도 아니한 자들인데(15:2) 이들도 20:4절에 첫째 부활에 참예하는 자들이다. 그러므로 14만 4천 명은 환난 중에 인치심을 받고 이스라엘과 남아있는 성도들에게 복음을 전하다가 목베임을 받고 순교한 자들임을 알 수가 있다.

이방인 교회의 휴거(7:9∼17)

(계 7:9∼12) 이 일 후에 내가 보니 각 나라와 족속과 백성과 방언에서 아무라도 능히 셀 수 없는 큰 무리가 흰 옷을 입고 손에 종려 가지를 들고 보좌 앞과 어린 양 앞에 서서 [10] 큰 소리로 외쳐 가로되 구원하심이 보좌에 앉으신 우리 하나님과 어린 양에게 있도다 하니

1절에서 8절까지는 이스라엘에 대부흥운동이 일어나서 이스라엘 12지파 중에서 14만 4천 명이 인치심을 받고 이스라엘 백성들에게 복음을 전하도록 복음전도자로 무장하는 장면이 나오고 이어서 각 나라와 족속과 백성과 방언에서 아무라도 능히 셀 수 없는 사람들이 하나님의 보좌 앞으로 들려 올라와서 하나님을 찬양하는 상면이 나온다. 이늘이 누구인가에 대해서도 많은 신학

적인 논쟁이 있다. 그러나 복음서와 비교해 보면 잘 알 수가 있다.

마태복음(마24:)	마가복음(막13:)	누가복음(눅21:)	계시록
사람의 미혹 (마24:4-5)	사람의 미혹 (막13:5-6)	거짓그리스도의 미혹(눅21:8)	첫째인(흰말) (6 : 2)
난리와 난리소문 민족, 나라 전쟁 (마24:6-7)	전쟁(막13:7-9)	전쟁(눅21:9 - 10)	둘째인(붉은말) (6:3 - 4)
처처에 기근과 지진(마24:7)		지진, 기근 (눅21:11)	셋째인(검은말) (6:5 - 6)
		온역(눅21:11)	넷째인(청황색말) (6:7 - 8)
서로 잡아주고 서로 미워함(마 24 : 9-12)	복음전파와 순교 (막 13:9 - 12)	핍박과 순교 (눅21:12 - 16)	다섯째인(순교자) (6:9 - 11)
천재지변 (마 24:29 - 31)	천재지변 (막 13:24 - 25)	일월성신의 징조 (눅 21:25,26)	여섯째인 (천재지변) (6:12 - 17)
휴거 (마24:30-31)	휴거 (막13:26-27)	휴거 (눅21:27,36)	휴거 (7:9-17)

위의 표에서 보면 알 수가 있듯이 첫째 인부터 여섯째 인을 떼시고 그 때에 천재지변이 일어나고 그 후에 휴거사건이 있을 것을 말씀하시고 있는 것과 같이 여섯째 인을 떼신 후에 7장에 셀 수 없이 많은 무리들이 휴거에 참예하여 하나님의 보좌 앞까지 올라온 것은 복음서와 조화를 이룬다.

각 나라와 족속과 백성과 방언에서(9) : 이것은 8절까지의 이스라엘과 대조를 이루는 이방인들이다 그들은 그리스도의 보혈로 씻음을 받고 큰 환난에서 휴거된 자들이다. 이들은 그리스도의 보좌 재림시(계6:15~17)에 휴거된 자들이다. 선별적으로 휴거된 자들로서 믿음으로 잘 준비된 자들이다. 지혜로운 다섯 처녀와 두 달란트, 다섯 달란트 받은 자들로서 이익을 많이 남겨 칭찬 듣는 자들이다.(앞장 보좌 재림 참조)

아무라도 능히 셀 수 없는 큰 무리(9) : 아무라도 능히 셀 수가 없다는 것은 계시록에 나오는 숫자로 볼 때에 2억이 넘는 숫자로 볼 수가 있다. 왜냐하면 요한계시록에는 이만만이 최고의 숫자이기 때문이다.(9:16) 그러므로 14만 4천 명이 하늘로 올라왔다는 해석은 조화를 이루지 못한다. 땅에서 14만 4천 명이 하늘에서 셀 수 없이 많은 사람들로 둔갑(?)할 수가 있겠는가?

흰 옷을 입고(9) : 그들이 흰 옷을 입었다는 것은 이미 변화체를 입었다는 것을 말한다. 왜냐하면 그들은 어린 양의 혼인잔치에 초대함을 받은 신부들이기 때문에 예복을 입고 있다. 이것은 계19장 말씀과 부합되는 말씀이다.(계 19:7~8)

(계 19:7~8) 우리가 즐거워하고 크게 기뻐하여 그에게 영광을 돌리세 어린 양의 혼인 기약이 이르렀고 그 아내가 예비하였으니 (8) 그에게 허락하사 빛나고 깨끗한 세마포를 입게 하셨은즉 이 세마포는 성도들의 옳은 행실이로다 하더라

여기에서 어린 양의 혼인잔치는 바로 그리스도의 재림과 더불어 일어날 그리스도의 나라에 참예하는 것을 말한다. 그 나라에 들어가기 위해서 혼인 예복을 입게 되었는데 이들에게 빛나고 깨끗한 세마포를 입게 하셨다고 한 것은 첫째 부활에 이미 참예한 것을 나타낸다고 할 수 있겠다.

(계 3:5) 이기는 자는 이와 같이 흰 옷을 입을 것이요 내가 그 이름을 생명책
에서 반드시 흐리지 아니하고 그 이름을 내 아버지 앞과 그 천사들 앞에서
시인하리라

종려가지를 들고(10) : 손에 종려가지를 들고 있다는 것은 그들이 승리자임
을 나타낸다. 예수 그리스도의 피로 영적인 전쟁에서 승리하고 하나님의 보좌
앞으로 들려 올라왔기 때문에 그들은 승리자요 승리자로서 종려가지를 들고
하나님을 찬양하는 것이다.

큰 소리로 외쳐(10) : 그들이 구원받아 하나님의 보좌 앞으로 올라와서 하나
님을 찬양하는데 어찌 그 소리가 작은 소리일 수가 있겠는가? 그들은 감격과
기쁨의 눈물과 흥분으로 큰 소리로 외쳐 마음껏 찬양을 드리고 있다.

구원하심이(10) : '구원은 보좌에 앉으신 우리 하나님과 어린 양에게 있도다'
라고 구원의 노래를 부르고 있다. 하늘에 올라가 보니 구원은 오직 하나님께만
있다는 사실을 더욱 절감하며 구원의 노래를 부르고 있다.(요17:3, 행4:12)

모든 천사들의 찬양(7:11~12)

(계 7:11~12) 모든 천사가 보좌와 장로들과 네 생물의 주위에 섰다가 보좌
앞에 엎드려 얼굴을 대고 하나님께 경배하여 (12) 가로되 아멘 찬송과 영
광과 지혜와 감사와 존귀와 능력과 힘이 우리 하나님께 세세토록 있을지로
다 아멘 하더라

지금까지 이들의 구원을 위해 땅에서 하늘에서 돕던 천사들이 이들의 구원에 대해서 감격하며 얼굴을 땅에 대고 감사 찬송을 드린다.(히1:14)

이들은 일곱 가지의 내용으로 찬양을 드린다.

찬송, 영광, 지혜, 감사, 존귀, 능력, 힘

5장에서 '부' 가 7장에서는 '감사' 로 바뀌었다. 아멘으로 시작하여 아멘으로 끝나는 아멘송을 부르고 있다. 구원받은 성도들이 휴거의 영광에 참예하여 하나님께 찬송을 드리는 그 모든 일들에 대해서 아멘으로 화답하고 있다.

요한과 장로의 대화(7:13~14)

(계 7:13~14) 장로 중에 하나가 응답하여 내게 이르되 이 흰옷 입은 자들이 누구며 또 어디서 왔느뇨 [14] 내가 가로되 내 주여 당신이 알리이다 하니 그가 나더러 이르되 이는 큰 환난에서 나오는 자들인데 어린 양의 피에 그 옷을 씻어 희게 하였느니라

이들이 누구며 어디서 왔는가(13) : 장로 중 한 사람이 사도 요한에게 이들이 누구이며 어디에서 왔는가를 질문했다. 그런데 사도 요한은 잘 모른다고 답했다. 어떤 이들은 이들이 구원받은 자들이고 아직 부활체나 변화체를 입지 못한 자들이라고 하지만 만일 구원받은 영혼들이라면 사도 요한이 모를 리가 있겠는가? 그리스도로 말미암아 구원받은 자들이라면 사도 요한은 능히 장로의 질문에 대답하였을 것이고 또 장로도 질문을 하지 않았을 것이다. 그러나 사도 요한은 그들이 누구냐? 에 대해서 대답을 할 수가 없었다. 이를 통해서 사도 요한이 모르는 비밀스러운 어떤 일들이 갑작스럽게 일어난 것임을 알 수가 있다.

큰 환난에서 나온 자들(14) : 또 장로가 대답하기를 그들은 큰 환난에서 나

온 자들이라고 대답했다. 큰 환난에서 나오는 자들이라고 말한 것은 마지막 큰 환난에서 휴거 되었고 갑작스럽게 셀 수 없는 많은 자들이 이 휴거에 참예한 것을 사도 요한이 모를 수밖에 없는 상황이었음에 틀림없다.

어린 양의 피에 그 옷을 씻어 희게 함(14) : 그들이 입은 흰 옷은 바로 그리스도의 보혈로 씻은 옷이었다. 그리스도의 보혈이 아니고는 누구도 흰 옷을 입을 수가 없다.

휴거한 자들의 받을 축복(7:15~17)

(계 7:15~17) 그러므로 그들이 하나님의 보좌 앞에 있고 또 그의 성전에서 밤낮 하나님을 섬기매 보좌에 앉으신 이가 그들 위에 장막을 치시리니 (16) 저희가 다시 주리지도 아니하며 목마르지도 아니하고 해나 아무 뜨거운 기운에 상하지 아니할지니 (17) 이는 보좌 가운데 계신 어린 양이 저희의 목자가 되사 생명수 샘으로 인도하시고 하나님께서 저희 눈에서 모든 눈물을 씻어 주실 것임이러라

하나님의 보좌 앞에 있고(15) : 휴거의 목적이 무엇인가? 그것은 세상을 불로 심판하시기 위하여 성도들을 잠시 대피시키는 것이다. 하나님의 보좌보다도 더 안전한 대피소가 어디 있겠는가? 노아의 홍수 때와 같이 노아가 방주 속으로 들어간 후에 세상이 물로 심판을 받은 것처럼 성도들이 휴거되면 세상은 심판을 받게 되고 심판이 완성이 되면 주와 함께 이 땅에 내려와 함께 왕노릇하게 될 것이다.

그의 성전에서 밤낮 하나님을 섬김(15) : 땅에서 큰 환난을 당한 성도들이

하늘 성전에서 하나님의 얼굴을 뵈오면서 하나님을 섬기며 예배드리는 모습은 너무도 황홀한 모습이 아닐 수가 없다.

하나님께서 그들의 위에 장막을 치심(15) : 하나님께서 그들 위에 장막을 치신다는 것은 완전한 보호를 말하며 어떠한 세력도 그들을 이제 해할 수가 없음을 말한다.

다시 주리지 않고 목마르지 않고 상하지 않음(16) : 세상에서 주리고 목마르고 상하였던 그들이 이제는 하나님의 품에서 세상의 모든 해로운 것들로부터 자유를 얻게 될 것을 말하고 있다.

어린 양이 목자가 되심(17) : 보좌 가운데 계신 어린 양이 그들의 목자가 되시고 생명수 샘으로 인도하시고 저희의 눈물을 닦아 주실 것이다.

7장 해석의 요체 :

7장은 요한계시록 전체의 해석 중 가장 난해하며 어려운 장 중에 하나일 것이다. 그러면 어떻게 해석해야 할까? 이 요한계시록 7장의 해석은 단편적으로 할 것이 아니라 입체적으로 해야 한다. 거기에는 두 가지의 흐름이 입체적으로 전개되고 있다. 그 한 가지는 교회의 맥이고 다른 한 가지는 이스라엘의 맥이다.

이스라엘의 맥: 2장, 3장의 일곱 교회시대가 지나면, 6장 큰 환난시대가 오고 그 환난 중에 7장에서 이스라엘 백성 중 14만 4천 명이 인을 맞고 복음 전도자로 무장하게 되며 12장11절에는 14만 4천 명 복음전도자들의 활약상이 나온다. 그들이 생명을 바쳐 복음을 선하자 결국 이스라엘은 회개하여 구원의

반열에 서게 되고 마지막 환난에 들어가게 된다.(12:13~14)

13장에는 결국 적그리스도를 이기지 못하여 순교하게 되는 장면이 그려져 있다(13:7~8). 이들이 14장1절 이하에는 부활하여 시온산에서 하나님과 어린 양을 새 노래로 찬양하는 자들이다. 그 후 19장 연합찬양대의 대열에서 찬양을 드리다가(19:1~10) 19장의 그리스도의 지상 재림 시에 함께 지상에 내려와서 천년왕국에 들어가게 된다(20:4~6). 그들은 흰 보좌 심판 후에 새 하늘과 새 땅에 들어가서 영원히 왕노릇하게 된다.(21:12, 22:5)

교회의 맥: 교회는 2~3장 교회시대를 거쳐서 6장부터 환난에 들어가 큰 환난을 당한다. 여섯 째 인을 떼실 때 천재지변이 일어나고 이어서 보좌 재림이 진행된다. 이후 7장에 와서 휴거되어 보좌 앞에서 하나님과 어린 양에게 구원의 찬송을 부르게 된다. 이들은 먼저 보좌에 앉아서 그리스도를 섬기면서 12장 10~12절과 19장1~10절 사이의 연합찬양대의 대열에서 찬양을 드리다가 19장에 지상 재림하시는 주님과 함께 이 땅에 내려온다. 20장 첫째 부활에 참예하여 천년왕국에 들어가서 천 년 동안 왕노릇하다가(20:4~6) 흰 보좌 심판 후에 새 하늘과 새 땅에 들어가 영원히 왕노릇하게 되는 자들이다.(계 21:14,22:5).

이와 같이 모든 것이 입체적으로 해석되어야 한다. 단편적인 해석은 전체적인 흐름을 파악하지 못하고 계속 중첩(redundancy)과 왜곡(distortion)을 벗어나지 못하게 된다. 다시 말하면 요한계시록은 어떤 구절도 중첩되지 않고 1장에서 마지막 장까지 계속해서 다른 사건들이 일어나지만 그 사건들은 모두 서로 입체적으로 연관지어져 있다는 사실이다. 그러므로 단편적인 해석은 나중에 충돌을 일으키고 서로 중첩됨으로 전체적인 그림을 볼 수 없게 한다.

제 8 장

부분심판 1(1/3심판):첫째나팔 – 넷째나팔

8장의 개요

6장 15절 이후의 보좌 재림이 이루어지면 7장의 인치심과 이방인 교회의 부분 휴거가 이루어지고 하나님께서는 이 땅 1/3을 불로 심판하신다. 부분 휴거 다음에 부분 심판의 순서로 이어진다. 노아의 홍수 때와 마찬가지로 하나님께서는 성도들을 안전하게 대피시키고 땅을 심판하신다. 8장은 일곱째 인을 떼시면서 일곱 나팔 심판이 준비되고 첫째 나팔 심판부터 넷째 나팔 심판까지 이루어 지는데 모두 삼분의 일 심판이다.

일곱째 인을 떼시면 첫째 나팔 심판이 시작되는데 심판이 시작되기 전에 하늘에 반시 동안 조용한 것은 큰 심판 직전의 고요라고 할 수가 있다. 하나님의 긍휼과 인내하심을 볼 수가 있다. 나팔 심판은 삼분의 일 심판이다. 심판하시기 전에 성도들의 많은 기도와 함께 향연을 받아서 하나님께는 올리워 가는 모습은(4) 하나님께서는 심판 가운데서도 성도들을 지키실 것을 나타내신다.

첫째 나팔 심판 : 피섞인 우박과 불이 땅의 삼분의 일을 태움.

둘째 나팔 심판 : 불붙는 큰 산과 같은 것이 바다에 던지워 바다의 삼분의 일이 피가 됨.

셋째 나팔 심판 : 횃불 같이 타는 큰 별이 하늘에서 떨어져 강들의 삼분의 일과 물샘에 떨어져서 물들의 삼분의 일이 쑥이 되매 많은 사람이 죽음.

넷째 나팔 심판 : 해, 달, 별들의 삼분의 일이 침을 받아 어두워짐.

일곱째 인을 떼심(1~2):

(계 8:1~2) 일곱째 인을 떼실 때에 하늘이 반시 동안쯤 고요하더니 (2) 내가 보매 하나님 앞에 시위한 일곱 천사가 있어 일곱 나팔을 받았더라

일곱째 인은 일곱 나팔로 이어진다. 일곱째 인은 일곱 나팔을 포함하고 있다. 일곱째 인부터 불 심판이 이루어지는데 이 불 심판은 다섯째 나팔 심판을 제외하고는 모두 삼분의 일 심판이다.

하늘이 반 시 동안쯤 고요함(1) : 일곱째 인을 떼실 때에 하늘이 반 시 동안쯤 고요하다는 것은 그만큼 심판이 무섭다는 것을 나타내며 폭풍전야와 같은 고요함일 것이다.

하나님 앞에 시위한 일곱 천사(2) : 하나님 앞에서 시위한 일곱 천사가 일곱 나팔을 받아서 심판을 하는 것이다. 어떠한 일도 하나님께서 허락하시지 않으면 결코 심판이 이루어 지지 않는다. 그러므로 하나님은 심판주이시다.

기도의 금향로를 받은 천사(3~5)

(계 8:3~5) 또 다른 천사가 와서 제단 곁에 서서 금향로를 가지고 많은 향을 받았으니 이는 모든 성도의 기도들과 합하여 보좌 앞 금단에 드리고자 함이라 [4] 향연이 성도의 기도와 함께 천사의 손으로부터 하나님 앞으로 올라가는지라 [5] 천사가 향로를 가지고 단 위의 불을 담아다가 땅에 쏟으매 뇌성과 음성과 번개와 지진이 나더라

기도의 금향로(3~4) : 하나님께서 세상을 심판하시기 전에 성도들의 기도를 친히 받으시는 장면이다. 하나님께서는 성도들의 어떠한 기도라도 금향로에 담아서 받으신다. 천사들은 성도들이 기도할 때 금향로를 들고 곁에 섰다가 기도를 마치면 그 금향로에 기노를 담아서 하나님 앞 금단에 드린다. 그러

므로 성도들의 기도가 얼마나 귀중한 것인가를 보여주고 있다. 향연이 성도들의 기도와 함께 하나님 앞으로 올라가는 모습은 얼마나 황홀한 모습인가! 기도를 하나님께 드린 후에는 단 위의 불을 담아다가 땅에 쏟아서 뇌성과 음성과 번개와 지진이 남으로 심판을 예고하고 있다.

일곱 나팔 가진 일곱 천사가 나팔 불기를 예비함(6)

(계 8:6) 일곱 나팔 가진 일곱 천사가 나팔 불기를 예비하더라

하나님께서는 어떤 영혼이든지 구원 받기를 원하신다. (벧전3:9) 그러므로 심판의 때가 되어도 하나님은 서두르지 않으시고 모든 준비를 갖추고 서서히 심판이 임하게 하신다. 한 사람이라도 회개하기를 기다리면서 심판을 서두르시지 않고 진행하게 하신다.

첫째 나팔 심판(7):

(계 8:7) 첫째 천사가 나팔을 부니 피 섞인 우박과 불이 나서 땅에 쏟아지매 땅의 삼분의 일이 타서 사위고 수목의 삼분의 일도 타서 사위고 각종 푸른 풀도 타서 사위더라

첫째 천사가 나팔을 불면 피 섞인 우박과 불이 땅에 쏟아지면서 땅의 삼분의 일이 불타서 사위는 심판이 일어난다. 땅의 모든 수목들과 각종 푸른 풀의 삼분의 일이 타서 사위는 심판이 일어난다. 우박과 불에 대해서 많은 해석들이 있다.

1. 영해파에서는 우박은 불신, 혹은 광신으로(Lange), 땅은 죄인의 거처, 수목은 왕들, 풀은 평민들이라 하고(Wordsworth, Hengestenberg)
2. 역사파에서는 고트족의 로마 침입(400~410년)(Ellicott), 혹은 로마인에 의한 유대인의 삼분의 일의 멸망으로(Glasgow)로 해석함
3. 미래에 내릴 실재적 재앙으로 해석하는 설

실제적 재앙을 가장 합당한 해석으로 보아야 한다. 현세의 과학의 발달로 이 재앙의 문자적 실현이 넉넉히 가능하게 되었다.

둘째 나팔 심판(8~9)

(계 8:8~9) 둘째 천사가 나팔을 부니 불 붙는 큰 산과 같은 것이 바다에 던지우매 바다의 삼분의 일이 피가 되고 [9] 바다 가운데 생명 가진 피조물들의 삼분의 일이 죽고 배들의 삼분의 일이 깨어지더라

둘째 천사가 나팔을 불면 불붙는 큰 산과 같은 것이 바다에 던지우면서 바다의 삼분의 일이 피가 되고 생명 가진 피조물들의 삼분의 일이 죽고 배들의 삼분의 일들도 깨어지는 심판이 일어난다.

불붙는 큰 산과 같은 것(8) : 이 불붙는 큰 산과 같은 것이 무엇인가를 여러 가지로 해석한다.
1. 영해파에서는 광신적 신앙이 국가에 미치는 해독(Lange) 적그리스도 국가의 멸망(박태선), 타락한 천사가 세상에 해를 주는 것(Rist)등으로 보고
2. 역사파에서는 고트족에 의한 로마의 멸망(429~477년)(Ellicott,Plummer)

1570년 밧모섬의 화산이 터져 80리 주위의 에게 바다가 핏빛이 된 사실 또는 1707년에 에게 바다에 큰 암석이 솟아나면서 해안의 고기가 몰사한 사실 등으로(Moffatt)로 본다.

3. 미래파에서는 이를 영해하여 바다는 세계, 생물은 사람, 배는 도시라는 설(Hengestenberg)과 단순히 전쟁의 모양이라는 설(Bengel, Grotius)로 해석하고 있다.

아무튼 미래에 일어날 큰 재앙임에 틀림이 없고 이러한 일들이 반드시 일어날 것이다.

셋째 나팔 심판(8:10~12)

(계 8:10~12) 세째 천사가 나팔을 부니 횃불 같이 타는 큰 별이 하늘에서 떨어져 강들의 삼분의 일과 여러 물샘에 떨어지니 [11] 이 별 이름은 쑥이라 물들의 삼분의 일이 쑥이 되매 그 물들이 쓰게 됨을 인하여 많은 사람이 죽더라 [12] 넷째 천사가 나팔을 부니 해 삼분의 일과 달 삼분의 일과 별들의 삼분의 일이 침을 받아 그 삼분의 일이 어두워지니 낮 삼분의 일은 비췸이 없고 밤도 그러하더라

횃불 같이 타는 큰 별: 별의 이름은 쑥(10) : 횃불 같이 타는 큰 별이 하늘에서 떨어져 강들의 삼분의 일과 여러 물샘에 떨어져 물들이 쓰게 됨을 인하여 많은 사람이 죽게 되는 심판이다. 이 쑥이라는 별에 대해서 많은 해석들이 나왔다.

1. 아리우스 또는 펠라기우스 등의 이단사상(Bullinger, Meyer), 합리주의(Lange)또는 교권주의(Glasgow) 등으로 인해 진리가 흐리게 되고 따라서 사람의 영적 생명이 죽는다는 뜻이다.

2. 불신의 세상에 대한 하나님의 심판이므로 본 환난 역시 하나님의 악인에 대한 심판으로 볼 것이다.(Plummer)

이것은 두 가지 해석을 다 취해야 한다. 육맥으로는 하나님의 불신 세상에 대한 물리적인 심판으로 보고 또 다른 해석인 영맥으로는 비진리에 의해 사람들의 영혼이 죽게 되는 것으로 보는 것이 바른 해석이다.

넷째 나팔 심판(8:12)

(계 8:12) 넷째 천사가 나팔을 부니 해 삼분의 일과 달 삼분의 일과 별들의 삼분의 일이 침을 받아 그 삼분의 일이 어두워지니 낮 삼분의 일은 비췸이 없고 밤도 그러하더라

넷째 나팔을 불면 일월성신의 삼분의 일이 침을 받아 그 삼분의 일이 어두워지는 심판이다. 이것은 천체에 대한 심판이며 총체적인 심판이 계속되는 상황이다. 이 심판에 대한 해석도 다양하다.

1. 이단으로 인해 진리가 은폐되는 것(Lange, Wordsworth)

2. 15세기의 로마의 멸망(Ellicott),

3. 68년의 일식(Renan)등으로 해석함

그러나 이것은 미래에 일어날 재앙이다. 하나님께서 일월성신에 내릴 심판을 말씀하시는 것으로써 이들이 비췸이 없는 상태가 될 것으로 보아야 할 것이다. 동시에 이단 사상과 비진리들이 온 세상을 영적으로 어둡게 하리라는 영적인 해석도 가능하다고 본다.

하늘에 날아가는 독수리(8:13)

(계 8:13) 내가 또 보고 들으니 공중에 날아가는 독수리가 큰 소리로 이르되 땅에 거하는 자들에게 화, 화, 화가 있으리로다 이 외에도 세 천사의 불 나 팔소리를 인함이로다 하더라

독수리는 언제나 심판을 상징하는 새로 묘사되었다.(신28:49, 호8:1, 합1:8, 렘48:40, 겔17:3, 마24:28) 이들은 하나님의 심판이 아직도 세 가지가 남아 있다는 사인을 보내고 있다. 9장 이하는 이 세 재앙이 계속 될 것을 예고하고 있다.

첫째 화 : 다섯째 나팔 심판으로 황충의 재앙.

둘째 화 : 여섯째 나팔 심판으로 유부라데강 전쟁. 인류의 1/3이 죽는 전쟁.

셋째 화 : 일곱 째 나팔 심판으로 사단과 적그리스도와 거짓 선지자가 일으키는 후 삼년 반의 재앙.

제 9 장

부분 심판 2 :다섯째 나팔~여섯째 나팔 심판

다섯째 나팔 심판(1~12): 황충 재앙(첫째 화)(5개월)
여섯째 나팔 심판(13~21): 유브라데강 전쟁(둘째 화)
인류 1/3 죽음

9장의 개요

제9장은 두 가지 심판이 행해지는 장이다. 즉 다섯째 나팔 심판과 여섯째 나팔 심판이다. 다섯째 나팔 심판은 황충의 심판이요 여섯째 나팔 심판은 유브라데강 전쟁으로 인해 사람 삼분의 일이 죽는 심판이다.

9장에서 꼭 유념해야 할 내용은 이 다섯째 나팔 심판을 첫째 화라고 부르고 (12) 여섯째 나팔 심판을 둘째 화(11:14)로 부른다는 사실이다. 황충의 심판인 다섯째 나팔 심판이 끝나면 12절에 "첫째 화가 지나갔으나 보라 아직도 이후에 화 둘이 이르리로다"라는 말이 후렴으로 나온다. 그리고 여섯째 천사의 나팔 심판이 이어지는데 이 여섯째 나팔 심판이 끝나고 이 후렴이 9:21절 다음에 나오지 않고 11:14절에 나오게 되는데 이것은 작은 책이 9:21절 다음에 삽입이 되어서 이스라엘의 전 3년 반에 대한 계시가 진행되기 때문이다. 이 전 3년 반의 계시가 끝나면 11:14절에 "둘째 화는 지나갔으나 보라 셋째 화가 속히 이르는도다 "라는 후렴이 삽입이 되면서 이스라엘과 이방의 전 3년 반이 끝났음을 알린다. 이어서 일곱째 천사가 나팔을 불면 12장과 13장의 후 3년 반이 이스라엘과 이방에 진행이 된다. 즉 일곱 인 봉한 책 속에 작은 책의 내용을 삽입하고, 작은 책 속에 일곱 인 봉한 책의 내용을 삽입함으로 두 계시가 절묘한 조화를 이루어 이방과 이스라엘의 전 3년 반의 계시가 진행된다.

다섯째 천사의 나팔 심판(9:1~12): 황충의 심판

1. 하늘에서 땅에 떨어진 별(9:1~2)

(계 9:1~2) 다섯째 천사가 나팔을 불매 내가 보니 하늘에서 땅에 떨어진 별

하나가 있는데 저가 무저갱의 열쇠를 받았더라 (2) 저가 무저갱을 여니 그 구멍에서 큰 풀무의 연기 같은 연기가 올라오매 해와 공기가 그 구멍의 연기로 인하여 어두워지며

하늘에서 땅에 떨어진 별(1) : 하늘에서 땅에 떨어진 별이 무엇이냐에 대해서 많은 해석들이 나온다.

1) 타락한 천사 즉 사단을 가리킨다는 해석(Tertullian, Arethas, Bede, Alford, Greijdanus, Barclay, Walvoord 등)

2) 선한 천사라는 해석(Bengel, De Wette, Rist) 이 해석은 7천사장의 하나인 우리엘이 무저갱을 지배한다는 외경(I Enoch 19:1,20:2)의 기사가 그 근거가 된다. 천사장의 하나가 타락하여 사단이 된 것은 신구약에서나 외경에 공통되는 사상이다.(사14:12~17, 눅10:18, 단8:10, 삿5:20)

무저갱(1) : 히브리어는 '테홈' (tehom)이며 70인 역에 약 30회 나타나 '땅의 깊은 곳(시71:20), 밑이 없는 곳(창1:2)으로 묘사된다. 이 무저갱은 음부의 밑층으로서 짐승 또는 사단의 임시적 거처이다.(계17:8,20:3)

큰 풀무의 연기 같은 연기(2): 무저갱은 지옥이나 음부처럼 불타는 곳으로, 거기서 연기가 올라와 해와 공기를 어둡게 한다. 하나님이 빛을 보내시는데 대해 사단은 어두움을 조성하는 속성을 가진다. (창19:28, 출19:18, 욜2:10) 이것은 사단이 이단사상이나 비진리, 세속주의, 천사숭배, 다신숭배, 사단숭배, 종교다원주의 등으로 온 세상을 혼미케 하여 영적으로 어둡게 하는 것으로도 볼 수가 있다.

(고후4:3~4) 만일 우리 복음이 가리웠으면 망하는 자들에게 가리운 것이라 (4) 그 중에 이 세상 신이 믿지 아니하는 자들의 마음을 혼미케 하여 그리스도의 영

광의 복음의 광채가 비춰지 못하게 함이니 그리스도는 하나님의 형상이니라

2. 황충이 무저갱으로부터 올라옴(3~6)

(계 9:3~6) 또 황충이 연기 가운데로부터 땅 위에 나오매 저희가 땅에 있는 전갈의 권세와 같은 권세를 받았더라 (4) 저희에게 이르시되 땅의 풀이나 푸른 것이나 각종 수목은 해하지 말고 오직 이마에 하나님의 인 맞지 아니한 사람들만 해하라 하시더라 (5) 그러나 그들을 죽이지는 못하게 하시고 다섯 달 동안 괴롭게만 하게 하시는데 그 괴롭게 함은 전갈이 사람을 쏠 때에 괴롭게 함과 같더라 (6) 그날에는 사람들이 죽기를 구하여도 얻지 못하고 죽고 싶으나 죽음이 저희를 피하리로다

황충의 권세(3~6) : 무저갱의 풀무 연기 속에서 황충이 나타나는데 그들은
 1. 메뚜기들로서 전갈의 권세를 받아서(3)
 2. 땅의 풀이나 푸른 것이나 각종 수목은 해할 수 없고(4)
 3. 오직 이마에 하나님의 인 맞지 아니한 자들만 해하는 권세를 받음(4)
 4. 그들을 죽이지는 못하게 하고(5)
 5. 다섯 달 동안 괴롭게만 하게 함(5)
 6. 전갈이 사람을 쏠 때에 괴롭게 함과 같은 고통을 겪음(5)
 7. 사람들이 죽기를 구하여도 죽지 못함(6)

이 메뚜기 재앙은 구약에 자주 나타나 가장 무서운 천재의 하나로 간주되었다. (출10:12이하, 욜1:1~2) 황충의 떼가 한번 습격하면 농작물은 물론 초목들이 삽시간에 전멸하기 때문이다. 그런데 이 황충은 보통의 것이 아니라 전갈과 같이 쏘는 힘을 가지므로 더욱 무서운 세력이다. 이 황충이 무저갱에서 올라와서 하나님의 인 맞지 아니한 자들을 해하도록 허락하신 것은 그들이 거짓

된 사상과 온갖 비진리, 우상숭배 사단숭배 등으로 하나님의 진노를 사게 되어 황충과 같은 무서운 재앙을 만나게 된다.

황충의 모습(9:7~11)

(계 9:7~11) 황충들의 모양은 전쟁을 위하여 예비한 말들 같고 그 머리에 금 같은 면류관 비슷한 것을 썼으며 그 얼굴은 사람의 얼굴 같고 [8] 또 여자의 머리털 같은 머리털이 있고 그 이는 사자의 이 같으며 [9] 또 철흉갑 같은 흉갑이 있고 그 날개들의 소리는 병거와 많은 말들이 전장으로 달려 들어가는 소리 같으며 [10] 또 전갈과 같은 꼬리와 쏘는 살이 있어 그 꼬리에는 다섯달 동안 사람들을 해하는 권세가 있더라 [11] 저희에게 임금이 있으니 무저갱의 사자라 히브리 음으로 이름은 아바돈이요 헬라 음으로 이름은 아볼루온이더라

　가. 전쟁을 위하여 예비한 말들 같고(7) : 아랍 시인들은 황충의 머리를 말에, 가슴을 사자에, 다리는 낙타에, 몸은 뱀에 그리고 촉각은 여인의 길고 흔들리는 머리카락에 비한다고 한다(Moffatt) 그러나 이같은 황충의 모습은 현대 전쟁의 무기를 나타낸다고 하는 설이 지배적이다. 특히 아파치 헬기를 묘사할 때에 이와 같은 모습으로 묘사할 수 있다고 하는 설이 요즈음 지배적인 해석으로 떠오르고 있다. 현대전쟁의 무기들을 사도 요한 당시에 보았다면 어떻게 묘사했을까? 그것은 그 당시에 그들이 잘 아는 어떤 것으로 묘사할 수밖에 없기 때문에 현대의 핵무기나 미사일 등을 볼 때에 그렇게 묘사할 수밖에 없다. 그러나 이것을 또한 영적으로 해석하여 비진리로 사람들을 괴롭게 하고 망하게 하고 죽이는 무서운 영적 전쟁으로 볼 수도 있다. 마지막 때가 되면 세상은 영적으로도 육적으로도 극심한 전쟁에 시달리게 될 것이다.

나. 금 같은 면류관 비슷한 것을 썼으며(7) : 금 같고 면류관 같은 비슷한 것을 썼다는 것은 그들의 승리는 영원한 승리가 아니라 일시적인 승리이며 결국 그들도 다 멸망하게 될 것임으로 모두 비슷하다고 표현한다.

다. 그 얼굴은 사람의 얼굴 같고(7) : 사람의 얼굴 같다고 한 것은 그들의 얼굴은 인간적인 모습을 지니고 가면을 쓰고 있지만 인면수심과 같이 인간적인 베일 뒤에 무서운 악마의 궤계를 품고 있는 모습을 말한다.

라. 여자의 머리털 같은 털이 있고(8) : 여자의 머리털 같은 털이 있다는 것은 연약한 여성의 모습으로 나타나서 사람들을 유혹하고 그 아름다움에 취하도록 하는 마귀의 술수를 말한다. 여자의 머리털은 여성의 가장 아름다운 면을 표현하는 것이다. 마귀는 연약한 듯 하면서도 그 뒤에 음흉한 계책을 세워 사람들을 죽이는 것이다.

마. 사자의 이(8) : 사자의 이가 짐승들 중에 가장 물어뜯는 힘이 강해서 모든 짐승을 집어 삼키는 것처럼 이 황충의 이는 사자의 이를 닮아서 사람들을 물어 죽이는 힘이 있다. 영적으로 볼 때 황충은 온갖 더러운 사상으로 불신자들을 괴롭게 할 뿐 아니라 결국 그들을 집어 삼킨다.

바.철 흉갑 같은 흉갑이 있고(9) : 흉갑은 원래 자기 방어수단인데 이들은 철저하게 자신을 방어할 수단을 가지고 나타난다. 이들의 흉갑을 이길 수 있는 길은 하나님의 전신갑주를 입는 것뿐이다.(엡6:11)

사. 그 날개들의 소리(9) : 그 날개들의 소리는 말들이 전장으로 달려 나아갈 때의 소리와 같다고 했는데 이들의 행동의 신속성을 나타내는 것으로 볼

수가 있다. 이들이 나타나서 삽시간에 온 세상을 뒤덮고 무서운 속력으로 사람들을 고통으로 몰아 가는 모습을 보여주고 있다. 한 번 비진리가 퍼지면 삽시간에 온천하를 물들이는 것과 같다고 볼 수가 있다.

아. 전갈과 같은 꼬리와 쏘는 살(10) : 전갈과 같은 꼬리와 쏘는 살이 있다는 것은 그들의 음흉성을 나타낸다. 마귀는 언제나 정면에서 대항하지 않고 궤계를 통하여 공격해 오는 것이다.(엡6:11)

자. 황충의 임금(히브리음으로 아바돈, 헬라음으로 아볼루온)(11) : 아바돈이나 아볼루온은 '파괴자' 인데 이들의 존재의 목적은 바로 파괴하는 것이다. 가정도 파괴하고 나라도 파괴하고 교회도 파괴하는 데에 이들의 목적이 있는 것이다.

첫째 화가 지나감(12)

(계 9:12) 첫째 화는 지나갔으나 보라 아직도 이 후에 화 둘이 이르리로다

첫째 화는 다섯째 나팔을 불 때에 무저갱으로부터 올라오는 황충의 재앙이다. 이 화가 지나가고 앞으로 두 번의 화가 임할 것을 예고하고 있는데 여섯째 나팔과 일곱째 나팔의 심판이다.

여섯째 나팔 심판(9:13~21): 유브라데강 전쟁

유브라데강에 결박된 네 천사(9:13~16)

(계 9:13~16) 여섯째 천사가 나팔을 불매 내가 들으니 하나님 앞 금단 네 뿔에서 한 음성이 나서 [14] 나팔 가진 여섯째 천사에게 말하기를 큰 강 유브라데에 결박한 네 천사를 놓아 주라 하매 [15] 네 천사가 놓였으니 그들은 그 년 월 일 시에 이르러 사람 삼분의 일을 죽이기로 예비한 자들이더라 [16] 마병대의 수는 이만만이니 내가 그들의 수를 들었노라

하나님 앞 금단(13) : 하나님 앞에는 두 개의 단이 있다. 첫 번째 단은 제단이다. (계8:3, 5) 이사야가 본 것이 바로 이 제단이었는데(사6:6) 불을 담아 놓고 제단 숯불이 피어 있는 곳이다. 이곳은 하나님의 심판을 행하는 단으로써 짐승을 죽이고 피를 뿌리는 곳이었다. 또 하나의 단은 금단이다.(계8:3,9:13) 이곳은 성도들의 기도를 올려 드리는 곳이고 구약성경의 성막 속의 향단과 같은 곳이라고 볼 수가 있다. 금단에서 소리가 난다는 것은 성도들의 기도의 응답으로 심판이 시행됨을 시사하는 것이다. (계8:3~5)

유브라데에 결박한 네 천사(14~15) : 여섯째 천사가 나팔을 부니 하나님 앞 금단 네 뿔에서 한 음성이 나서 나팔을 분 천사에게 "큰 강 유브라데에 결박한 네 천사를 놓아 주라"고 한다. 이 천사들은 전쟁을 일으키는 천사들로서 하나님의 명령을 받아서 전쟁을 일으키는데 유브라데강에 결박되어 있다가 풀려나서 유브라데강 전쟁을 일으킨다. 유브라데강은 알메니아산에서 발원하여 동남으로 타우루스산맥을 따라 흘러 티그리스강과 합류하여 바벨론 평야를 거쳐 페르샤만에 이르는 길이 약 2400km의 큰 강이다. 이 강 유역에서 큰 전쟁이 일어나 사람 삼분의 일이 죽게 되는데 이 전쟁이 유브라데강 전쟁이다.

그 년, 월, 일, 시에(15) : 하나님은 그 시대를 분별하도록 하셨지만(마16:3) 그 일,시는 아버지께 있다고 하셨음으로(행1:7) 그 정확한 일, 시를 알 수 없다.

요한계시록의 모든 일들은 아버지의 권한에 따라 그 년, 월, 일, 시가 정해져서 진행됨으로 그 년, 월, 일, 시는 알 수 없다.

마병대의 수는 이만만(16) : 유브라데강 전쟁에 참여한 군대의 수가 이만만이라고 했으니 2억의 군대가 이 전쟁에 참여했으므로 어마어마한 전쟁이 될 것이다.

말들과 그 탄 자들의 모습(17~19)

(계 9:17~19) 이같이 이상한 가운데 그 말들과 그 탄 자들을 보니 불빛과 자주빛과 유황빛 흉갑이 있고 또 말들의 머리는 사자 머리 같고 그 입에서는 불과 연기와 유황이 나오더라 [18] 이 세 재앙 곧 저희 입에서 나오는 불과 연기와 유황을 인하여 사람 삼분의 일이 죽임을 당하니라 [19] 이 말들의 힘은 그 입과 그 꼬리에 있으니 그 꼬리는 뱀 같고 또 꼬리에 머리가 있어 이것으로 해하더라

불빛과 자주빛과 유황빛 흉갑이 있고(17) : 이것은 현대 무기의 모습을 연상케하는 표현인데 핵무기와 그 무기를 다루는 군인들의 모습을 그리고 있는 듯하다. 그러나 영적으로 볼 때 이들은 불빛 자주빛 유황빛 흉갑을 가지고 있는 강한 방어력으로 자기를 숨기고 적을 공격하는 음흉한 모습을 하고 있다.

그 입에서는 불과 연기와 유황이 나오더라(18) : 불과 연기와 유황은 현대 무기의 세 가지 요소라고 볼 수가 있는데 이들은 그 무기로써 사람 삼분의 일을 죽이게 된다. 또한 영적으로 볼 때에 그 입에서 온갖 더러운 사상과 비진리로써 사람들을 무차별 죽이는 영적 무기로 볼 수가 있다.

이 말들의 힘은 그 입과 그 꼬리에 있다(19) : 이 말들의 힘이 그 입과 그 꼬리에 있다는 것은 현대 무기의 성능과 모습을 보여주고 있다. 또한 영적으로 그들이 그 입으로 사람을 죽이고, 음흉한 궤계로서 사람을 죽이는 모습을 볼 수가 있다.

이 재앙에서 살아남은 자들의 모습(20~21)

(계 9:20~21) 이 재앙에 죽지 않고 남은 사람들은 그 손으로 행하는 일을 회개치 아니하고 오히려 여러 귀신과 또는 보거나 듣거나 다니거나 하지 못하는 금, 은, 동과 목석의 우상에게 절하고 [21] 또 그 살인과 복술과 음행과 도적질을 회개치 아니하더라

회개하지 못하고(20) : 이미 교회시대가 끝나고 환난의 극한 시대를 지나면서 그들은 회개의 기회를 놓치고 말았다. 더 이상 그들의 행위를 회개할 수가 없게 된다. 그들은 살인과 복술과 음행과 도적질을 회개할 수가 없다.(9:21) 그러므로 지금이 회개할 때요 구원의 날이다. 기회가 있을 때에 부지런히 회개의 삶을 살아야 한다(고후6:2)

우상에게 절하고(20) : 그들은 살아계신 하나님을 알지 못하고 그들을 심판하시는 하나님께 절하지 못하고 도리어 금, 은, 목석에게 절하고 있는 것이다. 그들이 하나님을 알지 못하고 구원받지 못했기 때문에 그러한 심판을 받고 있음을 깨닫지 못한다.

제 10 장

작은 책

10장의 개요

10장은 작은 책의 계시가 삽입된 장이다. 이 10장은 계시록 전체에서 가장 난해한 장이기도 하고 또 중요한 장이기도 하다. 이 작은 책의 계시를 어떻게 해석하느냐에 따라서 이후의 모든 해석이 달라지기 때문이다. 그러므로 이 작은 책의 계시를 정확하게 이해함으로 10장 이후에 전개되는 모든 계시를 명확하게 해석할 수 있게 된다.

이 작은 책의 내용은 다니엘서의 70이레 가운데 마지막 한 이레의 정보를 담고 있다. 즉 계시록 11장과 12장에 나오는 이스라엘의 회개와 구원 그리고 사단에게 핍박을 받아 피신하는 내용을 담고 있다. 힘센 천사가 나타나 요한에게 작은 책을 주면서 "갖다 먹어버리라 네 배에는 쓰나 네 입에는 꿀같이 달리라"고 해서 요한이 먹어보니 정말 입에는 꿀같이 달았지만 배에는 쓰게 되었다.

이 때에 요한은 "네가 많은 백성과 나라와 방언과 임금에게 다시 예언하여야 하리라"는 말을 들었다. 이 말씀을 따라 예언하는 것이 11장 이후에 나오는 내용이다. 만일 작은 책의 내용이 많은 백성과 나라와 방언과 임금에게 대한 내용이라면 '다시' 란 말이 필요가 없다. 그냥 "많은 백성과 나라와 임금에게 예언하여야 하리라"고만 해도 되는데 왜 '다시' 라는 말을 삽입했을까?

그것은 이 작은 책의 내용이 많은 백성과 나라와 방언과 임금에게 대한 내용이 아니라 이에 상응하는 나라에 대한 예언이라는 사실을 알 수가 있다. 바로 이스라엘에 대한 내용이라는 사실이다. 이스라엘에 대한 내용인 작은 책을 예언하고 이 작은 책의 내용을 다 예언하고 다시 9:21절에 이어서 예언하라는 것으로 해석해야 할 것이다.

　그 결과 작은 책의 내용인 11장 이스라엘의 전 3년 반, 12장 이스라엘의 후 3년 반, 그리고 11장 15절부터 이방인의 후 3년 반의 내용이 삽입되면서 13장에는 이방인의 후 3년 반이 삽입된다. 7장 이스라엘 각 지파 중에서 일만이천 명씩 뽑힌 14만 4천명이 인침을 받고 후 3년 반에 투입되어 이스라엘에게 복음을 전하다가 다 순교한 후 14:1~5절에 부활하여 시온산에서 어린 양과 함께 새노래를 부르는 장면으로 작은 책의 내용이 끝난다.

　그리고 14:6절부터 다시 여러 나라와 족속과 방언과 백성에게 전할 영원한 복음을 전하는 장면이 나온다.

힘센 천사가 하늘에서 내려옴(계10:1~3)

(계 10:1~3) 내가 또 보니 힘센 다른 천사가 구름을 입고 하늘에서 내려오는 데 그 머리 위에 무지개가 있고 그 얼굴은 해 같고 그 발은 불기둥 같으며 [2] 그 손에 펴 놓인 작은 책을 들고 그 오른발은 바다를 밟고 왼발은 땅을 밟고 [3] 사자의 부르짖는 것같이 큰 소리로 외치니 외칠 때에 일곱 우뢰가 그 소리를 발하더라

힘센 천사가 누구인가를 살펴 보도록 하자

1. 구름을 입고 하늘에서 내려옴(1): 구름을 입고 온다는 것은 앞으로 구름을 타고 세상에 임하실 주님의 모습을 보여주고 있으며 그 예고편이라고 할 수가 있다(계1:7)
2. 그 머리 위에 무지개가 있고(1): 무지개가 그 머리 위에 있는 것은 성부 하나님의 모습을 닮은 것으로서(계4:3) 하나님의 언약을 힘입고 계심을 나타내고

3. 그 얼굴은 해 같다(1): 그 얼굴이 해 같다는 것은 사도 요한이 본 그대로 이며 (계1:16)

4. 그 발은 불기둥 같다(1): 그 발이 불기둥 같은 것도 사도 요한이 본 그대로 이며(계1:15)

5. 그 손에 펴 놓인 작은 책을 가짐(2): 이것은 하늘과 땅에서 책을 펴기에 합당하신 분은 오직 한 분밖에 없다고 하심(계5:5)

6. 오른 발은 바다를 밟고 왼발은 땅을 밟고(2): 이것은 하늘과 땅의 권세를 다 가지신 분의 권세있는 모습이고(마28:18)

7. 사자의 부르짖는 것 같은 부르짖음(3): 이것은 유대지파의 사자의 모습으로 나타나신 것이니(계5:5) 이 모든 말씀을 종합해 보면 그리스도의 모습임에 틀림없다. 이제 일곱 인 봉한 책을 가지시고 일곱 인을 다 떼시고 여섯 나팔까지 진행하시다가 작은 책을 들고 나타나셔서 새로운 계시를 주시는 모습이다.

일곱 우뢰가 발함(10:4)

(계 10:4) 일곱 우뢰가 발할 때에 내가 기록하려고 하다가 곧 들으니 하늘에서 소리나서 말하기를 일곱 우뢰가 발한 것을 인봉하고 기록하지 말라 하더라

일곱 우뢰가 발할 때에 요한이 기록하려고 할 때에 기록하지 말고 인봉하라는 말을 들었다. 일곱 우뢰의 내용이 무엇일까? 에 대해서 궁금하지만 이 일곱 우뢰는 하나님께서 인봉하셨기 때문에 알 수가 없다. 칼빈이 말한 것처럼 하나님께서 가시는데 까지 가고 서시는 데까지 서야 하는 것이 해석자들의 바른 자세이다. 여기에서 과욕을 가지고 일곱 우뢰에 대해서 왈가왈부하게 되면 견

강부회적인 해석들이 나올 수 밖에 없다.

힘센 천사의 맹세(5~7)

(계 10:5~7) 내가 본 바 바다와 땅을 밟고 섰는 천사가 하늘을 향하여 오른 손을 들고 [6] 세세토록 살아계신 자 곧 하늘과 그 가운데 있는 물건이며 땅과 그 가운데 있는 물건이며 바다와 그 가운데 있는 물건을 창조하신 이를 가리켜 맹세하여 가로되 지체하지 아니하리니 [7] 일곱째 천사가 소리 내는 날 그 나팔을 불게 될 때에 하나님의 비밀이 그 종 선지자들에게 전하신 복음과 같이 이루리라

힘센 천사가 살아계신 하나님께 맹세하는 장면이 나온다. 그 맹세의 내용은 무엇인가?

1. 지체하지 아니하고
2. 일곱째 천사가 소리 내는 날
3. 하나님의 비밀이 그 종 선지자들에게 전하신 복음과 같이 이룰 것이다.

그렇다면 여기에서 작은 책의 내용을 어느 정도 알 수가 있는데 그 내용은 바로 하나님께서 구약과 신약의 모든 선지자들에게 전하신 복음이 있다는 것과 그 복음이 일곱째 천사가 나팔을 불게 될 때에 다 이루어진다는 것이다. 그 작은 책의 내용의 핵심은 바로 이 구절에 있다고 보아야 한다. 이것은 작은 책의 내용의 힌트가 된다. 그렇다면 하나님께서 그 종 선지자들에게 전하신 복음이 무엇인가를 살펴 보아야 한다.

작은 책을 갖다가 먹어 버리라(10:8~10)

(계 10:8~10) 하늘에서 나서 내게 들리던 음성이 또 내게 말하여 가로되 네가 가서 바다와 땅을 밟고 섰는 천사의 손에 펴 놓인 책을 가지라 하기로 [9] 내가 천사에게 나아가 작은 책을 달라 한즉 천사가 가로되 갖다 먹어 버리라 네 배에는 쓰나 네 입에는 꿀 같이 달리라 하거늘 [10] 내가 천사의 손에서 작은 책을 갖다 먹어버리니 내 입에는 꿀 같이 다나 먹은 후에 내 배에서는 쓰게 되더라

이제 요한은 또 다른 음성에 의해서 그 책을 가져가 먹어버린다. 그런데 그 입에는 꿀같이 달지만 먹은 후에 배에서 쓰게 되는 경험을 하였다. 이것은 에스겔 선지자가 경험한 것과 동일하다.(겔3:1~4)

다시 예언하여야 하리라(11)

(계 10:11) 저가 내게 말하기를 네가 많은 백성과 나라와 방언과 임금에게 다시 예언하여야 하리라 하더라

자 이제 우리는 작은 책의 내용을 면밀히 살펴볼 때가 되었다. 그 작은 책의 내용이 무엇인가? 여러 가지의 말씀을 통하여 이 작은 책의 내용을 살펴보기로 하자.

1. '다시 예언하여야 하리라' 고하신 말씀의 뜻을 살펴보자.

이 말씀의 뜻은 그 작은 책을 먹고 많은 백성과 나라와 방언과 임금에게 그 작은 책의 내용을 전하라는 뜻인가? 아니면 그 작은 책을 먹고 작은 책의 내용

을 전하고 다시 많은 백성과 나라와 방언과 임금에게 별도로 예언하여야 한다는 뜻인가? 이것에 대한 해답을 찾아야 한다. 만약 그 작은 책을 먹고 많은 백성과 나라와 방언과 임금에게 예언해야 할 것 같으면 '다시'라는 말이 필요 없다. 그냥 예언하라고 하면 된다. 다시 예언하라고 하신 것은 작은 책의 내용을 전하고 다시 많은 백성과 나라와 방언과 임금 즉 이방인에게 영원한 복음을 전하라는 말로 해석해야 할 것이다. 7장에서도 살펴 보았듯이 나라와 백성과 방언이라는 말은 이스라엘이 아닌 이방인들을 지칭한다.

그러므로 작은 책의 내용을 이스라엘에게 전하고 다시 지금까지 인봉한 책을 예언한 것처럼 계속해서 이방인들 즉 전 교회를 상대로 예언하라는 뜻으로 보아야 한다. 요약해서 말하면 작은 책은 이스라엘에 대한 예언의 말씀이고 이 작은 책의 예언이 끝나는 즉시 이방인 교회에 대한 말씀을 계속하라는 뜻으로 보아야 한다. 그러므로 작은 책의 내용은 11장부터 14장 5절까지이고 그 다음에는 나라와 백성과 방언에게 복음을 전하는 내용이 나온다.(계14:6)

(계 14:6) 또 보니 다른 천사가 공중에 날아가는데 땅에 거하는 자들 곧 여러 나라와 족속과 방언과 백성에게 전할 영원한 복음을 가졌더라

이 말씀은 지금까지 작은 책의 내용에 따라 이스라엘의 구원에 대해서 예언하다가 그 예언이 끝나자 다시금 여러 나라와 족속과 방언과 백성에게 영원한 복음을 전하는 것이다.

2. 하나님의 비밀이 일곱째 천사가 나팔을 불게 될 때에 이룰 것이라는 말의 의미를 살펴보자. 하나님의 비밀은 무엇인가? 그것은 아브라함의 자손들이 다 구원을 받는 일이다. 하나님께서 아브라함에게 너의 씨로 말미암아 천하 만민이 구원을 받을 것이라고 하셨는데 그 말씀이 예수 그리스도로 말미암아 이루어지는 것이 구약과 신약의 복음의 중심이나.

(롬11:25~26) 형제들아 너희가 스스로 지혜 있다 함을 면키 위하여 이 비밀을 너희가 모르기를 내가 원치 아니하노니 이 비밀은 이방인의 충만한 수가 들어오기까지 이스라엘의 더러는 완악하게 된 것이라 [26] 그리하여 온 이스라엘이 구원을 얻으리라 기록된바 구원자가 시온에서 오사 야곱에게서 경건치 않은 것을 돌이키시겠고

여기에서 하나님의 비밀이란 이방인의 수가 차기까지 이스라엘이 완악해졌지만 그 이후에 이스라엘이 구원을 받게 될 것이라는 말씀이다. 이방인의 충만한 수가 찰 때까지는 이스라엘이 구원을 얻지 못하지만 충만한 수가 차면 이스라엘이 구원을 받게 된다는 것이 로마서 11장의 내용이다.

(롬11:30~32) 너희가 전에 하나님께 순종치 아니하더니 이스라엘에 순종치 아니함으로 이제 긍휼을 입었는지라 [31] 이와 같이 이 사람들이 순종치 아니하니 이는 너희에게 베푸시는 긍휼로 이제 저희도 긍휼을 얻게 하려 하심이니라 [32] 하나님이 모든 사람을 순종치 아니하는 가운데 가두어 두심은 모든 사람에게 긍휼을 베풀려 하심이로다

결국 이스라엘이 긍휼을 얻게 됨으로 하나님의 비밀이 다 이루어지게 되어지는데 이것이 바로 계10:7절 말씀의 내용이다.

(계 10:7) 일곱째 천사가 소리 내는 날 그 나팔을 불게 될 때에 하나님의 비밀이 그 종 선지자들에게 전하신 복음과 같이 이루리라

그러면 일곱째 나팔을 불게 될 때에 무슨 일이 일어나는가?

(계 11:15) 일곱째 천사가 나팔을 불매 하늘에 큰 음성들이 나서 가로되 세상

나라가 우리 주와 그 그리스도의 나라가 되어 그가 세세토록 왕 노릇 하시
리로다 하니

이 일곱째 천사가 나팔을 불면 12장으로 진행이 되는데 이 12장이 무엇인가
를 살펴 보아야 한다. 12장에는 열두 별의 면류관을 쓴 여인이 나오는데 그가
해산하여 아이를 낳게 되고 그 다음 마귀의 핍박을 받고 광야로 피신하게 되
는 내용이 나온다.

(계 12:1~2) 하늘에 큰 이적이 보이니 해를 입은 한 여자가 있는데 그 발 아
래는 달이 있고 그 머리에는 열두 별의 면류관을 썼더라 [2] 이 여자가 아이
를 배어 해산하게 되매 아파서 애써 부르짖더라

여기에서 해를 입은 한 여자는 누구일까? 이것은 창세기에서 요셉의 꿈에
나오는 내용과 비슷하다. 요셉이 꿈을 꾸고 해와 달과 열한 별들이 그에게 절
하는 꿈을 부모와 형들에게 이야기를 한 것인데(창37:9)
해를 입은 여자는 유일하신 하나님을 섬기는 이스라엘을 묘사한 것이다. 그
발 아래는 달이 있다는 것은 달은 교회를 상징하는 것으로써 교회가 이미 휴
거한 상태이고 남아있는 교회가 신생기독교국가인 이스라엘의 휘하에 들어가
게 됨을 나타낸다. 열두 별의 면류관을 쓰고 있는 것은 12지파를 나타내는 것
으로 볼 수가 있다. 이 여자가 아이를 배어 해산하게 되었다는 것은 이제 이스
라엘이 민족적으로 구약선지자들이 예언한 대로 회개하고 그들이 찌른 그리
스도를 받아들이며 국가적으로 회개하는 모습을 나타낸 것이다.

(슥12:10~14) 내가 다윗의 집과 예루살렘 거민에게 은총과 간구하는 심령을
부어 주리니 그들이 그 찌른 바 그를 바라보고 그를 위하여 애통하기를 독자
를 위하여 애통하듯 하며 그를 위하여 통곡하기를 장자를 위하여 통곡하듯 하

리로다 ⁽¹¹⁾ 그 날에 예루살렘에 큰 애통이 있으리니 므깃도 골짜기 하다드림몬에 있던 애통과 같을 것이라 ⁽¹²⁾ 온 땅 각 족속이 따로 애통하되 다윗의 족속이 따로 하고 그 아내들이 따로 하며 나단의 족속이 따로 하고 그 아내들이 따로 하며 ⁽¹³⁾ 레위의 족속이 따로 하고 그 아내들이 따로 하며 시므이의 족속이 따로 하고 그 아내들이 따로 하며 ⁽¹⁴⁾ 모든 남은 족속도 각기 따로 하고 그 아내들이 따로 하리라

(슥13:1~6) 그 날에 죄와 더러움을 씻는 샘이 다윗의 족속과 예루살렘 거민을 위하여 열리리라 ⁽²⁾ 만군의 여호와가 말하노라 그 날에 내가 우상의 이름을 이 땅에서 끊어서 기억도 되지 못하게 할 것이며 거짓 선지자와 더러운 사귀를 이땅에서 떠나게 할 것이라 ⁽³⁾ 사람이 오히려 예언할 것 같으면 그 낳은 부모가 그에게 이르기를 네가 여호와의 이름을 빙자하여 거짓말을 하니 살지 못하리라하고 낳은 부모가 그 예언할 때에 칼로 찌르리라 ⁽⁴⁾ 그 날에 선지자들이 예언할 때에 그 이상을 각기 부끄러워할 것이며 ⁽⁵⁾ 말하기를 나는 선지자가 아니요 나는 농부라 내가 어려서부터 사람의 종이 되었노라 할 것이요 ⁽⁶⁾ 혹이 그에게 묻기를 네 두팔 사이에 상처는 어찜이냐 하면 대답하기를 이는 나의 친구의 집에서 받은 상처라 하리라

그리고 계시록12:5절 말씀에 보면 "여자가 아들을 낳으니 이는 장차 철장으로 만국을 다스릴 남자라 그 아이를 하나님 앞과 그 보좌 앞으로 올려 가더라"라는 구절이 나오는데 이는 이제 이스라엘이 회개하고 그들이 찌른 메시야를 받아들여 신생기독교국가로 태어남을 가리킨다. 이것은 구약성경 이사야서에 묘사된 내용과 흡사하다.

(사66:7~8) 시온은 구로하기 전에 생산하며 고통을 당하기 전에 남자를 낳았으니 ⁽⁸⁾ 이러한 일을 들은 자가 누구이며 이러한 일을 본 자가 누구이뇨 나라

가 어찌 하루에 생기겠으며 민족이 어찌 순식간에 나겠느냐 그러나 시온은 구로하는 즉시에 그 자민을 순산하였도다

시온 즉 이스라엘이 산고의 고통으로 해산한 남자 아이는 바로 그리스도를 나타내고 자민을 순산하였다는 것은 그들이 메시야를 믿고 그리스도의 자민으로 새로 태어났다는 뜻이다. 즉 그들이 기독교국가로 태어난 것을 말하고 있다. 그리고 보좌 앞으로 올려간다는 말씀은 그들이 이제 영적으로 중생하여 그리스도와 함께 하늘에 앉게 되고 그들의 영적인 주소가 하늘임을 나타낸다. 이것은 우리가 중생하고 그리스도와 함께 죽음에서 다시 새 생명으로 태어나서 그리스도와 함께 하늘에 앉는 것과 같은 내용을 그림처럼 묘사한 것이다.

(엡2:5~6) 허물로 죽은 우리를 그리스도 예수와 함께 살리셨고 (너희가 은혜로 구원을 얻은 것이라) [6] 또 함께 일으키사 그리스도 예수 안에서 함께 하늘에 앉히시니

그들이 그리스도를 메시야로 받아들이고 거듭나서 영적인 주소가 하늘에 있게 되면 그들은 적그리스도의 핍박을 받아 후 3년 반을 지나게 되는데 이것이 12장 전체의 내용이다. 그러므로 일곱째 나팔을 불면 이스라엘이 회개하고 기독교국가가 되고 선지자들의 예언이 이루어진다.

이것은 구약성경에서 여러 차례 말씀하신 것인데 후 3년 반 동안 이스라엘이 핍박을 받고 광야로 피신하는 내용이다. 그 증거로는 많은 구약성경의 대응 구절을 통하여 알 수가 있다. 나팔 심판은 삼분의 일의 심판이다. 그러므로 이스라엘에도 이와 같은 큰 환난이 마지막으로 닥치는데

(슥13:8~9) 여호와가 말하노라 이 온 땅에서 삼분지 이는 멸절하고 삼분지 일은 거기 남으리니 [9] 내가 그 삼분지 일을 불 가운데 던져 은 같이 연단하며

금 같이 시험할 것이라 그들이 내 이름을 부르리니 내가 들을 것이며 나는 말하기를 이는 내 백성이라 할 것이요 그들은 말하기를 여호와는 내 하나님이시라 하리라

그리고 계시록 12장과 같은 내용들이 구약성경에 여러 차례 나오는데 모두 이스라엘의 마지막 환난과 구원에 관한 말씀들이다.

(사26:16~19) 여호와여 백성이 환난 중에 주를 앙모하였사오며 주의 징벌이 그들에게 임할 때에 그들이 간절히 주께 기도하였나이다 [17] 여호와여 잉태한 여인이 산기가 임박하여 구로하며 부르짖음 같이 우리가 주의 앞에 이러하니이다 [18] 우리가 잉태하고 고통하였을지라도 낳은 것은 바람 같아서 땅에 구원을 베풀지 못하였고 세계의 거민을 생산치 못하였나이다 [19] 주의 죽은 자들은 살아나고 우리의 시체들은 일어나리이다 티끌에 거하는 자들아 너희는 깨어 노래하라 주의 이슬은 빛난 이슬이니 땅이 죽은 자를 내어 놓으리로다

여기에서 아이를 배어 해산의 고통을 당하던 여인이 해산하지만 세계의 거민을 생산하지 못했다는 것은(18) 이스라엘에 국한된 내용임을 말씀한다. 그리고 그 때에 그들이 구원을 받고 영생을 얻는 내용들이 나오고 또 다시 20절부터는 환난에 들어가서 밀실에 숨는 내용이 나오는데 이것은 계시록12장의 내용과 너무도 흡사하다.

(사26:20) 내 백성아 갈지어다 네 밀실에 들어가서 네 문을 닫고 분노가 지나기까지 잠간 숨을지어다

이 말씀대로 계시록 12장에는 그들이 하나님의 예비한 곳으로 피신하게 되는 내용이 담겨 있다.

(계 12:6) 그 여자가 광야로 도망하매 거기서 1260일 동안 저를 양육하기 위
하여 하나님의 예비하신 곳이 있더라

이스라엘은 11장 전 3년 반 동안 두 증인에 의해서 복음을 듣고 14만 4천 명
이 인치심을 받고 후삼년 반에 투입이 되어 복음을 전하게 되는데 이때에 그
들은 회개하여 그리스도를 영접하게 된다. 그들이 복음을 듣고 회개하면 즉시
사단과 적그리스도에 의해서 핍박을 받게 되며 1260일 동안 피신하면서 양육
을 받는다. 이러한 내용이 11장에서 13장까지 나오는데 이 내용도 다니엘서에
서 미리 예언된 말씀이다.

(단12:1~2) 그 때에 네 민족을 호위하는 대군 미가엘이 일어날 것이요 또 환
난이 있으리니 이는 개국 이래로 그 때까지 없던 환난일 것이며 그 때에 네 백
성 중 무릇 책에 기록된 모든 자가 구원을 얻을 것이라 [2] 땅의 티끌 가운데서
자는 자 중에 많이 깨어 영생을 얻는 자도 있겠고 수욕을 받아서 무궁히 부끄
러움을 입을 자도 있을 것이며

이 말씀에도 그들이 회개하면 핍박을 받고 미가엘의 도움을 받아서 환난을
피하게 된다. 이때가 언제까지인가? 그것은 단12:7절 말씀에 답이 나와있다.

(단12:7) 내가 들은즉 그 세마포 옷을 입고 강물 위에 있는 자가 그 좌우 손
을 들어 하늘을 향하여 영생하시는 자를 가리켜 맹세하여 가로되 반드시 한
때 두 때 반 때를 지나서 성도의 권세가 다 깨어지기 까지니 그렇게 되면 이 모
든 일이 다 끝나리라 하더라
한 때 두 때 반 때가 지나면 이 모든 일이 다 이루어지고 끝이 날 것이라고
했는데 이것은 후 3년 반의 1260일을 말한다. 그러므로 이스라엘의 후 3년 반
에 대한 예언의 말씀이 구약에 이렇게 많이 나오는데 이것이 바로 일곱째 나

팔을 불게 될 때에 일어난다.

3. 작은 책의 내용이 11장 이스라엘의 전 3년 반과 12장, 13장 후 3년 반 즉 7년 동안의 구원과 환난, 피신, 마지막 구원 등을 나타내는 것이라면 이것은 구약성경 다니엘서에 나오는 70 이레의 마지막 한 이레에 해당하는 말씀으로 생각할 수가 있다. 여기에서 다니엘서에 기록된 70 이레의 예언을 살펴보기로 하자

다니엘의 70 이레 예언(단9:24~27)

천사장 가브리엘이 다니엘의 기도에 대한 하나님의 응답을 가져왔는데 그 내용은 70 이레에 관한 것이었다. 이 짧은 몇 구절이 온 역사를 관통하기에 이 몇 구절을 통하여 우리는 인류의 구원의 역사를 알 수가 있다.

(단9:24~27) 네 백성과 네 거룩한 성을 위하여 칠십 이레로 기한을 정하였나니 허물이 마치며 죄가 끝나며 죄악이 영속되며 영원한 의가 드러나며 이상과 예언이 응하며 또 지극히 거룩한 자가 기름부음을 받으리라 [25] 그러므로 너는 깨달아 알지니라 예루살렘을 중건하라는 영이 날 때부터 기름부음을 받은 자 곧 왕이 일어나기까지 일곱 이레와 육십 이 이레가 지날 것이요 그 때 곤란한 동안에 성이 중건되어 거리와 해자가 이룰 것이며 [26] 육십 이 이레 후에 기름부음을 받은 자가 끊어져 없어질 것이며 장차 한 왕의 백성이 와서 그 성읍과 성소를 훼파하려니와 그의 종말은 홍수에 엄몰됨 같을 것이며 또 끝까지 전쟁이 있으리니 황폐할 것이 작정되었느니라 [27] 그가 장차 많은 사람으로 더불어 한 이레 동안의 언약을 굳게 정하겠고 그가 그 이레의 절반에 제사와 예물을 금지할 것이며 또 잔포하여 미운 물건이 날개를 의지하여 설 것이며 또

이미 정한 종말까지 진노가 황폐케 하는 자에게 쏟아지리라 하였느니라

네 백성과 네 거룩한 성을 위하여 칠십 이레로 기한을 정하였나니(24) : '네 백성과 네 거룩한 성을 위한 70 이레'로 말씀하시고 있는데 이 예언은 유대민족을 위한 예언이라는 것을 알 수가 있다. 성경에 기록된 유대민족의 역사는 언제나 세계 역사의 시계 역할을 한다. 우리가 시간을 알기 위해 시계를 보는 것처럼 세계 역사의 때를 구분하기 위해서는 유대민족의 역사를 바라보아야 한다. 하나님께서 유대 나라를 통하여 세계 역사를 밝히 보여 주시기 때문이다. 그런데 여기 하나님이 정하신 70 이레는 다른 말로 하면 70 주간이다. 날짜로 따지면 70 × 7=490 즉 490일을 말한다. 그러면 490일은 어떤 의미가 있는가? 성경 민수기 14:34절에 보면 이스라엘 사람들이 40일 동안 가나안 땅을 정탐하고 온 뒤 그 땅에 대한 부정적인 말을 함으로 이 말을 들은 이스라엘 백성들이 하나님을 원망했다. 그래서 하나님이 분노하시고 이스라엘을 광야로 돌이키시면서 "너희가 그 땅을 탐지한 날 수 사십일의 하루를 일 년으로 환산하여 그 사십 년 간 너희가 너희의 죄악을 질지니 너희가 나의 싫어 버림을 알리라 하셨다 하라"(민14:34) 고 하셨다. 이와 같이 다니엘에게 전한 70 이레 즉 490일은 490년을 말한다. 성경에 보면 70 이레 즉 490년이 지나고 나면 온 나라의 허물이 마친다고 했다. 그 동안 이스라엘 백성들이 하나님을 반역하고 대적한 모든 허물이 마치고 아담과 하와에서 시작된 죄가 끝나고 영원히 속함을 받는다고 했다. 이것은 예수 그리스도의 십자가 보혈로써 영원히 죄사함을 받고 영원한 의가 들어나게 된다. 또한 이상과 예언이 다 이루어져서 끝이 난다. 이 예언이 이루어질 것을 다니엘에게 말씀하셨다. 25절부터는 어떻게 이러한 예언이 이루어질 것인지 상세하게 말씀하고 있다.

예루살렘을 중건하라는 명(25) : 이 예언은 느2:1절 이하에 일어나는 일인 데이닥사스다왕 20년에 싱쉬되고 있다. 느헤미야를 통하여 예루살렘을 중건

하라는 명이 떨어졌다. 이때가 아닥사스다 왕 20년 니산월 즉 BC 445년 3월 14일이다. 그러면 예루살렘 성을 중건하라는 명이 떨어진 날로부터 기름부음을 받은 왕이 일어 날 때까지 일곱 이레와 62이레가 지날 것이라 했다. 즉 7×7 + 62×7 = 483년이다. 성경에 일곱 이레 동안에 성이 중건되고 해자가 이루어지겠다고 했는데 실제로 에스라와 느헤미야가 성전을 완공하고 길거리가 복구되고 예루살렘 성이 복원되는데 꼭 일곱 이레 즉 49년이 걸렸다.

기름 부음을 받은 자가 일어나고(25) : 그리고 62이레가 지나면 기름 부은 왕이 나타나리라고 했는데 이것 또한 실제로 이뤄졌다. 62이레는 434년이다. 그래서 예루살렘 성이 중건된 지 434년 후에 주님께서 감람산 벳바게에서 당나귀를 타고 산 허리를 내려가서 예루살렘성에 들어 가셨다. 원래 유대인의 1년은 360일이다. 그리고 매 4년마다 윤년이 있다. 그래서 이 오차를 계산하고 주전 445년 3월 14일에 일곱 이레와 62 이레 즉 483년을 합하면 주후 32년 4월 6일이 된다. 이 날이 바로 예수님께서 예루살렘 성에 왕으로서 입성하신 날이다. 62 이레 후에 기름부음을 받은 자가 끊어져 없어질 것이며(26): 이 왕이 기름부음을 받고 곧 끊어질 것이라고 한 것은 예수님께서 예루살렘에 입성하신 후 최후의 만찬을 마치시고 겟세마네 동산에서 체포되셔서 빌라도 법정에서 사형선고를 받으시고 십자가에 못박혀 죽으실 것을 말하는데 이것이 정확하게 이루어졌다.

장차 한 왕의 백성이 와서(26) : 장차 한 왕의 백성이 와서 그 성읍과 성소를 훼파할 것이라고 했는데 이것은 주후 70년에 로마의 디도 장군이 행한 일이다. 그런데 69 이레까지는 다 정확히 역사 가운데 이루어졌는데 마지막 한 이레의 예언은 이루어 지지 않고 있다. 왜냐하면 70 이레가 끝나면 그들의 죄가 영속되며 구원이 완성이 된다고 했는데 아직 이스라엘이 복음을 받아 들이지 않은 상태이기 때문이다.

그가 장차 많은 사람으로 더불어 한 이레 동안의 언약을 굳게 정하겠고(27): 여기에서 '그'는 누구를 가리키는가? 로마의 디도 장군을 가리키는가? 아니다 로마의 디도 장군은 27절 말씀을 이루지 않았고 디도 장군이 AD79년 로마의 황제가 된 후에도 이스라엘에 대한 예언이 완성되지 않았다. 그렇다면 '그'는 누구인가? 그는 마지막 때에 나타나서 이스라엘을 후 3년 반 동안 핍박하며 잔해할 바로 적그리스도이다. 이 적그리스도가 많은 사람으로 더불어 한 이레 즉 7년 동안 언약을 굳게 정했지만 그 이레의 절반에 제사와 예물을 금지하고 잔포하여 미운 물건을 날개를 의지하여 세우고 자신을 하나님이라고 선언하는 일을 자행할 것이다. 즉 69 이레가 끝나면 마지막 한 이레의 예언이 이루기 까지 이스라엘을 향한 70 이레의 시계가 잠시 멈추고 이방인의 때가 시작된다. 그리하여 이방인의 충만한 수가 구원을 받는 교회시대가 활짝 열리게 된다. 이 교회 시대가 끝나면 비로소 마지막 한 이레의 역사가 시작된다. 이때에 이스라엘의 구원이 성취되고 그들의 죄가 영속되며 허물이 끝나고 이상과 예언이 응하게 된다. 즉 이스라엘의 구원이 완성이 되어 다니엘의 70 이레의 예언이 성취된다.

작은 책과 다니엘의 마지막 한 이레의 예언과의 관계: 그런데 이 마지막 한 이레의 내용들이 고스란히 계시록의 작은 책 안에 담겨있다는 사실은 놀라운 일이 아닐 수 없다. 요한계시록의 작은 책의 내용은 다니엘서의 마지막 한 이레와 서로 일치하며 조화를 이룬다. 더욱 실제적이고 구체적으로 이루어지는 내용들이 기록되어 있다고 본다.

다니엘서의 마지막 한 이레 동안에는 단9:27절 말씀에 기록된 내용들이 실제로 일어난다.

1. 적그리스도가 한 이레 동안의 언약을 굳게 정한다

2. 그 이레의 절반에 제사와 예물을 금지하고

3. 잔포하여 미운 물건을 날개를 의지하여 설 것이다.

4. 정한 종말까지 진노가 황폐케 하는 자에게 쏟아지리라

이와 같은 일들이 마지막 한 이레 동안에 일어나고 이스라엘의 죄악이 영속된다. 그런데 요한계시록의 작은 책의 내용은 이 모든 일들이 고스란히 일어나는 것이기 때문에 다니엘의 마지막 한 이레와 작은 책은 너무도 정확하게 조화를 이루고 있다.

작은 책의 내용은 11장부터 시작하여 14장 5절까지 이어지는데 11장은 이스라엘의 두 증인의 사역을 중심으로 전 3년 반 동안 즉 1260일 동안에 일어날 일들을 기록하고 있다. 적그리스도는 전 3년 반의 초두에 이미 흰 말을 타고 등장하여 거짓된 평화를 조장한다. 12장, 13장은 후 3년 반에 일어날 일들을 기록하고 있는데 적그리스도가 사단의 권세를 등에 업고 갑자기 나타나서 제사와 예물을 금지하고 우상을 세워 절하지 않으면 누구든지 다 죽이는 대환난을 일으키게 된다(계13:15). 이때에 666이라는 경제수단으로 통치한다. 다니엘의 마지막 한 이레 동안에 일어날 일들이 계시록 12장, 13장에 다 일어나게 되고 그 후 재림하시는 그리스도에게 패하여 불못으로 들어감으로 적그리스도의 생애를 마감하게 된다. 이와 같이 작은 책의 내용과 다니엘의 마지막 한 이레의 내용은 동일하다. 하나님께서는 다니엘의 마지막 한 이레의 내용들을 계시록의 작은 책 속에 기록하게 하심으로 이스라엘의 구원에 대한 70이레의 예언을 완성하신다.

제 11 장

이스라엘 전 3년 반

두 증인의 사역과 순교 및 부활(1~14)
일곱째 나팔과 찬양(15~19)

11장의 개요

10장에 나오는 작은 책의 내용이 예언되면 11장부터 14:5절까지 전개되고 14:6절부터 다시 일곱 인봉한 책의 계시가 시작된다. 요한계시록에서 가장 난해한 부분이 바로 이 부분이다.

11장에는 두 가지의 사건이 나온다. 첫째는 두 증인의 복음증거와 순교, 부활승천 두 번째로 11:15절 7째 나팔을 불어 12장 이후의 일들을 알린다. 10장에서 천사가 "많은 백성과 나라와 방언과 임금에게 다시 예언하여야 하리라'고 했는데 9:21절까지 이방인에게 복음을 전하다가 10장이 삽입이 되면서 11장부터 14:5절까지 작은 책의 내용이 이스라엘에게 펼쳐지는 계시이다. 즉 두 증인이 이스라엘 백성들에게 전 3년 반 동안 복음을 전하는 내용이 11장이다. 이것은 다니엘의 마지막 한 이레의 전반 절반에 해당하는 기간이다.

두 증인이 1260일 동안 복음을 이스라엘에 전할 때에 하늘을 닫아 비가 오지 못하게 하고 권세를 가지고 물을 변하여 피가 되게 하고 원하는 대로 여러 가지 재앙으로 땅을 치며 복음을 1260일 동안 전한다.(11:3) 그러나 그 복음증거의 기간이 마치면 무저갱으로부터 올라오는 짐승이 저들을 죽임으로 순교하게 된다. 이 때에 온 땅 백성들은 기뻐하여 서로 예물을 보낸다. 그러나 사흘 반 후에 부활하여 승천하는데 이 때에 예루살렘성의 십분의 일이 무너지고 지진에 죽은 사람이 칠천이나 된다. 그 다음 14절에 "둘째 화는 지나갔으나 보라 셋째 화가 속히 이르는도다"라는 말이 나오는데 이 구절은 9장 21절 다음에 와야 하는 구절로서 일곱 인 봉한 책의 내용이 작은 책의 내용 속에 삽입되어 있는 절묘한 계시 진행이다.

여기서부터 일곱 인 봉한 책의 후 3년 반의 내용과 작은 책의 12장의 후 3년 반의 내용이 함께 진행함으로 지금까지 일곱 인 봉한 책으로 6~9장까지의 전 3년 반의 내용이 끝나고 10장, 11장이 삽입되면서 이스라엘의 전 3년 반의 계시가 진행된다. 그리고 11장 14절까지 전 3년 반의 내용이 끝나고 11장 15절부터는 12장으로 이어지는 후 3년 반의 계시가 진행이 된다. 다시 말하면 일곱 인 봉한 책 속에 작은 책의 계시가 삽입이 되고 작은 책 내용 속에 일곱 인 봉한 책의 내용이 삽입 되면서 이방과 이스라엘의 전 3년 반과 후 3년 반의 계시가 절묘하게 연결이 되어 진행이 된다.

성전 척량(1~2)

(계 11:1~2) 또 내게 지팡이 같은 갈대를 주며 말하기를 일어나서 하나님의 성전과 제단과 그 안에서 경배하는 자들을 척량하되 [2] 성전 밖 마당은 척량하지 말고 그냥 두라 이것을 이방인에게 주었은즉 저희가 거룩한 성을 마흔 두달 동안 짓밟으리라

지팡이 같은 갈대(1) : 갈대는 요단 계곡에서 자라는 흔한 식물로 곧은 대를 가지므로, 자로 사용된다.(겔40:3, 계21:15)

하나님의 성전과 제단 (1): 여기에 나오는 하나님의 성전이 무엇을 가리키느냐에 대해서 여러 가지의 해석이 있다.
  1. 예루살렘에 있는 유대인의 성전(Holtzman, Walvoord)
  2. 상징적으로 그리스도의 교회를 가리킨다고 하는 해석(Charles, Plummer) 등이 있다.

후설의 근거는 본서에서는 이미 이 구절이 영적으로 사용되었고(3:12), 하늘에는 성전이 없고(21:22) 오직 영적으로 칭할 뿐인 것(7:15, 11:19, 14:15,16:1, 1/) 빚 유대인의 성전은 오히려 사단의 회라 불리웠다(2:9)는 점들을 든다.

그러나 본 절의 무대는 하늘이 아니라 땅이며 또 예루살렘으로써 그 곳에 대환난 기간 성전이 아직 존재한 것은 하등의 불가능한 일은 아니다. 다시 말하면 대환난 기간에 예루살렘에 성전이 지어져서 그 안에 경배하는 자들이 있을 것이라는 말씀이다. 그 안에서 경배하는 자들을 척량하되(1): 그 안에 경배하는 자들을 척량한다는 것이 무엇인가에 대해서 여러 가지의 해석을 살펴보면

1. 재건을 뜻함(겔40:2, 41:13, 슥2:2~8)(Bengel)

2. 멸망을 말함(왕하21:13, 사34:1)(Erbes)

3. 보존을 뜻함(삼하8:2)(Bleek, Bousset, Walvoord)

4. 영적 보존을 뜻함(Charles) 등의 해석이 있다

그러나 마지막 대환난 기간에 하나님께서는 참된 예배자를 분별하시고 구원할 자들은 구원하며 환난에 넘길 자들은 넘기기 위해서 성전과 제단과 그 안에서 경배하는 자들을 척량하라고 하신다. 이것은 마치 양과 염소를 분별하는 것과 같다. 이제 대환난이 닥쳐올 텐데 이 중에 삼분의 일은 멸절하고 삼분의 일은 불 가운데 던지는 일이 일어난다.(슥13:8~9) 곧 일곱째 나팔을 불면 이와 같은 일이 일어난다.(11:15) 나팔 심판은 삼분의 일의 심판이기 때문이다. 하나님은 성전에서 예배하는 자들을 갈대로 분별하여 구원받을 자들과 심판 받을 자들로 나누신다.

성전 밖 마당(2) : 이것은 이방인의 뜰을 가리킨다. 예루살렘 성전 밖에 유대인 남자의 뜰이 있고, 그 돌담 밖에 이방인의 뜰이 있다. 이곳에 이방인들이 여호와 하나님께 경배하기 위해 모여 왔다. 이들은 하나님의 성전에 왔지만 아직도 불신의 상태에서 성전 밖 마당에 있는 자들이며 성전 마당만 밟는 불신자들이다.(사1:12) 이 성전 밖 마당은 이방인들에게 주어져서 후 3년 반 동안 즉 마흔 두 달 동안 짓밟힌다. 예루살렘이 다시 한 번 수난을 겪을 것을 말씀하신다.(마24:15~21)

두 증인의 사역(3~4)

(계 11:3~6) 내가 나의 두 증인에게 권세를 주리니 저희가 굵은 베옷을 입고
일천 이백 육십 일을 예언하리라 (4) 이는 이 땅의 주 앞에 섰는 두 감람나
무와 두 촛대니

두 증인(3) : 전도관의 교주 박태선은 자기가 감람나무라고 하며 사람들을
미혹케 했다. 이 두 증인에 대해서 많은 해석들이 나왔다.

1. 에녹과 엘리야 : 이 둘은 죽지 않고 승천한 자들이므로 이들이 마지막 때
   에 두 증인으로 복음을 전하는 자라는 해석
2. 모세와 엘리야 : 당시 유대인들의 보편적 신념이었고 2세기까지의 교회
   의 일반적 견해이기도 했다. 현대에도 이를 문자적으로 지지하는 학자들
   이 있다.(Barclay)
3. 율법과 선지서: 모세와 엘리야를 대표한 것이나 그것이 인격화하여 전도
   한다는 것은 역시 지나친 것이다.
4. 교회의 모든 증인들(Breijdanus, Plummer)
5. 상징적으로 모세와 엘리야의 정신을 계승한 종(Bengel, Gaeblein)

여러 가지의 해석이 있었으나 그들은 모세와 엘리야의 정신을 가지고 구약
의 율법과 신약의 복음을 유대인들에게 전하는 복음 전도자라고 해석함이 타
당하다. 유대인들은 지금 구약만 받아들이고 신약을 받아들이지 않기 때문에
마지막 환난 때에는 두 증인 즉 구약의 율법과 신약의 복음을 조화있게 전하
지 않으면 안되고 마침내 이스라엘 민족이 마음을 열고 신약의 복음을 받아들
이게 하는 역할을 감당하게 된다. 그 결과 이스라엘 민족은 신구약 66권의 증
언을 받아들임으로 예수 그리스노로 말미암은 구원이 성취가 되어진다. 두 증

인의 증언으로 말미암아 환난 가운데 있는 유대인들과 나머지 이방인들은 하나님의 계명과 예수 믿음 즉 복음을 믿고 지키게 된다.

(계 14:12) 성도들의 인내가 여기 있나니 저희는 하나님의 계명과 예수 믿음을 지키는 자니라

두 증인의 복음 증거의 결과 마지막 추수된 알곡성도들도 구약과 신약의 하나님을 찬양하는 장면들이 나오는데 이것은 두 증인의 사역을 통하여 나타난 열매라고 볼 수가 있다.

(계 15:2~3) 또 내가 보니 불이 섞인 유리 바다 같은 것이 있고 짐승과 그의 우상과 그의 이름의 수를 이기고 벗어난 자들이 유리 바다 가에 서서 하나님의 거문고를 가지고 ⁽³⁾ 하나님의 종 모세의 노래 어린 양의 노래를 불러 가로되 주 하나님 곧 전능하신 이시여 하시는 일이 크고 기이하시도다 만국의 왕이시여 주의 길이 의롭고 참되시도다

이들이 유리 바다 가에서 하나님을 무엇으로 찬양하고 있는가? 그것은 하나님의 종 모세의 노래 즉 율법과 어린 양의 노래 즉 복음이다.

(계 20:4) 또 내가 보좌들을 보니 거기 앉은 자들이 있어 심판하는 권세를 받았더라 또 내가 보니 예수의 증거와 하나님의 말씀을 인하여 목 베임을 받은 자의 영혼들과 또 짐승과 그의 우상에게 경배 하지도 아니하고 이마와 손에 그의 표를 받지도 아니한 자들이 살아서 그리스도로 더불어 천 년 동안 왕노릇하니

여기에도 예수의 증거와 하나님의 말씀을 인하여 목 베임을 받은 자의 영혼

들이라는 말씀이 나오는데 이들도 두 증인의 증거를 통하여 구원받았음을 잘 알 수가 있다.

　굵은 베옷을 입고(3): 회개를 권장하는 증인들에게 적합한 의복이다. 또한 회개할 때 입는 의복이었다.(왕하1:8, 사22:12, 렘4:8, 욘3:5, 마3:4)

1260일을 예언하리라(3) : 1260일은 전 3년 반의 기간으로써 마흔 두 달, 한 때, 두 때, 반 때와 동일한 기간이다. 이 기간 동안 두 증인들은 큰 권세를 받아서 온갖 기적을 베풀며 하나님의 말씀과 예수 그리스도의 증거를 전한다.

두 감람나무와 두 촛대(4): 이것은 슥4:1~14절을 배경으로 한 표현이다. 여기서 두 감람나무와 두 촛대는 총독 스룹바벨과 제사장 예수아를 가리킨다. 올리브는 기름을 내어 등잔에 공급하고 등잔은 빛을 비추는 것이다. 두 올리브나무는 율법과 선지서(모세와 엘리야를 대표하는)(Charles), 구약과 신약(Plummer) 등으로 해석된다. "촛대에 재료를 공급하는 두 올리브나무는 구약과 신약의 적합한 상징이고, 촛대는 유대인 그리스도 교회를 모형한다" (Plummer) 이것은 환난 초기에 이스라엘에서 일어날 말씀 운동을 나타내는 것으로 보아진다.

　1907년 평양의 장대현교회에 성령의 불이 임하기 전에 사경회가 전국적으로 메아리 친 것을 볼 때에 이러한 말씀 운동이 이스라엘 전 민족적으로 번져 나아갈 것을 말씀하시고 있다. 이스라엘 곳곳에 사경회 운동이 일어나서 구약의 율법과 신약의 복음을 연구하고 가르치고 배우는 이러한 일들이 대대적으로 일어날 것을 나타내고 있다. 이들이 7장에 나오는 14만 4천 명의 인치심에 직접적인 영향을 주어 그들이 복음 전도자로 무장하게 됨으로 이 두 증인들의 사역이 막을 내린다.

두 증인의 권세(5~6)

(계 11:5~6) 만일 누구든지 저희를 해하고자 한즉 저희 입에서 불이 나서 그 원수를 소멸할지니 누구든지 해하려 하면 반드시 이와 같이 죽임을 당하리라 (6) 저희가 권세를 가지고 하늘을 닫아 그 예언을 하는 날 동안 비 오지 못하게 하고 또 권세를 가지고 물을 변하여 피 되게 하고 아무 때든지 원하는 대로 여러 가지 재앙으로 땅을 치리로다

입에서 불이 나서 원수를 소멸함(5): 5절은 엘리야의 역사를 묘사하여 장차 올 두 증인도 그런 권능을 행할 것을 나타내고 있다.(왕하1:10~12)

하늘을 닫아 비 오지 못하게 함(6): 6절 상반절도 엘리야의 역사를 묘사하여 장차 올 두 증인의 사역을 말하고 있다.(왕상17:1, 약5:17)

물을 변하여 피 되게 하고(6) : 6절 하반절 말씀은 모세의 10재앙을 인용하여 여러 가지 재앙으로 원수들을 죽이는 권세를 가졌음을 나타낸다.

두 증인이 사역을 마침(7~10)

(계 11:7~10) 저희가 그 증거를 마칠 때에 무저갱으로부터 올라오는 짐승이 저희로 더불어 전쟁을 일으켜 저희를 이기고 저희를 죽일 터인즉 (8) 저희 시체가 큰 성 길에 있으리니 그 성은 영적으로 하면 소돔이라고도 하고 애굽이라고도 하니 곧 저희 주께서 십자가에 못 박히신 곳이니라 (9) 백성들과 족속과 방언과 나라 중에서 사람들이 그 시체를 사흘 반 동안을 목도하며

무덤에 장사하지 못하게 하리로다 ⁽¹⁰⁾ 이 두 선지자가 땅에 거하는 자들을 괴롭게 한 고로 땅에 거하는 자들이 저희의 죽음을 즐거워하고 기뻐하여 서로 예물을 보내리라 하더라

무저갱으로부터 올라오는 짐승에게 죽임을 당함(7) : 두 증인의 사역기간인 1260일이 끝나면 무저갱으로부터 올라오는 짐승 즉 적그리스도(계17:8)에게 순교를 당하게 된다. 전 3년 반 동안 두 증인의 사역을 통해서 말씀 운동이 이스라엘 전역으로 확산이 되어 이제 그들이 회개하고 국가적으로 그리스도를 영접하게 되는데 이것이 바로 일곱째 나팔을 불 때에 일어나게 된다.

시체가 예루살렘에 사흘 반 동안 있음(8~10) : 그들이 죽자 온 세상 사람들이 반기며 서로 예물을 보낼 정도로 기뻐한다. 그 시체가 있는 곳은 바로 영적인 소돔이요 애굽인 예루살렘이다. 그리스도께서 십자가에 못 박히신 예루살렘이 이제 적그리스도에게 침략당하며 후 3년 반이 시작된다.

두 증인의 부활과 승천(11~13)

(계 11:11~13) 삼일 반 후에 하나님께로부터 생기가 저희 속에 들어가매 저희가 발로 일어서니 구경하는 자들이 크게 두려워하더라 ⁽¹²⁾ 하늘로부터 큰 음성이 있어 이리로 올라오라 함을 저희가 듣고 구름을 타고 하늘로 올라가니 저희 원수들도 구경하더라 ⁽¹³⁾ 그 시에 큰 지진이 나서 성 십분의 일이 무너지고 지진에 죽은 사람이 칠천이라 그 남은 자들이 두려워하여 영광을 하늘의 하나님께 돌리더라

두 증인의 부활(11) : 사흘 반이 지나자 생기가 그들에게 들어가니 그들이 부

활하여 두 발로 일어섰다. 이것은 하나님의 말씀은 결코 없어지거나 쇠하지 않는다는 것을 보여주고 있다.(벧전1;24~25)

두 증인의 승천(12) : 부활한 두 증인은 위로부터 이리로 올라오라는 음성을 듣고 드디어 구름을 타고 승천하게 된다. 이로써 그들의 사명을 완수하게 된다.

두 증인의 승천 후에 있는 큰 지진(13) : 그 때에 예루살렘에 큰 지진이 일어나서 성 십분의 일이 무너지고 사람이 칠 천이나 죽게 된다. 이것은 스가랴서에서도 나오는 대지진인데 두 증인의 사역이 끝날 무렵에 일어나게 될 것이다.

(슥14:4~5) 그 날에 그의 발이 예루살렘 앞 곧 동편 감람산에 서실 것이요 감람산은 그 한가운데가 동서로 갈라져 매우 큰 골짜기가 되어서 산 절반은 북으로, 절반은 남으로 옮기고 [5] 그 산 골짜기는 아셀까지 미칠지라 너희가 그의 산 골짜기로 도망하되 유다 왕 웃시야 때에 지진을 피하여 도망하던 것같이 하리라 나의 하나님 여호와께서 임하실 것이요 모든 거룩한 자가 주와 함께 하리라

감람산은 그 한 가운데가 동서로 갈라져서 매우 큰 골짜기가 생기고 산 절반은 북으로 절반은 남으로 옮기게 되고 그 골짜기 사이로 피신하게 된다. 지진이 일어나서 감람산이 갈라지고 그 사이로 피신하며 후 3년 반이 시작된다.

둘째 화가 지나감(14)

(계 11:14) 둘째 화는 지나갔으나 보라 세째 화가 속히 이르는도다

여기에서 둘째 화란 여섯째 천사가 나팔을 불 때에 일어났던 유브라데강 전쟁을 나타내고 그 전쟁으로 사람 삼분의 일이 죽게 된 것을 말하는데 (9:13~21) 이 둘째 화가 지났다고 여기에서 말하는 것은 일곱 인 봉한 책과 작은 책이 절묘하게 엮어지면서 계시를 진행하시는 모습을 볼 수가 있다.

두 증인의 죽음과 부활 승천과 함께 1260일 즉 전 3년 반이 끝나고 이제 후 3년 반이 시작이 되려고 하는 시점과 여섯째 천사가 나팔을 불어서 진행되어진 유브라데강 전쟁이 종결되는 시점이 일치함을 나타낸다. 이제 일곱째 천사가 나팔을 불므로 일곱 인 봉한 책과 작은 책이 같은 시점에서 만나게 된다. 일곱 인 봉한 책은 6장부터 전 3년 반이 시작되어 전 우주적으로 진행이 되었고 작은 책의 내용은 11장부터 시작이 되었으나 그 기간은 모두 전 3년 반이다.

그러므로 일곱 인 봉한 책의 전 3년 반이 끝나는 둘째 화 즉 유브라데강 전쟁과 두 증인이 부활 승천한 직후와 그 시점이 전 3년 반 끝으로 같은 시점에 만난다. 이제 마지막 일곱째 나팔을 불면서 작은 책과 일곱 인 봉한 책이 후 3년 반에 접어들면서 그 시점이 하나가 된다.

얼마나 절묘한 조화인가!

하나님의 지혜와 지식의 부요함이 여기에 나타난다.

일곱째 천사의 나팔(15~19)

(계 11:15~19) 일곱째 천사가 나팔을 불매 하늘에 큰 음성들이 나서 가로되 세상 나라가 우리 주와 그 그리스도의 나라가 되어 그가 세세토록 왕 노릇 하시리로다 하니 (16) 하나님 앞에 자기 보좌에 앉은 이십사 장로들이 엎드려 얼굴을 대고 하나님께 경배하여 (17) 가로되 감사하옵나니 옛적에도 계셨고 시방도 계신 주 하나님 곧 전능하신 이여 친히 큰 권능을 잡으시고 왕 노릇 하시도다 (18) 이방들이 분노하매 수의 신노가 임하여 죽은 자를 심판

하시며 종 선지자들과 성도들과 또 무론대소하고 주의 이름을 경외하는 자들에게 상 주시며 또 땅을 망하게 하는 자들을 멸망시키실 때로소이다 하더라 ⁽¹⁹⁾ 이에 하늘에 있는 하나님의 성전이 열리니 성전 안에 하나님의 언약궤가 보이며 또 번개와 음성들과 뇌성과 지진과 큰 우박이 있더라

일곱째 천사가 나팔을 불매(15) : 이제 드디어 일곱째 나팔을 불었다. 그런데 일곱째 나팔을 불자 하늘에서 큰 찬양소리가 울려 퍼지며 주께서 그리스도의 나라를 세워 왕 노릇하실 것을 말하고 있는데 원래 나팔 심판은 삼분의 일 심판이다. 이 일곱째 나팔을 불 때에 하나님의 비밀이 그 종 선지자들에게 말한대로 이루어진다고 했다.

(계 10:7) 일곱째 천사가 소리 내는 날 그 나팔을 불게 될 때에 하나님의 비밀이 그 종 선지자들에게 전하신 복음과 같이 이루리라

이 말씀은 이미 상술한대로 이스라엘이 회개하고 그리스도를 영접함으로 성취가 될 것이다. 이 일곱째 나팔과 함께 이스라엘에는 후 3년 반 초두에 엄청난 환난과 핍박이 일어날 것이며 이미 두 증인의 순교와 함께 예루살렘에는 엄청난 핍박이 시작되어 스가랴서에서 예언한 일들이 일어난다.

(슥13:8~9) 여호와가 말하노라 이 온 땅에서 삼분지 이는 멸절하고 삼분지 일은 거기 남으리니 ⁽⁹⁾ 내가 그 삼분지 일을 불 가운데 던져 은 같이 연단하며 금 같이 시험할 것이라 그들이 내 이름을 부르리니 내가 들을 것이며 나는 말하기를 이는 내 백성이라 할 것이요 그들은 말하기를 여호와는 내 하나님이시라 하리라

일곱째 나팔을 불면 이 삼분지 이는 멸절되고 삼분지 일은 불 가운데 던져

지는 대환난이 일어나게 되어 그들은 드디어 회개하기에 이르게 된다. 이것이 후 3년 반이 시작됨과 동시에 일어나게 되는데 이것의 시작이 바로 일곱째 나팔이다. 일곱째 나팔은 이스라엘에게는 엄청난 참화와 그리고 이어지는 회개와 구원 그리고 핍박과 더불어 피신하는 내용으로 12장이 전개된다.

이 일곱째 나팔을 불면서 이제 이러한 일들이 이어질 것인데 그 시작을 알리는 나팔소리와 함께 찬양소리가 울려 퍼진다.

16절에는 24보좌에 앉은 이십사 장로들이 감사 찬송을 드리면서 그리스도의 나라가 도래할 것을 찬양드린다. 이 일곱 나팔 소리는 이제 후 3년 반이 시작이 되는 나팔 소리로써 이스라엘이 어떻게 회개하고 구원을 받을 것인가를 상세하고 구체적으로 보여주고 있다.

제 12 장

사단과 이스라엘의 후 3년 반

12장의 개요

12장은 해를 입은 여자와 사단과의 영적전쟁을 다룬 내용으로 전개된다. 해를 입은 여자는 열두 별의 면류관을 쓰고 그 발 아래 달이 있는 모습으로 나타나는데 이 여자는 바로 이스라엘이다. 열두 별은 열두 지파를 나타내고 해를 입고 있다는 것은 유일신 하나님을 섬기는 민족이라는 뜻이며 그 발 아래 달이 있다는 것은 이제 후 3년 반이 되면 모든 교회가 회개한 이스라엘 교회의 다스림과 보살핌 속으로 들어가게 됨을 나타낸다.

이 여자가 아이를 배어 해산하는 모습은 이제 두 증인의 복음전도의 결과로 복음을 받아 들여 그리스도를 믿고 새로운 기독교 국가로 태어남을 나타낸 것이다. 이제 그들이 하나님과 그리스도에게 속한 나라가 되었고 하나님의 말씀과 예수의 증거를 가진 자들이 되었다는 뜻이다.(12:17)

이 아이가 하나님 앞과 그 보좌 앞으로 올려가는 모습은 이제 이스라엘의 영적 신분이 하늘에 있게 된 것을 말한다.(엡2:6) 12장에는 이스라엘의 후 3년 반의 회개와 환난 그리고 피난과 보호가 그려져 있다. 여자가 아이를 배어 해산하고 새로운 기독교 국가로 탄생하려고 하면 아담 때부터 세상을 꾀고 유혹하던 마귀는 이스라엘이 기독교국가가 되지 못하게 방해하고 핍박하며 집요하게 이스라엘을 공격한다. 이 영적인 싸움이 후 3년 반 1260일간 계속된다.(12:6,14)

해를 입은 여자(1~2)

(계 12:1~2) 하늘에 큰 이적이 보이니 해를 입은 한 여자가 있는데 그 발 아래는 달이 있고 그 머리에는 열두 별의 면류관을 썼더라 [2] 이 여자가 아이

를 배어 해산하게 되매 아파서 애써 부르짖더라

해를 입은 여자(1) : 해를 입은 여자가 누구인가?

◎ 저자들의 여러 가지 견해

저자명	저자의 견해	저자명	저자의 견해
김재준	이상적 이스라엘	데 이 크	이스라엘
김응조	교회 휴거후 환난 중 회개한 성도의 집단	존 슨	교회
조용기	이스라엘	비더울프	구약 교회
박수암	마리아를 배경으로 하는 교회	헨드릭슨	하나님의 교회
이상근	유대 민족 또는 유대 교회	렌 스 키	교회
석원태	신 · 구약 시대의 전 교회	왈부르드	이스라엘
박윤선	구약 교회에 근거한 신약 교회	래 드	이상적인 시온

이것은 창세기에서 요셉의 꿈에 나오는 내용과 비슷하다. 요셉이 꿈을 꾸고 해와 달과 열한 별들이 그에게 절하는 꿈을 부모와 형들에게 이야기를 한 것인데(창37:9) 해를 입은 여자는 유일하신 하나님을 섬기는 이스라엘을 묘사한 것이고 그 발 아래는 달이 있다는 것은 달은 교회를 상징하는 것으로서 교회가 이미 휴거한 상태이고 남아있는 교회가 신생기독교국가인 이스라엘의 휘하에 들어가게 됨을 나타내는 것이고 열두 별의 면류관을 쓰고 있는 것은 12지파를 나타낸다. 이 여자가 아이를 배어 해산하게 되었다는 것은 이제 이스라엘이 민족적으로 구약 선지자들이 예언한대로 회개하고 그들이 찌른 그리스도를 받아 들이며 국가적으로 회개하는 모습을 나타낸다.

(슥12:10~14) 내가 다윗의 집과 예루살렘 거민에게 은총과 간구하는 심령을 부어 주리니 그들이 그 찌른 비 그를 바라보고 그를 위하여 애통하기를 독자

를 위하여 애통하듯 하며 그를 위하여 통곡하기를 장자를 위하여 통곡하듯 하리로다 (11) 그 날에 예루살렘에 큰 애통이 있으리니 므깃도 골짜기 하다드림몬에 있던 애통과 같을 것이라 (12) 온 땅 각 족속이 따로 애통하되 다윗의 족속이 따로 하고 그 아내들이 따로 하며 나단의 족속이 따로 하고 그 아내들이 따로 하며 (13) 레위의 족속이 따로 하고 그 아내들이 따로 하며 시므이의 족속이 따로 하고 그 아내들이 따로 하며 (14) 모든 남은 족속도 각기 따로 하고 그 아내들이 따로 하리라

(슥13:1~6) 그 날에 죄와 더러움을 씻는 샘이 다윗의 족속과 예루살렘 거민을 위하여 열리리라 (2) 만군의 여호와가 말하노라 그 날에 내가 우상의 이름을 이 땅에서 끊어서 기억도 되지 못하게 할것이며 거짓 선지자와 더러운 사귀를 이 땅에서 떠나게 할 것이라 (3) 사람이 오히려 예언할 것 같으면 그 낳은 부모가 그에게 이르기를 '네가 여호와의 이름을 빙자하여 거짓말을 하니 살지 못하리라 하고 낳은 부모가 그 예언할 때에 칼로 찌르리라 (4) 그 날에 선지자들이 예언할 때에 그 이상을 각기 부끄러워할 것이며 (5) 말하기를 나는 선지자가 아니요 나는 농부라 내가 어려서부터 사람의 종이 되었노라 할 것이요 (6) 혹이 그에게 묻기를 네 두팔 사이에 상처는 어찜이냐 하면 대답하기를 이는 나의 친구의 집에서 받은 상처라 하리라

큰 붉은 용(3~4)

(계 12:3~4) 하늘에 또 다른 이적이 보이니 보라 한 큰 붉은 용이 있어 머리가 일곱이요 뿔이 열이라 그 여러 머리에 일곱 면류관이 있는데 (4) 그 꼬리가 하늘 별 삼분의 일을 끌어다가 땅에 던지더라 용이 해산하려는 여자 앞에서 그가 해산하면 그 아이를 삼키고자 하더니

머리가 일곱이요 뿔이 열인 큰 붉은 용(3) : 붉은 용은 사단이요 옛 뱀이요 마귀이다.(12:9) 이 마귀는 일곱 머리와 열 뿔을 가지고 있다. 인간의 역사 가운데서 이스라엘을 핍박한 여러 제국들의 머리와 뿔을 합치면 일곱 머리와 열 뿔이 되는데 이것을 지칭한다.

단7:1~7에 보면 바벨론이 머리 하나, 메데 바사가 머리 하나, 헬라가 머리 넷, 로마가 머리 하나, 합치면 머리가 일곱이요 로마가 머리에 열 뿔이 있으니 이 모든 제국들의 머리와 뿔을 합치면 일곱 머리와 열 뿔이 된다. 이들은 모두 이스라엘 백성들을 핍박했던 제국들이고 이 제국들과 함께 이 세상에 오실 그리스도를 대적하는 세력이 앞으로 일어날 적그리스도이다.

하늘의 별 삼분의 일을 땅에 던짐(4) : 다니엘서8:9~10절을 배경으로 한다. 여기에 하늘의 별들이 누구인가에 대해서 살펴보면

1. 문자적 별로 보는 해석(Charles) 2. 상징적으로 하늘의 천사들로 보는 해석(Plummer)으로 나누어 진다. 전자에 따르면 사단은 넷째 나팔에서 보여진(8:12) 하나님의 능력을 모방한 셈이되고, 여섯째 나팔에서 사람 삼분의 일이 죽은 것처럼(9:18) 이제 하늘의 별 삼분의 일을 멸한 셈이 된다. 후설을 따르면 역사 이전에 이루어진 사단(천사장)의 타락과 그 때 일단의 천사군이 같이 타락한 사실을 가리키는 것이 된다.(유6:)

여자가 낳은 아이를 삼키고자 함(4) :

이스라엘이 회개하여 그리스도인으로 다시 태어나 기독교 신생국이 되면 그들을 핍박하고 잔해하려는 모습을 보여주고 있다.

여자가 아들을 낳고 핍박을 받음(5~6)

(계 12:5~6) 여자가 아들을 낳으니 이는 장차 철장으로 만국을 다스릴 남자라 그 아이를 하나님 앞과 그 보좌 앞으로 올려가더라 [6] 그 여자가 광야로 도망하매 거기서 일천 이백 육십일 동안 저를 양육하기 위하여 하나님의 예비하신 곳이 있더라

여자가 아들을 낳으니(5) : "여자가 아들을 낳으니 이는 장차 철장으로 만국을 다스릴 남자라 그 아이를 하나님 앞과 그 보좌 앞으로 올려 가더라" 라는 말씀이 나오는데 이는 이제 이스라엘이 회개하고 그들이 찌른 그 메시야를 받아들여 신생기독교국가로 태어남을 가리킨다. 이것은 구약성경 이사야서에 묘사된 내용과 흡사하다.

(사66:7~8) 시온은 구로하기 전에 생산하며 고통을 당하기 전에 남자를 낳았으니 [8] 이러한 일을 들은 자가 누구이며 이러한 일을 본 자가 누구이뇨 나라가 어찌 하루에 생기겠으며 민족이 어찌 순식간에 나겠느냐 그러나 시온은 구로하는 즉시에 그 자민을 순산하였도다.

시온 즉 이스라엘이 산고의 고통으로 해산한 남자 아이는 바로 그리스도인을 나타내고 자민을 순산하였다는 것은 그들이 메시야를 믿고 그리스도의 자민으로 새로 태어났다는 것이다. 즉 그들이 기독교국가로 태어난 것을 말하고 있다. 그리고 보좌 앞으로 올려간다는 말씀은 그들이 이제 영적으로 중생하여 그리스도와 함께 하늘에 앉게 되고 그들의 영적인 주소가 하늘임을 나타낸다. 이것은 우리가 중생하고 그리스도와 함께 죽음에서 다시 새 생명으로 태어나서 그리스도와 함께 하늘에 앉는 것과 같은 내용을 그림처럼 묘사했다.

(엡2:5~6) 허물로 죽은 우리를 그리스도 예수와 함께 살리셨고 (너희가 은 혜로 구원을 얻은 것이라) [6] 또 함께 일으키사 그리스도 예수 안에서 함께 하늘에 앉히시니 그들이 그리스도를 메시야로 받아들이고 거듭나서 영적인 주소가 하늘에 있게 되면 그들은 적그리스도의 핍박을 받아 후 3년 반을 지나게 되는데 이것이 12장 전체의 내용이다.

그 여자가 광야로 도망하매(6): 이스라엘이 회개하고 이제 신생 국가가 되니 적그리스도가 그를 핍박하여 광야로 도망하게 되는데 이것은 구약성경과 신약성경에 많이 예언되어 있다.

(슥14:4~5) 그 날에 그의 발이 예루살렘 앞 곧 동편 감람산에 서실 것이요 감람산은 그 한가운데가 동서로 갈라져 매우 큰 골짜기가 되어서 산 절반은 북으로, 절반은 남으로 옮기고 [5] 그 산 골짜기는 아셀까지 미칠지라 너희가 그의 산골짜기로 도망하되 유다 왕 웃시야 때에 지진을 피하여 도망하던 것같이 하리라 나의 하나님 여호와께서 임하실 것이요 모든 거룩한 자가 주와 함께 하리라

두 증인이 부활 승천하자 큰 지진이 나서 감람산이 동서로 갈라지며 산 절반은 북으로 절반은 남으로 옮기게 되니 그 사이를 통하여 도망하라고 말씀하시고 있다. 예수님께서도 이들이 마지막 환난에서 도망할 것을 말씀하시고 있다.

(마24:16) 그 때에 유대에 있는 자들은 산으로 도망할지어다

하나님의 예비하신 곳(6) : 그들이 도망하면 하나님께서 그들을 하나님의 예비하신 곳으로 인도하셔서 그들을 1260일 동안 즉 후 3년 반 동안 양육받게

하시는데 이것도 구약성경에 미리 예언되어 있다.

(사26:20) 내 백성아 갈지어다 네 밀실에 들어가서 네 문을 닫고 분노가 지나기까지 잠간 숨을지어다

여기에 나오는 밀실은 하나님께서 은밀하게 예비해 놓으신 곳을 말하는 것이다. 혹자는 여기를 페트라 라고도 하는데 현재 요르단의 페트라에 많은 물과 성경 등을 저장해 놓고 있다고도 한다.

용이 내어 쫓김(7~9)

(계 12:7~9) 하늘에 전쟁이 있으니 미가엘과 그의 사자들이 용으로 더불어 싸울새 용과 그의 사자들도 싸우나 [8] 이기지 못하여 다시 하늘에서 저희의 있을 곳을 얻지 못한지라 [9] 큰 용이 내어 쫓기니 옛 뱀 곧 마귀라고도 하고 사단이라고도 하는 온 천하를 꾀는 자라 땅으로 내어 쫓기니 그의 사자들도 저와 함께 내어 쫓기니라

용이 미가엘과 싸워서 패배함(7~8) : 미가엘은 전쟁의 천사인데 이 미가엘과 그의 사자들이 용과 그의 사자들과 싸움을 벌이고 이때에 용이 전쟁에 져서 마침내 하늘 공중에서 땅으로 내어 쫓긴다.

용, 옛 뱀, 마귀, 사단(9): 사단은 이 네 가지 이름으로 불리는 온 천하를 꾀는 자이다. 이 마귀는 원래 하나님의 보좌 앞 화광석 사이에 다니는 천사장이었으나 (겔28:14) 범죄함으로 말미암아(사14:12~20) 공중으로 내어 쫓겼다가(엡2:2) 이제 미가엘에게 패하여 땅으로 내어 쫓긴다. 그리고 그리스도의 재림과

더불어 붙잡혀 쇠사슬에 묶여 무저갱에 갇혔다가(계20:3) 천 년 후에 잠시 풀려 나서 곡과 마곡의 전쟁을 일으키나(계20:7~8) 결국 그리스도에게 붙잡혀 불못으로 빠지게 되는데(계20:10) 이곳이 그가 최종적으로 영벌을 받을 곳이다.

하늘의 승리의 큰 음성(10~12)

(계 12:10~12) 내가 또 들으니 하늘에 큰 음성이 있어 가로되 이제 우리 하나님의 구원과 능력과 나라와 또 그의 그리스도의 권세가 이루었으니 우리 형제들을 참소하던 자 곧 우리 하나님 앞에서 밤낮 참소하던 자가 쫓겨 났고 (11) 또 여러 형제가 어린 양의 피와 자기의 증거하는 말을 인하여 저를 이기었으니 그들은 죽기까지 자기 생명을 아끼지 아니하였도다 (12) 그러므로 하늘과 그 가운데 거하는 자들은 즐거워하라 그러나 땅과 바다는 화 있을진저 이는 마귀가 자기의 때가 얼마 못된 줄을 알므로 크게 분내어 너희에게 내려 갔음이라 하더라

하늘의 큰 찬양(10): 이것은 네 생물, 24장로, 천사들, 만물, 휴거된 교회들의 연합 찬양이다. 그래서 큰 음성이 나온 것으로 본다.

1. 우리 하나님의 구원과 능력과 나라와 그리스도의 권세가 이루어짐(10)
2. 밤낮 성도들을 참소하던 마귀가 쫓겨났고(10)
3. 여러 형제가 그리스도의 피와 그들의 말을 인하여 저를 이긴 것과(11)
4. 그들이 죽기까지 생명을 아끼지 아니한 것과(11)
5. 그러므로 하늘에 거하는 자들은 기뻐하라(12)
6. 땅과 바다는 화가 있을 것임(12)
7. 마귀가 크게 분내어 땅으로 내려긴 것을(12) 찬양드리는 큰 음성이다.

용의 핍박과 이스라엘의 피신(13~17)

(계 12:13~17) 용이 자기가 땅으로 내어쫓긴 것을 보고 남자를 낳은 여자를 핍박하는지라 (14) 그 여자가 큰 독수리의 두 날개를 받아 광야 자기 곳으로 날아가 거기서 그 뱀의 낯을 피하여 한 때와 두 때와 반 때를 양육 받으매 (15) 여자의 뒤에서 뱀이 그 입으로 물을 강 같이 토하여 여자를 물에 떠내려가게 하려 하되 (16) 땅이 여자를 도와 그 입을 벌려 용의 입에서 토한 강물을 삼키니 (17) 용이 여자에게 분노하여 돌아가서 그 여자의 남은 자손 곧 하나님의 계명을 지키며 예수의 증거를 가진 자들로 더불어 싸우려고 바다 모래 위에 섰더라

용이 남자를 낳은 여자를 핍박함(13) : 땅으로 내어 쫓긴 용은 크게 분을 내며 드디어 회개하고 기독교국가가 된 이스라엘을 극렬히 핍박하기 시작한다. 이 핍박이 얼마나 극렬한지 그들의 삼분지 이가 멸절될 것이라고 구약성경은 예언하고 있고(슥13:8~9) 그리스도께서 복음서에 이 핍박에 대해서 말씀하시면서 창세 이후로 이와 같은 핍박이 없었다고 말씀하셨다. (마24:20~21)

여자가 큰 독수리의 두 날개를 받아 광야 자기 곳으로 날아감(14) : 이스라엘은 이제 피신하게 되는데 이들은 지진에 의해서 동서 교통로가 열린 감람산을 통하여 광야로 도망하게 된다.(슥14:4~5) 이때에 큰 독수리의 두 날개를 받았다는 것은 아마도 비행기를 뜻하는게 아니겠는가라고 생각하는 이들이 있다. 그들은 자기 곳 즉 하나님께서 예비해 두신 곳으로 날아가게 된다.(사26:20)

한 때 두 때 반 때 양육받음(14) : 후 3년 반 동안 그들은 하나님께서 예비

해 두신 곳에서 피신하며 하나님의 말씀과 그리스도의 증거로 양육을 받는다. 이들을 양육할 자들은 아마도 14만 4천 명의 인치심을 받은 자들일 것이다.

뱀이 그 입으로 물을 강같이 토함(15) : 하나님의 말씀으로 양육을 받는 이스라엘 백성들에게 뱀이 입에서 나오는 물로써 그들을 떠내려가게 하는데 이때에 물은 영적으로 볼 때 이단사상과 온갖 더러운 교리들로써 그들을 미혹하는 것을 말함과 동시에 이 물은 (계17:15) 절 말씀에 "또 천사가 내게 말하되 네가 본 바 음녀의 앉은 물은 백성과 무리와 열국과 방언들이니라" 고 언급한 것을 볼 때에 용이 많은 백성과 무리와 열국과 방언들을 통해 그들을 공격하는 것을 말한다.

땅이 강물을 삼킴(16) : 땅이 강물을 삼킨다는 것은 어떤 지진이나 천재지변을 통하여 그 물이 이스라엘을 해하지 못하게 하는 것을 말하며 하나님께서 그들을 지키심으로 그들을 삼킬 자가 없음을 나타낸다.

바다 모래 위에 선 마귀(17) : 이제 마귀는 모든 수단을 동원하여 이스라엘을 핍박하려고 바다 모래 위에 서서 이스라엘에게 공격을 가한다. 바다 모래 위란 그들의 근거지가 곧 무너질 것을 말한다.(마7:26~27) 그래서 그들은 최후의 발악을 하며 이스라엘을 공격한다. 그러나 그 공격은 무위로 돌아갈 수밖에 없다. 왜냐하면 하나님께서 예비하신 완벽한 피난처요 밀실이기 때문이다. 여기에서 하나님의 계명과 예수 그리스도의 증거를 가진 자들로 더불어 싸운다는 것은 이제 이스라엘이 하나님의 계명을 지킬 뿐만 아니라 두 증인과 14만 4천 명의 증거에 의해서 그들이 예수 그리스도의 복음을 믿음으로 받아들였음을 나타낸다.

제 13 장

적그리스도와 전세계의 후 3년 반

적그리스도의 정체와 활동(1~10)
거짓선지자의 정체와 활동(11~17)
666 짐승의 표(18)

13장의 개요

13장은 적그리스도와 열 뿔의 정체와 그 활동에 대해서(1~10) 그리고 거짓 선지자의 활동에 대해서 기록하고 있다.(11~18) 12장은 마귀의 정체와 그 활동에 대한 장이다. 12장의 영적싸움의 대상은 사단과 이스라엘이다. 그러나 13장의 싸움의 대상은 적그리스도와 온 세상이다. 왜냐하면 적그리스도는 온 세계를 통치하는 세력으로써 사단에게 권세를 물려 받았기 때문이다.(13:3,7)

이후 사단은 오직 그리스도를 고백하고 새롭게 거듭난 이스라엘을 핍박하며 집요하게 공격함으로 그리스도를 구주로 믿지 못하도록 방해하는 일을 후 3년 반 동안 계속한다. (12:13,17) 즉 후 3년 반이 시작되면 사단이 땅으로 내어 쫓기면서(12:9) 권세를 짐승 즉 적그리스도에게 이양하고(13:2) 자신은 이스라엘을 공격한다.(12:13) 그러나 이 때 적그리스도와 열 뿔 그리고 거짓선지자는 온 세계를 통치하기 시작한다.(13:1) 열 뿔에 면류관을 쓰고 나타난 것은 그들이 통치할 때가 되었다는 뜻이다.(13;2,4) 열 뿔은 적그리스도를 도와서 마지막 후 3년 반을 장악할 세력들이라고 할 수가 있다.(17:12,17) 적그리스도는 거짓선지자를 앞세워 짐승의 우상을 만들고 그 앞에 절하게 하며 그 우상으로 말하게 할 뿐만 아니라 666표를 이마와 손에 받게 하고 받지 않으면 매매를 못하게 하며 죽이고 핍박을 가하는 일을 계속한다(13:14~17)

적그리스도의 등장(1~3)

(계 13:1~4) 내가 보니 바다에서 한 짐승이 나오는데 뿔이 열이요 머리가 일곱이라 그 뿔에는 열 면류관이 있고 그 머리들에는 참람된 이름들이 있더라 [2] 내가 본 짐승은 표범과 비슷하고 그 발은 곰의 발 같고 그 입은 사자

의 입 같은데 용이 자기의 능력과 보좌와 큰 권세를 그에게 주었더라 [3] 그의 머리 하나가 상하여 죽게 된 것 같더니 그 죽게 되었던 상처가 나으매 온 땅이 이상히 여겨 짐승을 따르고

바다에서 한 짐승이 나오는데(1) : 바다란 세상을 말하기도 하고 17장15절에 비추어 보면 백성과 무리와 열국과 방언들을 말하기도 하는데 이 짐승은 세속적인 무리들의 지지를 받으면서 등장하게 된다. 이 짐승은 뿔이 열이요 머리가 일곱이라고 했는데 다니엘서 7장에 나오는 넷째 짐승과 조화를 이룬다. 그리고 다니엘서 2장, 7장과 계시록 13장, 17장 말씀이 조화를 이루어야 해석이 바르게 될 수가 있다. 즉 다니엘의 넷째 짐승은 로마이다. 그러므로 계시록 13장의 짐승도 로마의 범주를 벗어나서 해석하게 되면 뒤틀린 해석을 할 수 밖에 없다. 계시록 13장의 짐승을 로마로 보고 끝까지 로마로 해석함으로 다니엘서와 조화를 이루어야 한다.

다니엘서의 네 번째 짐승과 요한계시록의 짐승간의 비교

다니엘의 네 번째 짐승	요한계시록의 짐승	
바다에서 나온다(단7:3)	바다에서 나온다(계13:1)	
열 뿔 - 열 왕(7:7,24)	열 뿔 - 열 왕(13:1,17:12)	
또 하나의 뿔(적그리스도)이 유력한 통치자가 된다(7:24-26)	짐승이 한 인격으로써(참조19:20) 유력한 통치자가 된다(17:12-13)	
	표범과 비슷하다 (13:2)	이 짐승은 다니엘의 첫 번째 세 짐승인 사자와 곰과 표범 각각의 특징을 지니고 있다 (단7:4-6)
발로 밟는다(7:7)	곰의 발 같다 (13:2)	
큰 철 이를 갖고 있다(7:7)	사자의 입 같다 (13:2)	

참람하다(7:25)	붉은 빛(17:3) 참람하다(13:5) 용이 그에게 권세를 준다(13:2)
한 때와 두 때와 반 때 동안 권세를 지닌다(7:25)	마흔 두 달 동안 권세를 지닌다 (13:5)
왕국을 세우시는 하나님께 패배당한다(단7:21-22,26-27)	왕국을 세우시는 하나님께 패배당한다(19:11-20-6)

뿔이 열이요(1) : 뿔이 열이라는 것은 마지막 때에 권세를 얻어 적그리스도를 도와서 이 세상을 통치할 열 왕들을 말한다. 이 열 뿔이 누구인가를 우리는 먼저 알아야 하겠다. 이 열 뿔은 다니엘서 2장에서는 열 발가락으로 나오는데 마지막 때에 적그리스도와 함께 이 세상을 통치할 마지막 열 왕들이라고 볼 수가 있겠다. 다니엘서 7장에 보면 로마를 상징하는 넷째 짐승이 그 머리에 열 뿔이 있는 모습으로 나타난다.

(단7:7) 내가 밤 이상 가운데 그 다음에 본 넷째 짐승은 무섭고 놀라우며 또 극히 강하며 또 큰 철 이가 있어서 먹고 부숴뜨리고 그 나머지를 발로 밟았으며 이 짐승은 전의 모든 짐승과 다르고 또 열 뿔이 있으므로

넷째 짐승은 로마인데 이 짐승의 머리에 열 뿔이 있다. 그러므로 이 열 뿔은 로마와 관련이 있는 왕이다. 이 열 뿔은 스스로 존재하는 것이 아니라 반드시 적그리스도와 함께 그 권세를 누린다. 이 열 뿔과 적그리스도에 대해서 여러 성경 구절을 살펴보면

(단7:23~25) 모신 자가 이처럼 이르되 넷째 짐승은 곧 땅의 넷째 나라인데 이는 모든 나라보다 달라서 천하를 삼키고 밟아 부숴뜨릴 것이며 [24] 그 열 뿔은 이 나라에서 일어날 열 왕이요 그 후에 또 하나가 일어나리니 그는 먼저 있

던 자들과 다르고 또 세 왕을 복종시킬 것이며

넷째 짐승은 넷째 나라라고 했는데 이것은 로마이다. 그리고 24절 말씀에 '그 열 뿔은 이 나라에서 일어날 열 왕이요' 라고 했는데 열 뿔이 이 나라 즉 로마에서 일어날 열 왕이라고 했다. 그렇다면 이 열 뿔은 누구인가?

(계 17:12~13) 네가 보던 열 뿔은 열 왕이니 아직 나라를 얻지 못하였으나 다만 짐승으로 더불어 임금처럼 권세를 일시동안 받으리라 [13] 저희가 한 뜻을 가지고 자기의 능력과 권세를 짐승에게 주더라

13절 말씀에 '저희가 한 뜻을 가지고 자기의 능력과 권세를 짐승에게 주더라' 라고 했는데 이것은 열 뿔이 짐승 즉 적그리스도에게 권세를 준다는 것이다. 이것은 열 뿔에 의해서 선출되는 과정을 설명하고 있는데 '뿔' 이란 '머리'와 달리 해석해야 한다. 왜냐하면 머리가 체제와 국가를 상징한다면 뿔은 그 체제에서 일어날 뛰어난 인물을 상징한다고 보아야할 것이기 때문이다.

(단8:5) 내가 생각할 때에 한 수염소가 서편에서부터 와서 온 지면에 두루 다니되 땅에 닿지 아니하며 그 염소 두 눈 사이에는 현저한 뿔이 있더라

여기에서 현저한 뿔은 헬라의 첫 번째 왕인 알렉산더를 지칭하고 있다. 이와 같이 머리가 한 국가나 체제를 말한다면 뿔은 개인을 지칭하는 것으로 보아야 한다. 그러므로 열 왕이란 앞으로 로마에서 일어날 열 명의 수퍼파워들을 말한다고 보아야 한다. 열 뿔을 여러 가지로 해석하고 있는데 그 중에 몇 가지를 살펴보면

첫째 EU를 가리킨다고 보는 해석이 있다. 열 뿔이 EU이고 이 EU에서 단일 통치자가 나오면 그 자가 적그리스도라고 하는 해석이다. 그렇다면 지금 EU

의 국가가 12별로 되어 있고 2005년 현재 25개국이 가입이 된 것을 보면 열 뿔이라는 해석이 조금은 무리가 있는 것 같다.

둘째 EU에서 일어날 10인의 단일 대통령 혹은 왕을 뽑는 위원회로 보는 견해도 있다. 옛 로마의 판도인 유럽이 지금 하나로 뭉치고 있는데 1950년 이후 철도, 철강석, 화폐, 경제, 단일 헌법 등이 하나로 되어가고 있다. 이제 이들이 단일 지도자를 내고 유럽을 완전히 하나로 연합할 때가 되었는데 지금이 바로 그 문턱에 와있다고 보아야 한다.

지금도 교황을 뽑는 추기경단이 '콘클라베'를 통하여 교황을 선출하는데 이 콘클라베의 성격을 지닌 열 뿔이 앞으로 적그리스도를 선출하여 온 세상을 놀라게 할 것이다. 콘클라베는 종교지도자인 추기경들로 구성되지만 이제 나타나는 적그리스도를 선출하기 위한 열 뿔은 정치적인 막강한 힘을 지닌 열 왕들이라고 성경은 말씀하고 있다. 수원대 이종원 교수의 칼럼 '유럽합중국의 꿈'이란 제목의 글을 소개한다.

"유럽이념의 실현체로서 유럽합중국이란 말은 1842년 빅토르 위고가 처음 사용했으며 2차대전 이후 1946년 윈스턴 처칠이 유럽합중국 창설을 주창했다. 그러나 유럽통합은 연방주의보다 경제중심의 기능주의자(장모네 등)들이 주도해왔다. 석탄, 철강부터 원자력 에너지, 경제 전반에 걸쳐 야심찬 유럽통합이 실천돼 왔으며 2002년부터는 주요국들이 단일 통화 유로를 사용하기에 이르렀다.

동북아에서 과거청산과 영토분쟁, 북한 핵 문제가 고등정치(high politics) 위치를 차지하고 있는 동안 유럽에서는 민족국가를 통합, 정치적 평화와 경제적 번영을 추구하는 새 국가모델을 위한 사회과학적 실험(유럽이 하나로 뭉쳐 미국에 필적할 정치, 경제공동체를 탄생시킨다는)이 진행돼 온 것이다. 이에 따라 이를 제도적으로 뒷받침 할 유럽헌법조약안이 만들어졌다. 이는 모든 가맹국의 비준을 받아야 발효되지만 작년(2005년) 5월과 6월 EU의 원가맹국이며 유럽통합에 가장 적극적이던 프랑스와 네덜란드가 국민투표에서 유럽헌법안을 부결시켰다. 이후 EU의 정치통합은 표류하고 있으며 유럽합중국의 꿈도 멀어지는 것이 아닌가 하는 우려가 나오기도 한다. 실제로 프랑스의 유럽헌법안 거부로 EU는 심각한 상황에 직면해 있다.

그렇다고 일부의 우려처럼 EU가 해체 또는 붕괴되는 것은 아니다. 다만 다음 단계로의 이행이 중지되고 현재의 체제에 머물고 있다는 것 밖에 없다. 그런데 현 체제의 핵심인 니스조약은 불가리아와 루마니아의 가입만 전제하고 있어 이후 가입하게 될 크로아티아 등을 수용할 시스템이 없다. 크로아티아가 2009년이나 2010년에 가입하게 되면 현 조약체제의 일부 수정은 불가피하다.

유럽헌법은 기존 EU법 체제가 가지고 있는 여러 결함, 즉 대외적인 대표성(EU 대통령과 외무장관), 민주적인 의사결정(유럽의회의 가맹국의회 권한 강화)등을 보완하려 했으나 일부 국가에 의해 부결됨으로써 EU는 이에 관한 논의를 별도로 지속해야 하는 과제를 안았다. 사실 유럽헌법안이 부결된 것은 내용 때문이 아니라 이민노동자들 때문에 잃게 될 일자리 등에 대한 경제적 우려가 주된 요인이었다.

이는 중요한 정책적 함의를 가진다. 우선 유럽헌법안 비준 실패는 EU주민들이 지나치게 빠른 유럽통합 진행속도에 부담을 가지고 있음을 반증한다. 따라서 현 단계에서 EU는 정치적 함의를 가진 현안들을 무리하게 다루기보다 사회경제적 여건을 개선하면서 회원국 간 결속을 강화하는 노력을 경주하는 것이 바람직하다.

EU국가들은 지난 6월 브뤼셀 정상회의에서 유럽헌법조약안의 내용과 각국의 상황에 대해 1년 더 '성찰과 반성의 기간' 을 갖기로 합의하였다. 2007년 의장국인 독일 주도로 이 문제를 마무리 지을 수 있는 보고서를 제출하고 2008년까지는 비준을 마칠 것으로 EU는 기대하고 있다. 2007년은 EU설립조약인 로마조약 체결 50주년이다.

과거에도 수차례 유사한 대내외적 위기가 있었지만 EU는 슬기롭게 극복할 수 있는 창의적인 대안을 제시해왔다. 이번 위기는 어느 때보다 크지만 통합에 대한 정치적 의지만 상실하지 않는다면 EU는 당면한 유럽헌법 문제를 합리적으로 해결하고 오랜 염원인 유럽합중국 꿈을 머지않은 장래에 실현할 수 있을 것이다."

　지금 EU에서는 단일 대표를 뽑는 헌법안을 통과시키는 일을 두고 갑론을박을 하고 있지만 결국 이 단일 대표는 열 뿔 즉 10인의 수퍼 파워에 의해서 선출되어지고 이 10인의 수퍼 파워들에 의해서 그 권력이 행사되어질 것이다. 옛 로마의 판도에 일어난 EU가 10인 위원회를 통하여 단일 대표를 뽑는 일이 앞으로 진행이 되어질 것이다. 각국에서 대표를 뽑을 수 있는 10명의 위원들이 단일 대표 즉 적그리스도를 선출하게 될 것인데 지금 바로 이 일들이 눈 앞에 전개되고 있고 1년 동안의 성찰과 반성의 기간을 거쳐서 다시금 이 단일 대표를 뽑는 헌법안 통과를 재론하게 될 것인데 이 일들이 어떻게 진행되어질지를 눈여겨보아야 한다.

　우리는 지금 EU에서 이러한 단일 대표를 선출하기 위한 10명의 정치적 '콘클라베'를 결성할 때가 곧 눈앞에 온 것으로 보아야 한다. EU에서 이러한 막강한 힘을 가진 권력자들이 각국에서 선출되어 나타나게 된다. 이 열 뿔은 아직도 권세를 잡지 못하고 있다가(계17:12) 때가 되면 면류관을 쓰고 권세를 가지고 나타난다. 그 때가 언제인가 하면 바로 계13:1절 말씀이 이루어질 때이다.

(계 13:1) 내가 보니 바다에서 한 짐승이 나오는데 뿔이 열이요 머리가 일곱이라 그 뿔에는 열 면류관이 있고 그 머리들에는 참람한 이름들이 있더라

머리가 일곱이라(1) : 짐승의 일곱 머리를 두고 여러 가지로 해석하는데 그 중 몇 가지를 들어보면 다음과 같다.

　가. 애굽, 앗수르, 바벨론, 메데 파사, 헬라, 로마, EU(이상근, 이광복)

　나. 바벨론 머리 하나, 메데 파사 머리 하나, 헬라 머리 넷, 로마 머리 하나 (단7:3~8)

　다. 바벨론, 메데 파사, 헬라, 이교 로마, 교황, 미국, EU

　라. 로마의 왕정, 공화정, 초기 제정(원수정), 중기 제정(원수정), 후기 제정
　　　(절대 군주정), 말기, 교황(시오노 나나미)

　이 중에 어느 것이 성경적에 부합되는 해석일까? 이것은 계시록 17장 말씀과 부합하는 해석이 되어야 한다. 17장에 보면 천사가 요한에게 일곱 머리와 열 뿔의 비밀을 알게 하는 장면이 나온다.

(계 17:7~12)　천사가 가로되 왜 기이히 여기느냐 내가 여자와 그의 탄 바 일곱 머리와 열 뿔 가진 짐승의 비밀을 네게 이르리라 [8] 네가 본 짐승은 전에 있었다가 시방 없으나 장차 무저갱으로부터 올라와 멸망으로 들어갈 자니 땅에 거하는 자들로서 창세 이후로 생명책에 녹명되지 못한 자들이 이전에 있었다가 시방 없으나 장차 나올 짐승을 보고 기이히 여기리라 [9] 지혜 있는 뜻이 여기 있으니 그 일곱 머리는 여자가 앉은 일곱 산이요 [10] 또 일곱 왕이라 다섯은 망하였고 하나는 있고 다른 이는 아직 이르지 아니 하였으나 이르면 반드시 잠간동안 계속하리라 [11] 전에 있었다가 시방 없어진 짐승은 여덟째 왕이니 일곱 중에 속한 자라 저가 멸망으로 들어가리라 [12] 네가 보던 열 뿔은 열 왕이니 아직 나라를 얻지 못하였으나 다만 짐승으로 더불어 임금처럼 권세를 일시동안 받으리라

　위의 말씀을 보면 이 일곱 머리와 열 뿔 짐승 즉 적그리스도는

　가) 전에 있었다가 시방 없으나 장차 무저갱으로부터 올라와 멸망으로 들어갈 자라고 했다. 전에 있었다가 시방은 없다는 것은 안티오커스 에피파네스나 로마의 네로왕과 같은 적그리스도의 모형이 나타났었다는 것을 말한다. 어떤 해석자들은 네로의 이름을 분석하면 666이 된다고 한다. 그러므로 전에도 있었지만 후에도 나타날 자라는 것을 알 수가 있다. 과거의 역사를 통하

여 앞으로 나타날 자를 미리 보게 하심으로 마지막 나타날 적그리스도에 대해서 대비케 하신다.

나)땅에 거하는 자들을 미혹케 하는 자

(계 17:8) 네가 본 짐승은 전에 있었다가 시방 없으나 장차 무저갱으로부터 올라와 멸망으로 들어갈 자니 땅에 거하는 자들로서 창세 이후로 생명책에 녹명되지 못한 자들이 이전에 있었다가 시방 없으나 장차 나올 짐승을 보고 기이히 여기리라

하나님께서 정해준 그 기간에는 땅에 거하는 자 즉 하나님을 믿지 아니하는 자들을 미혹케 하며 그들에게 환영을 받으며 땅을 통치하게 된다. 이것은 계시록 13장에 나오는 말씀과 동일한 말씀이다.

(계 13:8) 죽임을 당한 어린 양의 생명책에 창세 이후로 녹명되지 못하고 이 땅에 사는 자들은 다 짐승에게 경배하리라

짐승에게 경배하는 자들은 어떠한 자들인가? 그들은 하나님의 진리를 싫어하고 불의를 좋아하던 자들인데 짐승이 나타나면 그를 반기며 열렬히 환영하게 되는 것이다.

(살후2:9~12) 악한 자의 임함은 사단의 역사를 따라 모든 능력과 표적과 거짓 기적과 [10] 불의의 모든 속임으로 멸망하는 자들에게 임하리니 이는 저희가 진리의 사랑을 받지 아니하여 구원함을 얻지 못함이니라 [11] 이러므로 하나님이 유혹을 저의 가운데 역사하게 하사 거짓 것을 믿게 하심은 [12] 진리를 믿지 않고 불의를 좋아하는 모든 자로 심판을 받게 하려 하심이니라

다) 여자가 앉은 일곱 산과 일곱 왕

(계 17:9~10) 지혜 있는 뜻이 여기 있으니 그 일곱 머리는 여자가 앉은 일곱 산이요 [10] 또 일곱 왕이라 다섯은 망하였고 하나는 있고 다른 이는 아직 이르지 아니하였으나 이르면 반드시 잠간동안 계속하리라

이 9절 말씀을 통하여 일곱 머리에 대한 해석의 진위성을 판가름 하게 된다. 왜냐하면 일곱 머리는 '여자가 앉은 일곱 산' 이라고 했으니 이것은 로마임을 나타내는 것으로 보아야 한다. 로마가 일곱 언덕으로 이루어진 도시이기 때문이다. 또한 일곱 왕이라고 했으니 일곱 체제로 이루어진 로마로 보아야 한다. 여기에서 '다섯은 망하였고' 라고 했으니 위의 가)를 살펴보면 다섯 즉 에굽, 앗수르, 바벨론, 메데 파사, 헬라는 망하고 하나는 있고 즉 로마는 있고 하나는 즉 EU는 이르지 아니하였으나 이르면 반드시 잠깐 동안 계속하리라고 했으니 이곳까지는 잘 부합한 해석이나 그 다음 이 일곱 머리는 여자가 앉은 일곱 산이라는 해석이 불명확하게 되고 또 에굽과 앗수르는 다니엘서에 등장하지 않는 나라들인데 이것을 끼워 넣기에 해석이 불명확해진다.

나)를 살펴보면 다니엘서에 나오는 일곱 머리는 정확하게 보았으나 다섯이 망하였다는 말씀과 부합되지 않음으로 이것도 어려움이 있는 해석이 되고

다)를 살펴보면 바벨론, 메데, 바사, 헬라, 로마, 이교로마(교황), 미국, EU 중에서 다섯은 망하였고 라는 해석도 바벨론에서 교황까지 망하면 미국이 등장하고 그 다음에 일곱째 왕이 EU라는 해석도 가능하게 보이나 미국과 교황이 지금도 나란히 그 권세를 행세하고 있는 것을 보면 이 해석도 뒤틀림이 있다고 보아야 한다. 이 해석도 여자가 앉은 일곱 산이라는 해석에 대해서 불명확하게 될 수 밖에 없고 결국 적그리스도가 로마교황이라는 해석으로 결론을 지어야 하기 때문에 불분명한 해석이 된다.

그 다음 라)를 살펴보면 이 해석은 첫째로 여자가 앉은 일곱 산이라고 했으

니 로마의 일곱 체제로 본 것인데 일본의 여류작가 시오노 나나미는 그의 저서 로마인의 이야기 13권 서두에서 로마에 대한 모든 역사가들의 공통된 역사관은 여섯 체제로 되어있다고 했는데 그것은 로물러스를 필두로 왕정, 공화정, 초기 제정(원수정), 중기 제정(원수정), 후기 제정(절대군주정), 말기라고 기록하고 있다. 다른 역사가는 왕정, 공화정(평민세력 대두), 3두정치(군인세력 진출), 제정(로마의 평화), 후기 제정(혼란기), 동서 로마 분열기, 이렇게 여섯 체제로 되어 있다고 하는데 이것은 로마가 여섯 체제로 이루어진 나라였음을 말하고 있다고 본다.

그런데 이 여섯 체제 다음에는 일곱째로 교황이 로마를 지배하며 또한 종교적으로 세계를 지배하게 되었는데 지금 온 세상은 사실 로마의 일곱째 왕인 교황의 지배하에 있다고 볼 수가 있다. 이것은 로마가 여섯 머리로 이루어지고 그 다음은 정치적인 로마가 망하고 AD 538년부터 교황 체제가 시작되어 로마의 역사가 이어지고 있으니 그 일곱째 왕은 바로 교황인 것이다. 이것을 성경에서는 이렇게 표현하고 있다.

(계 17:9~10) 지혜 있는 뜻이 여기 있으니 그 일곱 머리는 여자가 앉은 일곱 산이요 [10] 또 일곱 왕이라 다섯은 망하였고 하나는 있고 다른 이는 아직 이르지 아니하였으나 이르면 반드시 잠간동안 계속하리라

여기에서 나오는 다섯은 로마의 다섯 체제요 이들은 이미 망하였고 '하나는 있고' 라는 것은 로마의 말기의 체제를 말하는데 이 후에 일곱째 체제인 교황제가 일어날 것을 말하고 있다. 이것이 여자 즉 음녀가 등장하는 모습을 역사적으로 보여주는 분명한 해석으로 보아야 할 것이며 본 저자는 이 해석을 정확한 해석으로 받아들이고 있다. 이제 일곱째 왕인 교황이 여덟째 왕인 적그리스도를 올라타고 있다고 표현했는데 이것은 적그리스도가 권세를 가지고 나타나기 전에 그 일곱 머리 열 뿔 즉 적그리스도를 다스리고 있는 모습을 나

타내고 있다. 지금 바로 이 시대가 여자가 일곱 머리 열 뿔을 타고 있는 모습 그대로라고 보아야 한다. 로마와 전 유럽이 지금 이러한 상황이 아닌가? 음녀 즉 교황이 로마와 유럽 전체를 지배하고 있는 모습 그대로이다. 유럽이 지금 유로화를 만들어 그 위에 교황의 형상을 새겨 넣고 있는 것은 바로 이 말씀이 그대로 이루어진 모습이다. 이제 이 일곱 머리와 열 뿔이 음녀를 등에 업고 권세를 갖고 역사에 등장하게 될 때가 곧 가까이 다가왔다.

라) (계 17:11~12) 전에 있었다가 시방 없어진 짐승은 여덟째 왕이니 일곱 중에 속한 자라 저가 멸망으로 들어가리라

전에 있었다가 시방 없어진 짐승은 여덟째 왕이라고 했는데 이 자가 바로 짐승 즉 적그리스도이다. 그런데 여덟째 왕인데 왜 여덟 머리라고 하지 않았을까? 그것은 이 여덟째 왕이 바로 일곱 머리 중에 속해있기 때문이다. 그리고 이 마지막 짐승은 다니엘서 7장에 나오는 일곱 머리(바벨론 머리 하나, 메데와 바사 머리 하나, 헬라 머리 넷, 로마 머리 하나)와 로마의 일곱 머리를 합친 어마어마한 권력을 가진 자임을 계13:1~2절에서 말씀하시고 있다.

(계 13:1~2) 내가 보니 바다에서 한 짐승이 나오는데 뿔이 열이요 머리가 일곱이라 그 뿔에는 열 면류관이 있고 그 머리들에는 참람한 이름들이 있더라 (2) 내가 본 짐승은 표범과 비슷하고 그 발은 곰의 발 같고 그 입은 사자의 입 같은데 용이 자기의 능력과 보좌와 큰 권세를 그에게 주었더라

열 면류관이 있고(1) : 사단은 일곱 머리에 면류관이 있고 짐승은 열 뿔에 면류관이 있는 것은 사단이 바벨론, 메데 바사, 헬라, 로마에 걸쳐서 왕노릇한 것을 나타내고 마지막 후 3년 반 동안에는 그 권세를 짐승에게 줌으로 열 뿔에 면류관이 있다. 이것은 그들의 활동 시기를 알 수가 있는 표현으로 볼 수가 있다.

표범과 비슷하고 곰의 발 같고 입은 사자의 입 같은데(2) : 그 몸이 표범과 비슷하다는 것은 헬라의 신속성을 말하고, 그 발이 곰의 발과 같다는 것은 메데 바사의 짓밟는 잔혹성을 말하고 그 입이 사자의 입과 같다는 것은 바벨론의 집어 삼키는 포학성을 말한다. 그러므로 일곱 머리 열 뿔은 다니엘서에 나오는 일곱 왕과 로마의 7체제를 합친 전무후무한 슈퍼 파워라는 사실을 말씀하시고 있다.

그의 머리 하나가 상하여 죽게 된 것 같더니(3) : 그 일곱 머리 중 하나가 어느 시점에 상하게 된다고 했는데 이 하나가 머리가 상했으나 다시 상처가 나아서 살아난 짐승을 온 세상이 따른다고 했다. 그렇다면 역사상 이러한 일이 언제 일어났을까? AD538년 동로마의 황제가 서로마의 교황에게 전권을 준 때부터 교황의 절대권이 확립이 되었는데 이때부터 AD 1798년 나폴레옹의 부하 장수인 버티어 장군이 로마교황 비오 6세를 불란스 감옥 발렌스에서 죽게 했다. 그리고 정부는 "교황은 앞으로 어떤 기능도 행할 수 없다"는 포고령을 내렸다. 이후 교황제도가 백지화 되었고 1929년 2월 11일 무쏠리니가 '라테란조약'에 의해서 바티칸 180에이커의 땅을 교황 비오11세에게 줌으로 다시 로마교황이 부활하게 되었는데 오늘날 로마 교황은 온 세계의 지도자로 군림하고 있으며 모든 왕들과 대통령들이 그의 앞에 무릎을 꿇고 있다. 이 교황이 일곱 번째 왕인 것이다. 다음에 나타날 여덟 번째 왕은 누구일까? 그것은 마지막 왕인 열 왕의 선출에 의해서 뽑혀지는 여덟째 왕인 수퍼 파워 즉 적그리스도로 보아야 한다.

짐승의 권세(4~10)

(계 13:4~10) 용이 짐승에게 권세를 주므로 용에게 경배하며 짐승에게 경배하여 가로되 누가 이 짐승과 같으뇨 누가 능히 이로 더불어 싸우리요 하더

라 ⁽⁵⁾ 또 짐승이 큰 말과 참람된 말하는 입을 받고 또 마흔 두달 일할 권세를 받으니라 ⁽⁶⁾ 짐승이 입을 벌려 하나님을 향하여 훼방하되 그의 이름과 그의 장막 곧 하늘에 거하는 자들을 훼방하더라 ⁽⁷⁾ 또 권세를 받아 성도들과 싸워 이기게 되고 각 족속과 백성과 방언과 나라를 다스리는 권세를 받으니 ⁽⁸⁾ 죽임을 당한 어린 양의 생명책에 창세 이후로 녹명되지 못하고 이 땅에 사는 자들은 다 짐승에게 경배하리라 ⁽⁹⁾ 누구든지 귀가 있거든 들을지어다 ⁽¹⁰⁾ 사로잡는 자는 사로잡힐 것이요 칼로 죽이는 자는 자기도 마땅히 칼에 죽으리니 성도들의 인내와 믿음이 여기 있느니라

용이 짐승에게 권세를 줌(4) : 적그리스도는 사단에게 권세를 받아서 후 3년 반 동안 세상을 통치하는 통치자이다. 적그리스도의 모습은 용의 모습과 똑같이 일곱 머리와 열 뿔이다. 이것은 그의 속성이 같다는 것이고 역사상 용이 이 세상 체제를 통하여 그리스도를 대항해 온 그 모습으로 마지막 적그리스도도 세상을 통치하게 될 것을 보여주고 있다.

세상 사람들이 용과 짐승에게 경배함(4) : 이제 모든 권세를 이양 받은 적그리스도와 그 권세를 준 용에게 온 세상이 경배하며 그를 따르고 칭송하는 모습이다.

큰 말과 참람된 말하는 입을 받고(5∼6) : 다시 말하면 적그리스도는 절대적인 위치에서 자신을 하나님이라고 하는 자이다.

　(살후2:4) 저는 대적하는 자라 범사에 일컫는 하나님이나 숭배함을 받는 자 위에 뛰어나 자존하여 하나님 성전에 앉아 자기를 보여 하나님이라 하느니라

마흔 두 달 일할 권세(5) : 적그리스도의 통치 기간은 후 3년 반 동안 즉

1260일 기간이다. 이 기간 동안만 권세를 갖게 된다.

성도들과 싸워 이기게 되고(7~8) : 후 3년 반 성도들과 싸워 이기게 된다. 이 기간 동안에는 많은 순교자들이 생기게 될 것이며 그들은 주로 목베임을 받게 될 것이다.(계20:4) 죽임을 당한 어린 양의 생명책에 녹명되지 못한 자들은 모두 짐승에게 경배할 것이다. 그러나 택함을 받은 자들은 순교하거나 짐승에게 경배하지 않고 피신하거나 666의 표를 받지 아니할 것이다.(계15:2,20:4)

성도들의 인내와 믿음(10) : 사로잡는 자는 사로잡힐 것이요 칼로 죽이는 자는 자기도 마땅히 죽임을 당할 것이라고 말한 것은 그 만큼 환난이 극심할 것이나 반드시 한시적인 이 적그리스도의 통치기간을 믿음과 인내로써 이기고 나아갈 것을 촉구하는 말씀이다. 왜냐하면 이때에도 이스라엘을 중심한 많은 자들과 휴거에 누락된 자들이 환난을 통과하기 때문이다.

여기서 일곱 머리 열 뿔의 사중구조를 살펴보자.

1. 사단의 존재를 나타낸다.

(계 12:3) 하늘에 또 다른 이적이 보이니 보라 한 큰 붉은 용이 있어 머리가 일곱이요 뿔이 열이라 그 여러 머리에 일곱 면류관이 있는데

사단은 원래 하나님의 동산에 있었으나(겔28:13) 교만하여 공중으로 쫓겨 내려(엡 2:2) 와서 거기서부터 땅에 온갖 자신의 문화를 이루어 나가는데 이 사단의 존재를 일곱 머리 열 뿔로 묘사하고 있다.

2. 사단이 이루는 세상의 역사를 나타낸다.

단 7:3~7절에 나오는 네 짐승은 일곱 머리 열 뿔의 사단이 자신의 모습과 같은 문화와 역사를 이 땅에 이루어 가는 모습니다. 즉 바벨론 머리 하나, 메데 바사 머리 하나, 헬라 머리 넷, 로마 머리 하나 도합 일곱 머리이다. 그리고 이 넷째 짐 승의 머리에 열 뿔이 있는데 이것은 넷째 나라 즉 로마에서 일어나 적그리스도 를 선출해 내는 열 왕이다. (계 17:13, 17) 사단이 자기의 모습을 원래대로 이루어 나가는 이 세상의 역사를 다니엘서 2장, 7장, 8장에서 그리고 있다.

3. 적그리스도의 역사

(계 17:9~13) 지혜 있는 뜻이 여기 있으니 그 일곱 머리는 여자가 앉은 일곱 산이요 (10) 또 일곱 왕이라 다섯은 망하였고 하나는 있고 다른 이는 아직 이르지 아니하였으나 이르면 반드시 잠깐 동안 계속하리라 (11) 전에 있었다 가 시방 없어진 짐승은 여덟째 왕이니 일곱 중에 속한 자라 저가 멸망으로 들어가리라 (12) 네가 보던 열 뿔은 열 왕이니 아직 나라를 얻지 못하였으나 다만 짐승으로 더불어 임금처럼 권세를 일시 동안 받으리라 (13) 저희가 한 뜻을 가지고 자기의 능력과 권세를 짐승에게 주더라

요한계시록 17장에는 적그리스도의 역사를 상세히 설명하고 잇다. 즉 많은 여 자가 앉은 일곱 머리가 일곱 산이라고 설명하므로 이 일곱 머리는 일곱 언덕으 로 이루어진 로마임을 나타내고 있으며 로마의 역사임을 알 수가 있다. 즉 로마 가 일곱 체제로 이루어진 나라임을 나타내고 있다. 최근 일본의 여류작가 시오 노 나나미는 그의 저서 '로마인 이야기' 13권 서두에 서로마가 멸망할 때까지 (AD479) 일곱 체제로 이루어졌다고 말하고 있다. 즉 왕정, 공화정, 토기 군주, 중 기 군주, 절대 군주, 말기로 이루어져 있다고 하고 이것은 대부분의 로마 역사가 들의 공통된 견해라고 하였다. 서로마가 정치적으로 일곱 체제로 이루어졌지만 이 정치적인 체제가 망하고 그 후에 교황 레오 1세가 490년에 그레고리우스 1세

가 590년에 교황에 등극하면서 그때부터 이 체제가 로마의 역사를 계속하고 있다. 계 17:10절에 다섯이 망하고 하나는 있고 다른 이가 아직 이르지 아니하였으나 이르면 반드시 잠간 계속하리라고 했는데 이 다른 이가 바로 로마의 일곱째 머리인 음녀 교황제이다. 그리고 계 17:11절에 여덟째 왕이 바로 적그리스도라고 말하고 있는데 이것은 로마의 역사와 그 역사 가운데 일어날 일곱째 왕인 음녀 교황과 여덟째 왕인 적그리스도의 역사를 말하고 있다.

4. 적그리스도의 존재 자체를 나타낸다.

(계 13:1) 내가 보니 바다에서 한 짐승이 나오는데 뿔이 열이요 머리가 일곱이라 그 뿔에는 열 면류관이 있고 그 머리들에는 참람된 이름들이 있더라

계시록 13장부터 나오는 바다에서 나오는 짐승은 머리가 일곱이요 뿔이 열이라고 했는데 이것은 적그리스도의 역사와 그 존재를 일컫는 그림이다. 그러므로 사단이 일곱 머리 열 뿔의 모습으로 그린 것처럼 적그리스도도 이와 같이 일곱 머리와 열 뿔로 그리고 있다. 왜 이와같이 그렸을까? 그것은 첫째 사단의 권세를 받았기 때문에 사단의 모습과 꼭 닮은 모습이라는 뜻이요(계 13:2) 일곱 머리로 표현한 것은 로마에 속한 왕이라는 뜻이요 열 뿔로 묘사한 것은 열 뿔에 의해서 선출되어 등장하기 때문이다. (계 17:13, 17) 그리고 표범과 같고 곰의 발과 같고 입이 사자와 같다는 것은 헬라와 같은 신속성 메데 바사와 같은 정복성, 사자의 입과 같다는 것은 집어 삼키는 속성을 닮았다는 것이다. 그러므로 다니엘서 중에서 7장, 8장, 9장, 11장, 12장 다섯장에 걸쳐서 적그리스도를 집중적으로 표현한 것은 그만큼 앞으로 마지막 때에 일어나서 세상을 크게 혼란케 할 존재이기 때문이며 반드시 마지막 때에 일곱 머리 열 뿔의 모습으로 나타날 것이다.

거짓 선지자의 등장(11~18)

(계 13:11~18) 내가 보매 또 다른 짐승이 땅에서 올라오니 새끼양 같이 두 뿔이 있고 용처럼 말하더라 ⁽¹²⁾ 저가 먼저 나온 짐승의 모든 권세를 그 앞에서 행하고 땅과 땅에 거하는 자들로 처음 짐승에게 경배하게 하니 곧 죽게 되었던 상처가 나은 자니라 ⁽¹³⁾ 큰 이적을 행하되 심지어 사람들 앞에서 불이 하늘로부터 땅에 내려오게 하고 ⁽¹⁴⁾ 짐승 앞에서 받은 바 이적을 행함으로 땅에 거하는 자들을 미혹하며 땅에 거하는 자들에게 이르기를 칼에 상하였다가 살아난 짐승을 위하여 우상을 만들라 하더라 ⁽¹⁵⁾ 저가 권세를 받아 그 짐승의 우상에게 생기를 주어 그 짐승의 우상으로 말하게 하고 또 짐승의 우상에게 경배하지 아니하는 자는 몇이든지 다 죽이게 하더라 ⁽¹⁶⁾ 저가 모든 자 곧 작은 자나 큰 자나 부자나 빈궁한 자나 자유한 자나 종들로 그 오른손에나 이마에 표를 받게 하고 ⁽¹⁷⁾ 누구든지 이 표를 가진 자 외에는 매매를 못하게 하니 이 표는 곧 짐승의 이름이나 그 이름의 수라 ⁽¹⁸⁾ 지혜가 여기 있으니 총명 있는 자는 그 짐승의 수를 세어 보라 그 수는 사람의 수니 육백 육십 륙이니라

또 다른 짐승이 땅에서 올라오니(11) : 새끼 양같이 두 뿔이 있고 용처럼 말하는 또 다른 짐승이 땅에서 올라온다. 땅에서 올라온다는 것은 그의 속성이 땅에 속한 자이며 마귀에게 속한 자임을 나타낸다. 이 자가 바로 악의 삼위 가운데 하나이다. 이들도 성삼위 하나님을 흉내 내어 성부 - 용, 성자 - 짐승(적그리스도), 성령 - 거짓 선지자와 같은 체제를 갖추어 하나님과 성도들을 대적하며 마지막 때를 호령하게 된다.

거짓 선지자의 권세(11) : 거짓 선지자의 권세는 무소불위의 권세이다.

1. 먼저 짐승(적그리스도)에게 권세를 받음(12)

2. 땅과 땅에 거하는 자들로 짐승에게 경배하도록 함(12)

3. 큰 이적을 행하여 땅에 거하는 자들을 미혹함(13): 불이 하늘에서 땅에 내려오게 함

4. 짐승을 위하여 우상을 만들라고 함(14):

5. 짐승의 우상에게 생기를 주어 말하게 함(15): 경배하지 않는 자는 다 죽임

6. 오른 손이나 이마에 표를 받게 함(16): 이표를 받지 아니하면 매매를 못하게 함
짐승의 수인 666의 표를 받게 함으로 성도들을 핍박함

그렇다면 666이란 무엇일까?

(계 13:18) 지혜가 여기 있으니 총명 있는 자는 그 짐승의 수를 세어 보라 그 수는 사람의 수니 육백 육십 육이니라

이것은 여러 가지 억측을 낳은 용어 중의 하나이다. 이 666에 대한 여러 가지 학설을 종합해보면

1. 카이사, 네로를 가리킨다고 하는 설
카이사, 네로의 이름을 히브리어 풍으로 살리면 Kaissr Neron이란 문자로 된다. 그것에 상당한 숫자는 K가 100, S가 60, R이 200, N이 50, R이 200, O가 6, N이 50이다. 히브리어의 자음의 문자를 써서 숫자를 표하는 것이다. 이들의 총계는 666이 된다. 따라서 N,.B 스미스는 여기서 의도된 것은 네로라고 결론지어 박해를 피하기 위하여 고의로 불명확하게 하고 있다고 말하고 있다.

2. 6개의 로마 숫자 즉 1, 5, 10, 50, 100, 500이 합해서 666이 된다는 설
J.B 스미스는 "이것이 로마인이 적그리스도인 것의 가능성을 암시하고 있다."라고 말하고 있다.

3. 1- 36까지의 모든 숫자의 합계는 666이 된다는 설

J.B 스미스는 짐승이 계시록에서는 나쁜 의미에 있어 꼭 36회 나타난다라고 부가하여 말하고 있다.

4. 네로가 죽음에서 되살아난 것이라는 설

백위스(Beckwith)는 666이란 숫자는 네로 또는 네로가 죽음에서 되살아날 것이라는 1세기의 전언과 관련이 있다라고 생각하고 있다. 그는 "이 숫자를 네로라고 해석하는 것에 대한 어떠한 확실한 반론도 여기서는 찾을 수가 없다. 최후의 적그리스도가 실제로 네로인가 아닌가 하는 문제는 제쳐놓고 그는 사실상 네로가 재생한 자일 것이다."라고 주장하고 있다.

5. J.B. Darby의 설

"나는 666이란 숫자에 관해서 무지임을 고백한다. 나는 당신들이 만족할 만한 것을 나타낼 수가 없다. 666이란 숫자에 대한 대답으로 우리들은 배교와 훼화라는 말을 찾을 수가 있다. 그러나 나는 이 점에 관해 아무 적극적인 것을 말할 수 없다. 어쩌면 여기서는 세 개의 6이란 숫자는 각각 완전수이기도 한 7에 미치지 못하는 것에서 인간을 나타내는 수라고 말할 수 있다. 가장 간단한 설명은 가장 좋은 것이다. 성경에 있어서 6은 인간을 표하는 수라고 한다. 인간은 6일간 일하고 7일째에는 쉬지 않으면 안된다. 느부갓네살의 상은 높이가 60규빗, 폭이 6규빗이다. 이 수는 어느 정도 깊은 의미가 있다고 보며 이 숫자는 사단의 걸작인 최초의 짐승을 가리키고 있다. 그가 인간의 한계에서 한 발도 나오지 못하고 예수 그리스도의 신성에 훨씬 미치지 못하는 것을 의미하고 있다.

6. 라틴 사람이라는 설

Lateinos: L:30, a:1, t:300, e:5, i:10, n:50, o:70, s:200 합치면 666이 된다.

7. 더럽혀진 삼위일체를 형성한다고 하는 설

죠지.W. 데이빗(Beorge W. Davis)은 "이 삼위일체는 하나님에 상당하는 사단과 그리스도에 상당하는 그리스도의 거짓 것인 직그리스도와 싱령의 모

방인 거짓 예언자에서 성립되고 있다."

성부, 성자, 성령 하나님은 모두 7수이다
• 성부: (계4:3)앉으신 이의 모양이 벽옥과 홍보석 같고 또 무지개가 있어 보좌에 둘렸는데 그 모양이 녹보석 같더라),
• 성령: (계4:5) 보좌로부터 번개와 음성과 뇌성이 나고 보좌 앞에 일곱 등불 켠 것이 있으니 이는 하나님의 일곱 영이라 ,
• 성자:(계5:6) 내가 또 보니 보좌와 네 생물과 장로들 사이에 어린 양이 섰는데 일찍 죽임을 당한것 같더라 일곱 뿔과 일곱 눈이 있으니 이 눈은 온 땅에 보내심을 입은 하나님의 일곱 영이더라)
성부, 성자, 성령 하나님이 777로 표현할 수가 있다면 마귀, 적그리스도는 그에 못 미치는 666이다라고 하는 학설이다.

그러나 어쨌든 역사의 현장에 적그리스도가 나타나 666을 향하여 전진하게 된다. 666이 누구를 암시하였든지 틀림없이 출현할 것이다.

제 14 장

14만 4천 명의 부활과
흰구름 재림

14장의 개요

14장에는 세 가지의 사건들이 나온다. 첫째는 14만 4천 명의 부활과 찬양(1~5) 두 번째는 마지막 알곡 추수(6~16), 세 번째는 포도송이의 심판(17~20) 이렇게 세 가지의 사건들이 나옴으로 인류의 구원이 완성되는 장이다.

14:6절부터 시작하여 그리스도의 흰구름 재림에 대한 계시가 시작된다. 세 천사를 통하여 미리 예고하고(6~13) 시행하신다.(14:14~19:5) 첫째 천사가 심판을 예고한다(6~7) 둘째 천사는 큰 성 바벨론의 멸망을 예고한다(8) 셋째 천사는 짐승의 표와 우상에게 경배하고 이마나 손에 표를 받으면 불과 유황으로 고난을 받을 것과 하나님의 계명과 예수의 증거를 지키는 자는 구원을 받을 것을 예고하는데 19:5절까지 이러한 세 가지의 일들을 하나씩 시행함으로 성취하는 과정을 보여주고 있다.

즉 14~16절은 하나님의 계명과 예수의 증거를 지키는 자들을 추수하여 천국 창고에 들이고 짐승의 표와 우상에게 경배하는 자들을 포도주 틀에 심판하고(17~20) 또 16장 전체에서 일곱 대접으로 심판하시고 17~18장은 음녀 큰 성 바벨론을 멸망시키는 내용을 상세히 설명함으로 세 천사의 예고가 다 성취되어 19:1~5절까지 하늘의 허다한 무리들이 할렐루야 찬양을 드림으로 흰구름 재림의 결과에 대한 세 천사의 예고가 완성된다.

14만 4천 명이 시온산에 섬(1~5)

(계 14:1~5) 또 내가 보니 보라 어린 양이 시온산에 섰고 그와 함께 14만 4천이 섰는데 그 이마에 어린 양의 이름과 그 아버지의 이름을 쓴 것이 있도다 ⁽²⁾ 내가 하늘에서 나는 소리를 들으니 많은 물소리도 같고 큰 뇌성도 같은데

내게 들리는 소리는 거문고 타는 자들의 그 거문고 타는 것 같더라 (3) 저희
가 보좌와 네 생물과 장로들 앞에서 새 노래를 부르니 땅에서 구속함을 얻은
14만 4천인 밖에는 능히 이 노래를 배울 자가 없더라 (4) 이 사람들은 여자
로 더불어 더럽히지 아니하고 정절이 있는 자라 어린 양이 어디로 인도하든
지 따라가는 자며 사람 가운데서 구속을 받아 처음 익은 열매로 하나님과 어
린 양에게 속한 자들이니 (5) 그 입에 거짓말이 없고 흠이 없는 자들이더라

어린 양이 시온산에 섰고(1) : 어린 양이 시온산에 섰다 라는 것은 예수 그리
스도께서 하나님의 보좌 우편에 서신 것을 말한다. 왜냐하면 3절 말씀에 저희가
보좌와 네 생물과 장로들 앞에서 새 노래를 부른다고 했으니 그들이 하나님의
보좌 앞에 있고 어린 양이 하나님의 보좌 우편에 계신다는 것을 알 수가 있다.

14만 4천 명(1) : 14만 4천이 어린 양과 함께 서있는데 그들의 이마에 어린
양의 이름과 그 아버지의 이름을 쓴 것이 있다고 한 것은 그들이 7장에서 성령
의 인치심을 받은 자들임을 말하고 있다.

새 노래를 부르니(3) : 그들이 하나님의 보좌 앞에서 새 노래를 부른다는 것
은 이제 그들이 부활하여 새 몸을 입었으니 땅의 노래가 아니라 하늘의 새 노
래를 부르는 것이 당연하다 그들의 찬양 소리는 2절 말씀에 "많은 물소리도
같고 큰 뇌성도 같은데 내게 들리는 소리는 거문고 타는 자들의 그 거문고 타
는 것"같은 찬양 소리였다.

이 사람들이 누구인가?(4):

1) 여자로 더불어 더럽히지 아니한 자들(4): 여자로 더불어 더럽히지 아
   니했다는 것으로 이들이 남성들임을 알 수가 있다. 어띤 이들은 이 여자가

17장, 18장에 나오는 음녀라고 하는데 음녀는 단수이고 여기에 나오는 여자는 복수이다.(women)

2) 어린 양이 어디로 인도하든지 따라가는 자들(4): 어린 양이 어디로 인도하든지 따라간다는 것은 전 3년 반 동안 두 증인에 의해서 복음을 듣고 성령으로 인치심을 받고(계7:1~8), 후 3년 반에 이들이 이스라엘에 투입이 되어 회개하도록 복음을 전하며 또한 그들을 양육하기 위해서 목숨을 걸고 투쟁하는 영적인 투사들이며 적그리스도에 의해서 장렬하게 순교할 것을 암시하고 있다.

(계 6:9~11) 다섯째 인을 떼실 때에 내가 보니 하나님의 말씀과 저희의 가진 증거를 인하여 죽임을 당한 영혼들이 제단 아래 있어 (10)큰 소리로 불러 가로되 거룩하고 참되신 대주재여 땅에 거하는 자들을 심판하여 우리 피를 신원하여 주지 아니하시기를 어느 때까지 하시려나이까 하니 (11)각각 저희에게 흰 두루마기를 주시며 가라사대 아직 잠시 동안 쉬되 저희 동무 종들과 형제들도 자기처럼 죽임을 받아 그 수가 차기까지 하라 하시더라

여기에서 11절 말씀에 보면 "저희 동무 종들과 여러 형제들도 자기처럼 죽임을 받아 그 수가 차기까지 하라"는 말씀을 보면 후 3년 반 동안 복음을 전하다가 많은 형제들과 주의 종들이 순교하여 그 수를 채우는 일들이 일어날 것을 다섯째 인을 떼실 때에 제단 아래에 있는 순교자들의 영혼들에게 말씀하시는 것을 보면 순교자의 수가 채워짐을 알 수가 있다.

(계 12:11) 또 여러 형제가 어린 양의 피와 자기의 증거하는 말을 인하여 저를 이기었으니 그들은 죽기까지 자기 생명을 아끼지 아니하였도다

　　11절 말씀에 보면 "여러 형제가 어린 양의 피와 자기의 증거하는 말을 인하여 저를 이기었으니 그들은 죽기까지 자기 생명을 아끼지 아니하였도다"라는 말씀을 통하여 여기에서도 많은 형제들이 자기 생명을 아끼지 아니하고 주의 복음을 전하다가 순교할 것을 말씀하시고 있다. 여러 형제가 나오는데 이들은 14만4천명이 복음전도자들임에 틀림이 없다. 왜냐하면 후 3년 반 동안에는 성도들이 적그리스도를 이기지 못하도록 하셨기 때문이다. (계13:7~8)

　　(계 13:7~8) 또 권세를 받아 성도들과 싸워 이기게 되고 각 족속과 백성과 방언과 나라를 다스리는 권세를 받으니 [8] 죽임을 당한 어린 양의 생명책에 창세 이후로 녹명되지 못하고 이 땅에 사는 자들은 다 짐승에게 경배하리라

　　여기에서도 7절 말씀에 적그리스도가 성도들과 싸워 이기게 된다는 말씀은 복음을 공개적으로 전하는 자는 누구든지 순교할 수 밖에 없는 때라는 것을 잘 알 수가 있다.

　　(계 20:4) 또 내가 보좌들을 보니 거기 앉은 자들이 있어 심판하는 권세를 받았더라 또 내가 보니 예수의 증거와 하나님의 말씀을 인하여 목 베임을 받은 자의 영혼들과 또 짐승과 그의 우상에게 경배하지도 아니하고 이마와 손에 그의 표를 받지도 아니한 자들이 살아서 그리스도로 더불어 천 년 동안 왕 노릇 하니

　　휴거와 부활은 두 번의 세 가지 사건으로 이루어지는데, 위에서 보면 세 부류의 사람들이 첫째 부활에 참여한다고 본다. 그 첫째가 보좌들에 앉은 자들인데 이것은 계7:9절 이하에 나오는 자들이고 목베임을 받은 자들은 계14:1절 이하에 나오는 자들이며 짐승과 그의 우상에게 경배하지도 아니하고 이마와 손에 그의 표를 받지도 아니한 자들은 14:16절에 마지막 추수되어 15:2절 이

하에 유리 바다 가에 서서 하나님을 찬양하는 무리들이다. 여기에서 14만4천명은 목베임을 받고 순교한 자들임을 잘 알 수 있다. 계20:4절 말씀중에서 그들이 '살아서' 라는 말은 20:4절에 나오는 그 상황에서 살아나는 행동을 입는 것이 아니라 이미 7장, 14장, 15장에서 살아서 하나님을 찬양하는 무리들을 설명하는 상황적인 용어임을 알 수 있다.

예를 들면 "나는 면허를 따서 운전을 하고 있다"라고 할 때에 운전은 지금 하지만 면허는 과거 어느 시점에 면허시험을 봐서 면허를 딴 것을 지금 상황적으로 설명하는 단어인 것처럼 계20:4절에 '살아서' 라는 단어도 과거에 살아서 지금 주님과 더불어 천 년동안 왕노릇하게 된 것을 설명하는 것이다. 이상과 같이 14만4천명은 이스라엘 백성 중 성령의 인을 받아서(7:4) 후 3년 반 동안 복음을 전하다가(계12:11) 목베임을 받은(계20:4)순교자들임을 잘 알수 있다.

3) 사람 가운데 처음 익은 열매(4): 여기에서 사람 가운데라는 것은 이들이 작은 책 속의 이스라엘 백성들이며 이스라엘 가운데서 환난 중에 처음 익은 열매로 하나님과 어린 양에게 속한 자들이라는 뜻이다. 전 인류가 아니라 작은 책 속의 이스라엘 중에서 처음 익은 열매이다.

4) 그 입에 거짓말이 없고 흠이 없는 자들(5): 그들의 증거는 거짓이 없고 그들의 삶 또한 흠결이 없는 거룩한 자들임을 나타내고 있다. 증인의 삶은 바로 이러한 삶이다.(상세한 내용은 7장 해설 참조)

세 천사들의 음성(6~12)

첫째 천사의 음성(14: 6~7)

(계 14:6~7) 또 보니 다른 천사가 공중에 날아가는데 땅에 거하는 자들 곧 여러 나라와 족속과 방언과 백성에게 전할 영원한 복음을 가졌더라 [7] 그가 큰 음성으로 가로되 하나님을 두려워하며 그에게 영광을 돌리라 이는 그의 심판하실 시간이 이르렀음이니 하늘과 땅과 바다와 물들의 근원을 만드신 이를 경배하라 하더라

여러 나라와 족속과 방언과 백성에게 전할 영원한 복음(6): 이 영원한 복음은 10장에 나오는 작은 책과 다른 책이다. 10장부터 14장 5절까지는 작은 책의 내용이 삽입되어 나오다가 14장6절 부터는 또 다시 원래의 일곱 인 봉한 책의 내용으로 돌아가는 절이다. 그래서 요한에게 작은 책을 주면서 "이것을 먹고 다시 예언하여야 하리라(10:11)"고 말씀하시고 있다. 14장 5절까지 작은 책의 내용인 이스라엘의 구원과 환난 그리고 부활사건, 일곱 인 봉한 책의 내용인 교회의 구원과 환난 그리고 심판이 이루어졌고 이제 두 책 다 마지막 추수 장면만 남겨두고 있기 때문에 여기서는 작은 책의 내용과 일곱 인 봉한 책의 내용이 함께 진행되고 있다. 이 얼마나 절묘한 연결인가! 이것이 요한계시록이다. 일곱 인 봉한 책과 작은 책의 조화가 절묘하게 이루어져 교회와 이스라엘의 구원을 그리고 있다. 14만4천명의 부활 직후 예수 그리스도의 흰 구름 재림이 이어지는데 그 직전에서 세 천사의 예고가 이어지고(6~13), 곧 그리스도의 재림이 이어진다.(14절)

첫째 천사의 음성(7)

(계 14:7) 그가 큰 음성으로 가로되 하나님을 두려워하며 그에게 영광을 돌리라 이는 그의 심판하실 시간이 이르렀음이니 하늘과 땅과 바다와 물들의 근원을 만드신 이를 경배하라 하더라

세 천사 중 첫째 천사가 큰 음성으로 외치는 소리는 세상이 심판을 받을 것에 대한 경고에 따라 그리스도께서 재림하시면 14:17~20절까지 그리고 16;1~18:24절까지 심판이 이루어지는 것이다. 이것은 전면적인 심판이다. 왜냐하면 그리스도의 흰 구름 재림을 통하여 전면적인 휴거와 부활사건이 일어나기 때문이다.

둘째 천사의 음성(8)

(계 14:8) 또 다른 천사 곧 둘째가 그 뒤를 따라 말하되 무너졌도다 무너졌도다 큰 성 바벨론이여 모든 나라를 그 음행으로 인하여 진노의 포도주로 먹이던 자로다 하더라

둘째 천사가 큰 성 바벨론의 멸망에 대해서 선포하는 내용인데 이제 16장에서 일곱대접을 쏟으면 이러한 일이 일어나게 될 것이다. 이것은 그 만큼 음녀의 핍박이 극심함을 나타내는 말씀으로써 이 음녀에 대한 심판을 모든 구원받은 성도들이 기다리고 있다.

셋째 천사의 음성(9~12)

(계 14:9~12) 또 다른 천사 곧 셋째가 그 뒤를 따라 큰 음성으로 가로되 만일 누구든지 짐승과 그의 우상에게 경배하고 이마에나 손에 표를 받으면 [10] 그도 하나님의 진노의 포도주를 마시리니 그 진노의 잔에 섞인 것이 없이 부은 포도주라 거룩한 천사들 앞과 어린 양 앞에서 불과 유황으로 고난을 받으리니 [11] 그 고난의 연기가 세세토록 올라 가리로다 짐승과 그의 우상에게 경배하고 그 이름의 표를 받는 자는 누구든지 밤낮 쉼을 얻지 못하리라 하더라 [12] 성도들의 인내가 여기 있나니 저희는 하나님의 계명과 예

수 믿음을 지키는 자나라

짐승과 우상에게 경배하고 이마에나 손에 표를 받으면(9) : 이 말씀은 이제 마지막 추수될 사람들이 그 우상에게 경배하지 아니하고 이마에나 손에 표를 받지 아니한 자들임을 나타낸다. 극심한 환난 속에서 짐승의 표를 받느냐 아니면 죽음을 택하겠느냐를 두고 결단을 해야 할 위기상황에 들어가게 된다.

성도들의 인내가 여기 있으니(12) : 성도들은 이 환난 막바지에 표를 받지 아니하고 우상에게도 경배하지 않을 것이다. 왜냐하면 하나님께서 그들을 지켜 보호해 주실 것이기 때문이다. 그러나 우상에게 경배하는 자들은 어린 양의 생명책에 녹명되지 못하게 된다.(계13:8) 성도들은 반드시 하나님의 말씀과 예수 믿음을 지키고 승리하게 된다. 그러나 많은 인내가 필요하다.

하늘에서 들리는 음성(13)

(계 14:13) 또 내가 들으니 하늘에서 음성이 나서 가로되 기록하라 지금 이후로 주 안에서 죽는 자들은 복이 있도다 하시매 성령이 가라사대 그러하다 저희 수고를 그치고 쉬리니 이는 저희의 행한 일이 따름이라 하시더라

이제 곧 마지막 추수가 닥쳐오고 환난의 막바지에 극심한 고통 속에 있는 성도들에게 위로를 주시고 격려하시는 말씀이다. 이들은 반드시 짐승의 표를 받지 아니하고 짐승의 우상에게 경배하지 않을 것이다.

흰 구름 재림과 마지막 추수(14:14~16)

(계 14:14~16) 또 내가 보니 흰 구름이 있고 구름 위에 사람의 아들과 같은 이가 앉았는데 그 머리에는 금 면류관이 있고 그 손에는 이한 낫을 가졌더라 ⁽¹⁵⁾ 또 다른 천사가 성전으로부터 나와 구름 위에 앉은 이를 향하여 큰 음성으로 외쳐 가로되 네 낫을 휘둘러 거두라 거둘 때가 이르러 땅에 곡식이 다 익었음이로다 하니 ⁽¹⁶⁾ 구름 위에 앉으신 이가 낫을 땅에 휘두르매 곡식이 거두어지니라

이제 인류의 구원이 완성되는 장면이다. 작은 책과 일곱 인 봉한 책의 내용이 여기에서 만나 하나님의 인류에 대한 최종적인 구원을 그리고 있다.

흰 구름 위에 앉은 이(14) : 요한계시록에서 예수 그리스도의 재림에 관련한 장이 어디인가를 놓고 많은 논란이 있다. 그러나 예수 그리스도는 구름을 타고 오신다고 분명히 말씀하셨다. 구름을 타고 오실 때 성도들은 구원을 얻고 세상은 심판을 받을 것이라는 것이 신·구약에 흐르는 맥락이다.(1:7, 마 24:30, 막13:26, 눅21:27, 행1:11)

그렇다면 요한계시록에 구름을 타고 오시는 장면이 어디에 있을까? 그것은 14장 14절 밖에 없다. 사실은 19장의 재림 장면은 구름을 타고 오지 않고 흰 말을 타고 오시기 때문에 위에 열거한 재림 장면과 조금 상이한 장면이라고 볼 수가 있다. 구름을 타고 오셔서 성도들을 사방에서 모으는 일을 하실 것인데 이 14장 14절 말씀이 바로 그 장이라고 보아야 한다. 이제 성도들의 구원이 완성되고 이들이 하늘 곳간에 들어가서 하나님을 찬양하는 장면이 바로 15장 2절 이하의 말씀이다. 이들이 구원을 받음으로 모든 계시가 성취된다.

그 머리에 금 면류관(14) : 예수 그리스도는 영원한 승리자이심을 나타내고 있으며 영광의 왕으로 오신다는 뜻이다.

이한 낫을 가지고(14) : 이한 낫은 하나님의 말씀을 가리키는데 구원은 오직 하나님의 말씀을 통하여 이루어진다는 뜻이다.(벧전1:23, 요15:3, 약1:18)

곡식이 익었음(15) : 곡식이 익었다는 것은 이제 구원의 때가 찼다는 것을 말하고 있다. 7년 환난이 끝나고 이스라엘의 14만 4천 명이 부활하면 이제 마지막 추수 때가 된다.

낫을 땅에 휘두르심(16) : 드디어 알곡을 거두어 천국 곡간에 들이심으로 구원을 완성하시는 모습이다.(마3:12)

이로서 전면적인 휴거가 이루어졌다. 이어서 전면적인 심판이 이루어진다. 즉 보좌 재림(6:16) - 부분 휴거(7:9) - 부분 심판(1/3)(8:1~13:18) - 흰구름 재림(14:14) - 전면적 휴거(14:16) - 전면적 심판(14:17~20, 16:1~18:24)으로 이루어진다.

분노의 포도송이를 거둠(17~20)

(계 14:17~20) 또 다른 천사가 하늘에 있는 성전에서 나오는데 또한 이한 낫을 가졌더라 [18] 또 불을 다스리는 다른 천사가 제단으로부터 나와 이한 낫 가진 자를 향하여 큰 음성으로 불러 가로되 네 이한 낫을 휘둘러 땅의 포도송이를 거두라 그 포도가 익었느니라 하더라 [19] 천사가 낫을 땅에 휘둘러 땅의 포도를 거두어 하나님의 진노의 큰 포도주 틀에 던지매 [20] 성

밖에서 그 틀이 밟히니 틀에서 피가 나서 말굴레까지 닿았고 일천 육백 스다디온에 퍼졌더라

이한 낫을 가진 다른 천사(17) : 하늘에 있는 성전에서 또 다른 천사가 나오는데 이한 낫을 가졌고 이 이한 낫은 심판의 낫이다.

낫을 땅에 휘둘러 땅의 포도를 거둠(19) : 이는 심판을 행하는 천사로서 하나님께서는 마지막 알곡을 추수하게 하시고 쭉정이를 꺼지지 않는 불에 태우시기 위하여 포도송이를 거두게 하신다.

성 밖에서 그 틀이 밟힘(20) : 이 성은 예루살렘 성이며 그 틀이 성 밖에서 밟힌다는 것은 불신자들이 성 밖에서 심판을 받게 된다는 것을 말한다. 이 성 밖은 그들이 예수 그리스도를 십자가에 못 박은 바로 그 장소인데 그들도 그곳에서 심판을 받게 됨을 나타낸다.

말굴레까지 닿았고 일천 육백 스다디온에 퍼짐(20) : 1 스다디온은 약 184m이다. 그러므로 일천 육백 스다디온은 약 200마일이며 340km인데 이는
1. 팔레스틴의 길이(Jerome, Walvoord)
2. 홍해의 길이
3. 올림픽의 경주 코스(Plummer)
4. 법왕청의 영토의 길이(Clarke) 등으로 보는 편과 상징적으로 취하여
5. 단순히 완전 수 라는 설(Victorinus, Charles)이 있다.
6. 첫째와 마지막을 조화시키는 해석(Barclay)이 가장 합당한 해석일 것이다. 즉 이스라엘과 세상의 성도들 중 알곡이 다 추수된 후에 이스라엘과 온 세상의 불신자들이 심판을 받게 됨을 나타낸다고 보는 것이 자연스럽다.

제 15 장

일곱 대접 심판 준비와 구원의 찬양

15장의 개요

15장은 일곱 대접을 가진 일곱 천사들이 마지막 심판을 예비하고(1) 또 이제 막 구원 받은 마지막 추수된 자들이 하나님 앞과 어린 양 앞에 서서 모세의 노래, 어린 양의 노래를 부르는 장면이 나온다.(2~4)

이것은 15장이 14장의 결과로 이어지는 장임을 보여주고 있다. 즉 흰구름을 타고 재림하신 주께서 하나님의 계명과 예수의 증거를 지키는 자들을(14:12) 추수해서 천국 창고에 들이고(14:16) 짐승의 표와 그의 우상에게 경배하는 자들을 포도주 틀에 밟아서 심판하신 결과가 바로 15장에 이어짐을 알 수가 있다. 왜냐하면 15:2절에 그 말씀을 되풀이 하고 있기 때문이다.(15:2)

이들이 모세의 노래 어린 양의 노래를 부르고 있는 것은 그들 대부분이 이스라엘 사람들로서 이제 두 증인과 14만 4천명의 복음전도자들로부터 그리스도의 복음을 받아들여 모세의 노래를 부를 뿐만 아니라 어린 양의 노래를 부르게 되었기 때문이다. 그리고 하늘의 증거 장막이 열리며 일곱 천사가 일곱 대접을 받고 심판을 예비하는 장면이 나오고(5~7) 하늘의 하나님의 성전에 연기가 가득차며 구원이 완성됨을 보여준다.(8) 15장 이후에는 그리스도의 재림과 천년왕국에 들어갈 때까지 구원이 없는데 14장 16절 이후에 이미 구원이 완성되었음을 보여주고 있다.

일곱 천사가 일곱 재앙을 가짐(1)

(계 15:1) 또 하늘에 크고 이상한 다른 이적을 보매 일곱 천사가 일곱 재앙을 가졌으니 곧 마지막 재앙이라 하나님의 진노가 이것으로 마치리로다

일곱 재앙을 가진 일곱 천사(1) : 일곱 천사가 일곱 재앙을 가졌는데 이것이 마지막 재앙이라고 했다. 마지막 재앙이라고 하는 것은 그 이전에 무슨 다른 재앙이 있었다는 것인데 그것은 일곱 인과 일곱 나팔 심판을 가리킨다고 보아야 한다. 일곱 인을 떼고 그 이후에 일곱 나팔을 불고 그 이후에 일곱 대접을 쏟는 것으로 보아야 마지막 재앙이라는 말이 성립된다. 이 일곱 재앙으로 하나님의 진노가 마칠 것이라고 했으니 하나님의 진노가 일곱 대접 심판과 함께 마치게 된다. 그러므로 일곱 대접 심판은 마지막 심판이다.

모세의 노래, 어린 양의 노래를 부르는 자들(2~4)

(계 15:2~4) 또 내가 보니 불이 섞인 유리 바다 같은 것이 있고 짐승과 그의 우상과 그의 이름의 수를 이기고 벗어난 자들이 유리바다 가에 서서 하나님의 거문고를 가지고 (3) 하나님의 종 모세의 노래, 어린 양의 노래를 불러 가로되 주 하나님 곧 전능하신 이시여 하시는 일이 크고 기이하시도다 만국의 왕이시여 주의 길이 의롭고 참되시도다 (4) 주여 누가 주의 이름을 두려워하지 아니하며 영화롭게 하지 아니하오리이까 오직 주만 거룩하시니이다 주의 의로우신 일이 나타났으매 만국이 와서 주께 경배하리이다 하더라

불이 섞인 유리 바다 같은 것(2) : 이것은 하나님의 보좌 앞에 흐르는 수정과 같이 맑은 생명수의 강인데 이것을 바다로 묘사한 것은 거대한 강임을 나타낸다.(계22:1~2)

짐승과 그의 우상과 그의 이름의 수를 이기고 벗어난 자들(2) : 이들은 14장14절 이하에 마지막으로 그리스도의 이한 낫에 의해서 구속함을 받은 자들이며 이들이 변화되어서 하나님의 보좌 앞에 올라와 찬양을 드리는 자들이다.

이들은 모두 후 3년 반 동안 666의 수를 이기고 벗어난 자들이다. 666치하에서는 목베임을 받고 순교자가 되거나(14만4천 명의 순교자들)(20:4) 아니면 짐승의 수를 이기고 벗어난 자들이 되거나 둘 중 하나이다.(20:4)

하나님의 종 모세의 노래, 어린 양의 노래(3) : 이들이 대부분 유대인임을 나타내고 있다. 모세의 노래를 부르는 민족은 유대인들 밖에 없다. 이들은 구약과 신약의 모든 구속의 말씀으로 구원받고 이제 구약의 모세의 노래와 신약의 어린 양의 노래를 부르고 있다. 두 증인들의 복음 전도에 의해서 14만 4천 명이 인치심을 받고 이들이 순교하면서까지 복음을 전해서 저들이 구원을 받고 이제 모세의 노래와 어린 양의 노래를 부르며 하나님의 존전에서 감사와 영광을 드리고 있다. 이들 대부분이 유대인이지만 이방인 교회에서도 7장에서 휴거에 누락된 자들이 일부 포함되어 있을 것이다. 여기에서 마태복음 24장과 25장을 살펴보면서 이들이 누구인가를 좀 더 자세히 살펴보도록 하자.

마태복음 24장에는 마지막 환난에 대해서 말씀하신다. 마지막 때에 일어날 모든 일들을 보여 주시면서 어떻게 대비하며 살아야 할지를 말씀하시는 것은 25장 말씀이다. 다시 말하면 25장은 보편적인 말씀이 아니라 마지막 때의 성도들에게 주시는 말씀이다. 예수님께서 이 세상에 오시기 직전의 마지막 7년 환난 때에 있을 일에 대한 말씀이라고 보아야 한다.

첫째로 열 처녀의 비유에서 열 처녀는 모두 믿는 사람으로 보아야 한다. 즉 그리스도의 피로 거듭난 자들이라고 보아야 전체 문맥으로 볼 때에 자연스럽다. 왜냐하면 세상 사람들은 결코 그리스도를 신랑으로 기다리지 않기 때문이다. 세상 사람들이 그리스도를 신랑으로 기다리고 있는가? 결코 그렇지 않다. 그들이 그리스도를 신랑으로 생각지도 아니하는데 기다린다는 것은 더더욱 어려운 일이다. 그런데 어리석은 다섯 처녀는 신랑을 맞이하지 못했고 지혜로운 다섯 처녀는 기름을 준비하여 혼인잔치에 들어갔다. 그렇다면 어리석은 다섯 처녀는 자신의 행위로 혼인잔치에 들어가지 못했으니 구원이 행위에 있지 않다는 로마서의 모든 이신득의의 교리가 무너지게 된다. 한 달란트, 두 달란트, 다섯 달란트를 받은 자들도 마찬가지다 한 달란트를 받은 자도 착하고 충성된 종이 되지 못하고 게으른 종이 되었으므로 즉 행위로 구원받지 못하게 되었고 양과 염소도 마찬가지다. 이것이 어떻게 로마서와 조화를 이룰 것인가? 그렇기에 많은 억지 해석을 할 수 밖에 없다. 그러므로 어리석은 다섯 처녀와 한 달란트를 받은 자들도 똑 같이 달란트를 받은 즉 구원을 받은 자들이지만 그들은 첫 번째의 휴거인 7장에서 제외되었고 그들이 후 3년 반을 통하여 자신의 신앙을 굽히지 않고 우상에게 경배하지 않고 짐승의 수를 이기고 벗어남으로 마지막 추수 때는 그리스도를 영접하게 된 자들이다. 이 마지막 추수 된 자들은 두 종류의 사람들이다. 즉 이스라엘 중에서 마지막 환난을 통과한 자들과 이방인 교회에서 첫 번째의 휴거에 누락된 자들이다. 이 두 부류의 사람들이 지금 구원의 노래를 부르고 있다.

작은 책과 마지막 추수 : 후 3년 반이 지나면 복음을 전하다가 순교한 14만 4천 명이 부활하여 시온산에서 어린 양을 찬양하는 모습이 나오는데 이 내용까지가 작은 책의 내용이고 이 작은 책의 내용이 끝나면 14장 6절부터 일곱 인 봉한 책의 내용 즉 영원한 복음이 다시 이어진다.

(계 14:6) 또 보니 다른 천사가 공중에 날아가는데 땅에 거하는 자들 곧 여러
     나라와 족속과 방언과 백성에게 전할 영원한 복음을 가졌더라

이와 같이 작은 책은 정확히 이스라엘의 마지막 한 이레 동안의 기록으로써 죄가 영속되며 구원이 완성되는 모습을 정확하고 자세하게 제시한 책이다. 그리고 이스라엘 백성들이 후 3년 반에 피신하면서 짐승의 수를 이기고 벗어나서 마지막 추수의 대열에 참예하게 되는데 이것이 계14:14~16절 말씀이다.

(계 14:14~16) 또 내가 보니 흰 구름이 있고 구름 위에 사람의 아들과 같은 이가 앉았는데 그 머리에는 금 면류관이 있고 그 손에는 이한 낫을 가졌더라 (15) 또 다른 천사가 성전으로부터 나와 구름 위에 앉은 이를 향하여 큰 음성으로 외쳐 가로되 네 낫을 휘둘러 거두라 거둘 때가 이르러 땅에 곡식이 다 익었음이로다 하니 (16) 구름 위에 앉으신 이가 낫을 땅에 휘두르매 곡식이 거두어지니라

그런데 왜 이스라엘 백성들의 마지막 구원을 작은 책의 범위에 넣지 않았는가라는 의문이 일어날 수가 있다. 그러나 이것은 마지막 추수 때에 많은 이방인들의 교회 중에서 처음 휴거 때에 누락된 자들이 이 대열에 참예하기 때문이다. 그러므로 이 마지막 구원이 완성이 되는 때에 이스라엘과 이방인들이 함께 참예하게 되므로 작은 책의 범주를 벗어나게 하셔서 이들 모두가 구원받는 모습을 14장14절 이하에 그려 놓았다고 본다. 그리고 이들이 15장2절 이하에 어린 양의 노래와 모세의 노래를 부르면서 하나님을 찬양하는데 이것은 이들 대부분이 이스라엘 사람들이고 그 외에 많은 이방인들이 참예하고 있음을 암시하고 있다. 이들은 두 증인에 의해서 복음을 듣고 14만 4천 명들에게 양육을 받으면서 후 3년 반을 통과하여 드디어 마지막 추수에 참예하게 된 이스라엘 백성들로서 그들은 모세의 노래 즉 구약의 하나님과 어린 양의 노래 즉 신약의 하나님께 찬양드린다. 그러나 모세의 노래 어린 양의 노래를 부르는 이스라엘의 대열에는 많은 이방인들도 합류하고 있음에 틀림없다. 왜냐하면 이 복음은 작은 책의 범주를 벗어나서 영원한 복음 안에 포함되어 있기 때문이다.

만국의 왕이시여(3) : 그렇다! 이제 그리스도께서는 천하 만국의 왕이 되셨다. 이제는 이스라엘과 이방인 교회가 함께 구원의 대열에 다 참예하여 구원

이 완성되었음으로 만국의 왕이 되신다.

만국이 와서 경배하리이다(4) : 만국이 와서 주께 경배하게 될 것이라고 찬양을 드린 것은 이제는 열방의 왕이 되셔서 만국을 통치함으로 온 인류의 심판주요 구속주가 되신 예수께 만국이 와서 경배하게 될 것을 계시하신다.(시 100:1, 엡1:20~22)

하늘에 증거 장막의 성전이 열리며(5~8)

(계 15:5~8) 또 이 일 후에 내가 보니 하늘에 증거 장막의 성전이 열리며 [6] 일곱 재앙을 가진 일곱 천사가 성전으로부터 나와 맑고 빛난 세마포 옷을 입고 가슴에 금띠를 띠고 [7] 네 생물 중에 하나가 세세에 계신 하나님의 진노를 가득히 담은 금대접 일곱을 그 일곱 천사에게 주니 [8] 하나님의 영광과 능력을 인하여 성전에 연기가 차게 되매 일곱 천사의 일곱 재앙이 마치기까지는 성전에 능히 들어갈 자가 없더라

하늘에 증거 장막의 성전이 열리며(5) : 하늘에는 만세전부터 세워진 증거 장막의 참 성전이 있다. 이 하늘의 성전을 본받아 모세가 성막을 세웠고(출 25:9,40,26:30) 솔로몬 성전도 이 성막을 기초로 세워졌다. 그런데 하늘의 성전은 예수 그리스도께서 피를 하나님께 드리기 위하여 세워졌는데 그리스도께서 여기에 자신의 피를 드림으로 우리에게 새롭고 산 길을 여신 것이다.(히 8:5~6, 히9:9~12, 23~26, 10:1~10))

일곱 재앙을 가진 일곱 천사(6) : 일곱 재앙을 가진 일곱 천사가 성전으로부터 나왔다는 것은 하나님은 하늘의 성전을 통하여 인류를 그리스도의 피로 구

속하실 뿐만 아니라 또한 심판도 하시어 구원과 심판을 성전을 통하여 완성하심을 나타내고 있다.

그러나, 이 구원과 심판이 완성된 후 열리는 새 하늘과 새 땅에서는 성전을 볼 수 없으니 하나님과 어린 양이 친히 그 성전이 되시기 때문이다.(계21:22)

성전에 연기가 가득하게 됨(8) : 하늘의 성전에 연기가 가득하게 되었다는 것은 이제 14장으로부터 15장까지 모든 인류의 구원이 완성되었고 또한 일곱 대접 심판을 위하여 천사들이 대접을 받고 성전으로부터 나왔으니 이제 심판도 완성이 되어질 것임으로 성전 안에는 하나님의 위엄과 영광으로 충만한 구름이 가득하게 된다. 이것은 출애굽기에서 모세가 성막을 완성할 때의 구름과 동일한 맥의 구름이다. (출40:33~34)

제 16 장

전면적 심판;일곱 대접 심판

16장의 개요

16장은 첫째 천사가 예고한 대로(14:7) 세상을 심판하시는 장이다. 일곱 대접 심판이 차례로 이루어지는데 이것은 마지막 심판으로 묘사되고 있다.(15:1) 일곱 나팔 심판이 삼분의 일 심판이라면 대접 심판은 전면적인, 전세계적인, 예외없는 심판이다.

즉 6장의 보좌 재림때 7장의 부분 휴거가 있고 8장부터 13장까지 부분 심판이 시행되고 14장 14절의 흰구름 재림 때, 전면적인 휴거가 이루어지고 14장 16절부터 18장까지 전면적인 심판이 시행된다. 이와같이 각 장들도 생명력을 가지고 서로 연관되어 있다.

첫째 대접부터 일곱 대접 심판까지 모든 세상이 불로 심판을 받는 것을 기록하였다.

첫째 대접 심판 : 짐승의 표를 받은 사람들의 피부에 악하고 독한 헌데가 남.

둘째 대접 심판 : 바다가 피가 되고 바다의 모든 생물이 죽음.

셋째 대접 심판 : 강이 피가 되고 마시는 자가 다 죽음.

넷째 대접 심판 : 해가 권세를 받아 사람을 불로 태워 죽임.

다섯째 대접 심판 : 짐승의 보좌에 대접을 쏟으니 온 세상이 어두워짐.

여섯째 대접 심판 : 유브라데강이 마르며 아마겟돈전쟁준비가 완료됨.

일곱째 대접 심판 : 번개와 음성과 뇌성이 있고 큰 지진 남. 큰 성 바벨론이 불타서 세 갈래로 갈라지고 한 달란트 무게의 우박이 하늘에서 쏟아짐.

성전에서 큰 음성이 남(1):

(계 16:1) 또 내가 들으니 성전에서 큰 음성이 나서 일곱 천사에게 말하되 너

희는 가서 하나님의 진노의 일곱 대접을 땅에 쏟으라 하더라

성전에서 큰 음성이 난다는 것은 하나님께서 심판의 주가 되심을 나타내며 하나님의 진노가 불의로 하나님의 진리를 막는 모든 자에게 쏟아짐을 나타낸다(롬1:18) 그리고 그 심판의 중심은 바로 하늘 성전임을 나타내고 있다. 하늘 성전은 구원과 심판을 완성하는 곳이다.

첫째 대접 심판(2)

(계 16:2) 첫째가 가서 그 대접을 땅에 쏟으매 악하고 독한 헌데가 짐승의 표를 받은 사람들과 그 우상에게 경배하는 자들에게 나더라

첫째 심판은 짐승의 표를 받고 우상에게 경배하는 자들에게 내려진다. 그들이 받은 표 때문에 이마와 손에 독한 헌데 즉 피부암과 같은 것이 발생하게 되는데 이것은 그들이 받을 첫 번째 심판이다. 그래서 하나님께서는 계속해서 짐승의 표를 받지 말고 우상에게 절하지 말라고 경고하신다.(14:9~11)

둘째 대접 심판(3)

(계 16:3) 둘째가 그 대접을 바다에 쏟으매 바다가 곧 죽은 자의 피 같이 되니 바다 가운데 모든 생물이 죽더라

둘째 심판은 바다의 심판이다. 바다가 죽은 자의 피 같이 되니 바다 가운데 모든 생물이 죽게 되는 심판이다. 둘째 나팔을 불면 바다의 삼분의 일이 피가

되지만 둘째 대접을 쏟으면 바다의 모든 생물들이 죽게 된다.

셋째 대접 심판(4~7)

(계 16:4~7) 셋째가 그 대접을 강과 물 근원에 쏟으매 피가 되더라 [5] 내가 들으니 물을 차지한 천사가 가로되 전에도 계셨고 시방도 계신 거룩하신 이여 이렇게 심판하시니 의로우시도다 [6] 저희가 성도들과 선지자들의 피를 흘렸으므로 저희로 피를 마시게 하신 것이 합당하니이다 하더라 [7] 또 내가 들으니 제단이 말하기를 그러하다 주 하나님 곧 전능하신 이시여 심판하시는 것이 참되시고 의로우시도다 하더라

셋째 심판은 강과 물 근원에 대한 심판이다 모든 물 샘과 강들이 피가 되는 심판이다.

강과 물 근원이 피가 됨(4) : 셋째 나팔 심판은 강과 물 샘 삼분의 일이 쑥물이 되는 심판이지만 셋째 대접 심판은 강과 물 샘들이 전면적으로 피가 되는 심판이다. 이제 이들이 살아갈 길이 점점 더 어렵게 되어진다.

물을 차지한 천사의 외침(5~6) : 그들이 성도들의 피를 흘렸으므로 그들도 이렇게 피로써 심판을 받음이 합당함을 큰 소리로 외치고 있다.

제단의 동의(7) : 제단에서도 하나님의 심판이 의로우심을 나타내는 음성이 들렸음 이 제단에서 내리는 불 심판이 하나님으로부터 내려왔고 또한 그들의 전적인 동의를 얻고 있음을 나타내고 있다. 하나님의 모든 심판은 다 의로우시다.

넷째 대접 심판(8~9)

(계 16:8~9) 넷째가 그 대접을 해에 쏟으매 해가 권세를 받아 불로 사람들을 태우니 ⁽⁹⁾ 사람들이 크게 태움에 태워진지라 이 재앙들을 행하는 권세를 가지신 하나님의 이름을 훼방하며 또 회개하여 영광을 주께 돌리지 아니하더라

해에 쏟으매(8) : 넷째가 그 대접을 해에 쏟으니 해가 권세를 받아 불로 사람들을 태우는 심판이 이루어진다.

회개하여 주께 영광돌리지 못함(9) : 그러나 그들이 하나님께 회개하지 아니하고 하나님의 이름을 훼방하는 것을 보면 이제 그들은 회개의 기회를 놓치고 말았고 그들이 회개함으로 하나님께 영광 돌리지 못하고 있다. 회개의 기회를 놓쳐서는 안 된다.

다섯째 대접 심판(10~11)

(계 16:10~11) 또 다섯째가 그 대접을 짐승의 보좌에 쏟으니 그 나라가 곧 어두워지며 사람들이 아파서 자기 혀를 깨물고 ⁽¹¹⁾ 아픈 것과 종기로 인하여 하늘의 하나님을 훼방하고 저희 행위를 회개치 아니하더라

다섯째 천사가 대접을 짐승의 보좌에 쏟으니 그 나라가 곧 어두워진다고 했다. 짐승의 보좌가 어디에 있는가? 단 11:45절에 보면 "그가 장막 궁전을 바다와 영화롭고 거룩한 산 사이에 베풀 것이나 그의 끝이 이르리니 도와 줄 자가 없으리라"고 했으니 아마도 이 짐승은 그 보좌를 지중해와 예루살렘 그 사이

에 세울 것이다. 그러나 이제 다섯째 대접을 쏟으면 그 보좌가 어두워지고 온 세상이 어두움으로 가득하게 된다. 이제 사람들의 몸에는 피부암이 발생하고 바다와 강은 모두 피가 되고 태양은 사람을 태울 정도로 작렬하고 반면 온 세상의 어두움은 더욱 깊어지므로 사람들은 극심한 혼란과 좌절에 빠지게 된다. 그러나 그들은 혀를 깨물면서도 회개하지 않는다. 이미 회개의 영이 그들을 떠났기 때문이다. 그러나 하나님께서는 끝까지 그들이 회개하기를 기다리신다.

여섯째 대접 심판(12~16)

(계 16:12~16) 또 여섯째가 그 대접을 큰 강 유브라데에 쏟으매 강물이 말라서 동방에서 오는 왕들의 길이 예비되더라 ⁽¹³⁾ 또 내가 보매 개구리 같은 세 더러운 영이 용의 입과 짐승의 입과 거짓 선지자의 입에서 나오니 ⁽¹⁴⁾ 저희는 귀신의 영이라 이적을 행하여 온 천하 임금들에게 가서 하나님 곧 전능하신 이의 큰 날에 전쟁을 위하여 그들을 모으더라 ⁽¹⁵⁾ 보라 내가 도적 같이 오리니 누구든지 깨어 자기 옷을 지켜 벌거벗고 다니지 아니하며 자기의 부끄러움을 보이지 아니하는 자가 복이 있도다 ⁽¹⁶⁾ 세 영이 히브리 음으로 아마겟돈이라 하는 곳으로 왕들을 모으더라

유브라데강이 마름(12) : 여섯째 천사가 대접을 쏟으니 유브라데강이 말라버린다. 유브라데강은 메소포타미아 문명의 발상지이고 터어키에서 발원하여 시리아를 거쳐 이라크로 해서 페르샤만으로 흘러 들어가는 길이 약 2400km에 달하는 거대한 것인데 이 강이 여섯째 천사가 대접을 쏟으면 말라버린다. 그리하여 동방으로부터 오는 왕들의 길이 예비된다.

세 더러운 영(13~14) : 세 더러운 영들이 용의 입과 짐승의 입과 거짓 선지자의 입에서 나온다. 이들은 귀신의 영인데 이들이 이적을 행하여 온 천하 임금들을 아마겟돈으로 모은다.(16)

보라 내가 도적 같이 오리니(15) : 이것은 삽입절로서 계시록의 흐름과는 관계없이 우리에게 경각심을 주시는 말씀이다. 깨어 자기 옷을 지켜 벌거벗고 다니지 않으면 복이 있다고 말씀하신다. 우리는 의의 옷으로 날마다 갈아입고 기름을 준비하며 깨어 기도하기를 게을리 해서는 안 된다.(마24:42~44)

아마겟돈이라는 곳에 모임(16) : 아마겟돈이라는 곳은 지금의 므깃도 평원으로서 고대로부터 전쟁터로 유명한 곳이다. 나사렛 남방 기손강변의 에스도래온 평야에 있는 한 옛 고을 이름이다. 시스라가 가나안 군을 격파한 후 드보라의 노래에 나타나는 것을 위시하여(사5:19) 수많은 결전들이 벌어진 곳이었다.(왕하9:27, 23:29, 대하35:22 등) 또한 느부갓네살에서 나폴레옹에 이르기까지 온갖 이방의 정복자들이 침입한 곳이었다. 실로인, 이방인, 사라센, 크리스챤, 십자군들이 진친 곳이었다. 세 더러운 영들이 이 전쟁터로 왕들을 모은다. 이 아마겟돈 전쟁은 지대공의 전쟁으로서 재림하시는 그리스도와 지상군의 대결인데 이 전쟁에서 그리스도께서 승리하셔서 천하의 모든 왕권을 다 잡으신다.(계19:19~20)

일곱째 대접 심판(16:17~21)

(계 16:17~21) 일곱째가 그 대접을 공기 가운데 쏟으매 큰 음성이 성전에서 보좌로부터 나서 가로되 되었다 하니 ⁽¹⁸⁾ 번개와 음성들과 뇌성이 있고 또 큰 지진이 있어 어찌 큰지 사람이 땅에 있어 옴으로 이같이 큰 지진이 없었

더라 [19] 큰 성이 세 갈래로 갈라지고 만국의 성들도 무너지니 큰 성 바벨론이 하나님 앞에 기억하신 바 되어 그의 맹렬한 진노의 포도주 잔을 받으매 [20] 각 섬도 없어지고 산악도 간데 없더라 [21] 또 중수가 한 달란트나 되는 큰 우박이 하늘로부터 사람들에게 내리매 사람들이 그 박재로 인하여 하나님을 훼방하니 그 재앙이 심히 큼이러라

대접을 공기 가운데 쏟음(17) : 일곱째 대접은 공기 가운데 쏟는 심판이다. 공기 가운데 쏟을 때에 번개와 음성들과 뇌성이 있고 또 큰 지진이 일어난다.

번개와 음성들과 뇌성(17) : 번개와 음성들과 뇌성이 있다고 했는데 이것들은 이미 11:19절에 보여진 심판이다. 이것이 예비되어 있다가 마지막 대접 심판 때에 쏟아진다.

큰 지진(18~21) : 큰 지진이 일어나서 큰 성이 세 갈래로 갈라지게 되는데 이 큰 성 바벨론은 17장과 18장에 나오는 음녀이다. 이 음녀가 드디어 일곱 대접 심판 때에 멸망하게 되는데 다음 장에 그의 정체(17장)와 멸망(18장)에 대해서 상세하게 설명을 하게 되며 이로서 일곱 대접 심판이 끝이 나게 된다.

큰 성이 세 갈래로 갈라짐(19) : 이 큰 성은 바벨론이요 로마이다. 그러므로 마지막 대접 심판 때에 음녀 로마가 세 갈래로 갈라지고 멸망하게 된다. 이제 음녀 로마가 어떻게 심판을 받고 멸망하는가에 대해서 상세하게 보게 된다.(17:16)

각 섬도 없어지고 산악도 간데 없더라(20) : 큰 지진으로 섬이 없어지고 산악이 평지가 되는 일들이 일어나게 된다. 즉 마지막 재앙 때에 지구의 지형이 많이 변경되어질 것을 나타내고 있다.

중수가 한 달란트나 되는 큰 우박(21): 애굽의 제 7재앙과 같은 우박이 하늘에서 내려오는데 그 중수가 한 달란트나 되었다. 한 달란트는 약 34kg 정도 되는 무게인데 이러한 어마어마한 우박이 하늘에서 떨어진다면 지상에서 일어날 재앙은 어떠하겠는가? 필설로는 감히 표현 할 수 없는 재앙이다. 우박은 언제나 하나님의 심판의 표시였다.(수10:11, 시78:47, 사28:2, 30:30, 겔13;11, 38:22, 학2:17 등)

그 박재로 하나님을 훼방함(21) : 악이 오를 때로 오른 이들은 하나님께 회개하기는 커녕 그 우박의 재앙으로 말미암아 하나님을 훼방하고 있다. 회개하면 살텐데 이들은 회개의 기회를 이미 놓치고 이렇게 심판 중에 하나님을 훼방하고 있다.

제 17 장

음녀의 정체 1

음녀(1~7, 15, 18)
적그리스도와의 관계(8~11)
열 뿔과의 관계(12~17)

17장의 개요

17~18장은 16장 일곱째 대접 심판의 부연 설명 장이다. 음녀의 정체와 그리고 적그리스도와 열 뿔에 대한 설명이 나오기 때문에 해석상 매우 중요한 장이다. 이 장에서 음녀가 누구이며 어떤 역할을 하는지 설명할 뿐만 아니라 적그리스도와 열 뿔의 정체에 대해서도 상세하게 설명한다. 그러므로 이 17장을 통하지 않고는 이들의 정체성을 알 수가 없으므로 매우 중요한 장이다. 즉 17장은 음녀와 짐승과의 관계, 열 뿔과 짐승과의 관계를 세밀하게 열어주는 장이다.

이 음녀는 로마의 일곱머리 중 일곱째 머리이며(10) 적그리스도는 여덟째의 왕으로 나타나는데(11) 처음에는 이 음녀가 일곱머리 열 뿔 짐승을 타고 나타남으로 적그리스도가 통치하기 직전까지는 음녀가 온 세상을 장악할 것임을 알 수 있다. 즉 황금과 온갖 사치와 향락에 찌든 타락한 종교가 온 세상을 지배할 것을 보여주고 있다. 그리고 짐승 즉 적그리스도는 열 뿔에 의해서 선출되어 여덟째 왕으로 나타나며(13, 17) 이 열 뿔과 짐승이 음녀를 불사르고 죽인다.(16) 이 음녀의 정체는 배교한 교회를 상징하는 것으로써 사도 요한조차 그 정체에 대해 "기이히 여기고 크게 기이히 여길 만큼"(6) 이상하다. 왜냐하면, 음녀가 외형적으로는 여인의 모습 즉 종교의 탈을 쓰고 있지만 실제적으로는 성도들의 피에 취하는 무서운 핍박자로 나타나기 때문이다.(6)

많은 물 위에 앉은 음녀(1)

(계 17:1) 또 일곱 대접을 가진 일곱 천사 중 하나가 와서 내게 말하여 가로되 이리 오라 많은 물 위에 앉은 큰 음녀의 받을 심판을 네게 보이리라

일곱 대접을 가진 일곱 천사 중 하나(1) : 17장은 16장의 일곱 대접 심판 때에 멸망당한 음녀에 대해서 구체적으로 설명하는 장이다. 그래서 일곱 대접을 가진 일곱 천사 중 하나가 와서 그 구체적인 내용을 설명하는 것이다. 그러므로 이 장은 이미 심판 받은 사건을 구체적으로 상술하기 위해서 마련한 장이다. 이 장을 16장 다음에 일어날 사건을 계시한 장으로 해석하면 안되는 이유가 여기에 있다.

많은 물(1) : 여기에서 음녀가 앉은 많은 물이 무엇이냐는 17:15절 말씀에 해석이 나와 있다.

(계 17:15) 또 천사가 내게 말하되 네가 본바 음녀의 앉은 물은 백성과 무리와 열국과 방언들이니라

즉 음녀가 많은 백성과 무리와 열국과 방언들에게 추대되고 옹위되고 인기를 얻고 나타나게 됨을 말한다.

음녀의 죄(2)

(계 17:2) 땅의 임금들도 그로 더불어 음행하였고 땅에 거하는 자들도 그 음행의 포도주에 취하였다 하고

땅의 임금들과 땅에 거하는 자들이 그와 음행을 함(2): 음행이라고 하는 것은 자기 남편을 두고 다른 남자와 부정한 행위를 하는 것을 말하는데 여기에서 말하는 음행은 영적인 것으로써 하나님도 섬기면서 다른 모든 이방 종교를 믿는 것을 말하고 있다. 이 음녀가 바로 이러한 일들을 앞장 서서 행할 것임을

의미하고 있다. 종교다원주의, 비진리, 세속주의, 사단숭배, 천사숭배와 같은 이단 종교가 온 세상을 덮을 것을 말하고 있다. 왕들과 같이 신분이 높은 자들이나 일반 백성들 할 것 없이 이 음행의 포도주에 취한다. 하나님의 말씀에 여러 가지를 보태어서 그럴듯하게 꾸민 이야기에 사람들은 미혹이 되어서 음녀를 추종하게 된다.

붉은 빛 짐승을 탄 음녀(3)

(계 17:3) 곧 성령으로 나를 데리고 광야로 가니라 내가 보니 여자가 붉은 빛 짐승을 탔는데 그 짐승의 몸에 참람된 이름들이 가득하고 일곱 머리와 열 뿔이 있으며

광야로 감(3) : 성령에 이끌리어 광야로 갔는데 이 여자가 붉은 빛 짐승을 타고 있는 것을 보았다. 이것은 음녀가 이 땅에 나타나는 시점에 관한 말씀이다. 여자가 탄 붉은 빛 짐승은 이미 말한대로 적그리스도인데 (계13:1) 이 적그리스도는 후 3년 반 동안 1260일간 666으로 세상을 통치할 자인데 이 적그리스도가 광야에 있다는 것은 아직도 그가 권세를 잡기 전임을 나타내고 있다. 이 음녀가 그를 타고 있다는 것은 적그리스도가 출현하기 이전에 그가 권세를 잡고 온 세상을 호령할 것을 나타내고 있다.

음녀의 범죄(4~6)

(계 17:4~6) 그 여자는 자주 빛과 붉은 빛 옷을 입고 금과 보석과 진주로 꾸미고 손에 금잔을 가졌는데 가증한 물건과 그의 음행의 더러운 것들이 가

득하더라 [5] 그 이마에 이름이 기록되었으니 비밀이라, 큰 바벨론이라, 땅의 음녀들과 가증한 것들의 어미라 하였더라 [6] 또 내가 보매 이 여자가 성도들의 피와 예수의 증인들의 피에 취한지라 내가 그 여자를 보고 기이히 여기고 크게 기이히 여기니

자주 빛과 붉은 빛 옷을 입고(4) : 자주빛은 귀족들과 왕족들이 입는 옷이고 붉은 빛 옷을 입었다는 것은 많은 피를 흘린 전력을 가진 것을 나타내고 있다. 즉 이 음녀는 높은 지위를 얻어서 많은 성도들의 피를 흘린 전력을 가진 자임을 나타내고 있다.(17:6)

금과 보석과 진주로 꾸미고 손에 금잔을 가짐(4) : 허영과 사치가 분에 넘칠 정도임을 나타내고 있다. 그 금잔 속에는 더러운 것들이 가득하다고 했는데 이들이 먹고 마시는 모든 것들이 혼합주의의 온갖 더러운 비진리와 배금주의 그리고 종교다원주의의 이단요설로써 사람들을 취하게 함을 나타내고 있다.

이마에 비밀이라, 큰 바벨론이라(5) : 이 음녀는 비밀스러운 교리로 사람들을 유혹한다. 그리고 큰 바벨론이라고 한 것은 바벨론이 이스라엘을 핍박한 것 같이 하나님의 백성들을 핍박할 것임을 뜻한다. 그리고 큰 바벨론은 역사상에 있었던 그 어떤 핍박보다 더 큰 핍박을 자행할 것을 나타내고 있다.

땅의 음녀들과 가증한 것들의 어미(5) : 이것은 이 음녀에게 많은 따르는 무리가 있을 것을 말하고 있는데 음녀들의 어미요 가증한 것의 어미로서 많은 비진리 종교인들을 거느릴 것을 나타내고 있다.

성도들의 피와 예수 증인들의 피에 취함(6) : 역사에 나타나서 성도들의 피와 예수 증인들의 피에 취한 자가 누구인가? 그 정체를 밝혀야 할 것인데 이제 이

정체를 알지 못한 요한은 기이히 여기고 기이히 여기는 가운데 있다. 이 음녀는 성도들의 피에 취할 것이다. 기독교인 것처럼 꾸미고 있지만 기독교인들을 죽이고 피에 취하는 이 음녀가 요한에게는 참으로 기이하게 여겨진다.

음녀와 적그리스도의 정체 (7~11)

(계 17:7~11) 천사가 가로되 왜 기이히 여기느냐 내가 여자와 그의 탄 바 일곱 머리와 열 뿔 가진 짐승의 비밀을 네게 이르리라 [8] 네가 본 짐승은 전에 있었다가 시방 없으나 장차 무저갱으로부터 올라와 멸망으로 들어갈 자니 땅에 거하는 자들로서 창세 이후로 생명책에 녹명되지 못한 자들이 이전에 있었다가 시방 없으나 장차 나올 짐승을 보고 기이히 여기리라 [9] 지혜 있는 뜻이 여기 있으니 그 일곱 머리는 여자가 앉은 일곱 산이요 [10] 또 일곱 왕이라 다섯은 망하였고 하나는 있고 다른 이는 아직 이르지 아니하였으나 이르면 반드시 잠간 동안 계속하리라 [11] 전에 있었다가 시방 없어진 짐승은 여덟째 왕이니 일곱 중에 속한 자라 저가 멸망으로 들어가리라

여자와 일곱 머리 열 뿔 짐승의 비밀(7) : 음녀의 정체에 대해서 말하기 위해서는 반드시 적그리스도와 열 뿔에 대해서 말하지 않을 수 없기 때문에 이들의 관계를 풀어나가는 것이다. 왜냐하면 이들이 활동하는 시기는 서로 다르면서 서로 긴밀한 연관이 있기 때문이다.

전에 있었다가 시방 없으나 장차 무저갱으로부터 올라 올 짐승(8) : 여기에서 적그리스도 짐승이 전에 있었던 짐승이라고 한 것은 음녀가 활동하기 이전부터 있었지만 지금 즉 음녀가 맹렬히 활동할 시점에는 없다가 장차 무저갱에서올라 올 짐승으로 해석하면 된다. 즉 이 음녀가 나타날 시점과 사라질 시

점을 말하고 있다. 무저갱으로부터 올라 오면 이 음녀의 시대는 끝이 나고 결국 이 짐승에게 멸망 당하게 된다.(17:16)

일곱 머리는 여자가 앉은 일곱 산(9) : 짐승 즉 적그리스도는 13장에 나오는 것과 같이 일곱 머리와 열 뿔을 가지고 등장한다. 일곱 머리는 여자가 앉은 일곱 산이라고 했으니 이것은 로마의 일곱 언덕을 지칭하는 것으로 해석해야 한다. 오늘날까지 로마는 일곱 언덕 위에 세워진 도시이다.

  1) 퀴리날레 - 사비니계 로마인(대통령의 관저)

  2) 비미날레 - 내무부

  3) 에스퀼리노

  4) 첼리오 - 알바롱가의 강제 이주

  5) 아벤티노 - 레무스의 거점(새로운 이주민에게 할당)

  6) 팔라티노 - 로물루스의 거점(B.C 753. 4. 21 라틴족 3,000명에 의해 건설된 로마 건국기념일 … 로물루스의 18세)

  7) 카피톨리노-신들의 거처(제우스 = 유피테르 신전)

일곱 왕이라(10) : 여자가 앉은 일곱 산이 또한 일곱 왕이라고 했으니 이것은 로마에서 일어나는 일곱 지도체제를 가리킨다고 본다.(13장 해설 참조) 많은 역사가들은 로마의 통치 체제를 여섯 체제로 보았다. 즉 왕정, 공화정, 초기 제정(원수정), 중기 제정(원수정), 후기 제정(절대군주정), 말기라고 하는데 공감하고 있다. 어떤 역사가는 왕정, 공화정(평민 세력 대두), 3두 정치(군인 세력 진출), 제정(로마의 평화), 후기제정(혼란기), 동서 로마 분열기, 이렇게 여섯 체제로 되어 있다고 한다. 이것은 로마가 대체로 여섯 체제로 이루어진 나라였음을 말하고 있다. 그런데 이 여섯 체제 다음에 교황제도가 로마의 역사를 일곱 번째로 이어가고 있는데 이것이 바로 일곱째 왕인 교황제도라고 볼 수가 있다.

(계 17:9~10) 지혜 있는 뜻이 여기 있으니 그 일곱 머리는 여자가 앉은 일곱 산이요 (10) 또 일곱 왕이라 다섯은 망하였고 하나는 있고 다른 이는 아직 이르지 아니하였으나 이르면 반드시 잠간 동안 계속하리라

다섯은 망하였고 하나는 있고(10) : 다섯은 망하였다는 것은 로마의 다섯 체제가 망하였다는 것인데 즉 왕정, 공화정, 초기제정(원수정), 중기제정(원수정), 후기 제정(절대군주)이 망하였다는 것이고 하나는 있다는 것은 음녀가 일어나기 직전인 말기의 체제가 있다는 것이다.

다른 이는 아직 이르지 아니하였으나(10) : 다른 이는 아직 이르지 아니하였다는 것은 이 여섯 체제가 끝나고 일곱째의 체제인 교황제도가 일어날 것을 말하고 있다. 로마는 이 일곱 체제로 이루어진 나라이다. 지금은 바로 이 일곱째인 교황제도가 지속되고 있고 온 세상을 지배하고 있다. 이것이 여자 즉 음녀가 등장하는 모습을 역사적으로 보여주는 분명한 해석으로 보아야 한다. 3절 말씀에 일곱째 왕인 교황이 여덟째 왕인 적그리스도를 올라타고 있다고 표현했는데 이것은 적그리스도가 권세를 가지고 나타나기 전에 그 일곱 머리 열 뿔 즉 적그리스도를 다스리고 있는 모습을 나타내고 있다. 지금 바로 이 시대가 여자가 일곱 머리 열 뿔을 타고 있는 모습 그대로라고 보아야 한다. 로마와 전 유럽이 지금 이러한 상황이 아닌가? 음녀 즉 교황이 로마와 유럽 전체를 지배하고 있는 모습이다! 유럽이 지금 유로화를 만들어 그 위에 교황의 형상을 새겨 넣고 있는 것은 바로 이 말씀이 그대로 이루어진 모습이라고 보아야 한다. 이제 이 일곱 머리와 열 뿔이 음녀를 등에 업고 권세를 갖고 역사에 등장하게 될 때가 눈 앞에 이르렀다고 보아야 한다.

전에 있었다가 시방 없어진 짐승은 여덟째 왕이니(11) : 전에 있었다가 시

방 없어진 짐승은 여덟째 왕이라고 했는데 이 자가 바로 짐승 즉 적그리스도이다. 그런데 여덟째 왕인데 왜 여덟 머리라고 하지 않았을까? 그것은 이 여덟째 왕이 바로 일곱 머리 중에 속한 자이기 때문이다(17:11). 그리고 이 마지막 짐승은 다니엘서 7장에 나오는 일곱 머리(바벨론 머리 하나, 메데와 바사 머리 하나, 헬라 머리 넷, 로마 머리 하나)와 로마의 일곱 머리를 합친 어마어마한 권력을 가진 자임을 계13:1~2절에서 말씀하시고 있다.

(계 13:1~2) 내가 보니 바다에서 한 짐승이 나오는데 뿔이 열이요 머리가 일곱이라 그 뿔에는 열 면류관이 있고 그 머리들에는 참람한 이름들이 있더라 (2) 내가 본 짐승은 표범과 비슷하고 그 발은 곰의 발 같고 그 입은 사자의 입 같은데 용이 자기의 능력과 보좌와 큰 권세를 그에게 주었더라

그 몸이 표범과 비슷하다는 것은 헬라를 말하고 있는데 이는 헬라가 온 세상을 신속하게 정복한 신속성을 말하고 있고, 그 발이 곰의 발과 같다는 것은 메데, 바사와 같은데 이는 메데, 바사의 발로 밟는 무자비성을 나타내고 있고 그 입이 사자의 입과 같다는 것은 바벨론과 같다는 것인데 이것은 바벨론의 집어 삼키는 포학성을 나타내는 말씀이다. 그러므로 일곱 머리 열 뿔은 다니엘서에 나오는 일곱 왕과 로마의 일곱 체제를 합친 어마어마한 수퍼 파워라는 사실을 말씀하시고 있다.

열 뿔의 정체(12~13)

(계 17:12~13) 네가 보던 열 뿔은 열 왕이니 아직 나라를 얻지 못하였으나 다만 짐승으로 더불어 임금처럼 권세를 일시 동안 받으리라 (13) 저희가 한 뜻을 가지고 자기의 능력과 권세를 짐승에게 주더라

열 뿔은 열 왕이니(12): 열 뿔은 열 왕이라고 했다. 그런데 성경에서 머리는 체제와 국가를 나타낸다면 뿔은 그 체제에서 일어날 뛰어난 인물을 지칭하는 상징으로 보아야 할 것이다.(단8:5)(14장 해설 참조) 그러므로 열 왕이란 앞으로 로마에서 일어날 열 명의 수퍼 파워들을 말한다고 보아야 한다. 옛 로마 판도에서 일어나고 있는 EU는 바로 이 적그리스도를 선출하기 위한 열 뿔을 세울 작업을 진행하고 있다. 1950년 이후 철도,철강석, 화폐, 경제, 단일 헌법 등이 하나로 되어가고 있는데 이제 이들이 단일 지도자를 내고 유럽을 완전히 하나로 연합할 때가 되었고 지금이 바로 그 문턱에 와 있다고 보아야 한다.

자기의 능력과 권세를 짐승에게 주더라(13) : 지금도 교황을 뽑는 추기경단이 '콘클라베'를 통하여 교황을 선출하는데 이 콘클라베의 성격을 지닌 열 뿔이 앞으로 적그리스도를 선출하여 온 세상을 놀라게 할 것이다. 콘클라베는 종교지도자인 추기경들로 구성되지만 이제 나타나는 적그리스도를 선출하기 위한 열 뿔은 정치적인 막강한 힘을 지닌 열 왕들이라고 성경은 말씀하고 있다.

(계 17:12~13) 네가 보던 열 뿔은 열 왕이니 아직 나라를 얻지 못하였으나 다만 짐승으로 더불어 임금처럼 권세를 일시동안 받으리라 [13] 저희가 한 뜻을 가지고 자기의 능력과 권세를 짐승에게 주더라

　지금 EU에서 적그리스도를 선출하기 위한 10명의 '콘클라베'를 결성할 때가 곧 눈 앞에 온 것으로 보아야 한다. EU에서 이러한 막강한 힘을 가진 권력자들이 각국에서 선출되어 나타나게 된다. 이 열 뿔은 일곱 번째 왕인 음녀, 즉 교황이 활동할 때에는 아직도 권세를 잡지 못하고 있다가(계17:12) 때가 되면 면류관을 쓰고 권세를 가지고 나타난다. 그 때가 언제인가 하면 바로 계13:1절 말씀이 이루어지는 때이다.

(계 13:1) 내가 보니 바다에서 한 짐승이 나오는데 뿔이 열이요 머리가 일곱이라 그 뿔에는 열 면류관이 있고 그 머리들에는 참람한 이름들이 있더라

지금 지도를 펴놓고 음녀(교황)이 유럽을 지배하고 있는 모습을 보라! 저 북부스칸디나비아반도부터 시작하여 독일, 스위스, 오스트리아, 남부 스페인, 포르투갈, 프랑스 할 것 없이 모두 음녀의 지배를 받고 있다. 음녀가 열 뿔 짐승을 타고 있다는 말씀이 그대로 이루어진 모습을 우리는 지금 보고 있다. 이제 이 음녀의 나라 즉 로마의 카톨릭국가들 중에서 단일 대통령을 뽑는 열 뿔이 일어나고 이 열 뿔을 통하여 적그리스도가 등장하게 될 것이다.

저희가 어린 양으로 더불어 싸우려니와(14)

(계 17:14) 저희가 어린 양으로 더불어 싸우려니와 어린 양은 만주의 주시요 만왕의 왕이시므로 저희를 이기실터이요 또 그와 함께 있는 자들 곧 부르심을 입고 빼내심을 얻고 진실한 자들은 이기리로다

여기에서 '저희가'는 적그리스도와 열 뿔을 말하며 이들이 그리스도를 대항하여 싸울 것이다. 이 싸움은 아마겟돈 전쟁으로써 재림하시는 그리스도를 대적하여 므깃도 평원에서 일어나게 되는데 이때에 재림하시는 그리스도께서 성도들과 함께 재림하시어 그들을 모두 멸하실 것이다.(19:14~15)

음녀의 멸망(16~18)

(계 17:16~18) 네가 본 바 이 열 뿔과 짐승이 음녀를 미워하여 망하게 하고

벌거벗게 하고 그 살을 먹고 불로 아주 사르리라 (17) 하나님이 자기 뜻대로 할 마음을 저희에게 주사 한 뜻을 이루게 하시고 저희 나라를 그 짐승에게 주게 하시되 하나님 말씀이 응하기까지 하심이니라 (18) 또 네가 본 바 여자는 땅의 임금들을 다스리는 큰 성이라 하더라

열 뿔과 짐승이 음녀를 미워하여 망하게 하고(16) : 여기에서 열 뿔과 짐승이 나오는데 이 열 뿔이 짐승을 선출하는 10명의 수퍼 파워라면 짐승은 이 세상의 모든 권력자들보다 더 큰 권력자이다. 이 두 세력이 음녀를 미워하여 망하게 하고 불살라 죽게 하는데 이것은 적그리스도가 자신을 세워준 교황제도를 폐지하는 결과가 된다. 이 장면은 일곱 대접 심판과 서로 연관을 지어서 이루어진다. 즉 열 뿔과 짐승이 음녀를 멸망하게 하는 시점이 일곱 대접 심판과 일치하게 된다.

(계 16:17~19) 일곱째가 그 대접을 공기 가운데 쏟으매 큰 음성이 성전에서 보좌로부터 나서 가로되 되었다 하니 (18) 번개와 음성들과 뇌성이 있고 또 큰 지진이 있어 어찌 큰지 사람이 땅에 있어 옴으로 이같이 큰 지진이 없었더라 (19) 큰 성이 세 갈래로 갈라지고 만국의 성들도 무너지니 큰 성 바벨론이 하나님 앞에 기억하신 바 되어 그의 맹렬한 진노의 포도주 잔을 받으매

일곱째 대접을 쏟으면 19절에 큰 성이 세 갈래로 갈라지고 만국의 성들도 무너지니 큰 성 바벨론이 하나님 앞에 기억하신 바 되어 그의 맹렬한 진노의 포도주 잔을 받는 모습이 나오는데 큰 성 바벨론이 바로 음녀이다.(17:18) 그리하여 일곱 대접과 함께 열 뿔과 짐승이 음녀를 멸망시킨다.

자기 뜻대로 할 마음을 저희에게 주사 한 뜻을 이루게 하시고(17) : 이것은 열 뿔이 짐승을 추대하여 666으로 온 세상을 통치하게 하는 그 일을 이루신

다는 것이고 하나님의 말씀이 응하기까지란 그의 통치 기간인 1260일 동안 이 일이 이루어질 것을 말씀하시고 있다. 이 모든 일들이 하나님의 섭리와 주관 하에서 이루어진다.

여자는 땅의 임금들을 다스리는 큰 성이라(18) : 여자가 누구인가를 최종 적으로 밝히는 것이다. 땅의 임금들을 다스리는 큰 성 즉 로마를 가리키는 것 으로써 앞으로 로마에서 일어나는 일곱째 왕인 교황제도가 땅의 임금들을 다 스릴 것이라는 말씀인데 이것이 오늘날까지 그대로 이루어져 왔고 또한 여덟 째 왕이 일어날 때까지 계속된다.

제 18 장

음녀의 정체 2

음녀의 범죄와 멸망(1~8)
그리고 여러 계층의 애가(9~23)

18장의 개요

18장은 17장에 이어 음녀에 대하여 증거하고 있다. 두 장에 걸쳐서 음녀에 대해서 증거하고 있는 것은 그만큼 음녀로 인한 피해가 인류 역사상 엄청나다는 사실을 나타내고 있다. 그러므로 요한계시록을 해석할 때 음녀의 비중을 결코 가볍게 보아서는 안된다.

먼저는 음녀의 범죄와 교만에 대해서 힘센 천사가 큰 음성으로 외친다.(2) 그것은 귀신의 처소와 각종 더러운 영의 모이는 곳과 각종 더럽고 가증한 새의 모이는 곳이 된 사실을 알린다 그리고 음행의 포도주를 인하여 만국을 무너지게 하였다고 외친다(3) 종교의 타락상을 잘 보여 주고 있다.

특별히 18장은 멸망당한 큰 성 바벨론으로 상징되는 음녀에 대한 애도가로 가득 차 있다. 그리고 배도하는 세력들의 우두머리 역할을 하였던 음녀의 교만을 소개한 후 그녀가 받을 형벌을 설명하고 있다. 그녀의 교만에 찬 확신과는 달리 전능하신 하나님의 심판으로 하루 동안에 철저한 멸망을 당하게 된다.(8)

음녀가 멸망당할 때 슬퍼한 자들은 먼저 그녀와 음행하고 사치하던 땅의 왕들이다.(9) 이제 그녀가 멸망당함으로 말미암아 더 이상 음행과 사치를 못하게 되는 안타까움을 슬퍼 하였다. 다음으로는 음녀로 인하여 부를 축적하였던 상고들이다.(11) 그리고 선객들과 선인들과 바다에서 일하는 자들과 연예인들이 탄식하여 애도하는 모습은 음녀가 종교의 탈을 쓰고 있지만 그 중심은 세속적인 욕망으로 가득차 있음을 나타내고 있다. 결국 음녀가 하는 일은 금과 은과 보석과 진주와 세마포와 자주 옷감과 비단과 붉은 옷감과 각종 양목과 각종 상아 기명과 값진 나무와 진유와 철과 옥석으로 만든 각종 기명과 사람의 영혼까지 사고 파는 일을 일삼아 세상을 온통 사치와 향락으로 가득채우는 일이었음을 알 수가 있다. (12~14) 그러므로 큰 성 바벨론으로 묘사된 음녀가 멸망할 때 선지자들과 성도들과 및 땅 위에서 죽임을 당한 모든 자의 피가 보였다는 것은(24) 그녀의 악행이 얼마나 크다는 것을 증거하는 것이다.

음녀의 범죄(1~3)

(계 18:1~3) 이 일 후에 다른 천사가 하늘에서 내려오는 것을 보니 큰 권세를 가졌는데 그의 영광으로 땅이 환하여지더라 (2) 힘센 음성으로 외쳐 가로되 무너졌도다 무너졌도다 큰 성 바벨론이여 귀신의 처소와 각종 더러운 영의 모이는 곳과 각종 더럽고 가증한 새의 모이는 곳이 되었도다 (3) 그 음행의 진노의 포도주를 인하여 만국이 무너졌으며 또 땅의 왕들이 그로 더불어 음행하였으며 땅의 상고들도 그 사치의 세력을 인하여 치부하였도다 하더라

힘센 천사가 하늘에서 내려옴(1) : 큰 권세를 가진 천사가 하늘에서 내려올 때에 땅이 환하여 지면서 힘센 음성으로 외치는데 그 내용은 음녀가 어떠한 범죄를 저질러서 이러한 심판을 받는가를 선포하고 있다.

음녀의 범죄(2) : 음녀의 범죄에 대해서 천사가 선포를 하고 있다.

1. 귀신의 처소(2): 여러 종교적인 귀신들이 모이는 장소임을 나타내고 있음.
2. 각종 더러운 영의 모이는 곳(2): 귀신의 영이 모이는 종교집단임을 나타내고 있음
3. 각종 더럽고 가증한 새의 모이는 곳(2) : 각종 더럽고 가증한 종교를 믿는 자들의 모임임을 나타내고 있음. 이것은 그들이 성령을 받아 들이지 않고 도리어 악한 영들을 받아 들여 귀신의 처소와 귀신을 섬기는 자들이 모이는 종교적인 치소임을 니타낸다.

4. 음행의 진노의 포도주를 인하여 만국이 무너짐(3) : 음행의 진노의
포도주는 혼합주의, 이단사상, 종교다원주의 등으로 만국을 무너뜨리는 일
을 했음을 말하고 있다.

5. 땅의 왕들이 그로 더불어 음행을 함(4): 세상의 모든 지도자들이 음녀
와 음행을 한 것은 음녀가 퍼뜨리는 모든 비진리를 받아들임으로 그들이
영적인 간음에 동참했음을 나타내고 있다.

6. 땅의 상고들도 그 사치의 세력으로 치부함(3): 상인들도 모두 음녀와
더불어 음행을 하지 않고는 장사를 할 수 없음을 나타내고 있다. 그만큼 음
녀의 세력이 크기 때문에 음녀의 도움이 없이는 아무런 장사도 사업도 할
수 없는 것을 말하고 있다. 앞으로 점점 더 이러한 세상이 될 것이다.

7. 그 죄는 하늘에 사무쳤으며(5): 그 죄가 하늘에 사무칠 만큼 큰 죄임을
알 수가 있다.

8. 선지자들과 성도들과 및 땅 위에서 죽임을 당한 모든 자의 피가 이 성중
에 보였으므로(24): 음녀가 성도들의 피에 취할 것을 말씀하고 있다.(17:6)

내 백성아 거기서 나와 그의 죄에 참예하지 말고(4) : 이것은 환난 중에 있
는 하나님의 백성들에게 그 음녀의 죄에 참예하지 말고 그들이 받을 심판을
받지 말라고 권면하시는 말씀이다.

음녀가 받을 심판(6~8)

(계 18:6~8) 그가 준 그대로 그에게 주고 그의 행위대로 갑절을 갚아 주고
그의 섞은 잔에도 갑절이나 섞어 그에게 주라 [7] 그가 어떻게 자기를 영화
롭게 하였으며 사치하였든지 그만큼 고난과 애통으로 갚아 주라 그가 마음
에 말하기를 나는 여황으로 앉은 자요 과부가 아니라 결단코 애통을 당하

지 아니하리라 하니 ⁽⁸⁾ 그러므로 하루 동안에 그 재앙들이 이르리니 곧 사망과 애통과 흉년이라 그가 또한 불에 살라지리니 그를 심판하신 주 하나님은 강하신 자이심이니라

음녀가 받을 심판이 얼마나 무서운가를 설명하고 있다.

1. 그의 행위대로 갑절을 갚아주고(6)
2. 그의 섞은 잔에도 갑절이나 섞어 그에게 주라(6)
3. 자기를 영화롭게 하였으므로 그만큼 고난과 애통으로 갚아 주라(7)
4. 여황으로 앉은 자요 과부가 아니라 결단코 애통을 당하지 아니하리라고 하므로 하루 동안에 그 재앙들이 이를 것이다. 곧 사망과 애통과 흉년과 불에 살라지리라(8)

그를 심판하신 주 하나님은 강하신 자이시기 때문에 때가 되면 음녀가 망하게 되고 불살라질 것을 말씀하시고 있다.

왕들의 애통(9~10)

(계 18:9~10) 그와 함께 음행하고 사치하던 땅의 왕들이 그 불붙는 연기를 보고 위하여 울고 가슴을 치며 ⁽¹⁰⁾ 그 고난을 무서워하여 멀리 서서 가로되 화 있도다 화 있도다 큰 성, 견고한 성 바벨론이여 일시간에 네 심판이 이르렀다 하리로다

그와 함께 음행하고 사치하던 땅의 왕들이 그 불붙는 연기를 보고 울고 가슴을 치며 그 고난을 무서워하게 될 것이다. 그리고 음녀의 멸망을 슬퍼하게 될 것이다.

상고들의 애통(11~17)

(계 18:11~17) 땅의 상고들이 그를 위하여 울고 애통하는 것은 다시 그 상품을 사는 자가 없음이라 (12) 그 상품은 금과 은과 보석과 진주와 세마포와 자주 옷감과 비단과 붉은 옷감이요 각종 향목과 각종 상아 기명이요 값진 나무와 진유와 철과 옥석으로 만든 각종 기명이요 (13) 계피와 향료와 향과 향유와 유향과 포도주와 감람유와 고운 밀가루와 밀과 소와 양과 말과 수레와 종들과 사람의 영혼들이라 (14) 바벨론아 네 영혼의 탐하던 과실이 네게서 떠났으며 맛있는 것들과 빛난 것들이 다 없어졌으니 사람들이 결코 이것들을 다시 보지 못하리로다 (15) 바벨론을 인하여 치부한 이 상품의 상고들이 그 고난을 무서워하여 멀리 서서 울고 애통하여 (16) 가로되 화 있도다 화 있도다 큰 성이여 세마포와 자주와 붉은 옷을 입고 금과 보석과 진주로 꾸민 것인데 (17) 그러한 부가 일시간에 망하였도다 각 선장과 각처를 다니는 선객들과 선인들과 바다에서 일하는 자들이 멀리 서서

땅의 상고들이 애통하는 것은

1. 그 상품을 사는 자가 없고(11)

그 상품은(계18:12~13) 금과 은과 보석과 진주와 세마포와 자주 옷감과 비단과 붉은 옷감이요 각종 향목과 각종 상아 기명이요 값진 나무와 진유와 철과 옥석으로 만든 각종 기명이요 (13) 계피와 향료와 향과 향유와 유향과 포도주와 감람유와 고운 밀가루와 밀과 소와 양과 말과 수레와 종들과 사람의 영혼들이라

2. 음녀의 탐하던 과실이 떠났고(14)

3. 맛있는 것들과 빛난 것들이 다 없어졌으며(14)

4. 그 고난을 무서워함으로(15)

5. 화로다 라고 외치며 애통하고 있음(16)

6. 부가 일시에 망했으므로(17)

선원들의 애통과 성도들의 기쁨(17~20)

(계 18:17~20) 그러한 부가 일시간에 망하였도다 각 선장과 각처를 다니는 선객들과 선인들과 바다에서 일하는 자들이 멀리 서서 [18] 그 불붙는 연기를 보고 외쳐 가로되 이 큰 성과 같은 성이 어디 있느뇨 하며 [19] 티끌을 자기 머리에 뿌리고 울고 애통하여 외쳐 가로되 화 있도다 화 있도다 이 큰 성이여 바다에서 배 부리는 모든 자들이 너의 보배로운 상품을 인하여 치부하였더니 일시간에 망하였도다 [20] 하늘과 성도들과 사도들과 선지자들아 그를 인하여 즐거워하라 하나님이 너희를 신원하시는 심판을 그에게 하셨음이라 하더라

각 선장과 각처를 다니는 선객들과 선인들과 바다에서 일하는 자들이 자기들의 머리에 티끌을 뿌리고 울고 애통하고 있다.(17~19)

1. 이 큰 성과 같은 성이 어디 있느뇨(18)

2. 배 부리는 모든 자들이 음녀의 보배로운 상품을 인하여 치부하였으나 일시간에 망하였으므로(19)

그러나 하늘에 있는 성도들과 사도들과 선지자들은 하나님의 심판을 기뻐하고 있다.(20)

모든 왕들과 상고들과 선객들은 애통하여 슬퍼하지만 하늘에 있는 성도들과 사도들과 선지자들은 이제 즐거워할 수 밖에 없다. 왜냐하면 하나님께서 때가 되매 그들을 합당하게 심판하여 자신들을 신원하여 주시기 때문이다.

힘센 천사의 선포(21)

(계 18:21) 이에 한 힘센 천사가 큰 맷돌 같은 돌을 들어 바다에 던져 가로되 큰 성 바벨론이 이같이 몹시 떨어져 결코 다시 보이지 아니하리로다

힘센 천사가 맷돌을 바다에 던지며 음녀의 멸망을 보여주고 있다.

연예인들과 세공업자들의 애통(22~23)

(계 18:22~23) 또 거문고 타는 자와 풍류하는 자와 퉁소 부는 자와 나팔 부는 자들의 소리가 결코 다시 네 가운데서 들리지 아니하고 물론 어떠한 세공업자든지 결코 다시 네 가운데서 보이지 아니하고 또 맷돌 소리가 결코 다시 네 가운데서 들리지 아니하고 (23) 등불 빛이 결코 다시 네 가운데서 비취지 아니하고 신랑과 신부의 음성이 결코 다시 네 가운데서 들리지 아니하리로다 너의 상고들은 땅의 왕족들이라 네 복술을 인하여 만국이 미혹되었도다

거문고 타는 자와 풍류하는 자와 퉁소 부는 자와 나팔 부는 자들 즉 연예인들의 소리가 들리지 않고 세공업자들과 신랑 신부의 음성이 들리지 않음을 슬퍼하고 있다. 앞으로 이 모든 돈벌이가 없어지기 때문에 그들이 슬퍼하고 있다. 다시 말하면 음녀는 돈과 육적인, 영적인 음행으로 세상을 휘어 잡고 그들을 유혹하여 멸망으로 이끌어 가는 것이다. Mammon과 Sex가 음녀의 무기인데 이것이 통하는 세상이 바로 마지막 때이다. 온 세상이 이것들로 미쳐가고 있다.(딤후3:1~5)

제 19 장

그리스도의 흰말 재림과 아마겟돈 전쟁

할렐루야 찬양(1~5)
흰 말 재림과 아마겟돈 전쟁(6~15)

19장의 개요

19장은 하늘의 허다한 무리들이 할렐루야 찬양을 드리면서 시작된다. 이는 예수 그리스도의 흰구름 재림과 그 이후 있었던 심판에 대해서 찬양을 드리는 장면이다.(1~5) 이 연합 찬양대의 찬양하는 모습은 너무나 장엄하며 영광스럽다. 그리고 그리스도께서 재림하시어 성도들과 함께 혼인잔치에 참예하여 세상을 다스리며 왕노릇 할 것이라는 찬양과 함께(6~8) 지상으로 내려오시는 장이다.(19:11~18)

다시 말하면 지상재림의 장이다. 또한 적그리스도와 열왕 그리고 거짓 선지자를 불못에 던지는 아마겟돈 전쟁이 일어나는 장이다.(19~21) 17장과 18장에서 음녀의 멸망 그리고 19장에서는 적그리스도와 거짓선지자 그리고 열왕들이 불못에 들어감으로 악의 5역 가운데 4역이 심판받게 된다..

하늘 연합 찬양대의 찬양1 (1~5)

(계 19:1~5) 이 일 후에 내가 들으니 하늘에 허다한 무리의 큰 음성 같은 것이 있어 가로되 할렐루야 구원과 영광과 능력이 우리 하나님께 있도다 [2] 그의 심판은 참되고 의로운지라 음행으로 땅을 더럽게 한 큰 음녀를 심판하사 자기 종들의 피를 그의 손에 갚으셨도다 하고 [3] 두번째 가로되 할렐루야 하더니 그 연기가 세세토록 올라가더라 [4] 또 이십사 장로와 네 생물이 엎드려 보좌에 앉으신 하나님께 경배하여 가로되 아멘 할렐루야 하니 [5] 보좌에서 음성이 나서 가로되 하나님의 종들 곧 그를 경외하는 너희들아 무론 대소하고 다 우리 하나님께 찬송하라 하더라

1절에서 5절까지는 연합찬양대의 찬양인데 이는 흰구름 재림시에 일어난 일들을 찬양하는 찬양대의 큰 음성이다.

허다한 무리의 큰 음성(1): 하늘에는 7찬양대가 있다. 네 생물 찬양대, 24장로 찬양대, 천사 찬양대, 만물 찬양대, 휴거된 교회 찬양대, 마지막 추수된 자들의 찬양대 등인데 이 찬양대가 연합해서 찬양하는 소리를 들어보라 그 소리는 허다한 무리의 큰 음성일 것이다. 이들이 하나님을 찬양하는데

1. 구원과 영광과 능력이 하나님께 있음을 찬양하고(1): 이는 셋째 천사가 예고한대로(14:9~12) 그리스도께서 흰구름을 타고 재림하셔서(14:14) 구원의 낫으로 곡식을 거두어(14:16) 천국 곡간에 들임으로 그들이 하나님의 보좌 앞에서 찬양하게 되었는데(15:2) 이 사실을 연합찬양대에서 찬양을 드리는 것이다.

2. 그의 심판이 참되고 의로우심을 찬양하고(2) : 이는 첫째 천사가 예고한대로(14:6~7) 그리스도의 흰구름 재림을 통하여 이 땅에 전면적인 심판이 이루어진 사실(14:17~20, 16:1~21)에 대해서 찬양을 드리는 것이다.

3. 음행으로 땅을 더럽게 하는 음녀를 심판하사 종들의 피를 신원하심을 찬양드린다(2) : 이는 둘째 천사가 예고한대로(14:8) 그리스도께서 흰구름을 타고 재림하셔서 큰 성 바벨론인 큰 음녀를 심판하신 사실(16:19)을 찬양드리고 있다.

두번째 할렐루야(3) : 모든 연합 찬양대가 하나님께 할렐루야 찬양을 드리고 있다.

그 연기가 세세토록 올라가더라(3) : 이 연기는 찬양이 향연으로 보여지는

데 찬양의 향연이 하나님께 세세토록 올라가고 있다. 구약시대의 성막에서 향단의 향연이 하늘을 향해 올라가는 것처럼 찬양의 향기가 하나님의 보좌를 향해 올라간다.(5:8, 8:4)

24장로와 네 생물 연합 찬양(4) : 24장로와 네 생물의 연합 찬양은 계시록에서 두 번 나오는데(5:8~9), 구원받은 성도들을 대표하는 24장로들과 하나님께서 만드신 모든 피조물들을 대표하는 네 생물이 연합 찬양을 드림으로 하나님께서 만드신 모든 피조물들이 찬양을 드리는 것과 같다. 이들이 엎드려 경배하며 하나님을 찬양드리고 있다.

보좌에서 나는 음성(5) : 이것은 연합찬양대로 하여금 흰구름 재림때 일어난 일들에 대해서 마지막으로 한번 더 찬양드릴 것을 권유하는 음성이다.

연합 찬양대의 찬양2(6~8)

(계 19:6~8) 또 내가 들으니 허다한 무리의 음성도 같고 많은 물소리도 같고 큰 뇌성도 같아서 가로되 할렐루야 주 우리 하나님 곧 전능하신 이가 통치하시도다 (7) 우리가 즐거워하고 크게 기뻐하여 그에게 영광을 돌리세 어린 양의 혼인 기약이 이르렀고 그 아내가 예비하였으니 (8) 그에게 허락하사 빛나고 깨끗한 세마포를 입게 하셨은즉 이 세마포는 성도들의 옳은 행실이로다 하더라

허다한 무리의 찬양(6~8)
  1. 많은 물소리와 같은 소리(6)
  2. 뇌성도 같고(6)

3. 전능하신 하나님께서 통치하심(6) : 그리스도의 흰말 재림 이후에 있을 통치권을 말함. 즉 6절부터 새로운 계시가 시작됨.

4. 즐거워하고 크게 기뻐하여 그에게 영광을 돌리세(7)

5. 어린 양의 혼인 기약이 이르렀고(7) : 아직도 혼인잔치가 이루어지지 않았음을 나타냄.

6. 그 아내가 예비하였음(7) : 아직도 예비 신부임을 나타냄.

7. 그에게 허락하사 빛나고 깨끗한 세마포를 입게 하셨음(8)

   그 세마포는 성도들의 옳은 행실: 이것은 그리스도의 피로 그 옷을 깨끗케 한 성도들을 나타냄(7:14)

천사와 요한(9~10)

(계 19:9~10) 천사가 내게 말하기를 기록하라 어린 양의 혼인 잔치에 청함을 입은 자들이 복이 있도다 하고 또 내게 말하되 이것은 하나님의 참되신 말씀이라 하기로 ⁽¹⁰⁾ 내가 그 발 앞에 엎드려 경배하려 하니 그가 나더러 말하기를 나는 너와 및 예수의 증거를 받은 네 형제들과 같이 된 종이니 삼가 그리하지 말고 오직 하나님께 경배하라 예수의 증거는 대언의 영이라 하더라

어린 양의 혼인 잔치에 청함을 입은 자들이 복이 있도다(9) : 천사가 요한에게 어린 양의 혼인 잔치에 청함을 입은 자들이 복이 있다고 하면서 이 참되신 말씀을 기록하라고 말할 때에 요한이 너무 감격하여 그에게 경배하려고 하니 오직 하나님께만 경배하라고 한다.

어린 양의 혼인 잔치(9) : 어린 양의 혼인 잔치가 무엇인가에 대해서도 많은 논란이 있다. 그러나 어린 양의 혼인 잔치가 아직 베풀어지지 않은 점을 생각

할 때 그리스도께서 지상 재림하신 이후에 일어날 일임에 틀림없다. 어린 양의 혼인 기약이 이르렀다는 것(7)은 아직도 혼인 잔치가 행해지기 이전임을 알 수가 있다. 그러므로 혼인 잔치는 그리스도께서 재림하신 후에 이루어질 천년왕국으로 보아야 자연스러운 해석이 된다. 천 년 이후에 신랑되시는 그리스도와 신부되는 성도들이 천 년 동안의 혼인잔치를 마치고 새 예루살렘이라는 신방에서 영원히 해로하는 것이 요한계시록의 체제라고 보아야 한다.

그리스도의 지상 재림(11~24)

재림하시는 모습(11~16)

(계 19:11~16) 또 내가 하늘이 열린 것을 보니 보라 백마와 탄 자가 있으니 그 이름은 충신과 진실이라 그가 공의로 심판하며 싸우더라 [12] 그 눈이 불꽃 같고 그 머리에 많은 면류관이 있고 또 이름 쓴 것이 하나가 있으니 자기 밖에 아는 자가 없고 [13] 또 그가 피 뿌린 옷을 입었는데 그 이름은 하나님의 말씀이라 칭하더라 [14] 하늘에 있는 군대들이 희고 깨끗한 세마포를 입고 백마를 타고 그를 따르더라 [15] 그의 입에서 이한 검이 나오니 그것으로 만국을 치겠고 친히 저희를 철장으로 다스리며 또 친히 하나님 곧 전능하신 이의 맹렬한 진노의 포도주 틀을 밟겠고 [16] 그 옷과 그 다리에 이름 쓴 것이 있으니 만왕의 왕이요 만주의 주라 하였더라

주께서 재림하시는 모습을 자세히 기록하고 있다.

1. 백마를 탄 자(11) : 순결과 승리의 주님을 나타냄
2. 그 이름은 충신과 진실(11) : 아멘이시오 충성되고 참된 증인이신 주

님을 나타냄(3:14)

3. 공의로 심판하며 싸우심(11) : 공평과 진리로 싸우심(사9:7)

4. 그 눈이 불 꽃 같고(12) : 모든 것을 감찰하시는 눈(히4:13)

5. 그 머리에 많은 면류관이 있고(12) : 항상 승리하시는 주님을 나타냄
(고전 15:57)

6. 이름 쓴 것이 하나가 있으니(12): 그리스도의 새 이름을 말한다(3:12)

7. 피 뿌린 옷을 입었는데(13) : 십자가의 보혈로 붉게 물든 옷을 입고
있는데 이는 구속주이심을 나타낸다.(롬13:14)

8. 그 이름은 하나님의 말씀이라(13) : 말씀이 육신이 되어 이 땅에 오
신 주님을 나타냄(요1:14)

9. 하늘에 있는 군대들이 세마포를 입고 백마를 타고 그를 좇음(14) : 부
활과 휴거에 참예한 모든 성도들이 하나님의 보좌로부터 이제 백마를 타
고 재림하시는 주님을 따르는 모습이다.

10. 그 입에서 이한 검이 나오고(15) : 이는 성령의 검 곧 하나님의 말
씀이다. 이것으로 만국을 치신다.(엡6:17, 계2:12)

11. 저희를 철장으로 다스리시며(15) : 철장권세로 만국을 다스리시는
전능자의 모습이다.(계2:27)

12. 맹렬한 진노의 포도주 틀을 밟음(15): 심판주로 오심을 나타냄(계
14:19~20)

13. 그 옷과 다리에 만왕의 왕이요 만주의 주라는 이름이 쓰여짐(16) :
재림하시는 그분이 바로 만왕의 왕이요 만주의 주가 되시는 그리스도이
심을 나타낸다.

천사의 음성(17~18)

(계 19:17~18) 또 내가 보니 한 천사가 해에 서서 공중에 나는 모든 새를 향하여 큰 음성으로 외쳐 가로되 와서 하나님의 큰 잔치에 모여 [18] 왕들의 고기와 장군들의 고기와 장사들의 고기와 말들과 그 탄 자들의 고기와 자유한 자들이나 종들이나 무론대소하고 모든 자의 고기를 먹으라 하더라

하나님의 큰 잔치에 모이라(17) : 천사가 공중에 나는 모든 새를 향하여 하나님의 큰 잔치에 모이라고 한 것은 큰 전쟁을 말하는 것으로 아마겟돈 전쟁을 가리킨다.

모든 자의 고기를 먹으라(18) : 이 아마겟돈 전쟁에 참예하는 모든 자들의 고기를 먹으라고 청하고 있다. 이는 엄청난 전쟁임을 나타내고 있다.

아마겟돈 전쟁(19~21)

(계 19:19~21) 또 내가 보매 그 짐승과 땅의 임금들과 그 군대들이 모여 그 말 탄 자와 그의 군대로 더불어 전쟁을 일으키다가 [20] 짐승이 잡히고 그 앞에서 이적을 행하던 거짓 선지자도 함께 잡혔으니 이는 짐승의 표를 받고 그의 우상에게 경배하던 자들을 이적으로 미혹하던 자라 이 둘이 산채로 유황불 붙는 못에 던지우고 [21] 그 나머지는 말 탄 자의 입으로 나오는 검에 죽으매 모든 새가 그 고기로 배불리우더라

짐승과 땅의 임금들과 그 군대들(19) : 이들은 16장 16절에 나오는 왕들로

서 귀신의 영들의 꼬임을 받아 므깃도 평원에 모여 재림하시는 그리스도를 대적하는 무리들이다. 그러나 이들이 어떻게 재림하시는 그리스도의 적수가 될 수가 있겠는가?

(계 17:14) 저희가 어린 양으로 더불어 싸우려니와 어린 양은 만주의 주시요 만왕의 왕이시므로 저희를 이기실터이요 또 그와 함께 있는 자들 곧 부르심을 입고 빼내심을 얻고 진실한 자들은 이기리로다

짐승과 거짓 선지자가 잡힘(20) : 짐승 즉 적그리스도와 거짓 선지자가 붙잡혀서 둘 다 산 채로 불못으로 들어감으로 이들의 최후가 온다.

그 나머지는 말 탄 자의 검으로 죽음(21): 그 나머지 모든 자들은 19:18절에 나오는 모든 자들을 가리킨다. 이들의 고기를 먹을 새들을 불러 모으신다.(마 24:28, 눅17:37)

그리스도의 지상 재림에 대해서

그리스도의 재림이 단회적이라는 성경적인 증거를 믿는다. 비밀리에 공중 재림이 있을 것이라는 성경적인 근거는 찾아보기 힘들다. 왜냐하면 요한계시록에는 성도들이 하나님의 보좌까지 휴거하기 때문이다. 성도들이 보좌까지 휴거하는데 그리스도의 공중 재림이 필요할까? 살전 4:16절에 나오는 공중도 요한계시록에서는 모두 보좌로 해석해야 할 것이다.

(살전4:16~17) 주께서 호령과 천사장의 소리와 하나님의 나팔로 친히 하늘로 좇아 강림하시리니 그리스도 안에서 죽은 자들이 먼서 일어나고 [17] 그 후에

우리 살아 남은 자도 저희와 함께 구름 속으로 끌어올려 공중에서 주를 영접하게 하시리니 그리하여 우리가 항상 주와 함께 있으리라

여기에서 '공중' 이란 요한계시록에서 '하나님의 보좌' 로 보아야 한다.

(계7:9~10) 이 일 후에 내가 보니 각 나라와 족속과 백성과 방언에서 아무라도 능히 셀 수 없는 큰 무리가 흰 옷을 입고 손에 종려가지를 들고 보좌 앞과 어린 양 앞에 서서 [10] 큰 소리로 외쳐 가로되 구원하심이 보좌에 앉으신 우리 하나님과 어린 양에게 있도다 하니

(계15:2~5) 또 내가 보니 불이 섞인 유리 바다 같은 것이 있고 짐승과 그의 우상과 그의 이름의 수를 이기고 벗어난 자들이 유리 바다 가에 서서 하나님의 거문고를 가지고 [3] 하나님의 종 모세의 노래, 어린 양의 노래를 불러 가로되 주 하나님 곧 전능하신 이시여 하시는 일이 크고 기이하시도다 만국의 왕이시여 주의 길이 의롭고 참되시도다 [4] 주여 누가 주의 이름을 두려워하지 아니하며 영화롭게 하지 아니하오리이까 오직 주만 거룩하시니이다 주의 의로우신 일이 나타났으매 만국이 와서 주께 경배하리이다 하더라 [5]또 이 일 후에 내가 보니 하늘에 증거 장막의 성전이 열리며

여기에서 '유리바다' 란 하나님의 보자 앞에 있는 바다를 말하고 있는 것이니 이들도 하나님의 보좌 앞에서 하나님을 찬양하고 있다. 그러므로 그리스도께서 공중에서 재림하여 성도들과 공중에서 7년동안 혼인잔치를 베풀 것이라는 세대주의자들의 주장은 요한계시록의 여러 말씀들에 대한 뒤틀린 해석이라고 볼 수 있다. 왜냐하면 어린양의 혼인잔치는 그리스도의 지상재림 이후에 있을 사건이기 때문이다.

(계19:6~7) 또 내가 들으니 허다한 무리의 음성도 같고 많은 물 소리도 같고 큰 뇌성도 같아서 가로되 할렐루야 주 우리 하나님 곧 전능하신 이가 통치하시도다 (7) 우리가 즐거워하고 크게 기뻐하여 그에게 영광을 돌리세 어린 양의 혼인 기약이 이르렀고 그 아내가 예비하였으니

이 말씀에서 보면 19장은 지상재림의 장인데 '어린양의 혼인기약' 이 이르렀다고 하는 것은 아직도 혼인잔치가 베풀어지지 않았다는 것을 말하며 미래의 사건임을 말하고 있다. 그리고 그 아내가 예비하였다고 하는 것은 이미 19장 이전에 예비된 상태를 말하고 있다. 그러므로 공중에서 7년간 혼인잔치가 베풀어진다는 해석은 요한계시록 19장 말씀과 전면적으로 배치되기 때문에 바른 해석이라고 볼 수가 없다. 그러므로 성도들이 보좌에까지 휴거된 후에 그들은 하나님을 찬미하며 준비하다가 그리스도와 함께 지상으로 내려오는 것으로 보아야 한다. 그리고 예수 그리스도께서 지상으로 재림하실 때에는 이미 성도들이 휴거되어 아내로서 예비된 상태이고 그리스도와 함께 지상으로 내려오는 것이 여러 말씀들과 일치하는 것이지 지상재림 후에 즉 19장 이후에 휴거가 있을 것이라는 것은 아주 부자유스러운 해석이 된다.

(계19:11~14) 또 내가 하늘이 열린 것을 보니 보라 백마와 탄 자가 있으니 그 이름은 충신과 진실이라 그가 공의로 심판하며 싸우더라 (12) 그 눈이 불꽃 같고 그 머리에 많은 면류관이 있고 또 이름 쓴 것이 하나가 있으니 자기 밖에 아는 자가 없고 (13) 또 그가 피 뿌린 옷을 입었는데 그 이름은 하나님의 말씀이라 칭하더라 (14) 하늘에 있는 군대들이 희고 깨끗한 세마포를 입고 백마를 타고 그를 따르더라

여기에서 하늘에 있는 군대들이 희고 깨끗한 세마포를 입고 백마를 타고 그를 따르는 무리들이 바로 휴거된 성도들임에 틀림 없다. 그러므로 공중재림

후에 7년 혼인잔치가 있고 그 다음에 지상재림이 있다는 세대주의자들의 해석은 여러 가지 뒤틀린 해석으로 밖에 볼 수 없으며 그리고 지상재림 시에 휴거가 있을 것이라는 역사주의 전천년설도 부자유스러운 해석이 된다. 왜냐하면 20:4절은 휴가가 이미 일어난 사실을 추인하는 말씀이지 20장에서 휴거가 일어난다고 하는 것은 요한계시록 전체의 문맥상 어색한 해석이 된다.

계20:4절 말씀 중에서 그들이 '살아서' 라는 말이 나오는 그 상황에서 살아나는 행동을 입는 것이 아니라 이미 7장, 14장. 15장에서 살아서 하나나님을 찬양하는 무리들을 설명하는 상황적인 용어임을 알 수가 있다. 예를 들면 "나는 면허를 따서 운전을 하고 있다"라고 할 때에 운전은 지금 하지만 면허는 과거 어느 시점에 면허시험을 봐서 면허를 딴 것을 지금 상황적으로 설명하는 단어인 것처럼 여기에서 '살아서' 라는 단어도 과거에 살아서 지금 주님과 더불어 천 년 동안 왕노릇하게 된 것을 설명하는 것이다. 무천년주의자들은 이것을 중생이라고 하는데 그렇다면 성도들이 중생하게 될 때에 사단이 무저갱에 갇히는 일이 일어난다는 것인데 이것은 적합한 해석이라고 할 수 없다.

다시 말하면 19장에서 예수 그리스도께서 지상에 재림하실 때에는 이미 성도들이 그 이전에 준비가 되어 있고 그들은 그리스도의 군대로 그와 함께 지상으로 내려오게 되는 데 19장 이후에 휴거가 일어날 것이라는 것은 여러 가지 요한계시록의 해석상 어려움이 따르기 마련이다. 19장의 그리스도의 지상재림시에는 이미 이 땅은 불로 심판을 받은 상태이고 다만 용과 적그리스도와 거짓 선지자만 잡아서 불못으로 던지고 무저갱으로 가두는 일이 일어나게 된다. 휴거와 부활의 사건은 이미 15장에서 끝이 나게 된다. 마지막 알곡 성도들이 추수되고 그들이 하나님의 보좌 앞 유리 바다 가에 서서 찬양하는데 이것은 성도들의 구원의 완성 단계이다. 그러므로 하늘의 성전이 완성되고 구름이 가득 차서 아무도 능히 그 성전에 들어가지 못하게 된다.

(계15:5~8) 또 이 일 후에 내가 보니 하늘에 증거 장막의 성전이 열리며 [6]

일곱 재앙을 가진 일곱 천사가 성전으로부터 나와 맑고 빛난 세마포 옷을 입고 가슴에 금띠를 띠고 [7] 네 생물 중에 하나가 세세에 계신 하나님의 진노를 가득히 담은 금대접 일곱을 그 일곱 천사에게 주니 [8] 하나님의 영광과 능력을 인하여 성전에 연기가 차게 되매 일곱 천사의 일곱 재앙이 마치기까지는 성전에 능히 들어갈 자가 없더라

8절 말씀에서 "하나님의 영광과 능력을 인하여 성전에 연기가 차게 되매 ○ 일곱 천사의 일곱 재앙이 마치기까지는 성전에 능히 들어갈 자가 없더라"라는 말씀에서 성전에 연기가 가득 차고 아무도 능히 성전에 들어갈 수가 없다는 것은 성전이 완성된 것을 말하고 이것은 출애굽기에서 성막이 완성된 후에 모습와 같다.

(출40:33~35) 그가 또 성막과 단 사면 뜰에 포장을 치고 뜰문의 장을 다니라 모세가 이같이 역사를 필하였더라 [34] 그 후에 구름이 회막에 덮이고 여호와의 영광이 성막에 충만하매 [35] 모세가 회막에 들어갈 수 없었으니 이는 구름이 회막 위에 덮이고 여호와의 영광이 성막에 충만함이었으며

이것은 회막이 완성된 후 구름이 회막위에 덮히고 여호와의 영광이 성막에 충만하게 나타난 모습인데 이것을 요한계시록 15장 말씀과 비교해 보면 성도들의 구원의 역사가 완성된 것을 알리는 말씀으로 해석 할 수 있다. 7장, 14장. 15장에서 이미 성도들의 구원의 역사가 완성된 것을 알 수 있다. 그러므로 19장 이후 즉, 20:4절에서 비로소 휴거가 있을 것이라는 해석은 요한계시록의 진행과 너무나 엉뚱한 해석으로 밖에 볼 수 없다.

그리스도 재림의 세 가지 모습 요약

	보좌 재림 (계6:16, 마26:26)	흰 구름 재림 (계14:14)	흰 말 재림 (계19:11, 슥13:4)
성도의 휴거	교회의 부분 휴거 (계7:9)	구원받은 자들의 전면적 휴거 (계14:16, 15:2)	아마겟돈전쟁 악의 5역 처리 (계19:19~20:3)
휴거 범위	부분적	전체적 완성	휴거 없음
마 25	지혜로운 다섯처녀 (마25:4) 두, 다섯달란트	생명책에 기록된 미련한 다섯처녀 (마25:3) 한달란트 받은 종	양과 염소의 분별 양은 천년왕국 염소는 영벌(음부)
20:4~6	보좌에 앉은 자들	짐승표 받지 않고 하나님의 계명과 예수 믿음 지킨 자들	육을 입고 천년왕국에 들어 감 피지배자들 생육번성(계20:8)
7년 환난과 관계	여섯째 인 떼신 후	7년 환난 직후 14만4천 부활 후	일곱째 대접 심판 후
마 24:	천재지변후(마24:29) 인자의 징조(마24:30) 땅의 모든 족속들이 통곡(마24:30) 부분 휴거(계7:9)	흰구름 타고 능력과 큰 영광으로 오심 (마24:30) 전면적 휴거(마24:31)	
심판	부분 심판 (삼분의 일) (8 :~9:)	전면적 심판 (16 :~18:)	악의 5역 심판

제 20 장

천년왕국과 흰 보좌 심판

20장의 개요

요한계시록 20장은 예수님이 부활(휴거)한 성도들과 함께 지상으로 재림하시어 천년왕국에 들어가는 장이다. 그리고 천년왕국에 들어가기 전에 사단을 처리하신다.(1~3) 즉 사단을 "결박"하여, "무저갱에 던져 잠그고", "그 위에 인봉"하여, "천 년이 차도록 다시는 만국을 미혹하지 못하게 하였다"가, "그 후에는 반드시 잠깐 놓이도록" 하신다.(3)

이것은 천년왕국이 그리스도인에게 얼마나 복된 자리인가를 깨우쳐 주는 증거이다. 이 복된 자리에 부활한 성도들과 휴거된 성도들이 그리스도와 함께 천 년 동안 왕 노릇하게 된다. 이것을 일컬어 첫째 부활이라고 한다.(4~6)

천년왕국 후 사단이 잠깐 동안 풀려난다.(7) 풀려난 사단은 다시금 땅의 사방 백성 곧 곡과 마곡을 미혹하여 싸움을 붙인다.(8) 바다 모래같이 많은 땅의 사방 백성을 미혹한 사단이 지면에 널리 퍼져 성도들의 진과 사랑하시는 성을 두르매 하늘에서 불이 내려와 저희를 소멸하여 사단을 불과 유황 못에 던진다.(10) 그곳에는 이미 먼저 온 적 그리스도와 거짓 선지자가 있어 사단과 함께 세세토록 밤낮 괴로움을 받는다.(10)

그 일 후에 크고 흰 보좌의 심판이 이루어진다.(11) 땅과 하늘은 간 데 없으며 죽은 자들이 무론대소하고 자기 행위를 따라 생명책에 기록된 대로 심판을 받는다.(12) 뿐만 아니라 바다와 사망과 음부가 그 가운데서 죽은 자들을 내어 주매 각 사람의 행위대로 심판을 받고 불 못에 던지우니 이것이 둘째 사망 곧 불 못 심판이다.(12) 일찍 죽임을 당한 어린 양의 생명책에 창세 이후로 녹명되지 못한 자들은 모두 둘째 사망의 해를 받는다.(15)

사단이 붙잡혀 무저갱에 갇힘(1~3)

(계 20:1~3) 또 내가 보매 천사가 무저갱 열쇠와 큰 쇠사슬을 그 손에 가지고 하늘로서 내려와서 ⁽²⁾ 용을 잡으니 곧 옛 뱀이요 마귀요 사단이라 잡아 일천 년 동안 결박하여 ⁽³⁾ 무저갱에 던져 잠그고 그 위에 인봉하여 천 년이 차도록 다시는 만국을 미혹하지 못하게 하였다가 그 후에는 반드시 잠간 놓이리라

무저갱의 열쇠와 큰 쇠사슬을 가진 천사(1) : 아마도 미가엘 천사일 듯한 천사가 그 손에 큰 쇠사슬과 열쇠를 가지고 하늘로서 내려온다.

사단을 잡아 일천 년 동안 결박하여 무저갱에 갇힘(2~3) : 사단은 원래 하나님의 동산 화광석 사이에서 영화를 누렸다(겔28:13) 그러나 교만하여져서(겔28:17) 공중으로 쫓겨내려온다(엡2:2) 공중의 권세를 잡고 있다가 후 3년 반이 시작되면서 미가엘과의 전쟁에서 패하여 땅으로 쫓겨 내려온다(12:9) 이제 그리스도의 재림과 더불어 무저갱에 갇히는 신세가 된다. 이 후에 천 년이 차면 불못으로 던지우는 신세가 된다.(20:10) 이와 같이 사단이 자기의 최후가 적나라하게 보여진 계시록을 어찌하든지 덮어두려고 온갖 술책을 다 쓰는 것이 너무나 당연하다.

천년왕국(4~6)

(계 20:4~6) 또 내가 보좌들을 보니 거기 앉은 자들이 있어 심판하는 권세를 받았더라 또 내가 보니 예수의 증거와 하나님의 말씀을 인하여 목 베임을 받은 자의 영혼들과 또 짐승과 그의 우상에게 경배하지두 아니하고 이마와

손에 그의 표를 받지도 아니한 자들이 살아서 그리스도로 더불어 천 년 동안 왕 노릇하니 (5) (그 나머지 죽은 자들은 그 천 년이 차기까지 살지 못하더라) 이는 첫째 부활이라 (6) 이 첫째 부활에 참예하는 자들은 복이 있고 거룩하도다 둘째 사망이 그들을 다스리는 권세가 없고 도리어 그들이 하나님과 그리스도의 제사장이 되어 천 년 동안 그리스도로 더불어 왕 노릇 하리라

이제 우리는 아주 중요한 장에 이르렀다.

요한계시록에서 가장 논란이 많은 부분이 바로 20:4~6절 말씀이다. 왜냐하면 이 부분이 천년왕국을 다루고 있기 때문이다. 이 부분을 어떻게 해석하느냐에 따라서 무천 년, 전천 년이 나누어지고 계시록의 전체 해석, 나아가서는 신구약 전체의 해석이 달라지게 된다. 그러므로 이 부분의 해석은 너무나 중요하다고 할 수가 있다.

천년왕국에 참예할 자들(4) : 천년왕국에 참예할 자들은 세 부류의 사람들이다. 첫째로 보좌에 앉은 자들 둘째 목베임을 받은 자들 셋째 짐승에게 경배하지 않고 짐승의 수를 받지 않고 이긴 자들이다. 이들이 누구인가에 대해서 7장과 14장, 15장에서 설명을 해왔지만 정리를 해보면

첫째로 보좌에 앉은 자들: 이들은 7:9이하의 휴거된 자들이다. 이들이 그리스도의 보좌에 함께 앉아 다스릴 준비를 제일 먼저 한 자들이다. 왜냐하면 이기는 자들에게 그리스도의 보좌에 함께 앉게 하여 주시겠다고 약속하셨기 때문이다.(계3:21)

둘째로 목베임을 받은 자들: 이들은 7장에서 이스라엘 중 인치심을 받고 후 3년 반 동안 복음을 전하다가 순교한 자들이다. 이들이 부활하여 그리스도와 더불어 시온산에서 새 노래를 부르던 자들이다.

셋째로 짐승에게 경배하지 않고 그 수를 이기고 벗어난 자들: 이들은 14장 14절 이하에서 마지막으로 추수된 자들인데 이들이 15장2절에서 불이 섞인

유리바다 가에 서서 모세의 노래 어린 양의 노래를 부르던 자들이다. 이들이 모두 살아서 그리스도로 더불어 왕노릇하게 된다. 요약하면 첫째 부활에 참예할 자들은 7장, 14장, 15장에 걸쳐서 이미 보좌 앞에서 구원의 노래를 부르던 자들인데 이들이 그리스도로 더불어 19장에 재림에 동참하여 땅 위에 내려와서 천년왕국에 참예하고 천 년 동안 왕노릇하게 된다.

그 나머지 죽은 자들(5) : 그 나머지 죽은 자들은 불신자들로서 둘째 사망에 참예할 자들이다.(20:12~13, 고전15:24)

첫째 부활에 참예하는 자들(6) : 두 가지의 부활이 존재한다. 첫째 부활과 둘째 사망이 그것이다. 첫째 부활은 성도들의 부활이요 생명의 부활이다.(요 5:29) 둘째 부활은 불신자들의 부활인데 이 사이에는 천 년의 간격이 있고 이 부활을 둘째 사망이라고 한다(20:14)

여러 가지 천년왕국설에 대해서 살펴보자

1. 무천년왕국설

무천년왕국설은 본질적으로 그리스도의 지상재림의 이후에 그분의 천 년간의 지배가 있는 것을 부정하는 것이다. 이것은 그리스도가 지상에서 계시록의 말씀대로와 같이 지배하는 것을 부정하는 것으로 무천년왕국설, 혹은 비천 년왕국설이라 말해진다. 무천년왕국설에도 여러 가지 상위가 있으나 이 견해를 취하는 자를 몇 가지 구분으로 정리할 수가 있다.

1) 역사적, 어거스틴적 무천년왕국설
역사적 어거스틴적 무천년왕국설은 어거스틴의 '하나님의 나라' 에 기초하고 있다. 어거스틴은 천년왕국에 관한 논의에서 천 년간은 그리스도의 초림과 재림사이의 기간으로 재림에 의해서 끝난다는 설을 주장했다. 이 설은 재림후의 미래에 있어 천년왕국을 부정하고 있으므로 근대에 와서 무천년왕국설이라 불리워지고 있다.

어거스틴은 그 당시 널리 알려진 인류 역사는 6000년으로 끝난다는 견해를 취하고 있었다. 같은 견해를 취하면서 천년왕국은 역사에 있어서 일곱 번째의 천 년 간에 상당한다고 생각하고 있어 초기의 어떤 전천년왕국 주의자들과는 달리 어거스틴은 일곱 번째의 천 년 간은 천국에 있어서 영원의 상태에 상당하는 것으로 생각하고 있었다. 어거스틴은 70인역의 년대로 알려진 기준을 따르고 있었으므로 6000년기는 그리스도보다도 수세기전에 시작하고 있어 최후의 천 년 간은 그가 저작을 하고 있는 사이에 온다고 생각하고 있었다. 어거스틴은 천 년간을 글자대로 해석하는 경향이 있었으나 그는 이 점을 강조는 하지 않고 결론을 내지 않는 채로 두고 있었다. 그의 견해를 계시록 20장과 조화시키기 위해서 그는 '제1의 부활' 은 사람이 그리스도를 믿고 신생하는 때에 일어나고 영적인 부활이라고 해서 계시록 20장에 기록되어 있는 제2의 부활은 재림의 때에 일어난다고 생각하고 있다.

어거스틴적 무천년왕국설은 대단히 중요한 것이다. 왜냐하면 전천년왕국설에 반대하는 사상은 어느 정도 어거스틴의 신학에서 유래하고 있기 때문이다. 현대의 많은 학자들도 어거스틴의 무천년왕국설에 조금 손을 더해서 변화시킨 것을 주장하고 있다. 과거주의에 속한 무천년왕국주의자인 하리 뷰이스는 천년왕국의 천 년간은 그리스도의 초림과 재림의 사이의 기간을 가리키고 있다고 믿고 있다. 그가 이 견해를 주장하는 이유는 무천년왕국설의 입장에 기인한 것이다.

2) 수정된 어거스틴적 천년왕국

천년왕국에 대한 수정된 어거스틴적 해석이 어쩌면 오늘날 가장 인기있는 무천년왕국적 견해일 것이다. 루이스 벌고프(Louis Berkhof), 윌리암 헨드릭슨(William Hendriksen), 오스왈드 아리스(Oswald Alliss), 후로이드 헤밀톤(Floyd Hamilton), 게할드스 보스(erhardus Vos) 그리고 기타 많은 20세기의 유능한 학자들이 이 설을 주장하고 있다. 어거스틴과 한가지로 그들은 계시록 20장은 그 이전의 장과 유사하고 그 개괄을 이루고 있다고 하나 그들은 어거스틴과는 다르고, 천년왕국은 하늘에 있어서 그리스도와 함께 성도들도 지배에 참여하는 것으로 믿고 있다. 어거스틴과는 대조적으로 그들은 천 년간을 글자대로의 기간으로 하는 노력을 조금도 하지 않고 있다.

A.D 1,000년을 경과하여 천 년을 글자의 뜻대로 해석할 수가 없게 되었으므로 그들은 천년왕국을 그리스도의 죽음에서 재림까지로의 기간으로 확대하였다. 사단이 결박되는 것은 그리스도가 사단에게 승리하는 전단계로 생각하여, 먼저 그리스도의 유혹의 때에 일어나, 후에는 그리스도의 모든 승리에서 종결된다고 주장한다. 제 1의 부활은 그리스도의 혼이 그 죽음을 당하여 지상에서 하늘로 들려 올라간 때에 일어났고, 제 2의 부활은 모든 사람에게서 일어난다고 생각한다. 이 견해가 변화된 것은 B.B 워필드(Warfield)로 부터인데 그는 천년왕국이란 중간상태의 일이라고 말하는 보이스타틱크(Buester Dieck)와 크리호스(Kliefoth)의 설에 어느 정도 따르고 있다. 그러나 헨드릭슨과는 대조적으로 워필드는 보다 낙천적이므로 보통, 후천년왕국주의자로서 분류되고 있다. 그러나 그의 계시록 20장의 해석은, 헨드릭슨의 해석과 대단히 닮아 있다.

더욱이 근대의 무천년왕국설이 일부 변화되어진 것을 H.B 스위트(Swete)가 '성요한의 계시록' 에서 주장하고 있다. 과거주의 해석의 형식을 취한 것이다. 그는 이 책 속에서 이미 알려진 그로티우스(Grotius)와 하몬드(Hammond)의 견해를 따라 "천년왕국은 콘스탄티누스시대의 그리스도교가 이교와 대립하여 주요한 세력으로 된 때에서 시작했다"라고 주장하고 있다. 이 견해는 알버트스 피다스(Albertus Pieters)에 의해서도 주장되고 있으나 무천년왕국설, 전천년왕국설, 후천년왕국설의 여러 가지 견해를 결합한 것이다.

3) 천년왕국이란 단순한 서술적인 말에 불과하다는 견해:

계시록의 기타 많은 표현과 한 가지로 그 참된 의미는 외견상의 의미와 다르다. 그것들은 글자대로 취할 것은 아니다. 이를테면, 미리간(Milligan)은 천년왕국을 시간적인 개념으로 파악하고 있지 않다. 그것들은 어떤 사상을 표하고 있어, 그 사상이란 사단의 완전한 패배와 성도들의 완전한 승리를 나타내고 있다는 것이다. 사단이 천 년간 결박되는 것은 그가 온전히 결박되는 것이다. 성도들이 천 년간 지배하는 것은 그들이 완전한 영광에 빛나는 승리의 상태에 들어가게 된다고 하는 것이다. 많은 학자들이 여기에 찬동하고 있다.(앤더슨 스코트(Anderson Scott), 윌리엄 부르스(William Bruce), 보간(Vaughan)등

○ 무천년왕국설의 요한계시록 해석

윌리암 헨드릭슨은 점진적 평행법이라는 방법으로 계시록을 풀고 있다. 그리스도의 초림과 재림 사이의 일들이 점점 그 계시가 진보해 나가는 모습으로 진행이 되어진다고 하는 해석법이다. 또한 영적투쟁의 강도에 있어서 , 인간의 행동원리들의 계시 및 하나님의 도덕적 통치 원리들의 계시에 있어서도 진보하며 종말론의 강조에 있어서도 진보해 나아간다는 해석법이다. 그는 그리스도께서 일곱 차례 재림하는 것으로 해석한다. 1~3장, 4~7장, 8~11, 12~14장, 15~16장, 17~19장, 20~22장

헨드릭슨은 이렇게 말한다. "요한계시록을 상세히 읽어보면 이 책이 일곱 단락으로 구성되어 있음이 분명하다. 이 일곱 개가 병행을 이룬다. 그것은 그리스도의 초림에서 재림까지의 전체 기간에 걸쳐 있다. 사도 요한이 심판의 날을 언급할 때마다 다시 돌이켜 그리스도의 초림에서 재림까지와 같은 기간을 다른 각도에서 묘사하고 있음이 매우 자명하다. 독자는 스스로 이것을 알 수 있어야 한다. 그 첫 번째 단락, 1~3장은 그리스도의 초림에서 그의 백성을 위해 그가 피를 흘리시는 시기까지(1:5) 심판하시기 위해 그가 재림하시는 시기

까지(1:7) 그 전체 섭리를 다루고 있는 것으로 나타나 있다. 4~7장은 그 책의 자연스러운 다음 단락을 형성하고 있다.

여기에서 그리스도에 대한 바로 그 첫 번째 내용이 그가 죽임을 당하였고 이제 하늘에서 통치하시는 것(5:5, 6)으로 묘사하고 있다. 그 묘사는 그리스도께서 처음 강림하신 목적으로 우리를 이끌어 가고 있다. 그 단락 끝부분에는 마지막 심판이 소개되고 있다.(6:12~17, 7:9~17), 그 다음 단락은 8~11장으로 구성되어 있다. 또한 이 단락 끝 부분에도 마지막 심판이 매우 명백하게 언급되어 있다.(11:15, 18) 이것은 우리를 네 번째 단락, 12~14장으로 인도한다. 그것은 그리스도의 초림에 관한 매우 명백한 언급으로써 시작하고 있다. 구세주의 탄생과 그의 승천이 명백하게 언급되어 있다.(12:5) 그 단락은 심판을 위한 그리스도의 재림을 장쾌하게 묘사하는 것으로써 끝을 맺고 있다.(14:14이하) 더욱이 11장을 20장과 비교해 볼 때(12:3, 9와 20:2, 3) 20장의 시작에서도 우리가 새로운 섭리의 문턱에 와 있는 것이, 즉 우리가 그리스도의 초림 사건으로 되돌아온 것이 명백해진다. 그리스도의 재림과 심판을 분명하게 서술해 보라. 요한계시록 21장과 22장에는 새 하늘과 새 땅이 묘사되어 있다. 더욱이 우리가 지적하였듯이 만일 일곱 인에 관한 그 단락 4~7장이 전체 섭리를 다루고 있다면 일곱 나팔과 일곱 대접에 관한 그 단락(8~11, 15, 16)도 또한 그러하다는 결론은 자연스러운 것 같다. 사실상 모든 일곱 단락이 하나님의 전체 섭리를 다루고 있는 것으로 해석되어져야 한다는 것은 타당성 있게 보인다. 우리가 여기에서 평행법(parallelism)또는 순환적 배열을 볼 수 있는 데 그것은 요한1서에서와 똑 같다."

2. 후천년왕국설

이것은 천년왕국이 그리스도의 재림보다 앞선다고 믿는 설이다. 재림 전에 복음 전도와 그것의 성과의 득별한 시대가 있이 물이 비다를 덮음 같이 여호와를 아는 자식이 세상에 충만할 것이며 평화와 창성의 영광스러운 치세가 될 것이라고 믿는다. 천 년기 직후에 그리스도께서 강림하셔서 영원한 질서를 도입하실 것이라 한다. 이 이론의 두 형식을 구별함이 필요하니 그 하나는 천 년기가 성령의 초자연적 감화를 통하여 실현 될 것을 기대하고 그 다른 하나는 이것이 진화의 자연적 과정에 의해서 오리라고 생각한다.

이것은 천년왕국을 지금의 세상에서 복음의 궁극적 승리로 생각하는 스위트나 피에터스의 무천년왕국적 해석을 대단히 잘 닮아 있다. 이 후천년왕국설의 입장을 취하는 자는 대부분 19세기의 학자이고 찰스핫지, H. A 스트롱, CA 브릭스, 데이빗 브라운 등이 있다. 그들의 대부분은 17세기의 논객이었던 다니엘 화이트비의 견해에 따르고 있다. 다소의 상이점이 있으나 그들은 지금의 세상의 최후 천 년간에 있어 복음이 승리를 거두는 것으로 주장하지만 그들의 대부분은 이것은 또 미래의 일이라고 생각하고 있어 모두가 글자대로 천 년의 기간이라고 생각하고 있는 뜻은 아니다.

19세기 또는 20세기의 초엽 자유주의자에 의하여 주장된 후천년왕국설의 일부는 후천년왕국과 진화론을 결부하고 있다. 그들 저작자는 계시록 20장에 말해지고 있는 상세한 점에는 주의를 기울이지 않고, 천년왕국은 인간성이 완전히 개화하기까지, 필요하다면 수백만년을 의미할 수도 있다고 주장한다. 이 견해는 천년왕국에 관한 현대의 의논에는 조금도 영향을 주지 않는다. 두 번의 세계대전이 일어나면서 후천년왕국설은 격심한 반격을 받았다. 그러나 최근의 저자인 로레인 보에트너는 그의 천년왕국에서 찰스핫지의 천년왕국은 의연하게 미래에 속한 것이고 천 년간에 복음은 승리를 거두며 그리스도의 재림에 의하여 절정에 달한다고 하는 견해를 부활시켰다.

계시록 20장의 해석에 대단히 많은 상위가 있는 것은 종말론에도 그것에 상당하는 영향을 주는 것으로 20장을 주해하는 것은 대단히 복잡한 것이다. 그러나 대단히 많은 해석의 혼란은 혹시 이 장의 사건이 그리스도의 재림과 짐승과 거짓 예언자가 정복되는 것에 의해 천년왕국이 온다고 하는 자연스러운 시간적 진행을 따른다면 해소되어 버리는 것이다. 그렇게 되면 20장 서두의 사건은 짐승과 거짓 예언자 또는 그의 군대가 멸망당한 후에 자연적인 결과로 다음 단계인 사단에 대한 심판으로 이어지는 것이 된다.

3. 전천년왕국설

전천년왕국설 즉 천 년기전 재림론은 그리스도의 재림에 뒤따라 천 년기 혹은 하나님의 왕국이라 칭하는 세계적 평화와 의의 시기가 있게 되며 그 동안에 그리스도께서 지상에서 친히 왕으로서 통치하시리라고 주장하는 종말관이다. 천 년기 전 재림론자들은 그리스도의 재림과 관련된 사변의 순서에 관한 그들의 견해 차이에 의하여 다양한 집단으로 나눠지나 그들은 다 그리스도의 재림 후 세계의 종말 전에 지상에 천 년기가 있으리라는 원론에는 동의한다.

천 년기 전 재림론은 다양하게 분열되었다 하나 크게 나누어 역사적 전천년설과 세대주의적 전천년설로 구분할 수 있다.

1) 역사주의의 전천년왕국설

교회 초기 3세기에 걸쳐서 성행한 재림관으로 대환난 후 재림론으로 모든 점에서 간이하고 단순하였다. 그 중에 아이레니어스의 견해는 초기 몇 세기의 천 년기전론을 대변하는 것으로 볼 수 있다. 그는 "하나님께서 6일 동안 천지를 창조하시고 7일째 되는 날에 쉬신 것처럼 세계의 역사는 6천 년의 기간으로 연장되고 1천 년의 지복시대가 뒤따를 것이다. 이 시기의 종말이 가까울 때에 경건한 사람들의 수난과 핍박은 크게 증가하여 마침내 모든 악의 화신으로 인격적 적그리스도가 나타날 것이다. 그가 그의 파괴적 사역을 완수하고 담대히 하나님의 성전에 앉은 후에 그리스도께서 하늘 영광을 가지고 그의 모든 원수들 위에 승리자로 나타나실 것이다. 이 일에 수반하여 성도들의 육체적 부활과 지상 하나님 나라의 설립이 있을 것이다. 예루살렘은 중건될 것이요 땅은 과실을 풍부히 낼 것이요 평화와 의는 창대할 것이다. 천 년 끝에 최종 심판이 올 것이요 새 피조물이 나타날 것이니 그것에서 구속받은 자들이 하나님 앞에서 영원히 살 것이다.”

최근 이 설의 지지자인 미국 풀러신학교의 레드교수는 다음과 같이 말하고 있다. “나는 이 시대는 하나님의 백성 즉 교회에 대항하여 사단으로부터 오는 적의의 무서운 집중으로 끝나리라고 믿는다. 이 적의는 적그리스도 혹은 짐승이라 칭하는 어떤 세계 통치자를 통하여 나타날 것이다. 이것은 대 순교와 수난의 때일 것이나 종류에서는 교회가 항상 경험하여 온 그것보다 아무것도 다르지 않다. 동시에 하나님은 적그리스도와 그의 지원자들에게 그의 진노를 퍼부으시되 연속한 초자연적, 격변적 심판들로써 하실 것이다. 이 심판들은 적그리스도에게 지향될 것이니 그의 지원자들에게 임하는 것같이 하나님의 백성에게 임하지는 않을 것이다. 그 환난의 종말에 그리스도께서 영광으로 나타나실 것이니 교회는 들림 받아 공중에서 주를 영접하고 그가 지상에 오시면 교회는 그와 함께 있을 것은 “그리하여 우리가 항상 주와 함께 있을 것이라”한 때문이다. 그리스도의 강림은 민족으로서의 이스라엘을 회심시키는 방편일 것이다. 이것은 유대인의 대 다수, 그 민족의 대부분이 그리스도를 그들의 메시야로 인식하고 구원을 얻을 것이라 함이다. 천 년기 동안에 그리스도는 그의 왕정을 영광스러운 방식으로 시행하실 것이다. 이스라엘은 복음을 전파할 것이다. 부활되고 변형된 교회가 이 지상 사변들에 향하여 가지는 관계가 무엇일는지는 명백하지 않다. 성경은 이것을 명백히 하지 않는다. 천 년기 끝에 이 시기 동안 수금되었던 사단은 그의 옥에서 석방될 것이다. 그는 유대인이 전파하는 왕국의 복음을 받아들이지 않고 계속 죄에 머물 것이다. 이리하여 최종 심판에서 보여질 것은 하나님의 아들 자신이 지상에서 왕 노릇하셨을지라도 사람의 심정은 완강하게 죄악스러우니 하나님이 그리스도 안에서 은혜로 얻는 구원의 선물을 받아들이지 않은 모든 사람 위에 최종 심판을 행하는 것은 절대적으로 공평하다 할 만하다. 이 일 후에 신천신지가 개시되어 의가 거기 거할 것이다. 오직 이 최종 구속된 질서에서만 "나라이 임하옵시며 뜻이 하늘에서 이룬 것같이 땅에서도 이루어지이다."하는 기도가 완전히 응답될 것이다.

○ 이 견해의 주요 특징들

1) 그리스도의 재림은 가견적, 자신적, 영광적일 것이다.

2) 이 보다 앞서 모든 민족에게 전도, 대배도와 대환난, 불법의 사람의 나타남 같은 사건들이 있을 것이다. 그러므로 교회 앞에는 오히려 흑암과 같은 사건들이 전개될 것이니 대환난을 통과하지 않을 수 없을 것이다.

3) 재림은 거대, 단일, 눈이 부시는, 영광스러운, 사건일 것이다.

4) 교회, 이스라엘, 세계에 관계되는 다른 몇 가지 사건들이 있을 것이다. 죽은 성도들은 부활되고 생존 성도들은 변형되어 그들이 함께 주를 영접하러 승천 할 것이다.

5) 적그리스도와 그의 악한 동맹자들은 죽임 당할 것이며

6) 옛 하나님의 백성 이스라엘은 회개하여 구원을 얻고 회복될 것이다.

7) 선지자들이 예언했던 하나님의 나라는 변형된 세계에 건설될 것이다.

8) 이방인들은 절대적 다수로 그 왕국에 편입될 것이다.

9) 평화와 의의 상태는 전 세계에 충만할 것이다.

10) 지지자들: 저스틴, 아이레니어스, 랙탠티어스, 허풀리터스 메테, 벤겔, 벤안델, 앨포드, 앤드류스, 엘리칼, 까이네스, 켈록, 잔, 무어헤드, 뉴톤, 트렌취, 박형룡 등이 있다.

2) 세대주의 전천년왕국설

19세기 상반에 다비(Darby), 켈리(Kelly,) 트로터(Trotter)와 영미에 있는 그들의 지지자들은 천 년기 전 재림론에 세대론을 결합하여 새로운 형식의 천년기전 재림론을 강론하기 시작했다. 이 세대주의적 천 년기전 재림론은 미국에서 특별히 스코필드 관주성경을 통하여 대중화되고 블링거, 끄랜트, 블래스

톤, 그레이, 실버, 릴레, 게불라인, 부룩스, 라절스, 왈부르드 기타 많은 사람들의 글을 통하여 전파되었다.

○이 견해의 주요 특징들

종말 사건들을 순서대로 열거하면

1) 그리스도의 공중강림

2) 성도들의 부활과 변화와 휴거

3) 어린 양의 혼인잔치

4) 왕국복음의 재 전파

5) 대환난

6) 적그리스도의 나타남

7) 하나님의 진노가 내림

8) 그리스도의 지상강림

9) 생존 민족들의 심판

10) 대환난 기간에 죽은 성도들의 부활

11) 적그리스도의 멸망

12) 사단의 천 년간 결박

13) 천년 왕국의 건설

14) 성전의 재건과 제사의 복구

15) 세계의 신속한 회심

16) 사단의 잠시 석방

17) 곡과 마곡 무리의 성도대항과 소멸

18) 사단이 불과 유황 못에 던져짐

19) 악인들의 부활

20) 대심판

21) 신천신지의 나타남

○역사주의적인 전천년설과의 공통점과 차이점

이것이 역사주의적인 전천년설과의 공통점은 주의 재림 후에 천년왕국이 건설될 것이라는 것과 이스라엘의 회개와 구원 사건이 있을 것이라는 것, 적그리스도의 출현과 마지막 때의 대환난이 있을 것, 천년왕국 후에 마지막 심판이 있고 그 후에 새 하늘과 새 땅이 건설될 것이라는 점 등이다.

가장 두드러진 차이점은 바로 휴거에 대한 견해이다. 역사적인 전천년주의자들은 공중휴거와 재림이 동시에 일어나는 사건으로 보지만 세대주의적인 전천년주의자들은 7년 환난 전에 공중 휴거가 있고 7년 혼인잔치가 있을 것이라고 믿고 있다. 그러나 역사적인 전천년주의자들은 이것을 부인하고 재림의 단회성을 주장하고 있다. 세대주의자들은 7년 환난 전에 공중 재림과 부활 사건과 교회의 휴거가 있을 것이고 7년 동안 혼인잔치 후에 지상 재림과 함께 휴거된 자들이 지상으로 함께 재림할 것이라고 말한다.

○ 여러 가지 다른 천년왕국설에 대한 올바른 태도

박형룡박사는 그의 저서에서(박형룡 박사 저작전집, 교의신학, 내세론) 다음과 같이 결론짓고 있다. "천 년기를 중심으로 하여 갈라진 재림 삼론은 교파의 구별 없이 정립(鼎立)하여 개인들의 자유 취사를 기다리게 된다. 그것은 대교파들의 신경들은 이 삼론에 대하여 취사를 행하지 않은 고로 아무라도 교회의 권위에 의하여 이것들의 시비를 결정하기 곤란한 때문이다. 다른 여러가지 근본적인 신념들에서 서로 동의하는 같은 복음주의자들 사이에도 재림과 천년기 문제에 대해서는 삼론의 정립함을 피하지 못한다. 그러므로 교회의 지도자들과 신도들은 이 삼론의 하나를 자유로 취하되 다른 이론을 취하는 자들에게 이해와 동정으로 대하여야 할 것이다."

예수 그리스도께서 오셔서 어떻게 그의 왕국을 건설하느냐에 대해서 여러 가지의 이론들이 있지만 그의 나라는 반드시 오고야 말 것이다. 그리므로 우리는 소망을 갖고 이 나라에 동참하도록 믿고 충성해야 할 것이다.

그렇다면 여기에서 요한계시록에 나타난 천년왕국의 특징을 살펴보자

○ 천년왕국의 특징
1. 첫째 부활에 참예하는 자들이 이 영광에 참예함

(계 20:6) 이 첫째 부활에 참예하는 자들은 복이 있고 거룩하도다 둘째 사망이 그들을 다스리는 권세가 없고 도리어 그들이 하나님과 그리스도의 제사장이 되어 천 년 동안 그리스도로 더불어 왕노릇 하리라

첫째 부활이 무엇인가? 그것은 예수그리스도께서 강림하실 때에 그에게 붙는 것을 말한다.

(고전 15:22~24) 아담 안에서 모든 사람이 죽은 것 같이 그리스도 안에서 모든 사람이 삶을 얻으리라 [23] 그러나 각각 자기 차례대로 되리니 먼저는 첫 열매인 그리스도요 다음에는 그리스도 강림하실 때에 그에게 붙은 자요 [24] 그 후에는 나중이니 저가 모든 정사와 모든 권세와 능력을 멸하시고 나라를 아버지 하나님께 바칠 때라

고린도전서 15장 말씀에도 두 번의 부활이 있을 것을 말씀하고 있다. "먼저는 첫 열매인 그리스도요"라고 말씀하시면서 부활의 첫 열매되시는 예수 그리스도를 말씀하고 있고 "다음에는 그리스도 강림하실 때에 그에게 붙은 자요"라고 하는 것은 성도들이 그리스도 강림하실 때에 그에게 붙어 부활이나 변화하는 모습을 말씀하고 있는데 이것은 첫째 부활을 나타내고 있다고 보아야 할 것이다. 그리고는 24절에 "그 후에는 나중이니"라고 말씀하심으로 둘째 부활이 있을 것을 예고하고 있다. 그 후에는 불신자들이 부활하는 순서가 남아 있

을 것이다. 처음과 나중의 시간적 간격은 틀림없이 1000년이 될 것이다.

2. 1000년이란 유한한 기간이 있음

(계 20:6) 이 첫째 부활에 참예하는 자들은 복이 있고 거룩하도다 둘째 사망
이 그들을 다스리는 권세가 없고 도리어 그들이 하나님과 그리스도의 제사
장이 되어 천 년 동안 그리스도로 더불어 왕노릇 하리라

천 년이 이 세상의 기간을 말하는가? 아니면 영적인 기간인가? 는 우리가 알
바가 아니나 유한한 기간임에는 틀림이 없다. 그것은 바로 예수 그리스도의
권한으로 사단을 결박하고 결국 천 년 후에 사단을 불못에 던지는 일을 하기
위한 유한한 기간이라 할 수 있다. 그리스도는 이 사단을 불못에 던지고 모든
권한을 하나님께 드린다고 말씀하고 있다.

(고전15:24) 그 후에는 나중이니 저가 모든 정사와 모든 권세와 능력을 멸하
시고 나라를 아버지 하나님께 바칠 때라

3. 사단이 무저갱에 결박됨

(계 20:1~3) 또 내가 보매 천사가 무저갱 열쇠와 큰 쇠사슬을 그 손에 가지
고 하늘로서 내려와서 (2) 용을 잡으니 곧 옛 뱀이요 마귀요 사단이라 잡아
일천 년 동안 결박하여 (3) 무저갱에 던져 잠그고 그 위에 인봉하여 천 년이
차도록 다시는 만국을 미혹하지 못하게 하였다가 그 후에는 반드시 잠간
놓이리라

지금 사단은 어디에 있는가? 사단의 수소지는 바로 공중이다.

(엡2:2) 그 때에 너희가 그 가운데서 행하여 이 세상 풍속을 좇고 공중의 권세 잡은 자를 따랐으니 곧 지금 불순종의 아들들 가운데서 역사하는 영이라

그러므로 사단이 무저갱에 가두어 진다는 것은 전대미문의 소식이며 온 세상이 평안하고 주님의 의와 공평이 시행되어짐에 방해가 없고 세상 사람들이 미혹되지 않는 세상이 되는 것이다. 다시는 전쟁이 없고 미움이나 분쟁이나 죽음이 없는 지상천국이 되는 것이다.

(계 20:3) 무저갱에 던져 잠그고 그 위에 인봉하여 천 년이 차도록 다시는 만국을 미혹하지 못하게 하였다가 그 후에는 반드시 잠간 놓이리라

무천년주의자들은 사단이 무저갱에 던져져서 인봉되는 것을 십자가상에서의 승리라고 말하지만 사단이 무저갱에 갇힘으로 지복의 천 년기간이 시작되어지는데 과연 지금이 지복을 누리고 있는 기간이라고 볼 수가 있을 것인가? 그리고 성도들이 영적으로 세상을 다스린다고 하는데 과연 그러한 영적인 천년왕국이 이루어지고 있는지 의문인 것이다. 만약 예수님께서 십자가를 지심으로 사단이 감금되었다면 1000년 후에 잠시 놓이는 것은 어떻게 해석해야 할 것인가? 그 때에 그리스도의 속죄의 은혜가 잠시 중단되는 현상이 나타나게 될 것이며 여러 가지 뒤틀린 해석을 낳을 수밖에 없을 것이다.

○ 천년왕국에 대한 구약의 예언:

(렘23:5, 30:9, 33:15, 호3:5, 암9:11, 사65:25, 사35:1~10, 미4:3~5, 사16:5, 사   22:22, 사9:7)
(렘23:5) 나 여호와가 말하노라 보라 때가 이르리니 내가 다윗에게 한 의로운 가지를 일으킬 것이라 그가 왕이 되어 지혜롭게 행사하며 세상에서

공평과 정의를 행할 것이며

(렘30:9) 너희는 너희 하나님 나 여호와를 섬기며 내가 너희를 위하여 일으킬 너희 왕 다윗을 섬기리라

(사65:25) 이리와 어린 양이 함께 먹을 것이며 사자가 소처럼 짚을 먹을 것이며 뱀은 흙으로 식물을 삼을 것이니 나의 성산에서는 해함도 없겠고 상함도 없으리라 여호와의 말이니라

(사16:5) 다윗의 장막에 왕위는 인자함으로 굳게 설 것이요 그 위에 앉을 자는 충실함으로 판결하며 공평을 구하며 의를 신속히 행하리라

○여러 가지 천년왕국의 이론 비교

내용 / 이론	무천년	후천년	역사적 전천년	세대주의 전천년
내용	초림-재림	사후-재림	재림후	재림후
이스라엘 회개	지지자-함일돈 불인정-뻴콥	불인정	지지	지지
첫째 부활 둘째 부활	첫째부활-영적중생 둘째부활-재림시	첫째부활-순교자 둘째부활-재림시	첫째부활-재림시(성도) 둘째부활-마지막심판 (불신자)	첫째부활-재림시(성도) 둘째부활-마지막심판 (불신자)
휴거	인정	인정	인정	인정
신천신지	재림 이후	재림 이후	천년왕국 이후	천년왕국 이후
공중재림	부정	부정	부정	부정
7년 혼인잔치	부정	부정	부정	부정
심판	단회적	단회적	그리스도의 재림시 마지막 흰 보좌심판	그리스도의 재림시 마지막 흰 보좌심판
적그리스도와 대환난	인정	인정	인정	인정

계19장	재림	초림	재림	재림
계20:1-3 (사단의 결박)	사단의 결박- 십자가상에서 결박	사단의결박-사단 점차 세력 약화 복음은점차세력을얻음	사단의 결박- 무저갱에서 완전한 결박	사단의 결박- 무저갱에서 완전한 결박
계20:4-6 (첫째 부활과 왕노릇)	영이 몸에서 떠나가서 영광 중에 그리스도와 함께 다스리는 것	순교자들의 영혼들이 살아서 그리스도와 함께 왕노릇하는 영혼들의 중간기	그리스도의 재림시 그에게 붙은 자들이 왕노릇함	그리스도의 재림시 그에게 붙은 자들이 왕노릇함
지지학자 및 단체	어그스틴,아브라함 카이퍼,헐만빠빙크, 뺄콥,보스,피터스, 해밀톤,머레이,롤걸스, 와인깔든,헨드릭슨, 메스링,끄리어,루터파, 보수적인기독개혁교회, 정통장로교회,칼빈신 학교,웨스트민스터신학교	찰스핫지,코체유스, 알팅,비트링가,띠오우 트레인,잇시우스, 후론콥,코멜만,뻐라셀, 에이에이스트롱, 데이빗브라운,스밀, 워필드,켐벨,키크, 페트너	죠지엘돈레드,메데, 벤절,오벌렌, 그리스틀립,예쁘라도, 꼬데,렝게,스티어, 벤오스덜제,벤안델, 알포드,안드루스,엘리 칼,까네스,켈록,잔, 무어헤드,유톤, 트렌취,박형룡	스코필드,왈부르드, 뿔링거,끄렌트, 뿔랙스톤,끄레이, 쎌버,할데만, 게블라인,뿌룩스, 릴레,라젤스, 조용기,제이엔다비, 오순절계통,

곡과 마곡의 전쟁(7~10)

(계 20:7~10) 천 년이 차매 사단이 그 옥에서 놓여 (8) 나와서 땅의 사방 백성 곧 곡과 마곡을 미혹하고 모아 싸움을 붙이리니 그 수가 바다 모래 같으리라 (9) 저희가 지면에 널리 퍼져 성도들의 진과 사랑하시는 성을 두르매 하늘에서 불이 내려와 저희를 소멸하고 (10) 또 저희를 미혹하는 마귀가 불과 유황 못에 던지우니 거기는 그 짐승과 거짓 선지자도 있어 세세토록 밤낮 괴로움을 받으리라

사단이 옥에서 놓여(7) : 사단이 무저갱에서 놓여 나면 세상은 또다시 미혹에 휩싸여 천 년동안 지복을 누리던 불신자들이 그리스도를 대적하게 되는데 이것이 곡과 마곡의 전쟁인 것이다.

땅의 사방 백성 곧 곡과 마곡(8) : 이들이 누구인가? 이들은 그리스도의 재림 시에 믿지 않았지만 살아남았던 자들인데 이들은 변화체를 입지 못하고 천년왕국에 들어온 자들이다. 굳이 말한다면 이들은 마태복음 25장 31~46절 말씀에서 양의 편에 선 사람들이다. 이들은 믿음으로 천년왕국에 들어온 것이 아니라 선한 행실로 들어오게 된 자들이다. 그러나 그들은 부활체를 입지 못하고 육의 몸으로 들어와서 결혼도 하고 병들기도 하고 죽기도 하고 자녀를 생산하기도 한다. 그래서 그들의 수가 천년왕국의 시작 때에는 오빌의 정금같이 희귀하지만(사13:12) 천 년이 지나면 바다 모래알 같이 많아진다.(20:8)

저희가 지면에 널리 퍼져(9) : 처음에는 오빌의 금과 같이 희소하던 사람들이(사13:12) 오염이 없고 죄악이 없고 사단의 미혹이 없고 질병이 없고 전쟁이 없는 천년지복의 환경 속에서 점점 많아져서 지면에 널리 퍼진다.(사65:19~25) 그래서 바다 모래알 같이 많아지는데 이때에 사단이 무저갱에서 풀려나면서 이들을 미혹케 하므로 성도들과 사랑하는 성을 두르면서 공격해 온다. 그러나 하늘에서 불이 내려와서 저들을 불살라 소멸케 하신다.

성도들의 진과 사랑하시는 성(9) : 여기에서 성도들이란 부활체를 입은 성도들을 말하는 것이 아니다. 육을 입고 입는 곡과 마곡의 백성들이 부활체를 입은 자들을 공격할 수는 없다. 천년왕국이 시작될 때 육을 입고 다스림을 받는 자들이 있다. 이들은 마태복음 25:31~46절 말씀중에서 양의 편에 선 자들로써 이들 대부분은 착한 삶을 통하여 그리스도께 복을 받고 영생에 들어간 자들이다. 사도행전 10장에 나오는 고넬료와 같은 자들이다. 이들은 육을 입고 있지만 영혼은 구원 받은 성도들이다. 이들을 통하여 자손이 태어나게 되는 데 신자가 되는 자들도 있고 불신자들도 있다. 곡과 마곡의 백성이고 신자들이 성도가 된다. 하나님께서는 천 년 후 마귀가 풀릴 때를 대비해서 이들을 보호하시는데 이것이 성도늘의 진이다. 곡과 마곡의 전쟁은 성도들과 불신지들의 마지막 전쟁이다. 사랑하시는 성은 예루살렘 성이다. 예루살렘성은 성도들의 삶의 중심이되고 마음의 본향이 된다. 천 년이 지나면 이 성이 공격을 받게 된다.

마귀가 불과 유황 못에 던지우매(10) : 드디어 마귀가 불과 유황 불못에 던지우며 그의 처소가 정해지면서 하나님의 동산에서 시작된(겔28:13) 그의 험난한 여로가 끝이 나는 것이다. 거기에는 적그리스도와 거짓 선지자도 함께 있으니 악의 삼위가 불못에서 함께 영원한 고통 속에 갇히게 되는 것이다. 그리하여 이들이 세세토록 밤낮 괴로움을 받게 되는 것이다. 여기서 7년 환난의 시작에서 곡과 마곡의 전쟁까지 인류 역사에 일어나는 4대 전쟁을 살펴보자.

4대 전쟁(7년 환난의 시작에서 곡과 마곡의 전쟁까지)

전 쟁	시 기	상 대	결 과
러-이 전쟁	7년 환난초 둘째 인 (계6:3~4, 겔 38:~39:)	러시아 연합국- 이스라엘	러시아 연합국 멸망 (겔39:1~5)
유브라데 전쟁	여섯 째 나팔 (계 9:15)	중동 국가와 2억의 군대	세계 인구 삼분의 일 죽음(계 9:18)
아마겟돈 전쟁	일곱 대접 재앙후 (계 19:19)	재림 예수와 부활 성도- 사단과 적그리스도 그리고 그의 추종자들	적그리스도, 거짓선지자- 불못(계19:20) 사단-무저갱(20:3)
곡과 마곡의 전쟁 (인류 최후의 전쟁)	천년왕국후 마귀가 풀린 후 (계 20:7)	예수 그리스도와 성도- 사단과 땅의 사방 백성 즉 곡과 마곡	사단 - 불못(20:10) 곡과 마곡의 백성- 불로 소멸됨(계20:9)

흰 보좌 심판(11~15)

(계 20:11~15) 또 내가 크고 흰 보좌와 그 위에 앉으신 자를 보니 땅과 하늘이 그 앞에서 피하여 간데 없더라 (12) 또 내가 보니 죽은 자들이 무론대소하고 그 보좌 앞에 섰는데 책들이 펴 있고 또 다른 책이 펴졌으니 곧 생명책이라 죽은 자들이 자기 행위를 따라 책들에 기록된 대로 심판을 받으니 (13) 바다가 그 가운데서 죽은 자들을 내어주고 또 사망과 음부도 그 가운데서 죽은 자들을 내어주매 각 사람이 자기의 행위대로 심판을 받고 (14) 사망과 음부도 불못에 던지우니 이것은 둘째 사망 곧 불못이라 (15) 누구든지 생명책에 기록되지 못한 자는 불못에 던지우더라

크고 흰 보좌와 그 위에 앉으신 자(11) : 하나님의 보좌는 크고 높으시고 빛으로 충만한 보좌이다. 그러므로 누구든지 그 앞에서는 두려움과 경외심으로 가득하게 될 것이다. 이사야서 6장에도 이와 비슷한 경험을 하게 되는데 이사야가 하나님의 보좌를 바라보고 자신의 죄를 깨닫고 탄식하게 되는 것을 알 수가 있다.(사6:1~5) 이 보좌는 성부의 보좌이다.(고전15:24) 천년왕국의 보좌는 아들의 보좌인데 천 년이 차면 그 아들이 모든 정사와 권세를 성부에게 드린다고 했다. 그러므로 천 년이 지나고 사단이 불못으로 던지우고 난 후에 그 아들이 모든 권세를 성부에게 올려드리는 것이다. 그러므로 여기의 흰 보좌는 성부의 보좌로 보아야 한다. 새 하늘과 새 땅의 보좌는 성부와 성자의 보좌가 함께 나란히 있는 곳이다.(계22:1,3)

땅과 하늘이 피하여 간데 없더라(11) : 이제 천년왕국이 지나고 흰 보좌 심판이 시작이 되면 처음 하늘과 처음 땅이 간데없고 새 하늘과 새 땅의 역사가 시작이 된다. 왜냐하면 둘째 부활이 시작이 되면 신, 불신 간에 모두 변화체를

입고 있으므로 처음 창조는 없어지고 새로운 창조가 필요하게 될 것이다. 부활체가 살아가기에 적당한 환경으로 바뀌어지게 될 것인데 이것이 새 하늘과 새 땅이다. 처음 하늘과 처음 땅이 없어지는 까닭이 여기에 있다.(계21:1)

죽은 자들이 무론대소하고 그 보좌 앞에 섰는데(12) : 지금 흰 보좌 앞에 섰는 자들은 모두 죽은 자들이다. 즉 거듭나지 못하여 음부에 있던 자들이 부활하여 심판을 받게 되는 장면이다. 그러므로 이것은 산 자 즉 성도들을 제외한 불신자들만의 부활과 심판의 장면이다.

책들이 펴 있고 또 다른 책이 있는데 곧 생명책이라(12) : 여기에서 책들이란 심판책을 말하고 복수이다. 죽은 자들이 이 심판책에 기록된 대로 심판을 받게 되고 불못으로 들어가게 되는데 이것이 둘째 사망이다. 여기에 놓인 생명책은 단수로서 천 년기간동안 그리스도를 믿고 구원 얻어 생명책에 기록된 자들을 위해 펴 놓인 책이다, 바울은 고린도전서15장에서 이 사실을 언급하고 있다.(고전 15:24) 즉 이 천 년기간동안에도 그리스도 안에서 삶을 얻은 자들이 있다고 증거하고 있다.

죽은 자들이 자기 행위대로 심판을 받으니(12): 흰 보좌 심판은 어디까지나 죽은 자의 심판이다. 여기에 산 자의 심판이란 말이 없다. 자기의 행위대로, 책들에 기록된 대로 심판을 받게 된다. 성도들은 자기들의 범죄의 기록이 그리스도의 보혈로 도말되었지만(골2:14) 불신자들은 그 행위가 그대로 남아있어 행위책에 기록된 대로 심판을 받게 된다.

바다가 그 가운데서 죽은 자들을 내어주고(13): 바다에 빠져 죽은 자들이라도 그 곳에서 부활하게 된다. 화장되거나 수목장이 되거나 할 것 없이 죽은 자들이 다 부활에 동참하게 된다. 세포 하나만 있으면 언제든지 부활이 가능하다. 이들이 부활하여 자기의 행위대로 심판을 받게 된다.

사망과 음부도 불못에 던지우니(14): 사망과 음부가 불못에 던지운다는 것은 상징적인 표현으로써 이제 사망이라는 것이 영원히 사라질 것이라는 것이고 음부가 불못에 던지운다는 것도 이제는 영혼들이 가는 음부도 필요가 없어진다. 모두 부활체를 입게 되기 때문이다.

제 21 장

새 하늘과 새 땅

신부와 같이 단장된 새예루살렘성(1~8, 22~27)
어린양의 신부인 성도(9~21)

21장의 개요

21장은 새 하늘과 새 땅으로 들어가는 장이다. 거기에는 바다도 없고 처음 하늘과 처음 땅은 없어진 상태이다. 즉 새 창조의 세계이다.(1) 하늘에서 새 예루살렘이 내려오면서 그 절정을 이룬다.(2,9) 열 두 기초 보석과 열 두 진주문으로 신부 같은 모습으로 단장한 새 예루살렘이 등장한다.(18~21) 이로써 요한계시록과 신구약의 모든 언약이 성취된다.

즉 구약의 성막과 성전, 신약의 교회의 완성이다. 그리고 신·구약의 모든 예언과 축복이 성취되고 완성되는 장이다. 그곳은 눈물이 없고 사망이나 애통하는 것이나 곡하는 것이나 아픈 것이 없는 행복한 세계이다.(4) 모든 인류가 부활하여 영체를 입고 난 후이기 때문에 이들이 살아갈 영원한 환경이 필요하다. 이 환경은 완전히 새로운 환경인 새 하늘과 새 땅이다.(1) 이 새 하늘과 새 땅이 창조되어 부활체를 입은 성도들이 살아 갈 수 있도록 하신 것이다. 그러나 두려워하는 자들과 믿지 아니하는 자들과 흉악한 자들과 살인자들과 행음자들과 술객들과 우상숭배자들과 모든 거짓말하는 자들은 불과 유황으로 타는 불못에 참예하게 될 것이다.

새 하늘과 새 땅(1)

(계 21:1) 또 내가 새 하늘과 새 땅을 보니 처음 하늘과 처음 땅이 없어졌고 바다도 다시 있지 않더라

흰 보좌 심판 이후에 모든 인류가 부활에 참예하게 되어 이제는 완전히 새로운 환경이 필요하게 되었다. 부활체가 살아가기에 적합한 환경인 새 하늘과 새

땅이 필요하게 되었으며 하나님께서는 제 2의 창조를 행하시고 그 모습을 우리에게 공개하신다. 처음 창조에 있었던 바다가 없어지므로 새로운 창조가 이루어졌다는 뜻이다.

하늘에서 내려오는 새 예루살렘(2~4)

(계 21:2~4) 또 내가 보매 거룩한 성 새 예루살렘이 하나님께로부터 하늘에서 내려오니 그 예비한 것이 신부가 남편을 위하여 단장한 것 같더라 [3] 내가 들으니 보좌에서 큰 음성이 나서 가로되 보라 하나님의 장막이 사람들과 함께 있으매 하나님이 저희와 함께 거하시리니 저희는 하나님의 백성이 되고 하나님은 친히 저희와 함께 계셔서 [4] 모든 눈물을 그 눈에서 씻기시매 다시 사망이 없고 애통하는 것이나 곡하는 것이나 아픈 것이 다시 있지 아니하리니 처음 것들이 다 지나갔음이러라

거룩한 성 새 예루살렘이 하늘에서 내려옴(2) : 영광의 보좌에서 영원토록 다스리시는 성 삼위 하나님과 부활체를 입고 영화로운 모습으로 변화된 성도들과 함께 살아가는 새 하늘과 새 땅은 그야말로 인간의 필설로 표현하기가 어려울 것이다. 그 중에서도 새 예루살렘의 황홀한 광경이야말로 요한의 넋을 빼어 버리기에 넉넉한 모습이다. 이 새 예루살렘이 하나님께로부터 새 하늘에서 새롭게 창조된 새 땅에 내려오는 모습은 너무나도 감격스러운 모습이다. 밧모섬에서 유배생활을 하던 노쇠한 요한에게 그야말로 황홀경 그 자체가 아니었을까? 그래서 천사 앞에서 넙죽 절하려고 한 것이다.(22:8)

신부가 남편을 위하여 단장한 것 같더라(2) : 새 예루살렘의 모습을 신부가 남편을 위하여 질보단상한 것처럼 아름답게 꾸민 것으로 묘사한 것은 이 세

예루살렘이 바로 남편되시는 그리스도와 그 신부된 교회가 살아갈 신방이기 때문이다. 새 예루살렘성은 신부가 아니다. "신부가 남편을 위하여 단장한 것 같더라"고 묘사한 것은 신부가 칠보단장한 것처럼 아름답게 꾸민 것을 비유로 표현한 것뿐이다. 즉 장소를 묘사한 것이다.

하나님의 장막이 사람들과 함께 있으매(3) : 여기에서 하나님의 장막은 무엇일까? 그것은 바로 새 예루살렘성이다. 이 새 예루살렘성 즉 하나님의 장막이 사람들과 함께 있다는 것으로 보아야 할 것이다. 이 새 예루살렘성을 상징으로 보면 하나님의 장막이라는 말을 바로 해석할 수 없다. 예수께서도 요한복음 14:2~3절에 처소(개역개정에는 거처)를 예비하러 가신다고 했는데 이 새 예루살렘성이 바로 그분이 예비하신 처소이다.

새 예루살렘에서 누리는 복(4) : 이제 이 새 예루살렘은

  1. 하나님과 그 백성들이 함께 살아갈 공간이며(사33:20~21)

  2. 그 눈에서 눈물을 씻기시며(4)

  3. 다시 사망이 없고(4)

  4. 애통하는 것이나(4)

  5. 곡하는 것이나(4)

  6. 아픈 것이 다시 없는 곳이다.(4)

만물을 새롭게 하시는 하나님 (5~6)

(계 21:5~6) 보좌에 앉으신 이가 가라사대 보라 내가 만물을 새롭게 하노라 하시고 또 가라사대 이 말은 신실하고 참되니 기록하라 하시고 (6) 또 내게 말씀하시되 이루었도다 나는 알파와 오메가요 처음과 나중이라 내가 생명

수 샘물로 목마른 자에게 값없이 주리니

만물을 새롭게 하노라(5) : 만물을 새롭게 하신다는 것은 바로 새 창조를 말하는 것으로 볼 수가 있고 새 하늘과 새 땅 그리고 새 예루살렘을 말하는 것으로 볼 수가 있다. 이 만물을 새롭게 하신다는 말씀은 신실하고 참되다고 말씀하시고 기록하라고 하셨다.

이루었도다(6) : 여기에서 이루었다고 하시는 것은 십자가 상에서 다 이루었다고 하시는 말씀과 비교해 볼 수가 있는데 십자가 상에서 다 이루었다고 하신 말씀은 구속 사역을 다 이루었다는 것이고 여기에서 다 이루었다는 것은 그 구속 사역을 통하여 구원과 심판 그리고 구속을 받은 자들이 살아갈 새로운 환경 즉 새창조를 이루었다는 것이다. 하나님은 세 번 이루셨다. 처음은 처음 창조를 이루셨고(창1:31), 그 다음은 구속사역을 이루시고(요19:30), 마지막으로 새 창조르 이루셨다.

나는 알파와 오메가요 처음과 나중이라(6) : 하나님은 언제나 모든 일을 시작하시며 그 시작하신 일들의 끝마무리를 하시는 분이심을 말씀하시고 있다. 그 분은 처음 창조를 통하여 아담과 이브 그리고 인류를 살아가게 하셨지만 그 환경이 죄로 말미암아 오염이 되었고 또 이제는 모든 인류가 그리스도의 구속 사역을 통하여 구원받고 새로운 부활체를 입었으니 이제는 그 부활체들이 살아가는 환경을 만드심으로 창조의 역사를 마무리 하시는데 그러므로 하나님은 처음과 나중이 되신다.

생명수 샘물로 목마른 자들에게 값없이 주리니(6) : 그리스도의 십자가의 구속과 하나님의 새 창조의 완성을 통하여 구원받은 하나님의 백성들에게 값없이 주시는 생명수 샘물은 우리 인류의 영원한 염원이 아니겠는가! 우리는 모두 목마른 세상에서 살아가고 있는데 이 목마름은 새 예루살렘에서 영원히 해결된다. 생명수 샘물은 에스겔 47:1~2절 예언의 성취이며, 요한복음 4장 수가성 여인에게 약속한 것이며 요한복음 7장 37~39절 말씀의 성취이다.

이기는 자들과 믿지 아니하는 자들의 유업(7~8)

(계 21:7~8) 이기는 자는 이것들을 유업으로 얻으리라 나는 저의 하나님이 되고 그는 내 아들이 되리라 [8] 그러나 두려워하는 자들과 믿지 아니하는 자들과 흉악한 자들과 살인자들과 행음자들과 술객들과 우상 숭배자들과 모든 거짓말하는 자들은 불과 유황으로 타는 못에 참예하리니 이것이 둘째 사망이라

이기는 자는 이것들을 유업으로 얻으리라(7): 이기는 자들이 유업으로 받을 것들이 무엇인가? 그것은
　1. 새 하늘과 새 땅(1)
　2. 새 예루살렘(2)
　3. 하나님의 위로(4)
　4. 생명수 샘물(6)

믿지 아니한 자들이 받을 유업(8) : 그러나 두려워하는 자들과 흉악한 자들과 살인자들과 행음자들과 술객들과 우상 숭배자들과 모든 거짓말하는 자들은 불과 유황으로 타는 불못에 참예하리니 이것이 둘째 사망이라고 했으니 믿지 아니하는 자들에게는 불과 유황으로 타는 불못이 그들의 영원한 유업이 될 것이다.

거룩한 성 새 예루살렘의 모습(9~27)

1. 신부 곧 어린 양의 아내의 모습(9)

(계 21:9) 일곱 대접을 가지고 마지막 일곱 재앙을 담은 일곱 천사중 하나가 나아와서 내게 말하여 가로되 이리 오라 내가 신부 곧 어린 양의 아내를 네게 보이리라 하고

　새 예루살렘성의 모습은 칠보단장한 신부의 모습이다. 이것은 어린양의 아내들과 그리스도께서 살아갈 신방의 모습으로 보아야 하며 그만큼 아름답게 꾸민 모습을 하고 있음을 나타낸다. 2절 말씀에도 신부가 남편을 위하여 단장한 것 같다고 했다. 칠보단장한 신부의 모습과 새 예루살렘의 모습을 비교하여 그 아름다움을 묘사한 것이다. 그러나 새예루살렘성 그 자체가 신부가 아니다. 그 안에서 살아가는 성도가 곧 어린양의 아내이며 신부이다. 그 신부의 이름이 열두 기초석 위에 새겨져 있고(21:14), 열 두 진주문 위에 새겨져 있다. 그만큼 귀하고 아름답다는 뜻이다.

2. 하나님께로부터 하늘에서 내려오는 거룩한 성(10)

(계 21:10) 성령으로 나를 데리고 크고 높은 산으로 올라가 하나님께로부터 하늘에서 내려오는 거룩한 성 예루살렘을 보이니

　악의 세력들은 모두 땅이나 바다에서나 무저갱에서 올라 온다. 그들은 모두 밑으로부터 올라오는 자들이다.(13:1, 11, 17:8) 그러나 새 예루살렘은 하늘에서부터 내려오는 하나님의 성이다. 예수 그리스도께서 재림하실 때에도 성도 늘은 그와 함께 하늘에서 내려온나.(19:14, 마25:31)

3. 하나님의 영광이 있으매(11)

(계 21:11) 하나님의 영광이 있으매 그 성의 빛이 지극히 귀한 보석 같고 벽
옥과 수정 같이 맑더라

이 성은 하나님의 영광의 빛이 충만하게 비취는 곳이다. 하나님의 영광은
바로 하나님의 아름다우심인데(사35:2) 이 영광의 빛이 충만한 성이다. 그러
므로 새 예루살렘은 하나님의 영광의 빛으로 찬란하게 비취는 성이다. 새 예
루살렘 성에는 해와 달과 별의 빛이 없는 빛의 세계이다. 그런데 그 빛은 하나
님께로부터 오는 빛인데 이 빛은 너무나 기이하여(벧전2:9) 지극히 귀한 보석
으로 비유했다. 그 빛이 벽옥과 수정 같이 맑다고 했으니 벽옥의 푸르스름한
빛과 수정의 투명한 빛이 어울려 신비로움을 나타내는 빛이다.

4. 크고 높은 성곽과 열 두 진주문 (12~21)

열 두 진주 문(12~13):

(계 21:12~13) 크고 높은 성곽이 있고 열 두 문이 있는데 문에 열 두 천사가
있고 그 문들 위에 이름을 썼으니 이스라엘 자손 열 두 지파의 이름들이라
[13] 동편에 세 문, 북편에 세 문, 남편에 세 문, 서편에 세 문이니

새 예루살렘의 성곽과 열 두 문에 대해서 묘사하고 있다. 먼저 열 두 문에 대
해서 살펴보면 열 두 문에는 열 두 천사가 있고 그 문들 위에 이름을 기록해 놓
았는데 그 이름들은 이스라엘 자손 열 두 지파의 이름들이다. 이것은 새 예루
살렘의 거주민들이 구약시대의 교회 즉 이스라엘 민족 중에서 회개하고 복음
을 믿고 구원받은 자들임을 나타내고 있다.

바울 서신이나 요한계시록은 공히 이스라엘의 구원에 대해서 말씀하고 있다. 이스라엘은 원래 참 감람나무였는데 이들이 교만함으로 원 나무에서 꺾여지게 되었다. 그러나 돌감람나무인 이방인 교회가 참 감람나무에 접붙임을 받아서 원 둥치로부터 진액을 받게 되었다.

그러나 돌 감람나무의 충만한 수가 구원을 받으면 결국 꺾여진 참 감람나무 가지들도 원 둥치에 다시 접붙임을 받는 것이 하나님의 구원의 섭리임을 로마서 11장은 잘 나타내고 있다.(롬11:17~24) 이와 같이 교회와 이스라엘의 구원이 신·구약 성경의 요체라고 본다면 새 예루살렘의 문들 위에 이스라엘 열두 지파의 이름이 기록된 것은 너무나 당연한 것이다. 동서남북 사방에 세 문이 있다는 것은 이스라엘 백성들이 과거의 역사에서 우리가 아는 것처럼 동서남북 사방에 흩어졌다가 이제 하나님의 문으로 들어온 것을 나타낸다고 보면 될 것이다.(겔28:25, 36:24, 37:21, 38:8, 39:28)

이 열두문은 에스겔 48:30~35절 말씀의 성취이다. 계시록에는 12지파의 이름이 나오지 않지만 에스겔 48장에는 12문에 12지파의 이름이 열거되어 있다. 이것은 에스겔 48장의 예언이 새예루살렘에서 성취되었음을 나타낸다.

여기에서 열 두 지파가 야곱의 네 아내를 통하여 이루어지는 과정과 그들의 축복과 저주에 대해서 알아보고 이 축복과 저주가 어떻게 새 예루살렘에서 완성되는가를 살펴보기로 하자. (374쪽 참조)

성곽의 열 두 기초석(14)

(계 21:14~20) 그 성에 성곽은 열 두 기초석이 있고 그 위에 어린 양의 십이 사도의 열 두 이름이 있더라

열 두 지파의 축복과 저주, 하나님의 완성

지파 (민 2:1~31)	모계 (레아, 빌하, 실바, 라헬) (창29:31~20:24)	부계 (야곱) (창49:1~28)	하나님 (보석) (출28:17~21)	보석 설명	새예루살렘 (열두진주문) (계21:12, 겔48:31~34)
1.유다(동)	찬송	홀	홍보석	루비(왕권)	유다문(북)
2.잇사갈(동)	값	압제 아래	황옥	대가 지불	잇사갈문(남)
3.스불론(동)	거하심	해변 거함	녹주옥	에머랄드 (삶의 풍파)	스불론문(남)
4.르우벤(남)	권고	탁월 잃음	석류석	불빛(밝힘)	르우벤문(북)
5.시므온(남)	들으심	잔해기계	남보석	샤파이어 (흠이김)	시므온문(남)
6.갓(남)	복	군대	홍마노	다이아몬드 (만왕)	갓문(서)
7.에브라임(서)	창성	더큰자	호박	(고난후영광)	요셉문(동)
8.므낫세(서)	잊음	큰자	백마노	흰색(고운 풍채 없음)	레위문(북)
9.베냐민(서)	슬픔	이리	자수정	자색 (중독예방)	베냐민문(동)
10.단(북)	억울하심을 푸심	길뱀	녹보석	베릴녹색 (마귀정복)	단문(동)
11.아셀(북)	기쁨	기름짐	호마노	불꽃 (기쁨축제)	아셀문(서)
12.납달리(북)	경쟁에서 이김	암사슴	벽옥	투명청색 (천국 큰 자)	납달리문(서)

열 두 기초석과 열 두 사도의 이름

순서	보석	보석 설명	12 사도	순교
1	벽옥	투명한 청색 (무늬와 점, 천국 큰자)	베드로	로마, 십자가 거꾸로 화형
2	남보석	사파이어 남색 (단단한 보석)	안드레	×형 십자가
3	옥수	칼케돈 청색(노랑과 빨강의 화합) 공작, 비둘기 목의 청색처럼 움직이면 색이 변함	야고보	참수형
4	녹보석	베릴 녹색 (마귀 정복, 생명)	요한	밧모섬 유배
5	홍마노	붉고 흰돌 (다이아몬드), (만왕) 마노중에서 가장 희귀하고 아름답다	빌립	돌로 쳐죽임 당함
6	홍보석	루비 (왕권)	바돌로메	인도에서 산 채로 살벗겨 죽음
7	황옥	금색 투명돌(대가 지불) 황금돌로서 담황옥과 비슷	도마	인도에서 죽창에 찔려 죽음
8	녹옥	바다 녹색 (삶의 풍파)	마태	애굽 순교
9	담황옥	황녹색 투명돌 (토파스) (어두울수록 빛을 냄)	야고보	맞아 죽음
10	비취옥	황녹색 반투명돌 (리이크 잎색)	다대오	화살에 맞아 죽음
11	청옥	청자색(짙은 붉은색) 백, 황, 재, 적, 자주, 청록색 등 각양의 색채를 띠는 보석	시몬	폭도 습격 당해 죽음
12	자정	자색(중독 예방)	맛디아 / 바울	맛디아 - 돌맞아 죽음 바울 - 로마, 참수

성곽의 열 두 기초석(14)

(계 21:14~20) 그 성에 성곽은 열 두 기초석이 있고 그 위에 어린 양의 십
이 사도의 열 두 이름이 있더라

그 크고 높은 성곽에는 기초석이 있는데 이 기초석 위에 열 두 사도의 이름
이 기록되어 있다고 한 것은 새 예루살렘의 거민 중에 또 한 부류로서 그리스
도의 초림과 재림 사이에 구원받은 신약 성도들을 의미한다. 이들은 이스라엘
에 접붙임을 받아서 구원받은 돌감람나무들이다.(롬11:17~24) 이제 새 예루살
렘은 이 두 부류의 구원받은 자들이 거하는 곳이 되었다. 모두 어린 양의 피로
그들의 옷을 희게 한 자들이다. 이들이 어린 양의 은혜 안에 들어오게 되었고
새 예루살렘의 거민이 된 것이다. 모두가 어린 양의 은혜이다. 이 두 부류의 사
람들이 어린 양의 아내이다. 열 두 사도들은 거의 대부분 순교로서 일생을 마쳤
고 새예루살렘의 열두 기초석에 신약 성도들을 대표하여 이름이 새겨져 있다.

성곽의 척량(15~17)

(계 21:15~17) 내게 말하는 자가 그 성과 그 문들과 성곽을 척량하려고 금
갈대를 가졌더라 (16) 그 성은 네모가 반듯하여 장광이 같은지라 그 갈대로
그 성을 척량하니 일만 이천 스다디온이요 장과 광과 고가 같더라 (17) 그
성곽을 척량하매 일백 사십 사 규빗이니 사람의 척량 곧 천사의 척량이라

장, 광, 고가 같은 성곽(16) : 새 예루살렘의 성곽의 그 크기를 척량하니 길
이와 넓이와 높이가 각각 일만 이천 스다디온 즉 약2220km정도이니 그 크기

가 얼마나 놀라운지 짐작할 수가 있다. (1 스다디온은 185m) 그리고 그 성곽의 두께를 척량하니 그 넓이가 일백 사십 사 규빗이니 그 넓이는 64.8m나 된다. 성곽의 넓이와 그 크기와 높이는 요한이 압도될 만한 규모이며 그는 그 장엄한 모습에 그저 경탄하지 않을 수 없었을 것이다.

성곽과 문의 재료(18~21)

(계 21:18~21) 그 성곽은 벽옥으로 쌓였고 그 성은 정금인데 맑은 유리 같더라 [19] 그 성의 성곽의 기초석은 각색 보석으로 꾸몄는데 첫째 기초석은 벽옥이요 둘째는 남보석이요 세째는 옥수요 넷째는 녹보석이요 [20] 다섯째는 홍마노요 여섯째는 홍보석이요 일곱째는 황옥이요 여덟째는 녹옥이요 아홉째는 담황옥이요 열째는 비취옥이요 열 한째는 청옥이요 열 둘째는 자정이라 [21] 그 열 두 문은 열 두 진주니 문마다 한 진주요 성의 길은 맑은 유리 같은 정금이더라

그 성곽은 벽옥으로 쌓였고(18) : 그 성곽이 하나님의 거룩성을 나타내는 벽옥으로 쌓여진 것은 마치 구약성경 성막의 둘레를 흰 천으로 두른 것과 같다고 할 수 있다. 성막의 둘레를 흰 천으로 둘러서 문을 통하여 제물을 가지고 오지 않으면 어떤 죄인도 들어오지 못하게 한 것처럼(출38:16, 40:33, 요10:1~7) 그 성곽이 벽옥으로 쌓였다는 것은 죄인이 들어 올 수 없음을 나타내고 있다.(21: 27)

그 성은 정금인데 맑은 유리 같더라(18,21) : 새 예루살렘성의 길은 정금 길이다. 정금은 순금인데 모두가 이 세상에서도 금보다 귀한 믿음으로 살아가야 하지만.(벧전1:7) 새 예루살렘에서도 그 삶의 길은 오직 믿음으로 살아가는 것이다. 오직 의인은 믿음으로 살아가기 때문이다.(합2:04)

그 성의 성곽의 기초석은 각색 보석으로 꾸몄는데(19~20) : 그 성곽의 기초석 위에 열 두 사도의 이름이 기록되어 있고 그 기초석을 각색 보석으로 꾸몄다는 것은 그 기초석을 이루는 성도들이 귀중한 보석과 같다는 것이다. 이것은 구약성경 출애굽기에 나오는 말씀을 보면 잘 알 수가 있다. 제사장의 흉패 위에 열 두 보석을 달게 하고 그 열 두 보석을 항상 가슴에 품고 하나님 앞에 나오게 한 것은 제사장들이 이스라엘 백성들을 항상 보석처럼 귀중하게 여기고 중보 사역을 감당하도록 한 것이다.(출39:8~14) 제사장의 흉패에 열 두 보석은 계시록에 나오는 것과 조금 상이한 점이 있으나 그것은 별로 문제가 되지 않는다. 하나님께서는 이스라엘 백성들을 보석처럼 여긴 것처럼 새 예루살렘의 성민들을 극히 귀한 보석처럼 여길 것을 말씀하시고 있다. 그 정신은 같다고 할 수 있겠다.

열 두 문은 열 두 진주니 문 마다 한 진주요(21) : 진주란 원래 바다 속에 있는 이물질인데 이것이 진주 조개 속으로 들어가서 진주의 진액을 통하여 아름다운 진주가 된 것처럼 우리가 죄인들이었는데 그리스도라고 하는 진주 속으로 들어가서 그의 십자가의 고통을 통하여 진주가 된다. 그러므로 새 예루살렘의 문이 진주라는 것도 이러한 의미가 있다고 본다. 어린 양 예수의 고난을 통하여 진주가 된 성도들이 그 진주가 되시는 그리스도를 찬양하며 그의 은혜를 감사하라고 하는 뜻이 담겨져 있다고 본다. 문이 한 진주가 된 것처럼 우리 모두가 천국에서 하나가 된 모습을 볼 수가 있다.

성전이 없음(22)

(계 21:22) 성 안에 성전을 내가 보지 못하였으니 이는 주 하나님 곧 전능하신 이와 및 어린 양이 그 성전이심이라

하늘의 성전은 예수 그리스도의 피를 드림으로 그 목적하신 바가 성취되었고(히9:23~28) 또 이스라엘과 교회의 구원으로 그 성전의 목적을 이루심으로(계15:8) 이제는 그 성전이 보이지 않고 오직 전능하신 이와 및 어린 양이 친히 그 성전이 되신다. 이로서 에스겔서 40~43의 성전모형도가 완성되었다.

에스겔 성전 모형도

에스겔서 40~43에 걸쳐 소개되고 있는 성전은 실제 세워진 것이 아니라 하나님이 에스겔에게 환상으로 보여 준 성전이다. 이것은 일차적으로 포로에서 회복된 이스라엘 백성과 하나님이 성전을 영적으로 갱신된 관계를 보다 풍성히 맺을 것을 교훈하기 위한 환상이었다. 나아가 궁극적으로는 요한계시록 21장 새예루살렘에서 성도와 하나님이 맺을 완전한 관계의 모형으로서 하나님의 임재의 상징이며 백성과 하나님과의 만남의 장소이다.

이제 에스겔서 40~43에 걸쳐서 소개되고 있는 성전의 모형도를 살펴보기로 하자. 이 모형은 새예루살렘에서 실제로 완성되어 하나님과 어린양의 모습으로 나타난다.

(계 21:22) 성 안에 성전을 내가 보지 못하였으니 이는 주 하나님 곧 전능하신 이와 및 어린 양이 그 성전이심이라

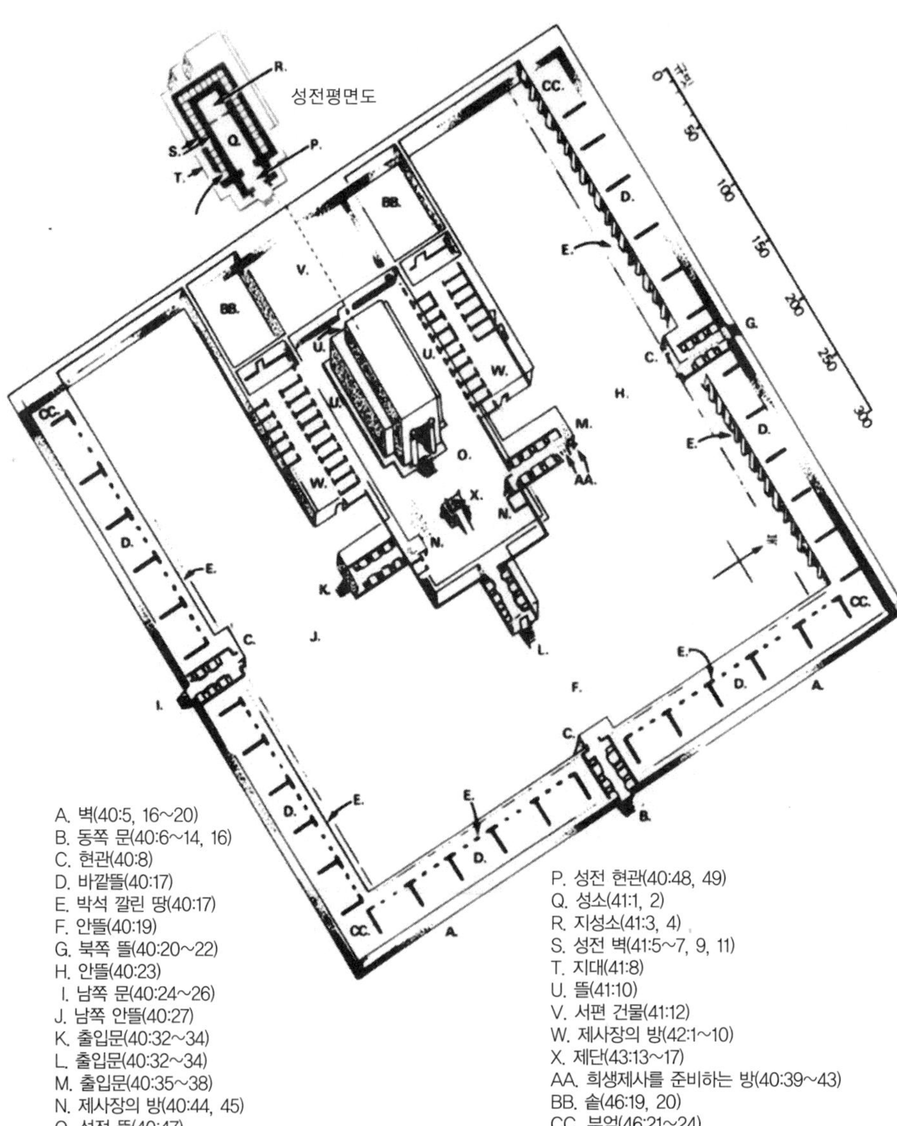

A. 벽(40:5, 16~20)
B. 동쪽 문(40:6~14, 16)
C. 현관(40:8)
D. 바깥뜰(40:17)
E. 박석 깔린 땅(40:17)
F. 안뜰(40:19)
G. 북쪽 뜰(40:20~22)
H. 안뜰(40:23)
 I. 남쪽 문(40:24~26)
J. 남쪽 안뜰(40:27)
K. 출입문(40:32~34)
L. 출입문(40:32~34)
M. 출입문(40:35~38)
N. 제사장의 방(40:44, 45)
O. 성전 뜰(40:47)

P. 성전 현관(40:48, 49)
Q. 성소(41:1, 2)
R. 지성소(41:3, 4)
S. 성전 벽(41:5~7, 9, 11)
T. 지대(41:8)
U. 뜰(41:10)
V. 서편 건물(41:12)
W. 제사장의 방(42:1~10)
X. 제단(43:13~17)
AA. 희생제사를 준비하는 방(40:39~43)
BB. 솥(46:19, 20)
CC. 부엌(46:21~24)

성 안에

새 예루살렘의 빛(22~25)

(계 21:23~25) 그 성은 해나 달의 비침이 쓸데없으니 이는 하나님의 영광이 비취고 어린 양이 그 등이 되심이라 [24] 만국이 그 빛 가운데로 다니고 땅의 왕들이 자기 영광을 가지고 그리로 들어오리라 [25] 성문들을 낮에 도무지 닫지 아니하리니 거기는 밤이 없음이라

그 성은 해나 달의 비침이 쓸데없으니(23~24) : 이제 새 예루살렘에는 해와 달과 같은 처음 창조물은 보이지 않는다. 왜냐하면 이 모든 처음 창조물들은 새 하늘과 새 땅 즉 새로운 창조의 세계에는 아무런 쓸 데가 없기 때문이고 이 새 창조의 세계 안에는 하나님 자신이 직접 빛이 되심으로 그 기이한 빛이 충만한 상태이다. 그러므로 만국이 이 기이한 빛 가운데 다니며 하나님의 영광을 찬양드릴 것이다.

성문들을 낮에 도무지 닫지 아니하리니(25) : 이 세상은 밤과 낮이 있고 여름과 겨울이 있지만 새 예루살렘에는 밤과 낮이 없고 여름과 겨울이 없다. 왜냐하면 하나님이 그 빛이 되시기 때문이다. 그러므로 성문은 영원히 열려있는 상태가 지속이 된다.

사람들이 만국의 영광과 존귀를 가지고 그리로 들어오겠고(26) : 사람들은 하나님의 빛과 영광으로 말미암아 하나님께서 주신 그 영광과 존귀를 가지고 하나님의 보좌가 있는 새 예루살렘으로 들어온나.

오직 어린 양의 생명책에 기록된 자들만 들어옴(27)

(계 21:27) 무엇이든지 속된 것이나 가증한 일 또는 거짓말 하는 자는 결코 그리로 들어오지 못하되 오직 어린 양의 생명책에 기록된 자들 뿐이라

새 예루살렘 성 안으로는 생명책에 기록된 구원받은 자들만 들어오고 나머지 회개하지 않은 자들은 들어오지 못할 것이다.

그러므로 어린 양의 생명책에 그 이름이 기록되어 있는 자가 가장 복된 자이다.(눅10:20)

제 22 장

영원 무궁 세계

22장의 개요

22장은 결론의 장이며 마무리 장이다. 본문은 5절까지 끝나고 6절부터는 요한계시록의 후기에 속한다. 그러므로 22장 5절에서 끝나고 6절부터는 이 편지를 쓴 목적(6)과 또한 이 계시록을 어떻게 간수하며 전해야 할지를 말씀하고 있다.(7) 그리고 이 계시록을 받는 자들의 자세와 상급을 말씀하시고(12) 또한 이 계시의 말씀을 가감하지 말 것을 경고하시고 있다.(18~19) 끝으로 아멘 주 예수여 오시옵소서로(20) 요한의 응답이 끝나고 주 예수의 은혜가 모든 사람에게 있을 것을 축복하며(21) 아멘(21)으로 글을 마감한다.

새 예루살렘에서 누릴 축복(1~5)

(계22:1~5) 또 저가 수정 같이 맑은 생명수의 강을 내게 보이니 하나님과 및 어린 양의 보좌로부터 나서 (2) 길 가운데로 흐르더라 강 좌우에 생명나무가 있어 열 두가지 실과를 맺히되 달마다 그 실과를 맺히고 그 나무 잎사귀들은 만국을 소성하기 위하여 있더라 (3) 다시 저주가 없으며 하나님과 그 어린 양의 보좌가 그 가운데 있으리니 그의 종들이 그를 섬기며 (4) 그의 얼굴을 볼 터이요 그의 이름도 저희 이마에 있으리라 (5) 다시 밤이 없겠고 등불과 햇빛이 쓸데없으니 이는 주 하나님이 저희에게 비취심이라 저희가 세세토록 왕 노릇 하리로다

1. 수정 같이 맑은 생명수의 강(1): 수정 같이 맑은 '생명수의 강' 은 4:6 말씀에 나오는 수정과 같은 '유리 바다' 와 동일한 내용이다. 왜냐하면 하나님의 보좌 앞에서 흐르는 생명수의 강과 유리 바다가 서로 다른 것이 아니라 같

은 것을 달리 표현한 것이기 때문이다. 그리고 이 강은 하나님과 어린 양의 보좌로부터 발원하여 새 예루살렘의 한 가운데로 전역을 흐른다. 이 강은 에스겔서 47장에 나오는 성전 문지방에서 흐르는 강의 원형이라고 생각된다. 이 강이 성전 문지방으로부터 나서 동방으로 향하여 아라바로 내려가서 바다로 흘러서 많은 생물들이 살고 어부들이 살고 강 주위에 나무들이 자라서 무성하고 그 잎사귀들이 약재료가 되는 것과 같이 계시록의 내용은 에스겔서에 나오는 환상의 완성이요 원형이다. 에스겔이 본 환상이 이제 완성이 되어 요한의 앞에 펼쳐진 것이다. 얼마나 아름다운 광경인가!

하나님과 및 어린 양의 보좌로부터 나서(1): 생명수의 강은 하나님의 보좌로부터 흐른다. 그러므로 이 강은 하나님의 보좌로부터 흘러서 새 예루살렘 길 한 가운데로 지나며 전역에 생명을 주는 강이다. 에스겔서 47장에는 이 강이 하나님의 성전 문지방에서 스미어 나왔는데 새 예루살렘에서는 보좌로부터 흘러 나온다. 이것은 같은 맥락의 말씀으로써 하나님의 보좌는 모든 좋은 것의 근원이다.

2. 강 좌우에 생명나무가 있어(2): 강 좌우에 생명나무가 있어서 열 두가지 실과를 맺고 있으며 달마다 그 실과를 맺히고 있으니 먹어도 먹어도 또 다시 열매가 맺히는 영원토록 배부르게 먹을 수 있는 과일이다. 그리고 그 잎사귀들은 만국을 소성하기 위하여 있더라 했으니 에스겔서와 같은 내용으로써 에스겔이 이 보좌로부터 흐르는 강을 환상으로 보고 이스라엘의 회복을 꿈꾸었던 것처럼 하나님께서는 요한에게 이 마지막 그림을 보여줌으로 모든 인류의 회복을 보게 하셨다. 이 생명나무는 아담의 범죄 이후 하나님께서 먹지 못하도록 그룹들과 두루 도는 화염검을 두어 지키게 하셨다가 이제 새 예루살렘에서 마음껏 먹도록 허락하신다. 이것은 새예루살렘이 에덴의 완성임을 나타낸다.

3. 다시 저주가 없으며(3) : '다시 저주가 없으며' 했으니 이제 그리스도께서 우리를 대신하여 저주를 받은 바 되사 우리의 저주를 지시고 어린 양의 모습으로 하늘에 계시기에 이제는 모든 인류들이 아브라함의 복과 성령의 충만함을 영원히 누리게 되었다.(갈3:13~14) 이것은 창세기 3:17절의 저주가 예수 그리스도로 말미암아 해결되고 새 예루살렘은 영원한 축복만이 있는 곳이 되엇다.

4. 하나님과 그 어린 양의 보좌가 그 가운데 있으리니(3~4) : 하나님의 보좌는 우주의 중심이요 성도들의 본향이요 모든 우주 만물을 다스리시는 본부(head quarter)인데 이 보좌가 사람들의 삶의 한 가운데 계시니 얼마나 감격스러운가! 이제 모든 하나님의 백성들이 그의 얼굴을 마주 보며 대화를 나누고 아담이 잃어버렸던 하나님과의 교제가 그리스도 안에서 계속된다. 그리고 각자의 이름들이 그의 이마에 새겨져서 영원한 이름을 갖게 될 것이다.(2:17, 3:12) 이것은 구약의 성막과 성전의 지성소가 완성된 모습이다. 이스라엘 백성들이 지성소에서 대제사장을 통하여 하나님을 뵙게 되었는데 새 예루살렘은 보좌에 앉으신 하나님을 날마다 뵙게 된 것이다.

5. 그의 이름도 저희 이마에 있으리니(4) : 이마에 666표를 받은 자들은 불못에 들어가고 하나님의 이름이 있는 자들은 새 예루살렘에 들어 간다.

6. 다시 밤이 없고 등불과 햇빛이 쓸데없으니(5) : 이제 새 하늘과 새 땅에서는 처음 하늘과 처음 땅에서의 모든 환경이 달라졌다. 이제는 그러한 일월성신의 빛이 없어도 너무나 밝은 빛이 비취는데 그것은 하나님께서 저들의 빛이 되시며 등불이 되시기 때문이다.

7. 저희가 세세토록 왕노릇하리로다(5) : 성도들이 천년왕국에서는 천 년 동안 새 예루살렘에서 세세토록 왕노릇함으로써 아담이 잃어버렸던 모든 왕권을

그리스도 안에서 회복하게 되었고 그 왕권은 영원히 지속이 되어진다. 이것은 그리스도께서 우리에게 주시는 넘치는 은혜이다.(3:21)

여기까지 계시록의 본론이 끝나고 이제 편지의 후기로 들어간다.

편지를 쓴 목적(6~7)

(계 22:6~7) 또 그가 내게 말하기를 이 말은 신실하고 참된지라 주 곧 선지자들의 영의 하나님이 그의 종들에게 결코 속히 될 일을 보이시려고 그의 천사를 보내셨도다 (7) 보라 내가 속히 오리니 이 책의 예언의 말씀을 지키는 자가 복이 있으리라 하더라

속히 될 일을 보이시려고(6) : 이 편지를 쓴 목적으로 그의 종들에게 결코 속히 될 일을 보이시려고 그의 천사를 보내셨다고 했으니 이 편지에는 '결코 속히 될 일들이' 기록이 된 것이 분명하다(1:1) 그러므로 이 편지를 쓰기 이전의 일들로 해석을 하면 어려움이 발생하게 되는 것이다.

이 예언의 말씀을 지키는 자들에게 복을 주시려고(7) : 주님께서 속히 오실 것이기 때문에 이 책의 예언의 말씀을 읽고 듣고 지키는 자들이 복을 받을 것이다.(1:3) 이 계시록의 책은 저주의 책도, 심판의 책도, 두려움의 책도 아니고 축복의 책임을 다시 한 번 말씀하신다.(1:3, 14:13, 16:15, 19:9, 20:6, 22:7, 22:14)

전달자 천사와 수신자 요한의 대화(8~11)

(계 22:8~11) 이것들을 보고 들은 자는 나 요한이니 내가 듣고 볼 때에 이

일을 내게 보이던 천사의 발 앞에 경배하려고 엎드렸더니 [9] 저가 내게 말하기를 나는 너와 네 형제 선지자들과 또 이 책의 말을 지키는 자들과 함께 된 종이니 그리하지 말고 오직 하나님께 경배하라 하더라 [10] 또 내게 말하되 이 책의 예언의 말씀을 인봉하지 말라 때가 가까우니라 [11] 불의를 하는 자는 그대로 불의를 하고 더러운 자는 그대로 더럽고 의로운 자는 그대로 의를 행하고 거룩한 자는 그대로 거룩되게 하라

수신자 사도 요한(8) : 이것들을 보고 들은 자는 바로 사도 요한이다. 이 요한은 열 두 제자 중의 한 사람으로 마지막까지 남아서 이 계시의 말씀을 받은 것이다. 요한은 사 복음서도 마지막 마무리를 하였고 이제 신구약의 마지막 성경을 전달 받아서 기록한 자이다. 그런데 그만 너무 감격하여 천사의 발 앞에 넙죽 엎드려 경배하려고 하였다.

전달자 천사(9) : 천사는 요한이 자기에게 경배하려 하자 만류를 하면서 오직 하나님께만 경배하라고 하였다. 이 편지는 원래 성부 하나님께서 성자 예수께 주어서 그 천사를 통하여 사도 요한에게 주었고 그 요한은 아시아에 있는 일곱 교회의 사자에게 전달했다. 즉 성부 하나님 - 성자 예수 - 천사 - 사도 요한 - 아시아 일곱 교회 사자 (계1:1)

이 책의 예언의 말씀을 인봉하지 말라(10) : 이 계시록의 말씀을 인봉하지 말라고 말씀하셨다. 그러므로 이것을 인봉하고 덮어두는 것은 주께서 기뻐하지 않으시는 일이며 이것을 읽고 듣고 지키면서 이 말씀을 전하여야 한다. 이 요한계시록은 인봉하라고 주신 것이 아니라 말씀대로 전하라고 주셨고 주님의 재림이 가까울수록 더욱 더 펼쳐야 할 책이다.

불의한 자는 그대로 불의를 행하고(11) : 이것은 회개를 촉구하는 말씀으로

받아들여야 한다. 왜냐하면 하나님께서는 모든 사람들이 회개하고 구원을 받기를 원하시기 때문이다.(벧후3:9) 이 말씀은 모든 불의를 행하는 자들은 불의를 회개하고 돌아서서 의를 행하고 더러움에 처한 자들도 그 두루마기를 씻어 회개하고 예복을 갈아입고(22:14) 의를 행하며 거룩한 삶을 살라는 말씀으로 받아들여야 한다.

그리스도의 마지막 권면과 축복(12~16)

(계 22:12~16) 보라 내가 속히 오리니 내가 줄 상이 내게 있어 각 사람에게 그의 일한 대로 갚아 주리라 (13) 나는 알파와 오메가요 처음과 나중이요 시작과 끝이라 (14) 그 두루마기를 빠는 자들은 복이 있으니 이는 저희가 생명나무에 나아가며 문들을 통하여 성에 들어갈 권세를 얻으려 함이로다 (15) 개들과 술객들과 행음자들과 살인자들과 우상 숭배자들과 및 거짓말을 좋아하며 지어내는 자마다 성 밖에 있으리라 (16) 나 예수는 교회들을 위하여 내 사자를 보내어 이것들을 너희에게 증거하게 하였노라 나는 다윗의 뿌리요 자손이니 곧 광명한 새벽 별이라 하시더라

내가 속히 오리니(12): 어떤 이들 중에는 그리스도께서 더디 옴으로 말미암아 재림을 부인하는 자들도 있으나 더디 오시는 것이 아니라 모든 사람들이 회개하고 구원을 받기를 기다리신다. (벧후3:9) 주의 약속은 어떤 이의 더디다고 생각하는 것같이 더딘 것이 아니라 오직 너희를 대하여 오래 참으사 아무도 멸망치 않고 다 회개하기에 이르기를 원하시느니라)

각 사람에게 그의 일한 대로 갚아 주리라(12): 하나님께서는 각 사람이 일한 대로 갚아 주실 것이라고 신구약 66권을 통하여 약속하셨나. 특히 딜런트의

비유를 통하여 우리에게 주신 말씀은 착하고 충성된 종들에게 그의 일한 대로 주신다. 적게 일하면 적게 일한 대로 많이 일하면 많이 일한 대로 갚아 주신다. 심는 대로 거두고 일한 대로 갚아주시고 땀 흘린 대로 거두신다. 그 때에는 소자에게 찬 물 한 그릇 대접한 것도 결코 그 상을 잃지 않으신다.(마10:42) 또 누구든지 제자의 이름으로 이 소자 중 하나에게 냉수 한 그릇이라도 주는 자는 내가 진실로 너희에게 이르노니 그 사람이 결단코 상을 잃지 아니하리라 하시니라

나는 알파와 오메가요 처음과 나중이요 시작과 끝이라(13): 주께서 이 말씀을 하신 것은 반드시 시작을 한 일들은 끝을 맺으시겠다는 말로 받아야 한다. 만물이 시작이 있었으면 끝이 있다. 그러므로 이제 종말이 반드시 오리니 믿음을 가지고 잘 준비하라는 권면의 말씀으로 보아야 한다.

그 두루마기를 빠는 자들은 복이 있으니(14): 이것은 회개를 촉구하시는 말씀이다. 두루마기를 빤다는 것은 회개를 말하며 회개에 합당한 삶을 살라는 말씀이다. 두루마기는 우리의 전인적인 삶을 가리키는 것으로써 그리스도의 피만이 우리의 옷을 희게 하실 수 있다.(계7:14) 내가 가로되 내 주여 당신이 알리이다 하니 그가 나더러 이르되 이는 큰 환난에서 나오는 자들인데 어린 양의 피에 그 옷을 씻어 희게 하였느니라) 회개하고 흰 옷을 입은 자라야 생명나무에 나아가며 성문을 통하여 새 예루살렘에 들어갈 권세를 얻게 된다. 이 계시록의 목적도 우리가 모두 이 말씀을 듣고 회개하여 그리스도의 재림 시에 그의 영광에 들어가게 하기 위한 것이다.

개들과 술객들과 행음자들과 살인자들과 우상 숭배하는 자들과 거짓말을 지어내며 좋아하는 자들은 성 밖에 있으리라(15): 이들도 어서 회개하고 두루마기를 빨도록 회개를 촉구하시는 말씀이다. 이들도 회개하면 누구나 다 성 안으로 들어가서 생명나무에 나아가며 그의 영광에 들어가게 될 것이다.

교회들을 위하여 이 글을 증거하게 함(16): 교회들을 위하여 이 글을 증거하게 하였으나 오늘날 계시록을 통하여 교회가 분열되고 많은 이단들이 양산되게 된 것은 너무나 안타까운 일이다. 그러나 이제 때가 되면 모든 교회들이 이 계시의 말씀을 통하여 힘을 얻고 깨어 일어나 두루마기를 빨게 될 것이다. 그리하여 한 사람도 누락됨이 없이 생명나무 앞에 나아가 수정과 같이 맑은 생명수의 강에서 열 두 실과를 따 먹으며 영광을 누리게 될 것이다.

성령과 신부가 말씀하시기를 오라(17): 성령과 신부 즉 교회는 누구든지 그리스도 앞으로 오도록 권면해야 한다. 그리하여 목마른 자들이 와서 목마름을 해갈하고(요7:38~39) 원하는 자는 값없이 생명수를 받게 해야 한다.(사55:1)

마지막 경고(18~19): 가감하는 자들에게 대해서 심판하심

(계22:18~19) 내가 이 책의 예언의 말씀을 듣는 각인에게 증거하노니 만일 누구든지 이것들 외에 더하면 하나님이 이 책에 기록된 재앙들을 그에게 더하실 터이요 (19) 만일 누구든지 이 책의 예언의 말씀에서 제하여 버리면 하나님이 이 책에 기록된 생명나무와 및 거룩한 성에 참예함을 제하여 버리시리라

이것들 외에 더하면(18) : 만약 요한계시록에 다른 것을 첨가하는 자에게는 엄한 벌이 더해진다. 즉 이 계시록에 기록한 모든 재앙들을 다 받게 될 것이다.

이 책의 예언의 말씀을 제하여 버리면(19) : 이 책에 기록된 생명나무와 및 거룩한 성에 참예함을 제하여 버릴 것이라고 말씀하셨다. 그러므로 어떠한 말씀도 가감해서는 안 된다.

그리스도와 요한의 마지막 인사(20)

(계 22:20) 이것들을 증거하신 이가 가라사대 내가 진실로 속히 오리라 하시
거늘 아멘 주 예수여 오시옵소서

이것들을 증거하신 주께서 요한에게(20): "내가 진실로 속히 오리라" 라고
마지막 작별 인사를 하셨고

이것들을 보고 들은 사도 요한은 주님에게(20): "아멘 주 예수여 오시옵소
서" 라고 마지막 인사를 드렸다.

마지막 축도(21)

(계 22:21) 주 예수의 은혜가 모든 자들에게 있을지어다 아멘
"주 예수의 은혜가 모든 자들에게 있을지어다 아멘"

이 말씀은 이 계시를 받는 모든 자들에게 주시는 위로의 말씀이요 축복이다.
은혜란 '값없이 주시는 선물' 이다. 주 예수께서는 자신을 저주 아래 두심으로
우리를 은혜 아래 있게 하시고 이 은혜가 모든 믿는 자들에게 임하게 하신다. 아
브라함의 복과 성령의 약속을 모든 믿는 자들에게 값없이 주심으로 이것을 이
세상에서도 누리게 하신다. 그러나 새 예루살렘에서는 영원히 이것을 누릴 것이
다.

(계 22:3~5) 다시 저주가 없으며 하나님과 그 어린 양의 보좌가 그 가운데 있으리니 그의 종들이 그를 섬기며 [4] 그의 얼굴을 볼 터이요 그의 이름도 저희 이마에 있으리라 [5] 다시 밤이 없겠고 등불과 햇빛이 쓸데 없으니 이는 주 하나님이 저희에게 비취심이라 저희가 세세토록 왕 노릇하리로다

그렇다면 성경에 나타난 천년왕국과 새 예루살렘의 차이점이 무엇인지 살펴보자.

천년 왕국과 새 예루살렘의 차이점

구 분	천년왕국	새 예루살렘
기 간	1000년(20:6)	영원무궁(22:5)
사 단	무저갱에 갇힘(20:3)	불못에 던짐(20:10)
우주의 주권	그리스도(20:4)	성부하나님(20:11)
나라의 성격	돌의 나라(단2:34)	보석의 나라(21:19)
부활과의 관계	첫째 부활(20:6)	둘째 부활 이후(21:8)
창조와의 관계	처음 창조(20:8)	두 번째 창조(21:8)
불신자의 위치	음 부(눅16:23)	불 못(20:15)
성도의 위치	천년왕국(20:6)	새 예루살렘성(22:5)
영과 육의 관계	영체(성도)와 육(불신자)	영체(부활체)

요한계시록의 결론은 무엇인가? 그것은 성도들은 영원한 영광 즉 새 예루살렘의 영광에 참예하고(22:19) 불신자들은 새 예루살렘에 참예하지 못하고 영원한 불못에 참예한다.(21:8)

그렇다면 요한계시록에 나타난, 장차 성도들이 참예할 영광이 무엇인가를 살펴보도록 하자.

성도들이 장차 참예할 영광

첫째, 휴거의 영광이다.(살전4:16~17)

(살전4:16~17) 주께서 호령과 천사장의 소리와 하나님의 나팔로 친히 하늘로 좇아 강림하시리니 그리스도 안에서 죽은 자들이 먼저 일어나고 [17] 그 후에 우리 살아남은 자도 저희와 함께 구름 속으로 끌어 올려 공중에서 주를 영접하게 하시리니 그리하여 우리가 항상 주와 함께 있으리라

휴거는 다양한 신학자들이 인정해온 성도들의 영광이요 소망이다. 예수님께서는 이 땅에 계실 때에 이 영광에 대해서 제자들에게 말씀하셨다.

(마24:31) 저가 큰 나팔 소리와 함께 천사들을 보내리니 저희가 그 택하신 자들을 하늘 이 끝에서 저 끝까지 사방에서 모으리라

불신자들은 이 휴거의 영광에 들어가지 못한다. 왜냐하면 이 휴거는 신자들만을 위한 하나님의 창세 전부터 정하신 약속이요, 계획이시기 때문이다.

(마24:40~41) 그때에 두 사람이 밭에 있으매 하나는 데려감을 당하고 하나는 버려둠을 당할 것이요 [41] 두 여자가 매를 갈고 있으매 하나는 데려감을 당하고 하나는 버려둠을 당할 것이니라

둘째, 하나님의 보좌에 나아가는 영광이다.(계7:9)

(계 7:9) 이 일 후에 내가 보니 각 나라와 족속과 백성과 방언에서 아무라도

능히 셀 수 없는 큰 무리가 흰 옷을 입고 손에 종려 가지를 들고 보좌 앞과 어린 양 앞에 서서

이것은 예수님께서 지상교회를 향해서 말씀하신 최대의 축복이요 영광이라 할 수가 있겠다. 성도들은 이 땅에서 환난을 당하나 결국 하나님의 보좌에까지 나아가 찬양과 영광을 돌릴 것이다. 크고 놀라운 이 영광을 무엇에 견주며 무슨 말로 형용하겠는가?

(계 3:21) 이기는 그에게는 내가 내 보좌에 함께 앉게 하여 주기를 내가 이기고 아버지 보좌에 함께 앉은 것과 같이 하리라

불신자들은 이 보좌에 나아가지 못하고 흰 보좌 심판 때에만 심판받기 위해서 서게 될 것이며 심판책에 기록된 데로 심판을 받고 영원히 타는 불못으로 들어가게 될 것이다.

(계 20:15) 누구든지 생명책에 기록되지 못한 자는 불못에 던지우더라

셋째, 첫째 부활의 영광이다.(계20:6)

(계 20:6) 이 첫째 부활에 참예하는 자들은 복이 있고 거룩하도다 둘째 사망이 그들을 다스리는 권세가 없고 도리어 그들이 하나님과 그리스도의 제사장이 되어 천 년 동안 그리스도로 더불어 왕노릇 하리라

이 첫째 부활에 참예하는 자들이 복이 있다는 말씀에 대해서 모두 다 이의를 제기하지 않는다.(계20:6) 예수 그리스도께서 생명의 부활과 심판의 부활이 있을 것을 말씀하셨다.(요5:29) 첫째 부활은 생명의 부활이요 성도들이 누

릴 영광이며 둘째 부활은 심판의 부활이다. 불신자들이 심판을 받고 불못에 들어갈 부활이니 둘째 사망이라고도 한다.(계20:14) 고린도 전서15장에도 이러한 내용의 부활에 대해서 말씀하셨다.

(고전15:23~25) 그러나 각각 자기 차례대로 되리니 먼저는 첫 열매인 그리스도요 다음에는 그리스도 강림하실 때에 그에게 붙은 자요 [24] 그 후에는 나중이니 저가 모든 정사와 모든 권세와 능력을 멸하시고 나라를 아버지 하나님께 바칠 때라 [25] 저가 모든 원수를 그 발 아래 둘 때까지 불가불 왕 노릇 하시리니

성도들은 그리스도에게 붙어 첫째 부활의 영광에 들어가고 불신자들은 나중에 그리스도께서 그의 권세를 아버지께 드릴 흰 보좌 심판 때에 부활하여 그 심판대 앞에 서게 된다.

넷째, 천년왕국의 영광이다.(계20:6)

(계 20:6) 이 첫째 부활에 참예하는 자들은 복이 있고 거룩하도다 둘째 사망이 그들을 다스리는 권세가 없고 도리어 그들이 하나님과 그리스도의 제사장이 되어 천 년 동안 그리스도로 더불어 왕노릇 하리라

이 소망에 대해 여러 가지 신학자들의 다양한 신학적인 견해는 있지만 모든 성도들이 천년왕국의 영광에 참예할 것이라는 데에는 동의한다. 불신자들은 이 천년왕국에 참예하지 못하고 음부에서 대기하다가 흰 보좌 심판 때에 둘째 사망에 참예하여 불못으로 들어가게 된다.(계20:11~15)

다섯째, 혼인 잔치의 영광이다.(계19:7)

(계19:7) 우리가 즐거워하고 크게 기뻐하여 그에게 영광을 돌리세 어린 양의
　혼인 기약이 이르렀고 그 아내가 예비하였으니

이 소망도 여러 성경에서 증거하는 말씀들을 통해 모두가 인정하고 있다. 우리는 예수 그리스도의 나라에 들러리가 아닌 신부로서 참예할 것이며 왕후로서의 지위를 누리게 될 것이다.

(시45:9) 왕의 귀비 중에는 열 왕의 딸이 있으며 왕후는 오빌의 금으로 꾸미고 왕의 우편에 서도다

여기에서 공중 혼인잔치에 대해서 상고해 보자.

계19:7절 말씀에 보면 어린 양의 혼인 기약이 이르렀다고 했으니 아직 이르지 아니했다는 말씀인데 19장은 예수 그리스도의 지상 재림장인데 어떻게 공중 혼인잔치란 말이 있을 수 있을까? 그렇다면 휴거 후에 공중에서 혼인잔치를 치르고 또 땅에 내려와서 혼인잔치를 치르게 되므로 이중으로 혼인잔치를 치르게 되어서 여러 가지 해석상의 문제가 발생하게 된다.

성도들의 혼인잔치는 그리스도의 재림과 더불어 이 땅에서 이루어질 혼인잔치이다. 그러므로 공중에서 혼인 잔치가 이루어진다는 견해는 납득할 만한 시점과 장소라는 배경을 무시함으로 여러 가지 해석상 어려움을 낳게 한다. 천년왕국이야 말로 혼인잔치로 보는 게 너무나 타당한 해석이 된다. 천 년동안의 혼인잔치와 그 이후의 신방생활 즉 새 예루살렘으로 보면 타당한 해석이 된다.

여섯째, 새 하늘과 새 땅에 들어갈 영광이다.(계21:1~7)

천년왕국은 아담이 에덴에서 쫓겨난 후, 노아의 홍수 전까지의 세상을 보면

실감할 수가 있는데 그들은 약 1,000년 동안 살았다. 므두셀라도 969살이나 살았는데 이때는 사람들의 수명이 나무의 수명과 비슷했다. 그런데 천년왕국에서도 사람들이 나무의 수명과 같이 살 것이라고 했다.(사65:22) 그래서 새 하늘과 새 땅은 아담이 범죄하기 이전의 에덴동산의 모습이라고 할 수가 있다. 즉 하나님과 대화를 나누며 그들이 하나님의 동산에서 살았는데 이것은 새 예루살렘성에서 완성되어지는 것이다. 즉 새 하늘과 새 땅 즉 황금보석으로 꾸민 새 예루살렘에서 영원히 주님과 더불어 살아갈 수 있는 영광을 우리들에게 주신다. 이기는 자는 이것들을 유업으로 얻게 된다.(22:14)

일곱째, 천년왕국에서 1000년 동안 새 하늘과 새 땅에서 세세무궁토록 왕노릇하는 영광이다.(계22:5)

(계 20:6) 이 첫째 부활에 참예하는 자들은 복이 있고 거룩하도다 둘째 사망이 그들을 다스리는 권세가 없고 도리어 그들이 하나님과 그리스도의 제사장이 되어 천 년 동안 그리스도로 더불어 왕노릇 하리라

(계 22:5) 다시 밤이 없겠고 등불과 햇빛이 쓸데없으니 이는 주 하나님이 저희에게 비취심이라 저희가 세세토록 왕노릇하리로다

우리가 천년왕국에서 1000년 동안 왕노릇할 것이며 새 하늘과 새 땅에서 세세무궁토록 왕노릇하는 영광을 누릴 것이라는 소망에 대해서 모두 다 환영하며 인정하고 있다. 그러므로 우리는 성도들이 장차 누릴 영광에 대해서 계시록에 기록된 말씀을 따라서 이 소망과 영광을 바라보며 열심히 주를 위해 충성해야 한다.

(고전15:58) 그러므로 내 사랑하는 형제들아 견고하며 흔들리지 말며 항상

주의 일에 더욱 힘쓰는 자들이 되라 이는 너희 수고가 주 안에서 헛되지 않은 줄을 앎이니라

(계22:12) 보라 내가 속히 오리니 내가 줄 상이 내게 있어 각 사람에게 그의 일한 대로 갚아 주리라